JAHRBUCH
DES RHEIN-SIEG-KREISES
2006

:rhein-sieg-kreis

LANDSCHAFT UND NATUR

GESCHICHTE UND GESCHICHTEN

LEBEN UND KULTUR

WIRTSCHAFT UND TECHNIK

CHRONIK 2004 / 2005

JAHRBUCH
DES RHEIN-SIEG-KREISES

2006

:rhein-sieg-kreis

LANDSCHAFT UND NATUR

GESCHICHTE UND GESCHICHTEN

LEBEN UND KULTUR

WIRTSCHAFT UND TECHNIK

CHRONIK 2004 / 2005

Rheinlandia

HERAUSGEGEBEN VOM RHEIN-SIEG-KREIS, 2005
BEARBEITUNG UND REDAKTION
RAINER LAND, KATJA ESCHMANN UND REINHARD ZADO
ERSCHIENEN IM RHEINLANDIA VERLAG, KLAUS WALTERSCHEID, SIEGBURG

Die Herausgabe dieses Buches
wurde dankenswerterweise
von der
Kreissparkasse Köln
unterstützt

ISBN: 3-938535-07-5

Herausgeber: Rhein-Sieg-Kreis, Der Landrat, Siegburg

Anschrift der Redaktion:
Rhein-Sieg-Kreis, Der Landrat – Kulturabteilung –, Postfach 1551, 53705 Siegburg
Telefon: 02241 133365, Telefax: 02241 132441, e-mail: jahrbuch@rhein-sieg-kreis.de

Erschienen im Rheinlandia Verlag, Klaus Walterscheid, Siegburg
www.rheinlandia.de
e-mail: K.Walterscheid@rheinlandia.de

Redaktionsausschuss: Rudolf Finke, Wilfried Heckeroth, Peter-Ralf Müller, Michael Solf, Astrid Thiel
Redaktion: Rainer Land (federführend), Reinhard Zado, Katja Eschmann
Lektorat: Regina Gehrke

Titelbild: Reinhard Zado
Gestaltung, Satz, Layout, Herstellung: Martina Krautscheid, Reinhard Zado, Niederhofen
www.blattwelt.de

Das Jahrbuch erscheint in einer Auflage von 7.000 Exemplaren.

UNSERE AUTOREN

Karl-E. Anhäuser	Autor regionalhistorischer und heimatkundlicher Veröffentlichungen, Kriminalbeamter
Dr. Claudia Maria Arndt	Leiterin des Kreisarchivs des Rhein-Sieg-Kreises
Jutta Bergmann-Gries	Diplom-Sozialwissenschaftlerin in der GUT DRAUF-Koordinationsstelle für die Modellregion Rhein-Sieg
Dr. Horst Bursch	Autor regionalhistorischer und heimatkundlicher Veröffentlichungen, Lehrer
Hartmut de Corné	Architekt
Dr. Olaf Denz	Diplom-Biologe
Elisabeth Einecke-Klövekorn	Vorsitzende der Theatergemeinde Bonn
Katja Eschmann	Mitarbeiterin der Kulturabteilung des Rhein-Sieg-Kreises
Dagmar Friedrichs	Wissenschaftliche Mitarbeiterin am Geographischen Institut der Universität Bonn (Dendrochronologisches Labor)
Dr. Barbara Hausmanns	Journalistin
Karsten Heusinger	Diplom-Sozialpädagoge bei der Fachstelle für Jugendarbeit und Prävention des Kreisjugendamtes des Rhein-Sieg-Kreises
Helena Horn M.A.	Geschäftsführerin der Stiftungen der Kreissparkasse Köln
Frank Hüllen	Autor regionalhistorischer und heimatkundlicher Veröffentlichungen, Diplom-Volkswirt
Jörn Hundenborn	Student
Dr. Wolfgang Kemmer	Vorsitzender des Landschaftsbeirates beim Rhein-Sieg-Kreis und des NABU Rhein-Sieg, Biologe
Ursula Keusen-Nickel	Vorsitzende der Region Rhein-Sieg-Kreis von „Jugend musiziert", Leiterin der Musikschule Sankt Augustin a. D.
Holger Klein	Redakteur des Rhein-Sieg-Anzeigers
Dr. Andrea Korte-Böger	Archivarin der Stadt Siegburg
Hans-Peter Krämer	Vorsitzender des Vorstands der Kreissparkasse Köln
Rainer Land	Leiter der Kulturabteilung des Rhein-Sieg-Kreises
Dr. Lothar Theodor Lemper	Geschäftsführer der Hochbegabtenstiftung der Kreissparkasse Köln
Alfred Meinerzhagen	Geschäftsführer des Zweckverbandes Gemeinsame Kommunale Datenverarbeitung Rhein-Sieg/Oberberg
Dr. Burkhard Neuwirth	Leiter des Dendrochronologischen Labors am Geographischen Institut der Universität Bonn
Yvonne Noll	Mitarbeiterin des Kreistagsbüros des Rhein-Sieg-Kreises
Dr. Johann Paul	Historiker
Benedikt Praxenthaler	M.A. Leiter des Archivbereichs der Stiftung Bundeskanzler-Adenauer-Haus
Irmgard Schillo	Gleichstellungsbeauftragte des Rhein-Sieg-Kreises
Willi Schröder	Autor regionalhistorischer und heimatkundlicher Veröffentlichungen, Rektor a. D.
Inga Schulz	Journalistin
Volkhard Stern	Autor verkehrshistorischer Veröffentlichungen, Diplom-Verwaltungswirt
Thomas Wagner	Pressereferent des Rhein-Sieg-Kreises
Dr. Claus Weber	Archäologe beim Rheinischen Amt für Bodendenkmalpflege
Dieter Zeimet	Fotograf

INHALTSVERZEICHNIS

Inhaltsverzeichnis

Wirtschaft & Technik

Chronik

Soweit keine Autoren namentlich genannt sind, wurden die Beiträge von der Redaktion zusammengestellt.

VORWORT

Das Jahrbuch des Rhein-Sieg-Kreises geht in eine neue Runde und in das dritte Jahrzehnt seines Bestehens. Vor Ihnen liegt die einundzwanzigste Ausgabe. Das Jahrbuch 2006 wird, dessen bin ich sicher, seinen Vorgängern in nichts nachstehen und die Buchreihe um einen weiteren sehens- und lesenswerten Band ergänzen.

An dem Konzept, mit informativen Texten und aussagekräftigen Bildern Geschichten von früher und heute zu erzählen, halten wir fest. Der Blick in die Vergangenheit, der unsere Gegenwart erst verständlich macht, und die aktuelle Information gehören zusammen; so entsteht ein vielseitiges Bild eines Kreises, dessen Attraktivität viele Menschen anzieht – ob sie nun unsere Gäste sind oder ihren dauernden Wohnsitz im Rhein-Sieg-Kreis nehmen. Dass der Rhein-Sieg-Kreis zu den wenigen Regionen in Deutschland gehört, deren Bevölkerungszahl kontinuierlich steigt (auf inzwischen rund 600.000), ist ein Beleg für die Anziehungskraft unseres Kreises und seiner Städte und Gemeinden, legt uns aber auch eine besondere Verantwortung auf.
Denn Menschen fühlen sich nur dort zu Hause, wo ihnen eine gute Infrastruktur zum Leben und zum Arbeiten geboten wird und wo sie zugleich eine durch Eigenart, Schönheit und die Aufgeschlossenheit der Menschen geprägte Heimat finden, in der sie Wurzeln schlagen können.

Das Jahrbuch 2005 geht mit dem diesjährigen Schwerpunktthema *Natur und Technik im Rhein-Sieg-Kreis* einigen Aspekten dieser Heimat besonders nach.
Natur und Technik beeinflussen unser Leben, unsere Kultur, unsere Landschaft in Geschichte und Gegenwart.
Dies an einigen Beispielen aufzuzeigen, das Wechselspiel, das Mit- und Gegeneinander dieser beiden Elemente zu betrachten, hat sich das Jahrbuch vorgenommen – ohne andere interessante Themen aus dem Rhein-Sieg-Kreis aus dem Blick zu verlieren.

Mir bleibt, allen Beteiligten auch in diesem Jahr für das Zustandekommen des Jahrbuchs zu danken und Ihnen, liebe Leserinnen und Leser, eine abwechslungsreiche und anregende Lektüre zu wünschen.

Frithjof Kühn

Landrat des Rhein-Sieg-Kreises

Landschaft
&
Natur

FOTOWETTBEWERB

DES RHEIN-SIEG-KREISES 2005

NATUR UND TECHNIK IM RHEIN-SIEG-KREIS

Zum vierten Mal hatte der Rhein-Sieg-Kreis im Frühjahr 2005 zu einem Fotowettbewerb aufgerufen. Nach „Spuren eines Zeitenwechsels“ (2000), „Ehrenamt“ (2001) und „Zuhause im Rhein-Sieg-Kreis“ (2003) lautete das Thema diesmal: „Natur und Technik im Rhein-Sieg-Kreis“.

Die Teilnehmer hatten die Aufgabe, „die beiden Elemente Natur und Technik sowie deren Wechselspiel zu entdecken und mit den Mitteln der Fotografie festzuhalten“. In der Ausschreibung hieß es weiter: „Die Themenstellung soll dazu anregen, Natur und Technik im fotografischen Abbild miteinander in einen künstlerischen Dialog zu bringen; deren Miteinander und Gegeneinander sowie deren gegenseitige Beeinflussung soll in den Bildern Raum finden.“

39 Fotografinnen und Fotografen stellten sich diesen Anforderungen und den kritischen Blicken der Jury. Ihr gehörten die Fachjuroren Herbert Döring-Spengler (Lohmar), Foto-Künstler / Polaroid Artist, Dr. Claus Pfingsten (Bonn), Medienwissenschaftler und Lehrbeauftragter für Kunst- und Designgeschichte, Ro Willaschek (Siegburg), Fachbereichsleiter Kunst der VHS Rhein-Sieg und der Berufsfotograf Dieter Zeimet (Wachtberg) an. Weiter wirkten in der Jury mit: Kreisdirektorin Monika Lohr sowie die Mitglieder des Kulturausschusses Wilfried Heckeroth (CDU), Yvonne Andres (SPD), Astrid Thiel (Bündnis 90 / Grüne) und Hans-Joachim Pagels (FDP). Die Jury kürte unter Vorsitz von Herbert Döring-Spengler in ihrer Sitzung am 20. Juni 2005 die Preisträger.

Den **ersten Preis** erkannte die Jury **Jan Rodomski** aus Ruppichteroth für dessen Arbeit „Am Rande des Wasserspiegels“ zu. Das großformatige Foto ist am Siegwehr in Siegburg aufgenommen. Dazu die Begründung der Jury:

Jan Rodomski setzt sich gekonnt und beispielhaft mit der Aufgabenstellung auseinander. Die glatte Oberfläche der Sieg vor dem Wehr steht in einem spannungsvollen Gegensatz zu dem dynamischen Abfließen des Wassers. Ruhe geht unvermittelt in Bewegung über. Die natürliche Wasserkraft, die der Mensch schon sehr früh für sich zu nutzen wusste, wird ästhetisch anspruchvoll mit fotografischen Mitteln visualisiert und so für jeden Betrachter spür- und erlebbar. Die auch technisch und gestalterisch überzeugende Aufnahme konzentriert sich im Sinne einer klaren Bildaussage auf die wesentlichen Elemente und hat einen hohen Wiedererkennungswert.

Der **zweite Preis** geht an **Rainer Busch** aus Troisdorf. „In Ketten", „Eingewachsen" und „Schönheit siegt" heißen die drei Fotos seiner Serie, die die Jury zu überzeugen wusste:

Als Sieg der Natur über die Technik lässt sich die Aussage der Bildfolge interpretieren. Zarte Pflanzen in jungen, frischen Farben stehen in kraftvollem Kontrast zu den abgelegten und abgestellten Objekten einer nicht mehr benötigten Technik: verrostete Ketten und Relikte landwirtschaftlicher Maschinen.

Der Fotograf arbeitet diesen Spannungsbogen durch Bildkomposition und Farbgebung deutlich und nachvollziehbar heraus; es gelingt ihm hervorragend, Vergänglichkeit und Neuanfang symbolhaft in Bildern festzuhalten. Seine Aufnahmen genügen hohen ästhetischen Ansprüchen.

Auf den **dritten Platz** stellte die Jury das Bild „Der superschnelle ICE und der Michaelsberg" von **Curd Söntgerath** aus Sankt Augustin. Hierzu führten die Juroren aus:

Mit seiner Momentaufnahme eines in voller Fahrt vor dem Hintergrund des Michaelsberges vorbeirauschenden Zuges ist dem Fotografen ein in Belichtung und kompositorischem Aufbau überzeugendes Dokument gelungen. Vom rechten Rand schiebt sich ein ICE-Triebkopf in das Bild, dessen Geschwindigkeit sich durch die Unschärfe dem Betrachter sofort vermittelt. Dieser Eindruck wird durch die gewählte Perspektive verstärkt; die in der Bilddiagonale verlaufenden Linien der Schienen und der Oberleitungen nähern sich rasch einander an. Der im Hintergrund in der linken Bildhälfte deutlich wahrzunehmende Michaelsberg bildet im Gegensatz dazu den Ruhepunkt des Bildes. Natur ist in dieser Aufnahme lediglich durch das Spiel der Wolken, einige kahle Bäume und eine dünne Schneedecke vertreten. So wird klar, was hier den Sieg davonträgt.

Wir zeigen hier die Siegerfotos und eine Auswahl aus den weiteren Wettbewerbsbeiträgen. Auch an anderen Stellen des Jahrbuches sind Aufnahmen aus dem Fotowettbewerb zu finden.

Rainer Land

Aus der Vielzahl der Einsendungen
hier einige Beispiele der
Themen und Sichtweisen.
Im Verlauf des Buches finden Sie noch
weitere Abbildungen der eingereichten Arbeiten.

Johannes Bergmann, Energie für den Rhein-Sieg-Kreis

Carmen Zerbs, Steinbrechergut

Monika Dreckmann, Himmelsstürmer

Karl-Heinz Gessat, Zauberei in einer eisigen Nacht

in Wenzel, Sand-/Kiesgruben bei Hersel

Stephanie Seidel, Unter den Sendemasten: Naturidylle in Menden

Horst Gensicke, Windkraft

Clemens Brähler, Miteinander Technik und Natur

Klaus Wahl, Wolke im Netz

Hanna Happe, Wer wird geschützt?

Carmen Zerbs, Steinbrechergut

Uta Potocnik, Hochspannung sucht Trafo

Elfriede Hanisch, Geklärte Verhältnisse

Stefan Christ, Zahnradschienen am Drachenfels

Gerhard Stroß, Verkehr

Gerd Krienke, Anfang und Ende mit Kondensstreifen

Eine Wanderung durch das Drachenfelser Ländchen 1906

VOR HUNDERT JAHREN
VON MEHLEM NACH MECKENHEIM

VON
FRANK HÜLLEN

Das 19. Jahrhundert gilt gemeinhin als das Zeitalter der Eisenbahn. Ausgehend von England verbreitete sich die Idee der dampfgetriebenen Lokomotive binnen kürzester Zeit über die ganze westliche Welt. In Deutschland wurde die erste Eisenbahnlinie 1835 gebaut. Damals umfasste das deutsche Schienennetz gerade einmal sechs Kilometer. 1866 waren es bereits 14.787 Kilometer, 1890 42.069 Kilometer und 1913 schließlich 63.378 Kilometer (zum Vergleich: Im Jahr 2000 betrieb die Deutsche Bahn AG ein Schienennetz von 36.652 Kilometern).

Auch der Landkreis Bonn hatte Anteil an dieser rasanten Entwicklung. 1882 wurde die Eisenbahnlinie Bonn-Meckenheim-Euskirchen in Betrieb genommen, 1893 folgte die Dampfstraßenbahn Bonn-Godesberg-Mehlem, 1898 die Vorgebirgsbahn Dransdorf-Alfter-Bornheim-Köln und 1906 schließlich die Rheinuferbahn Bonn-Wesseling-Köln. Nur im Drachenfelser Ländchen tat sich über lange Zeit hin nichts. Während ringsumher das Streckennetz immer engmaschiger wurde, wuchs in den Dörfern der damaligen Bürgermeisterei Villip der Unmut der Bevölkerung.

Einem alten Adressverzeichnis kann man entnehmen, dass die Bürgermeisterei Villip, damals bestehend aus den Ortschaften Berkum, Gimmersdorf, Holzem, Kürrighoven, Liessem, Niederbachem, Oberbachem, Pech, Pissenheim (heute: Werthhoven), Villip, Villiprott und Zülighoven, im Jahr 1907 3.222 Einwohner hatte. Als Industriebetriebe werden genannt: das Zink-, Blei- und Silber-Erzbergwerk Grube Laura zu Kürrighoven, der Domsteinbruch zu Berkum und die Basaltsteinbrüche zu Villip, Berkum und Niederbachem. Die ungenügende Verkehrsanbindung stellte für diese Betriebe einen erheblichen Wettbewerbsnachteil dar.

Zwar wurde 1897 den Kreisverwaltungen in Bonn und Rheinbach der Vorschlag einer Bahnlinie von Poppelsdorf über Mehlem, Niederbachem, Berkum, Adendorf nach Meckenheim unterbreitet, mangels weiterer Unterstützung verlief diese Initiative aber im Sande. Mehrere Vorstöße verschiedener Einwohner blieben ohne Erfolg. Um die auf Grund des schwierigen Terrains zu erwartenden Kosten zu reduzieren, war man sogar auf die Idee einer gleislosen Bahn mit Elektroantrieb verfallen. Auch dieser Plan scheiterte – angeblich am Widerstand eines örtlichen Großgrundbesitzers, der die Abwanderung billiger Arbeitskräfte in die Industrie nach Mehlem und Godesberg befürchtete.

Im Frühsommer 1906 kam es schließlich zu einem förmlichen Bürgerbegehren. Unter der Einwohnerschaft der Bürgermeisterei kursierten Listen, in denen jeder seine Meinung für oder gegen das Bahnprojekt äußern konnte. Für den Bonner General-Anzeiger war dies Anlass, sich einmal eingehender mit den einzelnen Ortschaften des Drachenfelser Ländchens zu beschäftigen. Am 28. Juni 1906 erschien der Artikel *Eine Wanderung durchs Ländchen.* Darin beschreibt der namentlich nicht genannte Verfasser eine sonntägliche Wanderung von Mehlem nach Meckenheim, die man auf fast gleichen Wegen auch heute noch nachvollziehen kann. Die Zitate aus diesem Artikel sind im nachfolgenden Text kursiv wiedergegeben.

Nach dem Durchschreiten des *anmutig-duftigen Bahnhofsparks* von Mehlem schlägt der Reporter zunächst den Weg Richtung Kirche ein, wo er auf die Meckenheimer Straße abbiegt. Begleiten anfangs noch *versteckte Sommersitze* und *helle moderne Häuser* die Straße, so tritt im weiteren Verlauf immer mehr *der frühere Charakter des alten Rheindörfchens* hervor. *Dort an der Bachemerstraße steht sogar ein stimmungsvolles Kapellchen. Im Türmchen treten jalousienartige Läden an Stelle der Schalllöcher, und aus einem viereckigen Ausschnitt lugt neugierig ein „klein Glöcklein“ hervor.* Am letzten Haus vor dem Ortsausgang fällt ihm ein dort angebrachter Spruch ins Auge: *Wirf in den Brunnen, wo Du trankest, keinen Stein; Sag' keinem übles nach, bei dem Du kehrtest ein!* Dieses Haus steht noch heute (Meckenheimer Straße 86); es ist das ehemalige Wohnhaus des verdienten Mehlemer Heimatforschers Dietrich Glauner (1868–1947).

Nun nimmt die Landschaft einen anderen Charakter an: *Die Landstraße steigt und hebt sich über das Tal des Mehlemer Baches; ihre Abhangseite säumen dichtgestellte schlanke Pyramidenpappeln.* Nicht weniger als 133 Pappeln zierten ehemals die Landstraße zwischen Mehlem und Niederbachem.

Von der hoch gelegenen Straße bietet sich ein herrlicher Blick auf Niederbachem, wo damals noch Weinbau betrieben wurde: *Drunten im Tälchen murmelt der Mehlemer Bach. Gärten und Wiesen umsäumen ihn, und am jenseitigen sanften Hang ziehen sich schmale Rebgärten hinauf.*

Pappelreihe zwischen Mehlem und Niederbachem um 1910

links: Blick auf das Mehlemer Oberdorf und die dortige Kapelle um 1910

Niederbachem um 1918

Niederbachem um 1925

Breitkronige Apfelbäume lösen nun die Pappeln ab. Links auf der Anhöhe liegt das Sammelbecken der Mehlemer Wasserleitung, *echt modern* von einem Drahtzaun eingefriedet. Damit ist auch schon der Ortseingang von Niederbachem erreicht: *Rechts voraus vom Talgrunde grüßt der Kirchturm von Niederbachem; mit jedem weiteren Schritt wächst das Gotteshaus mehr heraus; nun erkenne ich schon sein Querschiff. Hohe schöne Gebäude: Pastorat, Schule umstehen es. Weiterhin ragt ein stumpfpyramidener Schlot aus Gebäudegruppen hervor. Es ist die Krautfabrik des glücklichen Sterntorbezwingers. Eine hübsche Erinnerung.*

Bei dem genannten *Sterntorbezwinger* handelt es sich um den Niederbachemer Krautfabrikanten Peter Zettelmeyer (1846–1928), dessen Anwesen Ecke Bondorfer Straße/Austraße im April 2004 abgerissen worden ist. Einst stand hier die älteste Krautfabrik des Rheinlands. 1850 hatte der Vater Peter Zettelmeyers, der Ackerer Jacob Zettelmeyer, mit der fabrikmäßigen Produktion von Obst- und Rübenkraut begonnen. „Kraut" war ein dunkelbrauner Sirup, der aus dem Saft von Zuckerrüben oder diversen Obstsorten gewonnen wurde. Bei der Herstellung wurden die Früchte zunächst in großen Kesseln gekocht und dann ausgepresst. Der austretende Fruchtsaft wurde aufgefangen, gefiltert und durch Kochen so lange eingedickt, bis ein zähflüssiges Mus entstand. Das Endprodukt erfreute sich als preiswerter Brotaufstrich und Zuckerersatz vor allem in den ärmeren Bevölkerungsschichten großer Beliebtheit.

Der Niederbachemer Krautfabrikant Peter Zettelmeyer, bekannt als der „Deumann"

Der Schornstein der ehemaligen Krautfabrik

Kampagne in der Niederbachemer Krautfabrik Johann Hüllen Mitte der 1930er Jahre

Neben der Firma Zettelmeyer kamen im Laufe der Zeit in Niederbachem noch vier weitere Krautfabriken hinzu. Als „Bachemer Krutt" oder „Bachemer Gold" waren ihre Erzeugnisse weithin geschätzt. Eine letzte Blütezeit erlebte die Niederbachemer Krautproduktion in den Notjahren nach dem Zweiten Weltkrieg. Damals wurde gedichtet:

„Baachemer Krutt,
datt modde ens probiere,
Baachemer Krutt,
datt schmeck wirklich fein.
Et es bekannt sitt langer Zick
als et beste Krutt en der Bundesrepublik."

Mit dem beginnenden Wirtschaftwunder ging dann die Nachfrage nach dem süßlich-klebrigen Arme-Leute-Sirup immer weiter zurück. Heute wird in Niederbachem kein „Kraut" mehr produziert. Erhalten sind aber noch zwei der charakteristischen Schornsteine.

Bekannter noch als Jacob Zettelmeyer, der Begründer der Niederbachemer Krautindustrie, war sein Sohn, der *Sterntorbezwinger* Peter Zettelmeyer. Seinen Ruhm verdankte er einer Begebenheit, die sich im August des Jahres 1898 zugetragen hat:

Nach langen Querelen hatte die Stadt Bonn im Sommer 1898 endlich die Erlaubnis zur Niederlegung des alten Sterntors erhalten. Umgehend ließ die Stadt mit den Abbrucharbeiten beginnen. Die Straßen waren festlich geflaggt, die Menge sang bereits in Anlehnung an ein bekanntes Volkslied „Fahr wohl, du Stähneporz!", aber zur allgemeinen Überraschung widerstand das Tor zunächst allen Abrissversuchen. Bauhandwerker und Pioniere scheiterten an der Festigkeit des Gemäuers aus dem 13. Jahrhundert. Erst durch die Mithilfe von Peter Zettelmeyer gelang der Abbruch. Der Fabrikant hatte von den Problemen der Bonner gehört und erbot sich, mit seiner Krautpresse behilflich zu sein. Am 15. August 1898 wurde der Versuch gewagt. Die Zeitungen berichteten: „Hunderte strömten an Ort und Stelle, um sich das Werk des ‚Umsturzes' anzusehen. Der Cylinder lag zwischen Querbalken auf einem Gerüste fest eingeklemmt. Vermittels einer Röhrenleitung wurde das nöthige Wasser aus einem ergrauten Holz-Eimer in den Cylinder gepumpt. Vier Liter genügten! Langsam trat aus dem Innern der mächtige Kolben hervor und schob fast unmerklich die solide Balkenlage vor sich her gegen den colossalen Mauerfetzen, der eine todte Masse von etwa 2000 Centner darstellte. Beim ersten Hub neigte sich oben die Mauer um 40 Centimeter nach dem Mühlheimerplatz zu. Der Kolben wurde zurückgeschoben und eine neue Zwischenlage eingekeilt. Wieder ging die Mauerspitze um 40 Centimeter aus dem Loth. Nach dem Verlauf einiger Zeit wurde die Ausbiegung auf 1,20 Meter gebracht. Vorsichtig wurde die Bruchstelle, just der Punkt, wo mühsam mit der Picke die Aushöhlung gehauen worden war, mit Balken ausgefüttert, damit die Mauer nicht in ihre alte Lage zurückkehren konnte. Und nun gings mit neuem Muthe dran, während tiefe Spannung sich der durch die Absperrung zurückgehaltenen Zuschauermenge bemächtigte. Da, ein allgemeines Aufathmen! Sie beugt sich, sie sinkt mit klassischer Ruhe zur Seite und berstet im Aufschlagen in mächtige Brocken auseinander. Und Hunderte von Kehlen brechen in ein freudiges Hurrah aus, dem aus erleichtertem Herzen ebenso rasch von Mund zu Mund der Ruf nachfolgt: ‚Se litt! – Et hät got gegange!' Und in der That, es hatte gut gegangen." Dem Niederbachemer Krautfabrikanten brachte diese Tat den Beinamen „Deumann" (von „umdeuen" = umdrücken) sowie eine Belohnung von sage und schreibe 100 Mark.

Nun legen sich auch die ersten Häuser von Niederbachem an die Chaussee, die im Bogen und Zickzackkurs durch das unendlich lange Dorf führt. Eine fast tropische Vegetation wuchert hier, umschlingt Häuser, Höfe und Ställe und Straßen und Gassen. Saftige Wiesengräser, dichte Obsthaine, Gesträuch aller Art, Kastanien an der Landstraße erfreuen sich eines herrlichen Gedeihens und ungehinderten Wachstums. Ueberall plätschern Rinnsale von der Höhe ins Tal und bringen erquickendes Naß jeder Kreatur, jedem Durstigen. Dort speist ein Bächlein sogar eine Fischzuchtanstalt, deren terrassenartig angelegten Teiche sich geschickt den Hang des Geländes zu Nutze gemacht haben.

Kurz nach der Jahrhundertwende hatte der Landwirt Ferdinand Zettelmeyer (1881–1947) auf den Grundstücken Konrad-Adenauer-Straße 70–74 mehrere Fischteiche angelegt. Die Fischzucht bestand bis 1914. Auch auf anderem Gebiet tat sich Zettelmeyer als Pionier hervor. Um 1930 legte er am „Dienacker" in der Nähe des heutigen Golfplatzes die erste Spindelobstplantage an und wurde damit zum Begründer des modernen Obstbaus in Niederbachem, wo man bis dahin nur die althergebrachten Hochstammkulturen kannte.

Ansicht der Niederbachemer Dorfstraße um 1910

Weiter führte der Weg durch den lang gestreckten Ort: *Ungemein freundlich lugen aus dem üppigen Grün die vielfach mit blühenden Geranien und Fuchsien geschmückten Häuser und Häuschen hervor. In den offenen Küchen hantiert die Bäuerin mit Töpfen und Kasserollen herum, und dort am Giebelfenster schabt sich sogar ein junger Mann den Bart, entsetzliche Grimassen dabei schneidend. Sogar ein Warenhaus weist das Dorf auf; im wahrsten Sinne des Wortes scheint dort alles zu haben zu sein* (Kolonialwarengeschäft Josef Reinartz, Konrad-Adenauer-Straße 46).

Lang, lang zieht der Ort sich an der windenden Chaussee hin in lockerer Bauart. Da endlich kommt das letzte Haus mit der Tafel, die da besagt, daß Niederbachem ein Dorf sei, zum Landkreise Bonn und Regierungsbezirk Köln gehöre, und daß das Hauptmeldeamt in Bonn ist. Die Chaussee hat fast unmerklich die Talsohle überschritten und führt nun dicht an der anderen Bergseite (Dächelsberg) *vorbei..*

Am Ortsausgang von Niederbachem liegt der Dächelsberg. Um die Jahrhundertwende noch als ein *das Tal des Mehlemer Bachs überragende[r] Felsen* beschrieben, ist der Berg heute durch den ehemals intensiv betriebenen Basaltabbau fast völlig ausgehöhlt. In der Beschreibung unseres Reporters liest sich das so: *Hier haben Steinbrüche den grünen Waldteppich verdrängt; hohe Wände grinsen blauschwarz, gelb schattiert mich an. Blühender Ginster klebt an den Rändern und kraust sie mit seinen gelben Blumen freundlich ein. Mit liegenden Säulenbündeln, groß und lang und dick, und fein und kurz tritt hier der Basalt zu Tage. Die regelmäßigen Säulen geben schöne Grenz- und Prellsteine, während die klobigen Gebilde zu vorzüglichem Schottermaterial für die Deckung von Landstraßen verarbeitet werden. Die Chaussee, auf der ich wandere, zeugt von der Güte des vulkanischen Kieselsäureprodukts, welches man ja Basalt nennt.*

1857 stellte der Niederbachemer Johann Gödderz den Antrag auf Anlage eines Steinbruchs an der Mehlemer Chaussee bei Nr. 311. In einem Verzeichnis gewerblicher Anlagen in der Bürgermeisterei Villip wird 1895 ein gewisser Peter Thiebes als Betreiber genannt, der hier zwei Arbeiter beschäftigte. Später ging der Steinbruch in den Besitz der Firma Horst & Jüssen über. Als diese nach dem Zweiten Weltkrieg den Betrieb wieder aufnahm, kamen dabei auch rund 150 Sträflinge aus dem Zuchthaus in Rheinbach zum Einsatz. Bis 1968 wurde am Dächelsberg Basalt abgebaut und in einem eigens errichteten Brecherwerk zerkleinert. Seit 1989 steht der Berg, dessen Abbruchkante einen guten Einblick in Aufbau und Entstehungsgeschichte eines Vulkans bietet, als geologisches Denkmal unter Naturschutz.

Arbeiter beim Basaltabbau im Dächelsberg

Weiter windet sich die Straße durch das Drachenfelser Ländchen: *Wald und Wiesen treten nun mehr zurück und fruchtbare Felder dehnen sich weit und breit über die wogende Hügellandschaft, die vielfach den Charakter eines wild wogenden und dann erstarrten Meeres annimmt. Links, aus einer Senke, tauchen jetzt die Schachtanlagen der Grube Laura auf. Man holt dort aus dem dunklen Schoße der Erde das weiße Edelmetall, das Silber. Die Gewerkschaft beschäftigt über 200 Arbeiter, darunter viele aus dem Böhmerlande, die in eigenen Logierhäusern wohnen.*

Die Grube Laura auf einer Postkarte um 1910

Die Grube Laura wurde 1804 von Johann Abraham Bleibtreu angelegt, der hier nach Blei, Zink und Silber schürfte. Nach mehreren Besitzerwechseln und vorübergehender Einstellung des Betriebs erlebte sie ihre eigentliche Blütezeit allerdings erst um die Jahrhundertwende, nachdem sie in das Eigentum der Gebrüder Alfred und Carl Mannesmann/Remscheid übergegangen war. Damals arbeiteten hier fast 200 Bergleute, neben einigen Einheimischen vor allem „Gastarbeiter" aus Böhmen, Österreich und Italien. Das Stollenlabyrinth war bis zu 150 Meter tief und erstreckte sich kilometerweit bis hin nach Ließem. Auf dem Gelände des jetzigen Oberbachemer Reitplatzes stand die Wäscherei, in der neben den männlichen Wäschern auch zahlreiche Frauen arbeiteten. Das Erz wurde mit Pferdefuhrwerken zum Bahnhof nach Mehlem transportiert und dort verladen.

Die Gebrüder Mannesmann planten sogar den Bau umfangreicher Verhüttungsanlagen, was aber auf Grund fortgesetzer Betriebsverluste nicht realisiert wurde. Offensichtlich war die Grube schon seit 1901 defizitär. Vor dem Ersten Weltkrieg versuchte man noch einmal, den Bergwerksbetrieb wirtschaftlicher zu gestalten und bei Züllighoven einen neuen Schacht in die Erde zu treiben, allerdings ohne nachhaltigen Erfolg. 1912 legte die Bergbau AG Friedrichssegen, die die Grube zwischenzeitlich übernommen hatte, den Oberbachemer Bergbau still. Die Fabrikanlagen wurden abgerissen und der Schacht zugeschüttet. Die kilometerlangen Stollen soffen ab und verfielen. Nur der 48 Meter hohe Schornstein hielt stand, bis er Anfang der 1930er Jahre vom Blitz getroffen und schließlich im April 1935 gesprengt wurde. Heute nutzt der Reit- und Fahrverein Oberbachem das Gelände als Reitanlage. Nur die mächtigen Schutthalden zeugen noch davon, wie umfangreich die Förderung einst gewesen ist.

Da tritt ein Hügel vor die Bergwerksanlagen, sie meinem Blicke entziehend. Doch voraus wird nun Oberbachem mit seiner rot leuchtenden Kirche sichtbar (damals war die Kirche noch nicht verputzt, sondern zeigte sich im blanken Ziegelmauerwerk). *Es ist nicht so groß wie sein Stammesvetter und liegt auch weniger romantisch versteckt unter Bäumen. Hier scheint man mehr dem Nützlichkeitsprinzip zu huldigen und intensiven Feldbau zu betreiben. Immerhin verschönern auch dieses Dörfchen grüne Wiesen im Tale und ein Kranz von Obstbäumen um die Gehöfte. Recht seltsam nimmt sich das aus hellroten Ziegelsteinen erbaute Gotteshaus aus. Eben ist das Hochamt beendet und in dichten Massen quellen die Andächtigen aus den Pforten der Kirche; rasch verteilen sie sich Straß auf, Straß ab und verschwinden in den Häusern. Doch auch das gastliche Wirtshaus* (Gaststätte Höllen) *winkt und mancher nimmt sich dort den Frühtrunk und wechselt Wort und Red mit seinem Nachbar.*

Nur beiläufig werden Kürrighoven und Gimmersdorf erwähnt, ersteres als ein etwas links abseits der Straße liegendes Dörfchen, dessen *von Wind und Wetter gezeichnete* Häuser sich in dichtem Verband den Hügel hinaufziehen, während *von leichter Anhöhe der anderen Straßenseite ... die Häuser von Gimmersdorf aus dem Grün der Bäume [schimmern].*

Blick über das Drachenfelser Ländchen zum Siebengebirge

Vorbei an dem damals noch im Besitz der Frau von Leonard befindlichen Jesuitenhof erreicht der Reporter Berkum, wo ihn eine besondere Attraktion erwartet: *In Berkum war die Kunst eingekehrt. Auf der breiten Dorfstraße standen die Requisiten einer fliegenden Schauspielertruppe. Ein seltsam Volk, von rührender Genügsamkeit. Wo die Leute nur herumwandern ihre Tage! Und wie bescheiden ist ihr Kunstgebiet, und wie abgehärtet sind sie gegen die Sticheleien der ländlichen Spötter. Auf welchem Friedhofe mögen sie wohl einst zur ewigen Ruhe gebettet werden!*

In der noch heute erhaltenen Gaststätte Lohmer legt der Reporter bei „Bauernschnittchen“ und Bier eine kurze Pause ein: *Vor den Gasthäusern, in grün umrankten Lauben, stehen hier, echt rheinisch sommerlich, Tische und Stühle, Ausflüglern kühle Rast bietend.*

Der Aufenthalt gibt Gelegenheit zum Gespräch. Die Wirtin schüttet dem Reporter ihr Herz aus: *„Die gleislose Bahn ist glattweg abgelehnt worden“, erzählt die Frau, „wer weiß, wie lang sie jetzt wieder planen, ehe man zur Tat schreiten kann. Und die Bahn wäre so notwendig für das Ländchen. Ich begreife nicht, daß man uns nicht hilft. Der Landkreis Bonn hat doch auch die anderen Bahnen mitgebaut, warum behandelt er uns denn wie ein Stiefkind? – Es ist doch eine reiche Gegend hier; es gibt nichts, was man bei uns nicht aus der Erde holte, und auf der Erde gedeihen auch noch Schätze aller Art. Und welch stattliche, stark bevölkerte Ortschaften weist nicht das Ländchen auf. Unsere Gegend ist mehr wert wie das Vorgebirge und auch wie die Landschaft der Rheinuferbahn.“ So sprach die Frau mit einem Herzen geschwellt von Lokal-Patriotismus.*

Die anderen Gäste stimmen dem zu. Der Reporter, der es wagt, schüchtern auf die technischen Schwierigkeiten hinzuweisen, muss sich scharfe Worte anhören. *Da erkannte ich, daß das Bahnprojekt doch lebhaft die Köpfe beschäftigte. Die Bewohner des Ländchens werden nicht ruhen und rasten bis sie ihre Bahn haben; so oder so; Beharrlichkeit führt zum Ziel.*

Am Ortsausgang von Berkum liegt die 1898 gegründete Molkerei *mit der charakteristischen Anfahrtsrampe von starken Bohlen. Ihr schlanker Schornstein hat sich schon eine Erhöhung gefallen lassen müssen, wie die hellere Farbe der Steine des oberen Teiles beweist.* Der Molkereibetrieb bestand bis Ende der 1960er/Anfang der 1970er Jahre, die Gebäude sind aber noch heute erhalten.

Wieder ändert sich das Landschaftsbild: *Die Chaussee steigt aus Berkum anhaltend bis auf eine weite Hochebene. Einsam und flach wird die Gegend. In einiger Entfernung begleitet links und rechts der Wald die Straße. Zur linken Hand verbirgt er die großen Domsteinbrüche, die Jahrhunderte lang ihr vorzüglich Bau-Material zum Bau der Kölner Kathedrale und manchem stattlichen Profanbau geliefert haben. Hin und wieder hebt sich hier und da eine Bergkuppe*

Ansicht der Berkumer Molkerei 1898

1909 ließ Frau von Leonardt das alte Wohnhaus des Jesuitenhofs niederreißen. Das jetzige Gebäude war 1910 vollendet.

Molkereibetrieb in Berkum um 1950

Auf der Hochebene hinter Berkum hat man einen herrlichen Blick auf das Siebengebirge und in die Eifel.

über den Wald, so rechts von der Straße der 255 Meter hohe Wachtberg, dessen Name interessante Rückschlüsse auf seine ehemalige Bestimmung zuläßt.

Rechter Hand grüßt Burg Odenhausen *mit breiter weißer Gebäudefront* und *altersgraue[n] Treppengiebel[n]* herüber. *Im Norden schimmern in der Ferne Holzheim, Gudenau und Villip herüber; südlich verdecken Waldparzellen Pissenheim* (1934 umbenannt in Werthhoven). Der Boden scheint auf dieser Höhe nicht der beste zu sein, denn *verstückelter Wald erhebt sich noch allenthalben, und Heide und Gräben mischen sich oft zwischen die Felder. Doch flankieren gesunde stattliche Obstbäume die Chaussee und zur Blütezeit muß diese lange, lange Baumzeile einen herrlichen Anblick gewähren.*

Die Arzdorfer Kapelle 1905 ...

Von der Hochebene hinter Berkum hat man einen prächtigen Fernblick: *Vor mir wächst immer mehr die Grafschaft heraus mit ihren reichen Dörfern und ihren fruchtbaren Gefilden. Die blauen Eifelberge geben dabei einen herrlichen Hintergrund zum köstlichen Landschaftsbilde.*

Langsam senkt sich nun die Chaussee in die weite Senkung. Links treten wieder große Steinbrüche an die fallende Straße heran. Sie schlägt einen Haken, senkt sich schneller und übersetzt mit einer eleganten Ausladung nach Süden die Talsohle, in die der Arzdofer Bach rinnt. Gleich bin ich denn auch in Arzdorf, stehe an der stattlichen Kapelle und bewundere den herrlichen Baumschutz, der sie schützend umschlingt. Ein einziger mächtiger Kastanienbaum beschattet mit seiner Riesenkrone die Chorseite, zwei andere herrliche Bäume bestehen den Vorplatz des Gotteshauses. Ueber und über sind sie mit ihren Blütenkerzen beladen. Diese drei vor Gesundheit strotzenden Kastanien gönnte ich unserer alternden Poppelsdorfer Allee oder dem Hofgarten; sie würden eine Zierde unserer Anlagen bilden. Doch auch die Arzdorfer freuen sich der schönen Bäume und gäben sie gewiß für „schwer“ Geld nicht hin. Arzdorf hat wertvolle Baumschulen und Rosenkulturen, und zwei Wirtshäuser, die wert sind, besucht zu werden; das eine wegen seiner vielen Jagdtrophäen und das andere wegen der Originalität seiner Leute.

... im Schmuck kräftiger Bäume

Schon von weitem sah man den Rauch der Brennöfen.

„Arbeitsfrauen“ malten und henkelten.

Von Arzdorf führt die Straße nach Adendorf, dass schon damals wegen seiner blühenden Steinzeug-Industrie bekannt war. Der Reporter vermerkt: *Fast in jedem Haus wird hier Töpferei betrieben. Töpfe aller Art werden hier gedreht und gebacken; weißblauer Grund mit blauen Zeichnungen ist ihr Charakteristikum.*

Hier sieht man „Döppe“ zum Trocknen auf Gestellen stehen, dort, hübsch in Reih und Glied, welche, die fertig zum Versand sind. Gewaltige Haufen von geschnittenem Holze lagern überall umher, und vor dem Dorfe stößt man auf reichhaltige Tongruben, die das vorzügliche Rohmaterial für die „Döppebäckereien“ liefern.

1743 waren auf Einladung des damaligen Burgherren Friedrich Ferdinand von der Leyen die ersten Töpferfamilien aus dem Westerwald nach Adendorf gekommen. Deren Nachfahren betreiben noch heute das traditionsreiche Handwerk. 1818 gab es in Adendorf bei 460 Einwohnern 16 Töpfereien. 1897 zählte man 25 Betriebe, womit die Töpfer die wichtigsten Arbeitgeber des Dorfes waren. Damals verdiente ein geschickter Dreher pro Tag zwischen 5 und 10 Mark, Tagelöhner („Arbeitsmänner“) erhielten 1,80 Mark und „Arbeitsfrauen“, die malten und henkelten, 1 bis 1,40 Mark.

Ausschlaggebend für den Aufstieg des Adendorfer Töpfergewerbes waren drei Faktoren: Hochwertige Tonvorkommen in geringer Tiefe, Brennholz im nahen Kottenforst und eine günstige Verkehrslage, die einen guten Absatz der Ware garantierte. Beliefert wurden nicht nur die Bauern der Voreifel und die Winzer an der Ahr, sondern auch die Städte Köln und Bonn, von wo aus die Gefäße per Schiff bis nach Holland und England gingen.

Am Ortsrand von Adendorf wurde der Ton gefördert.

Ein weiterer Standortvorteil war der vom Burgherrn zugesagte kostengünstige Salzbezug, denn die Familie von der Leyen war schon seit 1571 an der holländischen Salzkompagnie beteiligt. Salz, damals noch ein teurer Rohstoff, wurde nämlich in großen Mengen für die Herstellung der Salzglasur gebraucht.

Der steigende Wohlstand beunruhigte den Adendorfer Pastor, der Sittenverderbnis und Verschwendung befürchtete. Aus denselben Gründen lehnte er auch die geforderte Bahnverbindung ab, wodurch er in Konflikt mit seinen liberaleren Amtsbrüdern in Berkum und Oberbachem geriet.

Heute gibt es in Adendorf noch acht Töpfereien, die in altüberlieferter Weise ihr Handwerk ausüben. Im Gegensatz zu herkömmlichen Irdenwaren ist das Adendorfer Steinzeug stoß- und ritzfest, säurebeständig und auch ohne Glasur wasserundurchlässig. Die Salzglasur, die erst während des Brandes durch Zugabe von Kochsalz entsteht, verleiht der Scherbenoberfläche Klarheit und verstärkt ihre Farbwirkung im traditionellen Graublau oder Kölschbraun. Dauerte um 1900 der Salzbrand im Kasseler Langofen noch 40 bis 60 Stunden (zuzüglich vier Tage für das allmähliche Auskühlen), so ist diese Zeit dank der modernen Schnellbrandöfen heute auf 10 bis 12 Stunden reduziert worden.

Auch heute noch eine „romantische Gebäudegruppe": Burg Münchhausen bei Adendorf

Hinter Adendorf liegt in der weiten flachen Swist-Niederung Burg Münchhausen. Die *romantische Gebäudegruppe* hatte es unserem Reporter besonders angetan: *Hoch ragt über moderne Stallbauten und alte Burgreste der gewaltige Turm, mit verfallenden Zinnen gekrönt, vom Blitzableiter gegen die Wetter geschützt. Obschon die Burg den Namen des gewaltigsten Aufschneiders trägt, der je gelebt, so hat sie doch nichts mit dem Lügen-Baron zu tun, der im Hannoverschen zu Haus war.*

„Munichhusen" wird erstmals im Prümer Urbar von 893 erwähnt. Vermutlich ist die Anlage aber deutlich älter. Eine noch im 18. Jahrhundert verbreitete Sage behauptet sogar, dass hier die Stelle gewesen sei, wo im Jahr 751 der letzte Merowingerkönig Childerich III. abgesetzt wurde – eine Szene, die die fränkischen Reichsannalen wie folgt beschreiben: „Bischof Burkhard von Würzburg und Kaplan Fulrad wurden zu Papst Zacharias gesandt. Wegen der Könige im Frankenreich, die damals keine königliche Gewalt hatten, sollten sie fragen, ob das gut sei oder nicht. Papst Zacharias ließ Pippin die Antwort geben, es sei besser, daß der als König bezeichnet werde, der die Gewalt habe, und nicht der, der ohne königliche Gewalt verblieben sei. ... Kraft seines Ansehens als Papst ließ Zacharias Pippin zum König machen. Daraufhin wurde Pippin nach der Sitte der Franken zum König gewählt und durch den Erzbischof Bonifatius gesalbt und von den Franken in Soissons zum König erhoben. Childerich aber, der zu Unrecht König genannt wurde, wurde geschoren [das lange Haupthaar war das Herrschaftszeichen der Merowinger] und ins Kloster geschickt."

Aus Prümer Besitz ging das castrum Münchhausen im 13. Jahrhundert an das Erzstift Köln, von dem es 1531 die Herren von der Leyen zu Adendorf erwerben konnten. Von der ursprünglichen Rundlingsanlage des 13. Jahrhunderts sind heute noch eine hohe, nach außen gerundete Mauer mit rundem Eckturm, der mächtige runde Bergfried und ein rechteckiger Torturm erhalten. In deren Mauerwerk wurden auch Reste der in der Nähe vorbeiführenden römischen Wasserleitung nach Köln verbaut.

Blick in den Innenhof von Burg Münchhausen bei Adendorf

Bevor die Chaussee sich schließlich nach Meckenheim hinabsenkt, kann der Reporter noch mehrere von der Swist getriebene Wassermühlen beobachten. Meckenheim selbst ist nach Beobachtung des Reporters *ein ungemein properes Städtchen. Hier ist eine entwicklungsfähige Ton-Industrie; eine wohleingerichtete Brauerei erzeugt einen „söffigen" Stoff; starker Viehhandel wird von hier aus betrieben und moderne emsige Geschäftsleute ziehen stundenweit eine zahlungsfähige Kundschaft an. Dabei tritt nördlich von der Stadt Braunkohle auf.*

Mit der Ankunft in Meckenheim ist das Ziel der Wanderung erreicht. Rund vier Stunden hat unser Reporter für die 17 Kilometer lange Strecke benötigt. Rückblickend schreibt er: *Das Ländchen ist eine gesegnete Gegend. Bedeutende Landwirtschaft wird von seinen Bewohnern betrieben. In Meckenheim-Adendorf blüht, wie gesagt, die Töpferei. Die Erde birgt guten Ton, Silber und andere Erze; die Felskuppen und -wände geben kostbares Wege- und Bau-Material, die Wälder Holz. Dies würde einen lebhaften Güterverkehr hervorrufen. Für den Personenverkehr kämen die volkreichen Ortschaften unter sich, der Arbeiterverkehr von und nach den Werken und Steinbrüchen und auch ein gewisser Durchgangsverkehr von Meckenheim direkt nach dem Siebengebirge in Betracht.*

Trotz solcher Appelle wurde die Bahn nie gebaut. Es sollten es noch vier Jahre vergehen, bis das Verkehrsproblem – wenn auch nicht im Sinne der Bürgerinitiative – gelöst wurde. Am 2. April 1910 wurde die Omnibuslinie Berkum-Godesberg eröffnet, Vorläufer des heute von der RVK betriebenen Busnetzes.

Quellen:
Gemeindearchiv Wachtberg
(teilweise als Depositum im Kreisarchiv Siegburg)
Arndt, Claudia Maria (Hrsg.):
Von Wasserkunst und Pingen. Siegburg 2005.
Laspeyres, H.: Das Siebengebirge am Rhein. Bonn 1901.
Müller, Franz: Leben rund um den Wachtberg,
S. 365 - 369, Siegburg 1993.
o. V.: Eine Wanderung durchs Ländchen
(General-Anzeiger Bonn v. 28.06.1906)
Perkams/Rischmüller: 893 bis 1993.
1100 Jahre Adendorf. Wachtberg 1993.

Der Trerichsweiher – Natur pur?

VON ANDREA KORTE-BÖGER

1991 wurde durch Inkrafttreten des Landschaftsschutzplanes Nr. 7 des Rhein-Sieg-Kreises das Naturschutzgebiet (NSG) Trerichsweiher auf dem Stadtgebiet Siegburgs ausgewiesen. Das zuständige Amt für Natur- und Landschaftsschutz des Rhein-Sieg-Kreises beschreibt in einem Infoblatt die naturschutzfachliche Bedeutung des Gebiets u.a. folgendermaßen:

Das Naturschutzgebiet umfaßt eine Fläche von etwa 25 Hektar. Das Kernstück stellt der circa 4 Hektar große Trerichsweiher mit einer Wassertiefe von 0,8 bis 3 m dar. Er ist von einem nahezu geschlossenen, stellenweise bis zu 25 m breiten Röhrichtgürtel umschlossen. Dieser bietet für viele am Wasser lebende Vogelarten ein ideales Brut- und Rückzugsrevier.

Zwei große und dicht bewachsene Inseln steigern den ökologischen Wert des Trerichsweihers weiter. Die angrenzende Hangkante zur Aggeraue ist mit einem alten Baumbestand bewachsen, der im Osten in einen naturnahen Bruchwald übergeht.

Bei Kartierungen in den letzten Jahren wurde die ungewöhnlich hohe Zahl von 95 Vogelarten, davon etwa jeweils 40 Brutvogelarten jährlich, in diesem relativ kleinen Gebiet gezählt; viele von ihnen gelten nach der Roten Liste zumindest als „gefährdet". Ein seit drei Jahren hier brütender Gast ist allerdings ein Einzelfall und auf keiner Liste vertreten: Ein Paar Nilgänse hat das Biotop als Bleibe für sich und seine Familie ausgewählt.

Die Nilgänse bewohnen, abgesehen von kleinen und schnell fließenden Bächen, fast jeden afrikanischen Gewässertyp von der Küste bis annähernd 4.000 Meter Höhe. Besonders häufig sind sie in Ost- und Südafrika anzutreffen.

Nach mehrjähriger gezielter Pflege des Gebietes als Naturschutzgebiet stellt das bereits zitierte Infoblatt des Kreises fest:

Zusammenfassend ist festzustellen, daß sich das NSG „Trerichsweiher" durch die konsequente Umsetzung der im Landschaftsplan festgesetzten Maßnahmen innerhalb eines Zeitraumes von 7 Jahren zu einem überregional bedeutsamen Lebensraum für zahlreiche wild lebende Tier- und Pflanzenarten entwickelt hat. Dies ist angesichts der Lage des Gebietes inmitten eines Ballungsraumes besonders bemerkenswert und zeigt deutlich die besondere Bedeutung naturnaher Auenbereiche als lineare, biotopvernetzende Landschaftselemente.

Die Nilgänse waren bereits den alten Ägyptern, Griechen und Römern als Parkvögel bekannt. Nach Westeuropa gelangten sie im 17. und 18. Jahrhundert, wo sie anfangs in Parks, Menagerien und später in den Zoos gehalten und gezüchtet wurden. Heute findet man sie, gerne zusammen mit Höckerschwänen, in fast jedem Tierpark auf den Teichen und Weihern. Und von dort werden die beiden Gäste des Trerichsweihers wohl auch ausgekniffen sein; denn erwachsene Nilgänse sind völlig winterhart und schaffen bei einem günstigen Nahrungsangebot auch eine Überwinterung in unseren Breiten.

Badespaß an der Eisenbahnbrücke. Im Hintergrund Bootsfahrvergügen und die alte Aggerbrücke, die Siegburg und Troisdorf verbindet, Aufnahme um 1930

DER TRERICHSWEIHER: EIN NAHERHOLUNGS-GEBIET

Ende der zwanziger Jahre hatte man eine ganz andere Nutzung des Gebietes vor Augen. Es war die Zeit der großen Arbeitslosigkeit und die öffentliche Hand plante zahlreiche Notstandsmaßnahmen, um arbeitslosen Menschen eine Beschäftigung zu bieten. So wurde zum Beispiel als Notstandsmaßnahme im damaligen Siegkeis die Wahnbachtalstraße gebaut, im Stadtgebiet Siegburgs wurde die Sieg, die bis dahin regelmäßig die Straßen bis zum Bahnhof mit ihren Hochwässern unter Wasser setzte, eingedeicht und von der Stadt weg gedämmt.

Der heutige Siegdeich an der Zange zeugt noch davon.

Natürlich gab es auch Planungen, die sich nicht umsetzen ließen. Eine solche war der Plan der damaligen Stadtväter, das Gelände am Trerichsweiher als Naherholungsgebiet umzugestalten. Drei Schwimmbassins, eines für Kinder, eines für Schwimmer und eines für Nichtschwimmer waren vorgesehen und es sollten Liegewiesen angelegt werden. Sogar an einen Platz zum Aufbau von Paddelbooten wurde gedacht, denn die Wasserfläche des Trerichsweihers sollte dem Bootsfahrvergnügen gewidmet werden, während das saubere Bassinwasser den Badefreuden zugedacht war. Zur Agger hin war das Einplanieren einer großen Wiesenfläche vorgesehen, die im Winter als Eislaufbahn genutzt werden konnte und da man modern dachte und plante, gehörte zu dem Vorhaben auch ein Parkplatz für Autos. Nur – aus all dem wurde nichts.

Bootsfahrten auf der Agger, Postkarte um 1921

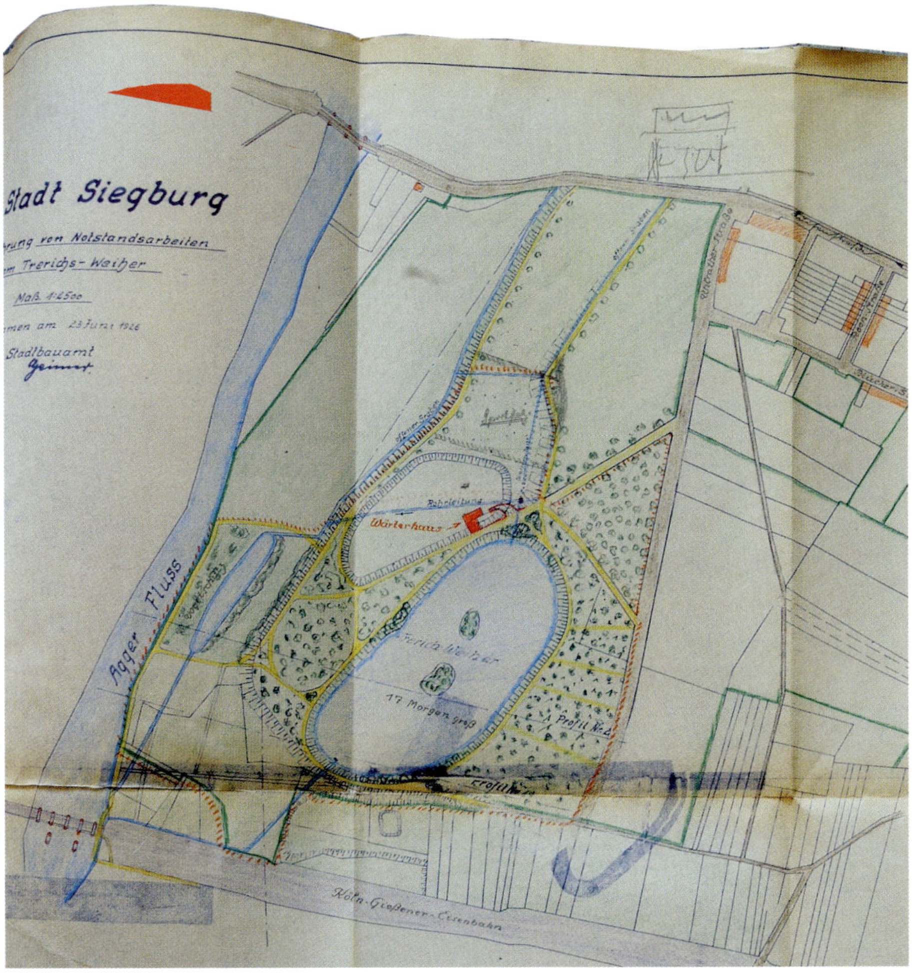

Plan zur Umgestaltung des Trerichsweihers aus dem Jahr 1926

Aber auch ohne attraktive Freizeitangebote wurde das Gebiet um den Trerichsweiher damals als Naherholungs- und Ausflugsziel von den Siegburgern genutzt. Östlich des Weihers standen junge Birken und Kiefern, an der Agger befand sich ein älterer Mischwald und zur Luisenstraße hin war das Gelände sumpfig und mit Schilf bestanden. Gepflegte Wege, mit Buschwerk eingefasst, luden zum Spazierengehen ein und vielleicht führte der Weg in das unweit gelegene Gartenlokal „Ulrather Hof". Ob im Weiher auch gebadet wurde, sei dahingestellt. Vermutlich zog man das Fließgewässer der nahen Agger vor, zumal die Wasserfläche des Weihers, zum Teil umschlossen von einem dichten Schilfgürtel, nicht zum Baden einlud.

Erst mit dem letzten Jahr des Zweiten Weltkriegs begann die Zerstörung. Flakstellungen wurden in der Nähe angelegt, Panzer zermalmten die Wege, später wurde Munition im Wald vergraben. Der Wald selbst fiel im harten Nachkriegswinter 1945/46 der frierenden Bevölkerung zum Opfer, die hier – gleichgültig ob erlaubt oder nicht – Brennholz einschlug und auf den so gewonnenen Freiflächen umgehend Gärten zur Selbstversorgung anlegte.

Mit dem Bau der Bundesstraße 56 und der neuen Aggerbrücke, dem auch der alte Ulrather Hof zum Opfer fiel, wurde das Gebiet abgeschnürt und fiel der Verwilderung anheim, eine Entwicklung, die bis zur Ausweisung als Naturschutzgebiet andauerte.

Nie aber wurde in Frage gestellt, dass es sich um ein Stück „Natur" am Rande des Stadtgebiets Siegburg handelte, bis eine völlig neue – alte – Überlieferungsquelle im Stadtarchiv Siegburg auftauchte.

Partie am Aggerteich, Postkarte um 1914

DIE SIEGBURGER SCHÖFFEN-PROTOKOLLE

Seit 1998 befasst sich eine kleine Arbeitsgruppe im Stadtarchiv Siegburg mit der Edition der Siegburger Schöffenprotokolle. Diese Protokolle wurden im Mittelalter und in der frühen Neuzeit durch den Siegburger Gerichtsschreiber geführt und sind Mitschriften aus der Arbeit des bürgerlichen Siegburger Schöffengerichts über mehr als 200 Jahre, exakt aus der Zeitspanne 1415 bis 1662. Gerichtsvorsitzende waren die jeweiligen Bürgermeister, die zusammen mit maximal sieben Schöffen alle Rechtsprobleme, aber auch Testamente, Grundstücksverkäufe oder Zunftangelegenheiten entschieden, schlichteten oder auch aus Gründen der Beweiserheblichkeit in das Gerichtsbuch protokollieren ließen.

Alle vor Gericht auftretenden Personen wurden – wie auch heute – mit Namen und Herkunft benannt und die dann folgenden Mitschriften sind höchst anschaulich. Bei Beleidigungsklagen hageln die Schimpfworte, bei Schlägereien bekommt der Leser jeden Schlag anschaulich geschildert, bei Grundstücksverkäufen werden Haus und Hof ebenso genau beschrieben wie die Lage des Anwesens. Kein Wunder, dass diese historischen Zeugnisse des Alltagslebens die Arbeitsgruppe in den Bann zogen und man nunmehr am vierten Band der Gesamtedition arbeitet. (Protokolle des Siegburger Schöffengerichts Bd. 1: 1541-1547; Bd. 2: 1530-1538; Bd. 3: 1547-1554, Rheinlandia Verlag)

Natürlich findet man in der Aufzeichnung viele alte, bis heute gebräuchliche Siegburger Ortsnamen, die sich, wenn auch in alter Schreibweise, leicht identifizieren lassen: Der *Dreisch* ist der Driesch und die *Oilgass* die Aulgasse. So war es auch leicht, den Namen *Tryeswier* als Trerichsweiher zu identifizieren. Der Inhalt eines umfangreichen Protokolleintrags aus dem Jahre 1551 überraschte aber und führte dann zu der als Überschrift gestellten Frage: „Der Trerichsweiher – Natur pur?“

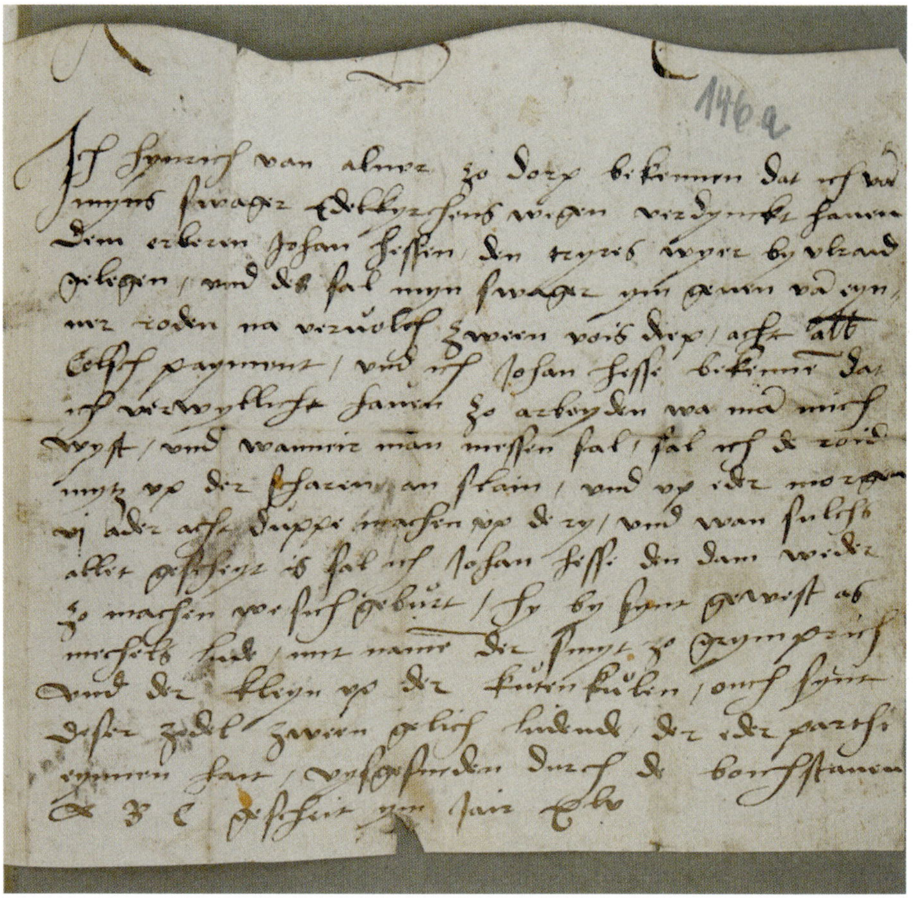

Der Chirograph, beginnend: Ich Heyenrich van alner zo Dorp...

DER TRERICHSWEIHER IM JAHRE 1551

Am Montag nach Allerseelen, am 9. November 1551, trat im Siegburger Rathaus, damals am unteren Ende des Marktplatzes gelegen, wo heute das Stadtmuseum auf den mittelalterlichen Rathauskellern steht, das Gericht in der Besetzung Jost Lunick und Wilhelm Gevertshaen, Schöffen, Bertram am Ontzenort und Joahnn Worm, Bürgermeister, zusammen. Es stand eine Zeugenvernehmung an, die die beiden „ehrenstesten und frommen Herren“ – so der Text – Junker Johann Edelkirchen und Junker Heinrich von Alner beantragt hatten, um eine Aussage Arnold Schumachers gerichtlich prüfen zu lassen. Als Zeugen waren vorgeladen Johann auf der Kuttenkulen und Peter Schmitt aus Grimberg.

Blick auf die Ruine des Ulrather Hofes, Postkarte um 1903

Es war damals üblich, Streitfragen durch das Anhören verschiedener Zeugen zu klären, wobei jede Partei ihre Ansicht durch „sine Frunde" – durch gute Freunde bestätigen ließ. Es waren die Zeiten, in denen der aus dem deutschen Recht stammende Rechtssatz „Sieben Zeugen Mund tut aller Wahrheit kund" galt, und, auf Grund fehlender oder jedenfalls nicht sehr häufiger Schriftlichkeit, das mündliche Zeugnis Rechtssicherheit bieten musste. Außer Freunden und Bekannten konnten zu bestimmten Rechtshandlungen auch gezielt Zeugen, die so genannten Dedings- oder Weinkaufleute eingeladen werden, auf die man in Zweifelsfragen zurückgreifen konnte. Und damit die sich auch besonders gut an die Vorgänge erinnerten, trank man dazu einen Wein – daher der Name Weinkaufleute, der mit dem Weinhandel nichts zu tun hat.

Die Zeugen Johann und Peter sagten „einmündig", d. h. mit einer Meinung und verstärkt durch ihren Eid aus, dass Junker Heinrich von Alner vor einiger Zeit Johann Heß – manchmal auch Hesse genannt – aus Lohmar beauftragt habe, den Trerichsweiher auszustechen und „zu machen". Da der Junker diesen Vertrag aber von seiner Seite nicht eingehalten habe, gab es einen neuen Abschluss, dieses Mal in schriftlicher Form durch „zwei ausgeschnittene Zettel" festgeschrieben.

Dieser Begriff steht für eine spezielle Form einer Urkunde, den *Chirograph*. Das ist ein in zwei- oder dreifacher Ausfertigung auf ein durchlaufendes Pergament oder Papier geschriebener Vertragstext, wobei in dem Textzwischenraum zwischen erster/zweiter und jeder weiteren Ausfertigung Buchstaben oder ein Wort geschrieben wurden. Dann wurde das Blatt durchgeschnitten und jeder Vertragspartner erhielt einen Teil, deren Echtheit durch das Zusammenfügen mit dem Gegenstück bewiesen werden konnte. Da wir es hier mit wohlhabenden Auftraggebern zu tun haben, dem Junker von Alner und seinem Schwager Johann Edelkirchen, ist es nicht verwunderlich, dass man zu dieser aufwändigen Form der Beweissicherung griff.

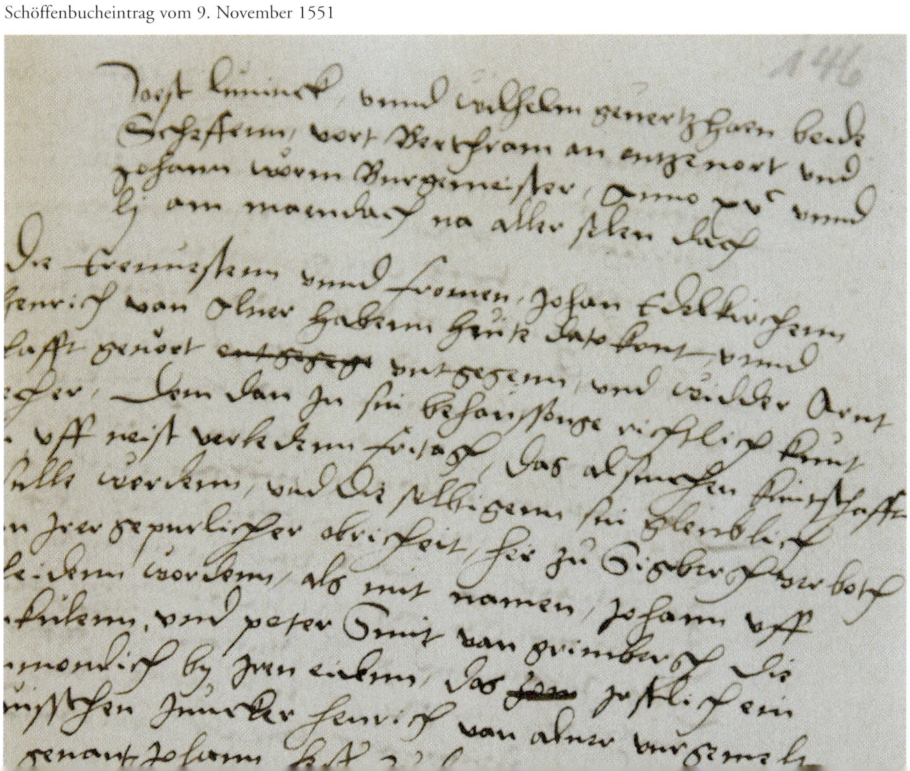

Schöffenbucheintrag vom 9. November 1551

Der schriftliche Vertrag sicherte aber dennoch keinen reibungslosen Ablauf, denn nach einiger Zeit habe sich „Peter Heß aus der Arbeit verlaufen“. Die Junker waren empört und nun wurde im Hause des Arnold Schumacher beschlossen, die geleisteten Arbeiten besichtigen und vermessen zu lassen. Dabei war Schumacher kein Mann aus dem Bau- oder Vermessungswesen, sondern Wirt des Gasthauses *Zum Horn*, am Markt gelegen. Hier traf man sich, trank sein Bier oder seinen Schoppen Wein, beredete die Arbeit und der Wirt war immer dabei!

Nunmehr wurde er von den Junkern beauftragt, das streitige Objekt, den Trerichsweiher bzw. den Stand der Arbeiten dort, zu begutachten. Diese Arbeit führte Arnold Schumacher mit einem Freund zusammen durch.

Außerdem zogen sie den „Geschworenen Messer“, d. h. den Landvermesser Servatius aus Happerschoß, und Christian – Kirstgen – vom Büchel heran. Über dieses Gutachten, das unter Federführung Arnold Schumachers erstellt wurde, kam es dann zum gerichtlich ausgetragenen Streit.

Während Schumacher nämlich zu dem Ergebnis kam, dass von dem auf zehn Morgen angelegten Weiher drei Morgen „recht“ gemacht worden waren, behaupteten die Junker, es sei höchstens ein halber Morgen.

Nun geschieht das, was bei der Edition, die die inhaltliche Erschließung der Protokolleinträge ebenso beinhaltet wie Personen-, Orts- und Sachindices, häufiger zu Problemen führt. Die protokollierte Zeitschiene wird nicht mehr stringent eingehalten, sondern ohne Überleitung werden zurückliegende Handlungsstränge, Vorgänge, Zeugenaussagen usw. angefügt, durch die man sich hindurchkämpfen und sie in den richtigen Zeitablauf bringen muss, um dann mit einer Inhaltsangabe dem Leser das Verständnis zu erleichtern.

Hier springt das Protokoll auf einmal in Vorgänge, die ein Jahr zurückliegen, hinein, der Inhalt des Arbeitsauftrages wird vorgestellt, nebenbei erfährt der Leser auch noch, dass für den Chirograph die Buchstaben A B C gewählt wurden und der „Zettel“ im Jahre 1550 geschrieben wurde.

Weitere Zeugen tauchen auf und erklären, auch vor einem Jahr sei bereits ein Landmesser mit der Vermessung des Trerichsweihers beauftragt worden, Elias aus Molscheid bei Seelscheid, der das zu bearbeitende Areal auf achteinhalb Morgen vermaß. Und nun kommt ans gerichtliche Tageslicht, weshalb Peter Heß seine Arbeiten einstellte.

Erstlich kam der Verwalter des Ulrather Hofes seiner Verpflichtung nicht nach, nach der er zuvor noch hatte Waldflächen roden sollen, um die Anlage des Weihers zu ermöglichen, und schließlich wird noch – ganz nebenbei – eine schlechte Zahlungsmoral der Junker erwähnt, so dass „der Hesse“ seine Leute nicht bezahlen konnte und deshalb die Arbeit niedergelegt hatte. Und wie ging die Angelegenheit nun aus? Das ist der Wermutstropfen bei den Protokollen, Urteilen, Schiedssprüchen – kurz, das Ergebnis der „Wahrheitsfindung“ durch Bürgermeister und Schöffen am Siegburger Gericht wurde nicht mitprotokolliert.

Im Falle des Trerichsweihers können wir aus heutiger Sicht nur feststellen, dass irgendwann Peter Heß und seine „Weiergräber“, wie sie in den Protokollen heißen, mit der Anlage des „Weiers“ fertig geworden sind, die Junker hoffentlich ordentlich bezahlt haben und der Trerichsweiher seinen Weg durch die Geschichte antreten konnte – bis er, 440 Jahre später, im Jahre 1991 zum Naturschutzgebiet deklariert wurde.

Erdgas
Strom
Wasser
*6 Cent pro Gespräch
Leben.
rhenag
Energie und mehr
rhenag, Bachstraße 3, 53721 Siegburg
Infoline 0 18 02 / 23 23 12*, www.rhenag.de
erdgas

LEBEN ZWISCHEN STEINEN – STEINBRÜCHE UND NATURSCHUTZ

VON WOLFGANG KEMMER

Aus dem Feuer geboren …

… Basalt, ein hartes magmatisches Gestein, durch Vulkantätigkeit an die Erdoberfläche gebracht, ist für Giovanni Vetere – Künstler in Eitorf – eine Herausforderung: „Marmor, Sandstein oder Holz lassen sich mit einfachen Werkzeugen bearbeiten. Seit Jahrtausenden haben Künstler damit zeitlose Kunstwerke geschaffen. Die Härte des Basalt verlangt moderne Hilfsmittel wie Widiastahl oder Diamanten."

Häufiger als zu künstlerischen Zwecken wird Basalt allerdings für technische Zwecke verwendet. Wer kennt nicht die sechseckigen Säulen verschiedener Größe, die Rhein oder Sieg in ihrem vom Menschen bestimmten Bett halten oder in Holland der Macht des Meeres trotzen sollen? Der Mitte des 19. Jahrhunderts beginnende Straßenbau im Rhein-Sieg-Kreis ist auf Basaltschotter gegründet.

Gelbbauchunke

Das mittelrheinische Vulkangebiet mit seinen Basaltkegeln verläuft zwischen Niederbreitbach und Arzdorf (Gemeinde Wachtberg), sein Zentrum ist das Siebengebirge. Etwa 270 erloschene Basaltvulkane wurden gezählt, der nördlichste liegt in Eitorf-Stein, nicht weit von der Sieg entfernt.

Von technisch ähnlicher Bedeutung wie der Basalt ist die in zahlreichen Steinbrüchen abgebaute Grauwacke, deren Sedimentgestein, zu Schotter gemahlen, besonders im modernen Straßenbau Verwendung findet. Aber auch die Fischaufstiege in der Sieg stellen sich mit tonnenschweren Steinen der zerstörerischen Gewalt des Wassers entgegen.

Steinbrüche haben tiefe Wunden in der Natur hinterlassen. So wurden weltweit ganze Berge abgetragen, auch manche Lavakuppe in der Eifel ist vollständig verschwunden. Frühzeitig regte sich im Siebengebirge der Widerstand gegen die Naturzerstörung, viele Steinbrüche wurden dort bereits Ende des 19. Jahrhunderts geschlossen, das Siebengebirge wurde zum Naturschutzgebiet.

Wenn es auch wie ein Widerspruch klingt, Steinabbau und Naturschutz müssen sich nicht ausschließen, Technik kann im Einklang mit der Natur stehen.

So wurde ein Grauwackesteinbruch bei Windeck-Imhausen Anfang 2005 per Verordnung zum Naturschutzgebiet, obwohl sich dort die Bagger noch Jahrzehnte ins Gestein fressen werden. Aufgelassene Steinbrüche haben sich zu Naturoasen mit einzigartiger Tier- und Pflanzenwelt entwickelt, viele von ihnen stehen mittlerweile unter Naturschutz. Wie eine Kette ziehen sich die Steinbrüche Eitorf-Stein, Eulenberg bei Hennef-Uckerath, Eudenbach, Sassenberg oder Hühnerberg (alle Stadtgebiet Königswinter) bis hin zum Rhein. Steinbrüche sind in vielerlei Hinsicht anders als ihre Umgebung. Der schwarze Basalt fängt die Wärme ein: Mediterrane, Wärme liebende Pflanzen und Tiere finden dort ein Zuhause. So schaukelt in Eitorf-Stein der Russische Bär, ein seltener Schmetterling, der die reichlich vor-

Fischaufstieg

Steinbruch Eitorf-Stein, 1914

kommenden Brennnesseln und den Wasserdost als Wirtspflanzen liebt, durch die flirrende Mittagsluft. Im Steinbruch Eulenberg hat Heinz Schumacher über 40 Schmetterlingsarten bestimmt, die in der Roten Liste der gefährdeten Arten aufgeführt sind. Vom Aussterben bedroht sind die Schmetterlingsarten Schwalbenschwanz, das Rotbraune Ochsenauge oder der Geißkleebläuling, alle kommen in den verschiedenen Steinbrüchen vor. An kühlen Tagen sonnt sich die Zauneidechse auf heißen Steinen. Die südländische Streifenwanze, feuerrot mit dunklen Streifen, findet im Steinbruch neuen Lebensraum. Die Verwitterungsprodukte der nun an der Oberfläche liegenden Gesteine bilden neue Lebensmöglichkeiten für Pflanzen, die auf den häufig vorkommenden dicken Lössschichten nicht gedeihen können. In Eulenberg erfreut uns die Golddistel, eine Verwandte der bei Blumenfreunden beliebten Silberdistel. Wer kennt den Schriftfarn, das Wiesen-Habichtskraut oder den Verschiedenblättrigen Schwingel, alles stark gefährdete Pflanzen?

Steinbrüche wurden häufig in die Tiefe getrieben, heute finden wir dort abgründige, zuweilen kristallklare Gewässer mit eigener Fauna. So ist in solchen Gewässern die zwei Zentimeter große Süßwassermeduse *Craspedacusta sowerbii* immer häufiger zu finden. Im Steinbruch Stein kann man im späten Frühjahr das Laichgeschäft der Gelbbauchunke bestaunen, im noch im Betrieb stehenden Steinbruch Windeck-Imhausen finden wir sie in manchen Jahren zu Hunderten. Viele Krötenarten lieben die offenen, warmen Schotterflächen, hier findet die Geburtshelferkröte ihren Lebensraum.

In Steinbrüchen, wo einst die Natur brutal zerstört wurde, haben sich, manchmal unerwartet, völlig neue Lebensräume gebildet, wie sie hier vorher in der ausgeräumten Ackerflur nicht vorhanden waren. Sie sind nicht nur ökologisch wertvoll, sie erfreuen auch bei einem Spaziergang, bei dem die Absturzgefahr nicht außer Acht gelassen werden darf, das Auge. Wir tragen gegenüber der Natur eine hohe Verantwortung. Steinbrüche sind keine Müllhalden, wir müssen sie pflegen und schützen. Im Rhein-Sieg-Kreis haben sich viele Naturschutzgruppen zusammengetan, um diese Kleinode der Natur zu erhalten; der Naturschutz sichert sie für die Zukunft.

Im Würgegriff

Förderband im Steinbruch

Kaisermantel

Wasserdost

NATUR UND TECHNIK IM EINKLANG

DER FLUGPLATZ HANGELAR

VON
OLAF DENZ

Der Flugplatz Bonn-Hangelar gilt als der älteste noch in Betrieb befindliche Flugplatz in Deutschland, vermutlich sogar in Europa. Er wurde 1909 gegründet. Bereits seit 1865 wurden auf Teilen des heutigen Flugplatzgeländes militärische Übungen abgehalten. Der 1901 neu eingerichtete Exerzierplatz existierte noch bis zum Ende des Ersten Weltkrieges. Das Gelände wurde während dieser Zeit vermutlich im Wesentlichen durch Schafbeweidung offen gehalten. Darauf weist jedenfalls der eingetragene Schafstall am Rande des Geländes in den entsprechenden kartografischen Darstellungen der damaligen Zeit hin.

Das Flugplatzgelände liegt in einer Höhe von 60 Metern über dem Meeresspiegel nördlich von Hangelar und unweit östlich des Mündungsdreiecks von Sieg und Rhein. Naturräumlich gehört es zur Großlandschaft der Niederrheinischen Bucht. Das ca. 77 Hektar große Areal besteht aus Verwaltungs- und Betriebsgebäuden, mehreren Flugzeughallen, einer asphaltierten Start- bzw. Landebahn, einer ebensolchen Rollbahn und großflächigem Grünland, das als Segelfluggelände genutzt wird. Außerdem werden hier Ausbildungs- und Wartungsflüge mit Hubschraubern des Bundesgrenzschutzes sowie der am Platz ansässigen Firmen durchgeführt.

Feld-Hainsimse, blühend, mit gelben Staubbeuteln

Die auf dem Flugplatzgelände befindliche Grünlandvegetation ist gehölzfrei und wird nach den Richtlinien der Flugsicherheit bewirtschaftet. Entsprechend den lokal unterschiedlichen Erfordernissen des Flugbetriebes wird im Wesentlichen ein Teil der Flächen regelmäßig im vier- bis fünfwöchigen Rhythmus auf eine Narbenhöhe von 6 oder 10 Zentimetern geschnitten. Ein anderer Teil wird extensiv mit Schafen beweidet und nur gelegentlich gemäht.

Frühlings-Fingerkraut

Infolge der Nutzung und auf Grund wechselnder Nährstoffverhältnisse des Bodens haben sich unterschiedliche Pflanzenbestände mit jeweils charakteristischer Artenzusammensetzung herausgebildet, die man als Pflanzengesellschaften bezeichnet. Dabei handelt es sich hauptsächlich um Fettwiesen (*Dauco-Arrhenatheretum*), Fett- und Magerweiden (*Lolio-* und *Festuco-Cynosuretum*) sowie um Sandmagerrasen (*Diantho-Armerietum*). Daneben treten sehr kleinräumig Heideflächen mit dominierender Besenheide (*Calluna vulgaris*) und beigeselltem Heide-Ginster (*Genista pilosa*) auf.

Das Vorkommen der Heide ist eng verknüpft mit der Entstehungsgeschichte des Flugplatzgeländes. Denn vermutlich ist sie als ein Relikt einer vormals ausgedehnteren Heidelandschaft in diesem Raum aufzufassen. Bereits in der entsprechenden Generalkarte von 1826 trägt ein Teil des Gebietes den landläufig heute auf die gesamte Region übertragenen Flurnamen „Hangelarer Heide". Das heutige Flugplatzgelände ist darin als weitgehend unbewaldetes, offenes und teilweise mit Buschwerk durchsetztes „Ödland" dargestellt. In Nordwestdeutschland versteht man unter Heide von jeher einen offenen Vege-

Die roten Blüten der Heide-Nelke bestimmen im Juni den Aspekt der Sandmagerrasen.

Heide-Nelke, Einzelblüte, in der Niederrheinischen Bucht stark gefährdet

tationstyp mit landschaftsbestimmenden Besenheide-Gesellschaften. Ursprünglich handelt es sich bei dem Wort „Heide" jedoch um einen Rechtsbegriff, mit dem man den ackerbaulich nicht genutzten Teil der Gemarkung, die *Allmende*, bezeichnete. Darin eingeschlossen waren auch die im Gemeindebesitz befindlichen Waldparzellen.

Acker-Hornkraut

Die Heide ist eine anthropogene Folgevegetation der vorherigen natürlichen Waldvegetation, in der die Buche (*Fagus sylvatica*) und/oder weniger häufig die Trauben- (*Quercus petraea*) und die Stiel-Eiche (*Q. robur*) die Hauptbestandsbildner gewesen sein dürften. Diese Baumarten haben wahrscheinlich Wälder vom Typ des Flattergras- (*Milio-*) bzw. Drahtschmielen-Buchenwaldes (*Periclymeno-Fagetum*) gebildet, wobei der erstgenannte etwas nährstoffreichere Böden besiedelt.

Da die mageren Sandböden zum Ackerbau wenig geeignet waren, dienten die Wälder hauptsächlich der Holzgewinnung (Nutz- und Brennholz), Waldweide und Streunutzung. Dies führte über eine stellenweise Auflichtung letztlich zur Devastierung, so dass sich offene Heidelandschaften entwickeln konnten, die nicht nur durch den Verbiss der Weidetiere offen gehalten wurden, sondern auch durch „Plaggenhieb". Dabei wurde die Heidenarbe im Frühjahr stückweise mit einer Hacke vom Boden abgelöst. Diese sog. Plaggen wurden aufgeschichtet, über den Sommer getrocknet und im Herbst zusammen mit Reisig verbrannt. Die dabei anfallende Asche wurde zur Düngung für den anschließenden Feldbau, vorzugsweise Roggen, Hafer oder Buchweizen, verwendet. Auf diese Weise waren bis 1820 ca. ein Viertel der Wälder des Rheinlandes zur Heide degradiert.

Auf dem Flugplatzgelände nehmen die Sandmagerrasen mit einem Areal von 30-35 Hektar aktuell den größten Flächenanteil unter den oben genannten Grünlandgesellschaften ein. Es sind niedrigwüchsige Rasen mit einer geschlossenen Narbe. Diese sind gleich in mehrfacher Hinsicht sehr bemerkenswert. So handelt es sich um optisch überaus attraktive, blütenreiche Bestände, die wegen des generellen Verbreitungsschwerpunktes der Heide-Nelke (*Dianthus deltoides*) in dieser Gesellschaft auch treffend als Heidenelken-Sandmagerrasen bezeichnet werden.

Die roten Blüten der Namen gebenden Heide-Nelke bestimmen ab Ende Mai/ Anfang Juni millionenfach das Bild in weiten Teilen des Flugplatzgeländes. Dabei bilden sie häufig einen zauberhaften Kontrast mit den dichten, gelben Blütenständen des truppweise eingesprengten Echten Labkrauts (*Galium verum*).

Doch auch außerhalb dieses Zeitraums sind beeindruckende, andersfarbige Blühaspekte zu beobachten. Die phänologische, d. h. jahreszeitliche Entwicklung, startet bereits im März mit der Feld-Hainsimse (*Luzula campestris*), einem niedrigen, im Mittel bis ca. 15 Zentimeter hohen Binsengewächs, das auf Grund kurzer unterirdischer Ausläufer herdenartige Bestände bildet. Diese verleihen den Sandmagerrasen durch die Färbung der zahlreichen, in Ähren angeordneten Blüten stellenweise einen gleichmäßigen, bräunlichen Überzug. Vor allem an den sehr flachgründigen und sich im Kontaktbereich zur Asphaltdecke von Roll- bzw. Start- und Landebahn schnell erwärmenden Rändern der Sandmagerrasen können zu dieser Zeit reizvolle Kontraste mit den gelbfarbenen Blüten des Frühlings-Fingerkrauts (*Potentilla tabernaemontani*) entstehen, das in flachen, ausgedehnten Polstern wächst.

Das Acker-Hornkraut bildet im April mehr oder weniger dichte Blüten-Teppiche.

Die gelben Blütenköpfe des Mausohr-Habichtskrautes sind im Mai z.T. aspektbestimmend.

Schon bald im April zieht das Acker-Hornkraut (*Cerastium arvense*) die Aufmerksamkeit auf sich, wenn es seine kräftigen, strahlend weißen Einzelblüten entfaltet und diese sich zu mehr oder minder ausgedehnten, lückenlosen Teppichen zusammendrängen. Diese Flächen stehen ab Mai teilweise im Wechsel mit hellgelben Flecken, die ihre Färbung von den großen Blütenköpfen des Mausohr-Habichtskrauts (*Hieracium pilosella*) erhalten, das mit langen, graufilzigen Ausläufern dicht über den Boden kriecht.

Eine weitere, etwas weniger eindrucksvolle und die Phänologie der Heidenelken-Sandmagerrasen abschließende Blühphase knüpft sich an die Hauptblütezeit der Heide-Nelke an. Sie wird vom lockerrasig wachsenden, einen herrlichen Duft verströmenden Feld-Thymian (*Thymus pulegioides*) gebildet, dessen dunkelviolette Blütenstände im Juli stellenweise aspektbeherrschend sind.

Hauptbestandsbildner der Heidenelken-Sandmagerrasen sind allerdings die zumeist unauffälligeren Gräser, allen voran der im Juni und Juli blühende Rote Schwingel (*Festuca rubra*), teilweise wohl auch der nah verwandte, dichte Horste bildende Horst-Schwingel (*Festuca nigrescens*). Geringere Massenanteile besitzen die übrigen Grasarten (vgl. Tabelle).

Das Vorkommen der Heidenelken-Sandmagerrasen ist – insbesondere im Unterschied zu den Fettwiesen und -weiden als weit verbreitete Grünlandtypen – an spezifische Standortbedingungen gebunden, die durch verhältnismäßig trockene, saure und nährstoffarme Böden gekennzeichnet sind. Die notwendigen geologischen Voraussetzungen dazu finden sich im Untergrund des Flugplatzgeländes in Form von verfestigten, etwas humosen Flugsanddecken, die im Holozän vor etwa 10.000 Jahren auf der eiszeitlichen, jüngeren Nieder- und älteren Mittelterrasse der Sieg durch Westwinde abgelagert wurden.

Vergleichbare Bodenverhältnisse zusammen mit einer extensiven, nicht auf hohe Produktivität ausgerichteten Grünlandnutzung bilden ein relativ seltenes Faktorengefüge – entsprechend gering ist die Verbreitung und Häufigkeit der Heidenelken-Sandmagerrasen.

Mausohr-Habichtskraut

So handelt es sich bei dem Vorkommen auf dem Flugplatzgelände Hangelar um das derzeit einzig bekannte in der Niederrheinischen Bucht.

Optimal entwickelt ist der Heidenelken-Sandmagerrasen auf den Terrassensanden und -dünen an Elbe, Aller und Weser. In Nordrhein-Westfalen existieren natürliche Standorte in der Westfälischen Bucht auf den Terrassensanden von Ems und Lippe sowie im Sandgebiet der Senne. Hinzu kommt eine geografische Restriktion der Pflanzengesellschaft, die in der Westfälischen Bucht allgemein die Westgrenze ihrer Verbreitung besitzt. Dies gilt aus pflanzengeografischer Sicht auch für die zweite Kennart des Heidenelken-Sandmagerrasens, die Sand-Grasnelke (*Armeria elongata*), die ebenso wie die Heide-Nelke hier ihren Verbreitungsschwerpunkt hat, jedoch im Gegensatz zu dieser westlich der Weser nicht mehr vorkommt. Eine Ausnahme hiervon bildet allerdings das Flugplatzgelände Hangelar. Dort wurde 2004 ein blühendes Exemplar im Heidenelken-Sandmagerrasen entdeckt. Jedoch handelt es sich dabei vermutlich nicht um ein bodenständiges (autochthones) Vorkommen, sondern um ein sekundäres (allochthones). Möglicherweise ist die Art mit Ansaatmischungen in das Gebiet gelangt.

Die Bedeutung des Heidenelken-Sandmagerrasens auf dem

Die Blätter des im Juli blühenden Feld-Thymians verströmen einen angenehmen, würzigen Duft.

Farbkontrast von Heide-Nelke und gelbblühendem Echten Labkraut.

Bei dem 2004 entdeckten Exemplar der Sand-Grasnelke handelt es sich vermutlich um ein Vorkommen, das auf Verschleppung oder Einsaat zurückgeht.

Flugplatzgelände Hangelar gründet sich nicht allein auf den hohen Erlebniswert der Landschaft infolge des großen Blütenreichtums. Die botanische Diversität ist insgesamt recht groß. Neben den bereits beschriebenen Pflanzenarten kommen zahlreiche weitere vor, von denen sich ein großer Teil ganz bestimmten ökologischen Gruppen zuordnen lässt. So fällt besonders das gehäufte Auftreten von Magerkeitszeigern auf, die ihren Verbreitungsschwerpunkt entweder in Silikat- oder in Kalk-Magerrasen haben. Außerdem tritt eine ganze Reihe von Pionierarten lückiger Magerrasen und offener Sandböden hinzu. Letztere kennzeichnen die Initialphase des Heidenelken-Sandmagerrasens auf dem Flugplatzgelände nach Zerstörung der Grasnarbe, zum Beispiel durch die Wühltätigkeit von Kaninchen. Neben den Magerkeitszeigern und Pionierpflanzen ist noch eine dritte Artengruppe für den Heidenelken-Sandmagerrasen auf dem Flugplatzgelände bezeichnend. Dabei handelt es sich um teilweise früh blühende, einjährige Arten mit einem Hauptvorkommen auf feinerdearmen, trockenen Sand- und Steingrusböden (zu den Artenangaben vgl. Tabelle).

Insgesamt 15 der im Heidenelken-Sandmagerrasen auf dem Flugplatzgelände Hangelar beheimateten Pflanzenarten sind nach der aktuellen Roten Liste, einem wichtigen Instrument des Naturschutzes, in Nordrhein-Westfalen (NRW) und/oder in der Niederrheinischen Bucht (NBU) als stark gefährdet (Status 2) oder gefährdet (Status 3) eingestuft (vgl. Tabelle). Dies unterstreicht die wichtige Funktion, die das Flugplatzgelände auch für den Artenschutz besitzt.

Das Flugplatzgelände ist nicht nur als Rückzugsraum für bedrohte Pflanzenarten von Bedeutung, sondern auch für manche Tierarten. Dies lässt sich anhand weniger ausgewählter Beispiele veranschaulichen. Aus der Vogelwelt sollen die Feldlerche (*Alauda arvensis*) und der Steinschmätzer (*Oenanthe oenanthe*) angeführt werden. Die erstgenannte Art ist Brutvogel auf dem Flugplatzgelände. In Nordrhein-Westfalen ist sie zwar noch häufig, hat aber innerhalb der letzten 25 Jahre starke Bestandseinbußen von über 20 Prozent erlitten. Daher wird sie in der Vorwarnliste geführt. Der Steinschmätzer ist in Nordrhein-Westfalen als Brutvogel vom Aussterben bedroht. Auf dem Flugplatzgelände tritt er regelmäßig als Durchzügler in Erscheinung.

Gewöhnliche Kreuzblume, seltener Magerkeitszeiger im Sandmagerrasen, in der Niederrheinischen Bucht stark gefährdet

Als ein Vertreter der Säugetierfauna, der das Flugplatzgelände als Lebensraum nutzt, sei der Feldhase (*Lepus europaeus*) genannt. Die Art ist in Nordrhein-Westfalen durch einen Komplex von verschiedenen Faktoren im Bestand gefährdet, wobei die intensive landwirtschaftliche Flächennutzung, der Straßenverkehr und möglicherweise auch die Jagd eine Rolle spielen.

Ein auffälliges Beispiel aus der Käferfauna bildet der Stierkäfer (*Typhoeus typhoeus*) aus der Familie der Blatthornkäfer (*Scarabaeidae*). Die bis zu 25 Millimeter großen Männchen tragen auf dem Halsschild drei kräftige, nach vorn gerichtete Hörner. Die Tiere sind nachtaktiv und legen im offenen Sandboden Brutstollen an, die bis zu 1,5 Meter in die Tiefe reichen können. In diese Stollen wird bevorzugt Kaninchendung zur Ernährung der Larven eingetragen. Tagsüber verrät der Stierkäfer seine Anwesenheit nur durch die 1,5-2,5 Zentimeter großen Öffnungen der Stolleneingänge und durch die benachbarten Sandauswurfhügel. Die Art ist besonders geschützt nach der Bundes-Artenschutzverordnung.

Nicht nur viele der im Heidenelken-Sandmagerrasen des Flugplatzgeländes Hangelar lebenden Pflanzen- und Tierarten sind selten und/oder in ihrem Bestand bedroht, sondern auch die Pflanzengesellschaft an sich ist nicht häufig und nach der maßgeblichen Roten Liste in Nordrhein-Westfalen von der Vernichtung bedroht. In der Niederrheinischen Bucht galt sie bis vor kurzem als erloschen, ein Sachverhalt, der mit dem nun beschriebenen Vorkommen auf dem Flugplatzgelände Hangelar der Korrektur bedarf.

Die überregionale Bedeutung des Flugplatzgeländes Hangelar für den Biotopschutz wird auch daran deutlich, dass der Heidenelken-Sandmagerrasen nach einer Richtlinie der Europäischen Union (EU) als Fauna-Flora-Habitat- (FFH-) Biotoptyp Bestandteil des europäischen Schutzgebietssystems NATURA 2000 ist. Danach sollen in repräsentativer Weise die aus gemeinschaftlicher Sicht besonders schutzwürdigen Lebensräume und Arten in einem kohärenten Netzwerk erhalten und ggf. (weiter-) entwickelt werden.

Ein weiteres wichtiges Kriterium für die hohe Wertschätzung des Heidenelken-Sandmagerrasens auf dem Flugplatzgelände Hangelar ist die große Flächenausdehnung des Bestandes. Dies ist nicht nur aus landschaftsästhetischen Gründen, vor allem in Gestalt eines tiefen, ungestörten Horizonts, bedeutsam, sondern auch aus naturschutzfachlicher Sicht. So steigt die ökologische Stabilität eines Gebietes im Allgemeinen mit seiner Größe an, weil dadurch die Auswirkungen potenzieller, randlicher Störeffekte gegenüber der Kernfläche besser abgepuffert werden können.

Extensiv genutzte Flächen sind häufig seit dem Ende des 19. Jh. mit schnellwüchsigen und daher einen raschen wirtschaftlichen Gewinn versprechenden Nadelgehölzen aufgeforstet worden. Die entsprechenden offenen Bereiche sind daher zumeist vollständig verschwunden oder bis auf kleine Restflächen zurückgedrängt worden. Insofern kann die Hangelarer Heide in gewissem Maß auch als Zeuge der kulturhistorischen Landnutzung gelten, so wie diese bereits weiter vorne beschrieben wurde.

Heidenelken-Sandmagerrasen sind heutzutage generell durch Eutrophierung, Verbrachung und Aufforstung bedroht. Derartige Eingriffe führen zur Artenverarmung und schließlich zum Verschwinden der teilweise hochgradig standörtlich angepassten Pflanzenarten, insbesondere der Magerkeitszeiger, Pionierarten und konkurrenzschwachen, früh blühenden Einjährigen, die für das Arteninventar der Gesellschaft so bezeichnend sind.

Die Wiederherstellbarkeit der Sandmagerrasens ist äußerst schwierig und beansprucht einen sehr langen Zeitraum. Daher sind Verluste der Bestände im Grunde nicht zu ersetzen, zumal die Gesellschaft an spezifische Standortverhältnisse gebunden ist. Umso höher ist die Verantwortung der Flughafen-Betreibergesellschaft für den Schutz und die Erhaltung dieses in unserer Region einzigartigen Lebensraumes. Der Heidenelken-Sandmagerrasen des Flugplatzgeländes Hangelar ist eine bedingt naturnahe Pflanzengesellschaft, deren charakteristische Artenkombination in hohem Maß von den spezifischen Standortfaktoren bestimmt wird. Sein Überleben hängt jedoch entscheidend von einer geeigneten Bewirtschaftung ab. Dass dies bislang in einer aus Naturschutzsicht in weiten Teilen befriedigenden Weise gelungen ist, ohne dabei die Erfordernisse zur Sicherung und Aufrechterhaltung des Flugbetriebes außer Acht zu lassen, ist dem ökologisch umsichtigen Verhalten der Flughafen-Betreibergesellschaft zu verdanken und zeigt, dass Natur und Technik – entgegen einer häufigen landläufigen Auffassung – durchaus zu einer friedlichen Koexistenz im Stande sind.

Mäusewicke, eine einjährige, niedrigwüchsige Pionierpflanze aus der Familie der Schmetterlingsblüter

Der Rotfrüchtige Sand-Löwenzahn vertritt als Pionierpflanze im Sandmagerrasen den aus dem Intensivgrünland allgemein gut bekannten Wiesen-Löwenzahn.

BEMERKENSWERTE PFLANZENARTEN AUF DEM FLUGPLATZGELÄNDE HANGELAR (AUSWAHL)

Ökologische Gruppe	Deutscher Artname	Wissenschaftlicher Artname	Rote Liste-Status NRW	Rote Liste-Status NBU
Aspektgeber				
	Acker-Hornkraut	Cerastium arvense	-	-
	Heide-Nelke	Dianthus deltoies	3	2
	Echtes Labkraut	Galium verum	-	-
	Mausohr-Habichtskraut	Hieracium pilosella	-	-
	Feld-Hainsimse	Luzula campestris	-	-
	Frühlings-Fingerkraut	Potentilla tabernaemontani	-	3
	Feld-Thymian	Thymus pulegioides	-	-
Massebildner (Gräser)				
	Rotes Straußgras	Agrostis capillaris	-	-
	Glatthafer	Arrhenatherum elatius	-	-
	Horst-Schwingel	Festuca nigrescens	-	-
	Roter Schwingel	Festuca rubra	-	-
	Rauhblättriger Schwingel	Festuca trachyphylla	-	-
	Flaum-Hafer	Helictotrichon pubescens	-	3
	Zierliche Kammschmiele	Koeleria macrantha	2	2
	Trespen-Federschwingel	Vulpia bromoides	3	-
Magerkeitszeiger				
	Frühlings-Segge	Carex caryophyllea	3	3
	Dreizahn	Danthonia decumbens	3	3
	Trift-Hafer	Helictotrichon pratense	3	2
	Dornige Hauhechel	Ononis spinosa	-	-
	Kleine Pimpernell	Pimpinella saxifraga	-	-
	Gewöhnliche Kreuzblume	Polygala vulgaris	3	2
	Knolliger Hahnenfuß	Ranunculus bulbosus	-	-
	Gewöhnlicher Kleiner Sauer-Ampfer	Rumex acetosella	-	-
Pioniere				
	Nelken-Schmielenhafer	Aira caryophyllea	3	3
	Gewöhnlicher Reiherschnabel	Erodium cicutarium	-	-
	Kleines Filzkraut	Filago minima	3	-
	Ausdauerndes Sandrapunzel	Jasione laevis	-	-
	Mäusewicke	Ornithopus perpusillus	-	3
	Rotfrüchtiger Sand-Löwenzahn	Taraxacum laevigatum	3	-
Konkurrenzschwache Einjährige				
	Buntes Vergissmeinnicht	Myosotis discolor	-	-
	Hügel-Vergissmeinnicht	Myosotis ramosissima	-	-
	Sand-Vergissmeinnicht	Myosotis stricta	-	-
	Sand-Wicke	Vicia lathyroides	2	2
Besiedler feinerdearmer Böden				
	Silber-Fingerkraut	Potentilla argentea	-	-
	Triften-Knäuelkraut	Scleanthus polycarpos	3	3
	Hasen-Klee	Trifolim arvense	-	-
Heidepflanzen				
	Besen-Heide	Calluna vulgaris	-	-
	Heide-Ginster	Genista pilosa	3	3
Weitere Arten				
	Sand-Grasnelke	Armeria maritima	-	-
	Wildes Stiefmütterchen	Viola tricolor	3	3

Ricarda Reich, Hochspannung in Bonn

Geschichte & Geschichten

Wege zum Drachenfels

MIT BEITRÄGEN VON
JÖRN HUNDENBORN
UND
KATJA ESCHMANN,
EINGELEITET
VON RAINER LAND

UNTER DEN GIPFELN DES SIEBENGEBIRGES IST DER DRACHENFELS ZWAR NICHT DER HÖCHSTE,

aber gewiss der bekannteste und beliebteste. Auf das frühe 19. Jahrhundert geht diese Beliebtheit zurück, in die Anfangszeit der Rheinromantik, als vornehmlich Engländer das Siebengebirge besuchten, und Maler wie William Turner und Dichter wie Lord Byron das „Zauberbild“ (Byron in seinem Gedicht *Der turmgekrönte Drachenfels*) des Siebengebirges und speziell des Drachenfelses priesen und die Landschaft am Rhein auf diese Weise populär machten.

Diese Popularität hat sich bis heute gehalten. Das Siebengebirge gilt nach wie vor als „Tor zum romantischen Rhein“ und zieht die Besucher an. Und auch der Drachenfels ist Publikumsmagnet geblieben. Dies enthebt aber nicht der Verantwortung, Antworten auf aktuelle Fragen des Tourismus zu finden und den Menschen von heute das Natur- und Kulturerlebnis Siebengebirge zeitgemäß darzubieten.

Wer sich heute in Königswinter auf den Weg zum Drachenfels begibt und die „klassische“ Route vom Stadtzentrum aus wählt, kommt an der Talstation der Zahnradbahn vorbei, die seit dem Frühjahr 2005 das Besucherzentrum Siebengebirge beherbergt.

Der Einstieg in die Bahn, die ihre Fahrgäste bequem auf das Bergplateau bringt, bietet zugleich Service und Informationen. Nebenan warten wie seit 200 Jahren Esel darauf, Touristen ein Stück hinauf zu bringen. Ihr Weg, der auch der Weg derer ist, die den Berg zu Fuß besteigen wollen, heißt wie eh und je Eselsweg.

Jörn Hundenborn widmet sich in den folgenden zwei Kapiteln diesen beiden traditionsreichen Möglichkeiten, auf der Schiene oder auf dem Rücken eines Esels auf den Drachenfels zu gelangen.

Eine dritte Alternative war in den fünfziger Jahren des vergangenen Jahrhunderts geplant. Von Rhöndorf aus sollte eine Seilbahn auf den Gipfel führen. Die Geschichte dieser Planung untersucht *Benedikt Praxenthaler* in einem gesonderten Beitrag (Seite 58 bis 64).

Schließlich wirft *Katja Eschmann* einen Blick auf und in das neue Besucherzentrum.

Übrigens bietet die Geschichte der Zahnradbahn auch ein weiteres Beispiel für die Spannung zwischen Natur und Technik. Ihre Planung rief keineswegs überall Freude hervor. Erneut nahm hier der Drachenfels Einfluss auf die Entwicklung der Naturschutzbewegung in Deutschland. Schon die Zerstörungen durch den Steinbruchbetrieb hatten bekanntermaßen im frühen 19. Jahrhundert zum Verbot des weiteren Steinabbaus am Drachenfels durch den preußischen Staat geführt. Nun nahm der Musiker und Kunstpädagoge Ernst Rudorff die Planung der Drachenfelsbahn zum Anlass, sich bereits im Jahr 1880 in einem Aufsatz wegweisende Gedanken *Über das Verhältnis des modernen Lebens zur Natur* zu machen; kritisch setzte er sich mit diesem Vorhaben und vielen anderen zeitgenössischen Eingriffen in Landschaft und Natur auseinander. Rudorff gilt als einer der Väter des modernen Natur- und Heimatschutzgedankens und war Begründer des *Deutschen Bundes Heimatschutz*, der 2004 als *Bund Heimat und Umwelt (BHU)* sein 100-jähriges Bestehen feierte. Mit seinem Aufsatz von 1880, hervorgerufen durch die Drachenfelsbahn, nahm er auf die Entwicklung des Naturschutzgedankens nachhaltigen Einfluss.

Die Drachenburg und die Drachenfelsbahn. Originalzeichnung von Robert Geißler. (Seite 98.)

Am Drachenfels und im Siebengebirge wurde überhaupt sehr früh der Konflikt zwischen den verschiedenen Ansprüchen der Ökonomie und der Ökologie deutlich. Die Gründung des *Verschönerungsvereins für das Siebengebirge (VVS)* im Jahr 1869 und die Ausweisung als ältestes Naturschutzgebiet Deutschlands (1922) sind weitere Stationen des dadurch geprägten Weges.

Gäbe es also einen besseren Ort als die Vorburg von Schloss Drachenburg auf halbem Weg zum Gipfel, um hier ein Museum und ein Archiv zur Naturschutzgeschichte einzurichten? Diese Einrichtung ist seit 2001 geöffnet. Schloss Drachenburg selbst (im Besitz der *Nordrhein-Westfalen-Stiftung für Naturschutz, Heimat und Kulturpflege*) wird seit 1995 aufwändig restauriert. Schon jetzt lassen sich die fertig gestellten Bereiche besichtigen. Die Arbeiten sollen 2007 abgeschlossen werden. Dann werden die Wege auf den Drachenfels um eine weitere Attraktion reicher sein.

Das Jahr 2010 schließlich steht im Blickpunkt des bis dahin in der Region Köln/Bonn stattfindenden Strukturprogramms *regionale 2010*. Es will dabei helfen, Qualitäten und Eigenheiten der Region herauszuarbeiten, um Impulse für deren zukünftige Entwicklung zu geben. Der Drachenfels wird dabei aus heutiger Sicht ein städtebauliches Schwerpunktprojekt sein, das zu weiteren Strukturverbesserungen zwischen der Königswinterer Altstadt und dem Gipfelplateau führen soll, damit möglichst viele Menschen sich auch im 21. Jahrhundert auf den Weg zum Drachenfels begeben.

(Rainer Land)

Die Vorburg von Schloss Drachenburg, Sitz des Museums und Archivs zur Naturschutzgeschichte

Sitz des VVS auf der Margarethenhöhe

MIT DER ZAHNRADBAHN AUF DEN DRACHENFELS

Steigungen von bis zu 20 Prozent markieren den Weg auf den Drachenfels. Lange Zeit hatten die Besucher nur die Wahl, zu Fuß, mit einer Kutsche oder auf dem Rücken eines Esels nach oben zu gelangen. Eine große Erleichterung und eine technologische Sensation war 1883 der Bau der Zahnradbahn, mit der die in Scharen eintreffenden Touristen bis fast ganz hinaufgefahren werden konnten und bis heute noch gefahren werden.

Die Zahnradbahn kam über England, Amerika und schließlich aus der Schweiz nach Deutschland und so auch nach Königswinter. 1804 bauten Engländer als Erste eine Bahn, die mit Hilfe von gerippten Rädern auch Steigungen emporfahren konnte. Eisennägel waren auf den Rädern montiert und bohrten sich in Holzbarren, die sich neben den eigentlichen Schienen befanden. Mit dieser Technik konnten Bahnen zwar Steigungen überwinden, doch die Materialien wurden zu schnell abgenutzt, so dass sich dieses Prinzip nicht bewährte. Etwas später gelang aber der Durchbruch. Wiederum in England kam man auf die Idee, an Stelle der Holzbarren Zahnstangen den Berg hinaufzulegen und die Räder jeweils mit einem Zahnrad auszurüsten, das in diese Zahnstangen greift. In Amerika entdeckte man, dass ein zentrales Zahnrad ebenso ausreicht und statt zweier Zahnstangen links und rechts nur noch eine in der Mitte der Gleise notwendig ist. Der Grundtyp jeder weiteren Zahnradbahn war geschaffen. Diese Kunde eines neuen Fortbewegungsmittels erreichte über den schweizerischen Generalkonsul in den USA die Schweiz. Der damalige Direktor der Schweizer Centralbahn Nicolaus Riggenbach hatte sich schon länger Gedanken über eine Zahnradbahn gemacht und wirkte anschließend entscheidend beim Bau mehrerer Zahnradbahnen mit. So wurden auch die ersten Zahnradbahnen in Deutschland nach Riggenbachs Vorbild erbaut. Nachdem in der Schweiz die Bahnen vorwiegend als Touristenattraktionen dienten, wurden die ersten Bahnen in Deutschland als Güterbahnen konzipiert. Im württembergischen Wasseralfingen wurden Erze transportiert, bei Bad Ems erschloss eine Zahnradbahn die Grubenfelder und in Herdorf im Siegerland baute man mit Hilfe einer Zahnradbahn Kupfer ab. So hatten die Steinbruchbesitzer im Siebengebirge zunächst

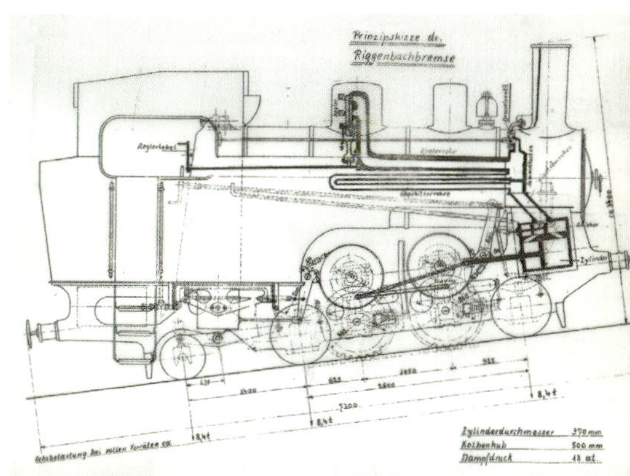

Prinzipskizze der Riggenbachbremse

Die erste Talstation 1884, zeitgen. Holzstich

auch eine reine Güterbahn im Sinn. Diese Pläne konnten sie allerdings nicht durchsetzen, so dass die *Deutsche Lokal- und Straßenbahngesellschaft* 1881 die Genehmigung zum Bau einer Zahnradbahn für Personenverkehr (die erste ihrer Art in Deutschland) erhielt. Am 13. Juli 1883 fand die Jungfernfahrt statt. Hunderte Zuschauer hatten sich eingefunden und bestaunten diese neue Touristenattraktion.

Steigen die Besucher heute in die elektrifizierten Wagen, so fühlen sie sich trotz moderner Technik zurückversetzt in alte Zeiten. Rot bezogene Ledersitze, mit Holz verkleidete Wände und silberne Haltebügel sind original, stammen aus den 1950er Jahren. Haben die Besucher erst einmal Platz genommen, geht's recht schnell den Berg hinauf. Mit bis zu 19 Stundenkilometern überwinden die elektrischen Bahnen Steigungen bis zu 20 Prozent; eine normale Bahn könnte höchstens 7 Prozent Steigung verkraften. So bewältigt man heutzutage die 1.520 Meter lange Strecke und einen Höhenunterschied von 220 Metern in acht Minuten. Mit einem leichten Rucken setzt sich die Bahn in Bewegung und erklimmt den ersten steilen Anstieg. Konnten die Touristen früher schon auf den ersten Metern einen schönen Ausblick genießen, so stehen heute zunächst hohe Bäume im Blickfeld. Nach knapp der Hälfte des Weges fährt die Bahn unter dem zur Vorburg des Schlosses Drachenburg führenden Viadukt hindurch und erreicht ihre Mittelstation. Auf der linken Seite gerät der Burghof in Sichtweite, der sich zurzeit noch im Gegensatz zur Drachenburg nicht in bestem Zustand befindet.

Steigt man an der Haltestelle Schloss Drachenburg nicht aus, fährt einen die Bahn bis fast nach ganz oben. Lediglich rund 200 Meter müssen die Besucher von der Endstelle auf dem Drachenfelsplateau bis zur Burgruine zurücklegen. Vom Plateau aus ist eine wunderbare Aussicht über das Rheintal zu genießen.

Foto der Talstation 1927. In der damals noch offenen Halle wartet die Lok auf die Abfahrt. Im Vordergund die Fuhrgeschäfte mit den Eseln und Pferden. Rechts der alte Brunnen, der den Tieren zur Erfrischung diente.

Die Drachenfelsbahn hat eine interessante Geschichte. Erbaut wurde sie in wenigen Monaten ab dem November 1882 nach Plänen des bereits erwähnten schweizerischen Ingenieurs Riggenbach. Rasch stieg das Interesse der Bevölkerung an einer Fahrt mit diesem Rauch speienden Gefährt. Bis November 1883 (nach 127 Betriebstagen) wurden 62.480 Fahrgäste gezählt. Zum 25-jährigen Bestehen 1908 gab die *Lokal- und Straßenbahngesellschaft* bekannt, über zweieinhalb Millionen Fahrgäste befördert zu haben.

Im Jahr 1913 wechselte der Besitzer der Bahn. Der Inhaber des Kölner Parfümhauses *4711,* Ferdinand Mülhens, erwarb das Bergbahnunternehmen. Die Betriebsführung behielt jedoch die Lokal- und Straßenbahngesellschaft. Im Ersten Weltkrieg musste der Fahrbetrieb längere Zeit aussetzen. Gleichwohl wurde die Bahn als „Abwechslung für Urlauber, Verwundete und die schwerleidenden Heimat“, wie es in einer Festschrift zum 75-jährigen Jubiläum hieß, gesehen.

1924 wurden dann unter dem Dach der *Bergbahnen im Siebengebirge AG* die Drachenfelsbahn und die etwas jüngere Petersbergbahn zusammengelegt. Die Zahnradbahn auf den Petersberg war 1889 fertig gestellt worden und hatte anfangs ebenfalls großen Erfolg. Nach dem Bau der Fahrstraße zum Petersberghotel ließ ihre Beliebtheit aber nach, was wohl auch auf die schlechte Erreichbarkeit des Talbahnhofs zurückzuführen war. 1958 stellte die Petersbergbahn ihren Betrieb ein.

Die Bahn zum Petersberg

Während des Zweiten Weltkrieges wurde der Betrieb der Drachenfelsbahn zwar stark eingeschränkt, jedoch nie ganz eingestellt. Recht schnell konnten nach 1945 die kriegsbedingten Beschädigungen behoben werden.

In den fünfziger Jahren des 20. Jahrhunderts wurde die Drachenfelsbahn gründlich modernisiert. Nicht nur, dass man 1957 die Talstation erneuerte, die Bahn wurde zudem vom Dampfbetrieb auf Elektroantrieb umgestellt. Für eine Dampflokfahrt brauchte man 150 kg Fettnuss-Kohle, erläutert Herr Hacker, Stellvertretender Betriebsleiter der *Bergbahnen im Siebengebirge AG*, und fügt hinzu: „Um eine Dampflok in Bewegung zu setzen, benötigte man mindestens drei Stunden zum Vorheizen.“ Dies konnte bei den elektrischen Zugfahrzeugen entfallen, die erstmals 1953 den Drachenfels hochfuhren. Herr Hacker erzählt: „Die ersten elektrischen Triebwagen sind teils in Eigenregie gebaut worden; so wurden manche Einzelteile einfach von anderen Fahrzeugen übernommen. Einer unserer Triebwagen wird mit einem original VW-Käfer-Lenkrad gesteuert.“ Solange sich die Zahnradbahn auf ebener Fläche in der Talstation befindet, wundern sich viele Besucher über die scheinbar schräg angelegten Sitze. „Die Sitzbänke wurden zum Hang hin höher montiert, damit die Passagiere bei den erheblichen Steigungen nicht vom Sitz rutschen“, erläutert Hacker.

Eine Zeitlang kamen die elektrischen Bahnen und die noch mit Kohle betriebenen Züge gemeinsam zum Einsatz. Als im September 1958 der bislang schwerste Unfall der Drachenfelsbahn auf Grund einer entgleisten Dampflok 17 Todesopfer forderte, bedeutete dies das Ende des Dampfbetriebs. Seitdem bringen nur noch elektrische Triebwagen die Besucher auf den Berg.

Begegnung der alten Dampflok und der neuen elektrischen Bahn am Drachenfels

ESELSWEG

Allen Befürchtungen der Eselbesitzer zum Trotz bedeutete der Bahnbetrieb nicht das Ende der langen Eselstradition am Drachenfels. Schon bevor der Tourismus am Drachenfels einkehrte, wurden Esel vorwiegend von den Steinbruchbesitzern gehalten, um die abgebauten Steine zu transportieren. Auch beim Bau von Schloss Drachenburg ab 1881 wurden Esel eingesetzt. Hundert Esel sollen mit jeweils 20 Steinen in Tragekästen links und rechts den steilen Hang hinaufgeschritten sein. Die Haupteinnahmequelle der Eselbesitzer war aber im 19. Jahrhundert wohl der Tourismus, denn es war beliebt, sich von einem Esel nach oben tragen zu lassen. So ist es nicht verwunderlich, dass mancher Eselbesitzer Alarm schlug, als bekannt wurde, dass ein eisernes Gefährt die Touristen den Berg hinaufbringen sollte. Doch die Abneigung der neuen Attraktion gegenüber war

Eselstation an der Löwenburg. Aquarell der englischen Künstlerin Marie Buch, 1873. Mit Eselsführern war es damals üblich, auch Ausritte ins Siebengebirge zu unternehmen.

schnell vorbei, als die Eselhalter bemerkten, dass auch sie von der steigenden Zahl der Besucher profitierten. Denn längst nicht alle Besucher konnten sich die Fahrt mit der Bergbahn leisten. So blieb der Eselsweg eine Attraktion – nicht nur seiner Sehenswürdigkeiten, Geschäfte und Einkehrmöglichkeiten am Wegrand wegen, sondern auch, weil bis heute Grautiere am Fuß des Drachenfelses warten, um zumindest Kindern einen Eselsritt den Berg hinauf bis Schloss Drachenburg zu bieten.

(Jörn Hundenborn)

Eselstation an der Talstation der Drachenfelsbahn 1927

DER DRACHENFELS-TOURISMUS-BAHNHOF IN KÖNIGSWINTER – MEHR ALS EIN BAHNHOF

Die historische Fassade blieb nahezu unverändert und dennoch ist das Gebäude kaum wiederzuerkennen – eine geschlossene Front aus Glas und schlanken Aluminiumstreben verleiht der ursprünglichen Talstation der Drachenfelsbahn ihr neues Gesicht. Der Hennefer Architekt Michael C. Deisenroth entwickelte das Konzept, das Drachenfelsbahn und Besucherzentrum vereint.

Am Fuße des 321 Meter hohen Berges wurden hierzu 185 Kubikmeter Beton und 21 Tonnen Stahl verbaut. Zuletzt war die Talstation im Jahr 1957 umfassend umgebaut und renoviert worden. Im Zuge dieser Maßnahmen erhielt der Bahnhof eine neuartige, zu allen Seiten offene Dachkonstruktion, die nur geringen Schutz vor Wind und Wetter bot. Im Oktober 2004 war es dann erneut soweit: Gemeinsam mit Klaus Westkamp (Leiter des Arbeitsstabes Bonn-Berlin der Bundesregierung), Bürgermeister Peter Wirtz, Jürgen Limper (Vorstandschef der *Bergbahnen im Siebengebirge AG*) und Dieter Streve-Mülhens (die Familie Streve-Mülhens ist Hauptanteilseigner der Bergbahnen AG) setzte Michael C. Deisenroth zum Spatenstich für den neuen „Drachenfels-Tourismus-Bahnhof" an. Bereits Ende März 2005 konnte die neue Anlaufstelle für Touristen eröffnet werden.

Das Budget für die Umgestaltung in Höhe von 1,97 Millionen Euro stellten zu gleichen Teilen die *Bergbahnen im Siebengebirge AG* und der Bund (aus Mitteln des Bonn-Berlin-Ausgleichs) zur Verfügung. Nachdem für das ursprüngliche Besucherzentrum, das als Highlight eine Ausstellung mit Werken des Künstlers Friedensreich Hundertwasser bieten und auch architektonisch in dessen Stil errichtet werden sollte, kein Investor gefunden werden konnte, entstand die Idee, das Besucherzentrum in die Talstation zu integrieren. 34 Unternehmen, darunter auch zahlreiche aus der Region, waren an dem Projekt beteiligt.

Teil des Konzeptes ist auch die 1927 in einer Maschinenfabrik in Esslingen gebaute Dampflok, die nach der Einstellung des Dampfbetriebs rund 50 Jahre an der Talstation der Drachenfelsbahn ausgestellt wurde. Sie hatte ursprünglich 450 PS Leistung und schaffte es so, mit 10 Stundenkilometern bis zu drei Vorstellwagen mit je 45 Personen den Berg hinaufzuschieben. Der alten Dame gönnte man im 900 Kilometer entfernten Pila (Polen) eine Schönheits- und Auffrischungskur. Erst kurz vor der Eröffnung kehrte sie nach Königswinter zurück. Wie an den übrigen Loks und Wagen gearbeitet wird, lässt sich durch die transparente Bauweise gut beobachten – bei den Wartungsarbeiten kann man den Mitarbeitern über die Schulter schauen.Auch die Geschichte der Zahnradbahn stellt sich dem Besucher nicht nur auf Schautafeln dar – Gerätschaften und andere Schmuckstücke lassen die Vergangenheit lebendig werden.

Wer sich von mehr als 120 Jahren Zahnradbahngeschichte losreißen kann, dem bietet sich nicht nur die Möglichkeit, Fahrkarten für die Drachenfelsbahn zu erwerben, sondern auch die Gelegenheit, sich über alles zu informieren, was das Siebengebirge zu bieten hat – die Tourismus Siebengebirge GmbH hat das Besucherzentrum von der Bergbahnen AG gemietet und betreut dort den Informationsstand. Auf einer mehr als 300 Quadratmeter großen Eingangs- und Ausstellungsfläche, die zum Bahnsteig und zur Bahnhofshalle hin abgetrennt ist, zeigen sich den Gästen alle Facetten des Siebengebirges. Alte Pläne und Zeichnungen aus dem Archivbestand der Drachenfelsbahn mit Wartehalle, Säulen und Bogendächern flossen in die neue Gestaltung mit ein – nun verbinden sich Denkmalschutz und Moderne und weisen den Weg in die Zukunft.

(Katja Eschmann)

KONRAD ADENAUER, PETER PROFITTLICH UND DAS SEILBAHNPROJEKT ZUM DRACHENFELS

„... WEIL DAS PROJEKT IN DEN CHARAKTER DER RHEINFRONT NICHT PASST."

VON BENEDIKT PRAXENTHALER

Die Honnefer Volkszeitung brachte am 1. April 1950 in unverkennbar humoristischer Absicht eine Notiz unter der Überschrift „Grundsteinlegung zur Seilbahn auf den Drachenfels". Aber schon drei Wochen später musste das Honnefer Traditionsblatt seinen Lesern gegenüber einräumen, dass es sich bei dem Seilbahnprojekt um mehr als einen Aprilscherz handelte – es war durchaus ernst gemeint. Im Bericht über eine Versammlung des erst zu Jahresanfang gegründeten *Rhöndorfer Ortsvereins* wurde mitgeteilt, dass jetzt die wirtschaftliche Durchführbarkeit geprüft werden solle. Mit diesem wohlwollend verfassten Artikel begann der publizistische Geleitschutz für das Seilbahnprojekt durch die Honnefer Volkszeitung, auf den sich dessen Initiatoren später immer verlassen konnten. Am 5. Mai 1950 brachte die Zeitung an unauffälliger Stelle eine kleine Meldung:

In der Frage des Baues einer Seilbahn von Rhöndorf zur Kuppe des Drachenfels' fand gestern eine mehrstündige Besprechung statt. Die Besprechung hatte, wie wir hören, ein recht positives Ergebnis. Es wurde über alle Fragen eine Einigung erzielt und die Pläne wurden in Auftrag gegeben.

Diese Berichterstattung blieb natürlich auch in Königswinter nicht verborgen, wo viele die drohende Konkurrenz zur damals noch dampfbetriebenen Drachenfelsbahn fürchteten. Der Kölner Stadtanzeiger glaubte am 6. Mai die Königswinterer noch beruhigen zu können und prophezeite, dass dieses Projekt niemals genehmigt werden würde. Mit seinem Artikel „Drahtseilbahn – ein Versuchsballon?" führte er bereits jetzt jenes Schlagwort in die Debatte ein, welches durch das folgende Jahrzehnt hindurch immer wieder gebraucht werden sollte: „Verschandelung".

Blick zum Drachenfels von Bad Honnef aus

Hinter dem Seilbahnprojekt standen in erster Reihe Rhöndorfer Geschäftsleute, allen voran der Bäckermeister Peter Profittlich. Aus heutiger Sicht betrachtet muss man ihnen zugestehen, dass sie den sich nach dem Zweiten Weltkrieg vollziehenden Strukturwandel im Fremdenverkehr sehr rasch und richtig erkannten. Vorher zeichnete sich der Fremdenverkehr in Rhöndorf größtenteils durch Übernachtungsgäste aus, immerhin erwirtschaftete Rhöndorf 70 Prozent der gesamten Kurtaxe von Honnef. Die jüngeren Söhne Konrad Adenauers, der seit 1935 im Ort lebte, besserten sich durch Koffertragen für die Gäste ihr Taschengeld auf. Aber nach dem Krieg änderte sich die Lage. Nicht nur in Rhöndorf, sondern im ganzen Siebengebirge blieben immer weniger Gäste über Nacht, während die Zahl der bloßen Tagestouristen zunahm. Für diese war die Stadt Königswinter mit ihrer Rhein-Promenade und ihren beiden Bergbahnen – der Petersbergbahn und der Drachenfelsbahn – attraktiver als das kleine Örtchen Rhöndorf auf der anderen Seite des Drachenfelses, der im Zentrum des touristischen Interesses lag. Somit war die Idee, auch von Rhöndorf aus eine Möglichkeit des Personentransportes auf den 321 Meter hohen Berg zu schaffen, alles andere als ein wirrer Einfall, sondern durchaus geeignet, die Attraktivität Rhöndorfs für wenigstens eine bestimmte Art von Tourismus zu steigern.

Bewies Durchhaltevermögen: Bäckermeister Peter Profittlich

„DER STADTVERWALTUNG IST OFFIZIELL NICHTS BEKANNT."

Wohl durch den erwähnten Bericht im Kölner Stadtanzeiger sah sich das Amt des Landeskonservators Rheinland veranlasst, am 8. Mai 1950 beim Siegburger Oberkreisdirektor Josef Clarenz sogleich seine Bedenken geltend zu machen. Es verwies dabei nicht nur auf schützenswerte alte Fachwerkhäuser im alten Rhöndorfer Ortskern, sondern auch auf die Gefahr „der durch eine solche Schwebebahn drohenden Verunstaltung des gesamten Rheintal-Landschaftbildes." Auch der Kreisbeauftragte für den Naturschutz, Theo Luthardt, bat Clarenz am 11. Mai besorgt, bei der Stadt Honnef Erkundigungen einzuholen und wies vorsorglich auf die Notwendigkeit des rechtzeitigen Einschaltens der Naturschutzbehörden hin. Auf eine entsprechende Anfrage teilte schließlich der Honnefer Stadtdirektor dem Oberkreisdirektor am 20. Mai mit, dass der Stadtverwaltung von der Anlage einer Drahtseilbahn „offiziell nichts bekannt" sei. Sozusagen inoffiziell wusste er allerdings zu berichten, dass „dem Vernehmen nach in Rhöndorf Bestrebungen im Gange seien, die besonders von dem Honnefer Verein ‚Rhöndorfer Bürgerverein' angeregt würden".

Dass die Honnefer Stadtverwaltung nicht einmal den genauen Namen des Rhöndorfer Vereins kannte – „Ortsverein Rhöndorf" und nicht „Rhöndorfer Bürgerverein" –, hatte seinen Grund in den spärlichen Informationen, welche die Rhöndorfer Betreiber des Seilbahnprojekts lieferten. Wiederum nur aus der Zeitung erfuhren Kreis- und Stadtverwaltung am 13. Juni 1950, dass der Ortsverein Rhöndorf nicht nur eine Seilbahn bauen, sondern auch die Villa Merkens mit ihrem Park in den Besitz des Vereins übernehmen und in ein „Klubhaus" für die im Ort weilenden Gäste umwandeln wollte. Schließlich stellte Peter Profittlich als Erster Vorsitzender des Ortsvereins am 17. Juni beim Oberkreisdirektor den Antrag auf den Bau einer Seilbahn und brachte auch seine persönliche Motivation zum Ausdruck: „Die Anmeldung geht von mir aus, weil ich Urheber dieser Idee bin, und dadurch bedingt, meinen Einfluss, der nur für das Interesse des Ortes arbeitet, gewahrt wissen möchte."

Hatte die Lage in Rhöndorf stets souverän unter Kontrolle: Konrad Adenauer

KONRAD ADENAUER NIMMT „MANCHE SCHWIERIGKEITEN“ AN.

Wenige Tage später, am 20. Juni 1950, wurde auch Konrad Adenauer, der sich seit jungen Jahren mit dem Siebengebirge verbunden wusste, zum ersten Male in der Auseinandersetzung um den Seilbahnbau aktiv. Er war aber freilich politisch viel zu erfahren, als dass er sich mit einer öffentlichen Stellungnahme an der Diskussion beteiligt hätte. Vielmehr schrieb er einen vertraulichen Brief an den Bonner Oberbürgermeister und Vorsitzenden des *Verschönerungsvereins für das Siebengebirge*, Peter Stockhausen: „Hier gehen Gerüchte um, dass eine Drahtseilbahn oder etwas ähnliches von Rhöndorf auf den Drachenfels gebaut werden soll.“ Hinter dieser Formulierung verbarg Adenauer geschickt den Umstand, dass er bereits seit Monaten über das Vorhaben aus erster Hand informiert war: Profittlich selbst hatte ihm am 5. Februar 1950 nicht nur das Vorhaben angekündigt, sondern sogar die Pläne vorgelegt. Adenauer wählte damals aus dem von ihm aufs Beste beherrschten Repertoire verschiedener Formen der brieflichen Antwort eine der kühlsten, indem er am nächsten Tag nicht selbst antwortete, sondern durch seine Sekretärin kurz und knapp ausrichten ließ: „Der Herr Bundeskanzler dankt für Ihr Schreiben vom 5. des Monats nebst Anlage. Er nimmt an, dass wohl manche Schwierigkeiten noch bestehen werden, weil das Projekt in den Charakter der Rheinfront nicht passt.“

Das Eingreifen Adenauers führte zu dem gewünschten Ergebnis: Am 24. Juni konnte Stockhausen berichten, dass sich der Vorstand des Verschönerungsvereins „eindeutig und einstimmig“ gegen das Seilbahnprojekt ausgesprochen hatte, wobei er zugab, dass dieses ohne Kenntnis der Einzelheiten des Planes geschehen war.

Mit dem Verschönerungsverein hatte sich der erste der beiden größten Grundeigentümer auf dem Drachenfels eindeutig gegen die Seilbahn positioniert. Auch der zweite, das Land Nordrhein-Westfalen, ließ es in seiner Haltung an Bestimmtheit nicht mangeln. So erklärte der Kölner Regierungspräsident Wilhelm Warsch Ende September 1950 im Anschluss an einen Diensttermin auf der Insel Grafenwerth den Pressevertretern, dass „er jede D-Mark, die man in die Planung für ein derartiges Projekt hineinstecke, als weggeworfenes Geld betrachten müsse“, da das Land ihm „keinerlei Sympathien“ entgegenbrächte. Warsch

Handelte stets im Hintergrund und diskret: Konrad Adenauer vor dem Drachenfels

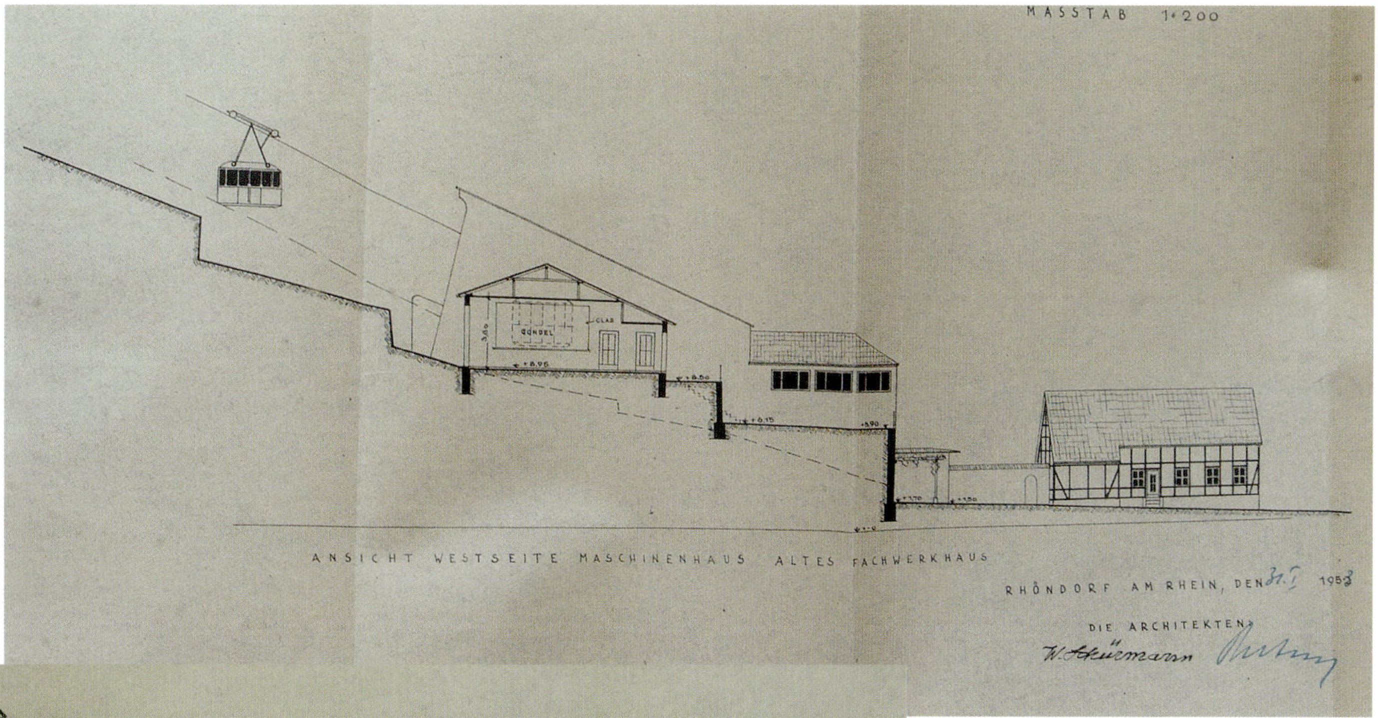

oben, links, unten: Architektenzeichnungen zum Bau der Seilbahn

fürchtete, dass Rhöndorf die „erholungsspendende Stille" verlieren könnte, während dem „vorerst noch mehr auf den Massenverkehr angewiesenen" Königswinter der Verkehr abgezogen würde. Der Direktor der *Bergbahnen im Siebengebirge A.G.*, Jakob Wetzel, rechnete vor, dass der Ortsverein von unrealistisch hohen Fahrgastzahlen und zu niedrigen Investitionskosten ausging und daher das ganze Projekt nicht wirtschaftlich sei. Zu den ablehnenden Stimmen aus Königswinter gesellten sich aber durchaus auch einige aus Honnef. So fürchtete der Aufsichtsrat der *Bad Honnef AG*, der die Organisation des Kurbetriebes oblag, „nachteilige Rückwirkungen des mit diesem Projekt verbundenen Stoßverkehrs auf die Entwicklung Bad Honnefs als anerkanntes Heilbad und bekannter Luftkurort".

STUDIENREISE NACH BAYERN

Durch diese ersten Misserfolge in der Startphase des Seilbahnprojektes ließen sich dessen Betreiber aber nicht entmutigen. Ihnen war klar geworden, dass ihr Vorhaben mehr Professionalität bedurfte. Ende Juli 1950 begab sich eine Abordnung in die bayerischen Alpen, um dort Informationen über die Konstruktion und die Rentabilität von Bergbahnen einzuholen. Auf ihrer Hauptversammlung Mitte Juni 1951 sprachen sich 68 von 69 anwesenden Mitgliedern des Ortsvereins Rhöndorf für den Bau einer Seilbahnanlage aus. Zur Absicherung der Finanzierung des Projektes knüpfte Profittlich viel versprechende Kontakte zu dem Königswinterer Fabrikanten Paul Lemmerz. Am 31. Januar 1953 reichten Profittlich, der im November 1952 für die CDU in den Honnefer Stadtrat eingezogen war, und der Bauunternehmer Emil Putsch bei der Kreisverwaltung detaillierte Bauunterlagen ein. Besondere Mühe hatten sie dabei auf die Gestaltung der Talstation, die am Rhöndorfer Platz „Am Ziepchen" errichtet werden sollte, gelegt:

Die Gebäude [der Talstation] lehnen sich ohne Aufdringlichkeit in die bestehende Bergwelt ein, wobei der vorherrschende Weinbergcharakter ganz besonders herausgestellt werden soll.

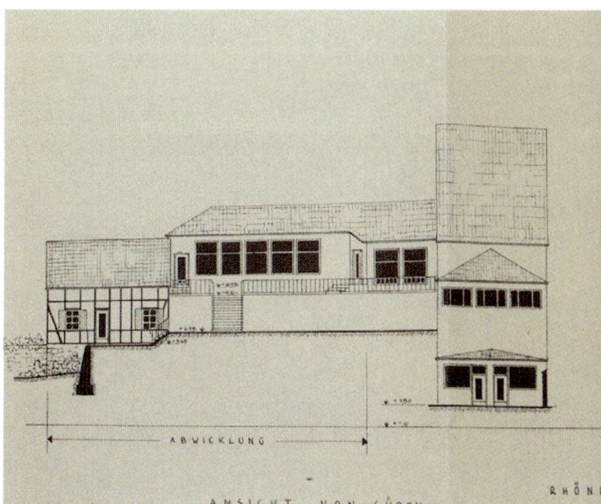

Idyllisches Rhöndorf

Sowohl das eigentliche, schräg ansteigende Stationsgebäude als auch das Warte- und Gaststättengebäude werden aus Ziegelsteinen errichtet. Das erstgenannte Gebäude erhält eine Eisenbetondecke unmittelbar unter der Dachbedeckung. Die Fenster sind Stahlfenster. Die Gebäude erhalten einen rauen Putz. Das Wohn- und Bürogebäude wird in Fachwerk mit Schwemmsteinausmauerung erbaut und innen mit einer Heraklithlage ausgekleidet, die Fenster sind aus Holz. Alle Dächer werden in Schiefer gedeckt.

Im Unterschied zu den ursprünglichen Plänen einer Umlaufbahn mit vielen Sesseln bzw. Kabinen favorisierten die beiden Antragsteller nunmehr eine Pendel-Bahn mit zwei Großraum-Gondeln für jeweils 30 Passagiere. Die Pläne sahen lediglich zwei Stützen vor, die zudem durch eine geschickte Einpassung in die Landschaft vom Ort aus betrachtet angeblich nicht sichtbar gewesen wären.

„ICH SEHE VON MEINER EIGENSCHAFT ALS BUNDESKANZLER AB."

Natürlich ließ dieser Antrag nicht nur den Blätterwald erneut kräftig rauschen, sondern sorgte auch für eine heftige und kontroverse Diskussion in ganz Honnef. Am 15. April empfahl der Haupt- und Finanzausschuss des Stadtrates die Zustimmung zu dem Projekt. Jetzt sah auch Adenauer, an dessen Gegnerschaft zur Seilbahn sich nichts geändert hatte, den Zeitpunkt zum diskreten Eingreifen gekommen. Am 27. April – einige Tage zuvor war er von seiner ersten, spektakulären USA-Reise zurückgekehrt – nahm er in einem Schreiben an Regierungspräsident Warsch erneut Stellung gegen das Projekt. Mit Erfolg, denn Warsch antwortete umgehend: „Ich glaube, dass es Ihnen vollauf genügt, von mir zu hören, dass meine bisherige Haltung ... sich nicht geändert hat."

Im Rhöndorfer Karneval durfte die Seilbahn natürlich nicht fehlen.

Wenige Tage später kam es im Stadtrat zu einer großen Überraschung, als Profittlich und Putsch ihren Antrag zum Seilbahnbau ohne Angabe von Gründen zurückzogen. Ein Ende der Diskussion bedeutete dieses allerdings nicht, vielmehr brach nun der Konflikt zwischen der Mehrheit der Honnefer CDU und Adenauer vollends auf. In einem Brief an den CDU-Vorsitzenden, Georg Kliesing, schrieb der erboste Kanzler:

Ich bin der Auffassung, dass die CDU-Fraktion aus sich heraus, ehe sie einen Beschluss gefasst hat, an mich hätte herantreten sollen mit der Frage, wie ich zu dem Projekt stünde. Das hat sie nicht getan, trotzdem ich Vorsitzender der CDU und Ehrenbürger der Stadt Honnef bin. Ich sehe von meiner Eigenschaft als Bundeskanzler ab, obgleich auch diese Eigenschaft immerhin eine gewisse Berücksichtigung gefordert hätte.

In seinem Schreiben an Kliesing bemühte Adenauer auch noch einen Vorfall aus dem vorangangenen Jahr, als Profittlich seiner Enttäuschung über das Fernbleiben des Bundeskanzlers auf dem Rhöndorfer Schützenfest Luft machte und ihn in Gegenwart von dessen Sohn Georg als „A...loch" bezeichnete. Obwohl sich der sofort von Kliesing zur Rede gestellte Profittlich umgehend bei Adenauer schriftlich und in aller Form entschuldigte, wurde fortan das Seilbahnprojekt immer wieder mit dem Kraftausdruck in Verbindung gebracht.

Die CDU-Fraktion im Honnefer Stadtrat stand vor dem Dilemma, entweder ihr prominentestes Mitglied, den Bundeskanzler, in aller Öffentlichkeit zu brüskieren, oder vor aller Augen gegen das Projekt zu stimmen und als „Umfaller“ dazustehen. In dieser Situation schaltete sich der Pfarrer von St. Johann Baptist in Honnef ein.

Vermittlungsversuch: Pfarrer Hubert Wüsten von St. Johann Baptist

„... NICHT DEN ANSCHEIN DEMOKRATISCHER UNSELBSTSTÄNDIGKEIT ERWECKEN ...“

Das Verhältnis Adenauers zu seinem Rhöndorfer Pfarrer Martin Lemmen war nicht frei von Konflikten, mehr als einmal schrieb der Kanzler einen Brief mit deutlicher Kritik an der liturgischen Gestaltung der Messe und vor allem an der Predigt. Wesentlich besser waren die Beziehungen zum Honnefer Pfarrherrn Hubert Wüsten, der am 24. Mai 1953 mit einem Brief den Versuch einer Vermittlung im Seilbahn-Streit zwischen der Honnefer CDU und seinem prominentesten Mitglied unternahm. Nachdem er sich zuerst für den Empfang „eines ordentlichen Kaffee-Paketes“ bedankt hatte, legte er mit wohlfeilen Formulierungen Fürsprache für die örtlichen CDU-Politiker ein:

Die Honnefer CDU-Fraktion hatte sich, ohne von der Ablehnung des Herrn Bundeskanzlers zu wissen, in Fraktionssitzung und Stadtvertreter-Ausschuss auf die Zustimmung der Seilbahn festgelegt. Nachdem Sie Bürgermeister Mölbert Ihre Ablehnung mitgeteilt haben, fällt es den CDU-Vertretern nun schwer, „ihr eigenes Wort zu fressen“, und nunmehr mit „Nein“ zu stimmen. Gegenüber den anderen Stadtvertretern fühlt sich die CDU in eine sehr peinlichen Lage: Sie möchte nicht den Anschein demokratischer Unselbstständigkeit erwecken, aber auch andererseits nie dem Herrn Bundeskanzler widersprechen.“

Wüsten schlug Adenauer auch gleich einen Ausweg aus dem Dilemma vor: Der Bundeskanzler sollte seinen Einfluss beim Regierungspräsidenten Warsch nutzen und diesen veranlassen, dem Honnefer Stadtrat die Entscheidung über den Seilbahnbau entziehen zu lassen. Dass Adenauer längst mit Warsch Verbindung aufgenommen hatte, wusste Wüsten offensichtlich nicht. Zu einer Schlussabstimmung im Honnefer Stadtrat, die wegen der Zuständigkeit von Oberkreisdirektor und Regierungspräsidenten ohnehin nur empfehlenden Charakter gehabt hätte, kam es indes nicht.

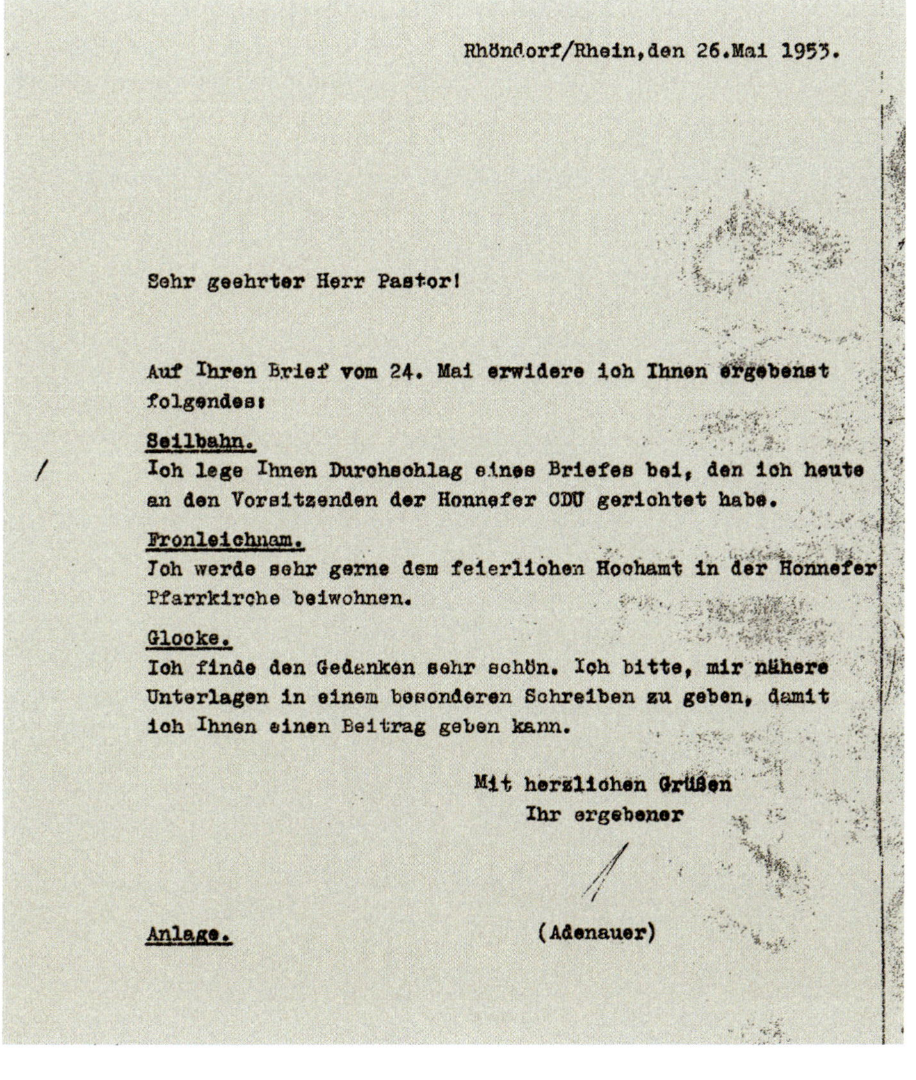

Rhöndorf/Rhein, den 26. Mai 1953.

Sehr geehrter Herr Pastor!

Auf Ihren Brief vom 24. Mai erwidere ich Ihnen ergebenst folgendes:

Seilbahn.
Ich lege Ihnen Durchschlag eines Briefes bei, den ich heute an den Vorsitzenden der Honnefer CDU gerichtet habe.

Fronleichnam.
Ich werde sehr gerne dem feierlichen Hochamt in der Honnefer Pfarrkirche beiwohnen.

Glocke.
Ich finde den Gedanken sehr schön. Ich bitte, mir nähere Unterlagen in einem besonderen Schreiben zu geben, damit ich Ihnen einen Beitrag geben kann.

Mit herzlichen Grüßen
Ihr ergebener

Anlage.

(Adenauer)

(aus dem Archiv der Stiftung Bundeskanzler-Adenauer-Haus)

Der Seilbahn-Streit sorgte für bundesweite Beachtung. Eine Karikatur im Stern vom 21. Februar 1959

NEUER ANLAUF 1959

Anfang 1959 erhielt Adenauer verdichtete Hinweise darüber, dass Profittlich seine Bemühungen um einen Seilbahnbau wieder intensiviert hatte. Bei einer Vorbesprechung seines alljährlichen Routinebesuches bei Adenauer teilte CDU-Vorsitzender Kliesing dem Büroleiter des Bundeskanzlers, Josef-Wilhelm Selbach, mit, dass es ungewiss sei, ob sich bei einer entsprechenden Anfrage der Stadtrat gegen ein Seilbahnprojekt aussprechen werde. Außerdem war sich Selbach nicht sicher, ob der erst seit Anfang 1959 amtierende neue Kölner Regierungspräsident Franz Grobben dem Seilbahnprojekt genauso eindeutig ablehnend gegenüberstand wie sein Vorgänger Warsch. In der Fortführung der Taktik seines Chefs, nur diskret und auf keinen Fall öffentlich tätig zu werden, schlug Selbach Adenauer vor, sich durch Grobben den Standpunkt seines Vorgängers bestätigen zu lassen, bevor dieser überhaupt durch einen ordentlichen Antrag mit dieser Frage offiziell befasst würde. Nachdem Adenauer diesem Vorschlag zugestimmt hatte, konnte Selbach dem Bundeskanzler wenige Tage später von einer Unterredung mit Grobben berichten, dass bei diesem „keine Neigung bestehe, von den früheren, gegenüber dem Seilbahnprojekt ablehnenden Entscheidungen der Regierungspräsidenten Warsch und Rieger abzuweichen".

Die Gerüchte um das Wiederaufleben der Drachenfelspläne wurden am 22. Februar 1959 konkret, als Profittlich mit sechs weiteren Personen den Verein *Studiengesellschaft Seilbahn Rhöndorf e. V.* gründete. Dessen Zweck war laut Satzung „die Untersuchung und Beschaffung der Unterlagen für den Bau einer Seilbahn von Rhöndorf auf den Drachenfels".

Zwar ist der unmittelbare Bezug zu dieser Vereinsgründung nicht sicher erkennbar, aber am 26. Februar 1959 sprach der nordrhein-westfälische Wirtschafts- und Verkehrsminister Hans Lauscher ein Machtwort und verkündete, dass eine Seilbahn zum Drachenfels nicht genehmigt würde. Auf die Frage eines kecken Journalisten erklärte der Minister, dass „die Tatsache, dass zufällig ein prominenter Bundespolitiker in Rhöndorf wohne, dabei keine Rolle gespielt habe".

NEUE OPTION: EINE SEILBAHN ZUR LÖWENBURG

Jetzt sahen auch Profittlich und seine Mitstreiter die Aussichtslosigkeit ihres Vorhabens ein und verfolgten die Absicht des Baus einer Seilbahn zum Drachenfels nicht weiter. Stattdessen gaben sie nunmehr Planungen in Auftrag, die eine Linienführung von Rhöndorf über die Wolkenburg zur Löwenburg vorsahen.

Insgesamt 65 Kleinkabinen sollten über eine Gesamtlänge von 3.260 Metern stündlich bis zu 800 Fahrgäste auf den 455 Meter hohen Berg befördern. Ein Modell dieser gleichfalls nie realisierten Anlage ist noch heute im oberen Gastzimmer des Cafés Profittlich zu sehen.

Das Seilbahnprojekt hielt die Stadt Honnef und insbesondere ihren Ortsteil Rhöndorf über ein Jahrzehnt lang in Atem und erlangte sehr bald auch bundesweite Aufmerksamkeit. Dieses lag nicht zuletzt daran, dass die herausragenden Vertreter der Befürworter und der Gegner dieses Planes, der Bäckermeister Peter Profittlich und der Bundeskanzler Konrad Adenauer, beide sehr willensstarke Charaktere waren und in der Auseinandersetzung ihr ganzes politisches Können unter Beweis stellten. Die Bemühungen um eine Seilbahn in Rhöndorf endeten mit dem Tode Peter Profittlichs 1963 und wurden auch nach dem Tode Konrad Adenauers 1967 nie wieder aufgegriffen.

Der Verfasser dankt Herrn Peter Profittlich für die freundliche Erlaubnis, Einsicht in Familienunterlagen zu nehmen. Eine mit Fußnoten und Quellenangaben versehene Fassung des Aufsatzes stellt die Jahrbuch-Redaktion auf Anfrage gerne zur Verfügung.

PREUSSENS KURZLEBIGE „LANGE LEITUNG“ IN DIE RHEINPROVINZEN:

DIE OPTISCHE TELEGRAFENLINIE

VON BERLIN NACH KOBLENZ UND IHRE STATIONEN IN HENNEF-SÖVEN UND TROISDORF-SPICH

VON CLAUDIA MARIA ARNDT

DIE ENTWICKLUNG DER OPTISCHEN TELEGRAFIE

Unter dem Begriff der optischen Telegrafie versteht man die Nachrichtenübermittlung über große Entfernungen mithilfe mechanischer Vorrichtungen. So dienten schon in der Antike Feuer- und Rauchzeichen zur Übermittlung von Nachrichten. Durch diese sehr einfache optische Telegrafie konnten jedoch nur jeweils zuvor verabredete Botschaften weitergeleitet werden. Diese Methode nutzten beispielsweise auch die Römer, die entlang der Grenzen des Römischen Reiches Wachtürme bauten und von diesen aus über Feuerzeichen miteinander kommunizierten.

Mast des Telegrafenhauses Köln-Flittard (2005)

Ausgangspunkt der modernen optischen Telegrafie war die Erfindung des dioptrischen Fernrohrs (Refraktor) im Jahr 1609 durch holländische Brillenmacher, mit dem die Reichweite der menschlichen Wahrnehmung erheblich zunahm. Der britische Astronom Robert Hooke gab 1684 die erste technische Beschreibung eines Semaphors (griechisch „sema“ = Zeichen und „phoros“ = tragend) unter dem Titel *Mittel zur Mitteilung der eigenen Gedanken über weite Entfernungen hinweg* heraus. Seine dort dargestellten Ideen – große, mit Buchstaben beschriebene Tafeln sollten mit Seilzügen auf einem Mastsystem aufgebaut und mithilfe eines Fernrohrs abgelesen werden – erwiesen sich jedoch in der technischen Umsetzung als problematisch. Erst dem französischen Techniker Claude Chappe (1763-1805) gelang in den Wirren der französischen Revolution eine technisch praktikable optische Telegrafievorrichtung, basierend auf der Zeichenübermittlung mithilfe von schwenkbaren Signalarmen. An einem fünf Meter hohen Mast mit zwei Querbalken war jeweils ein weiterer schwenkbarer Balken am Ende der Querbalken angebracht, der je nach Position unterschiedliche Buchstaben signalisierte. Mit einem Fernrohr wurden die Zeichen wahrgenommen, sie wurden registriert und dann weitergegeben. 1791 führte Chappe zusammen mit seinen Brüdern diese Semaphoren erfolgreich öffentlich vor und 1792 konnte er die gesetzgebende Nationalversammlung von der Notwendigkeit einer 70 Kilometer langen Versuchsstrecke zwischen Pelletier St. Fargaux und St. Martin de Thetre überzeugen.

Turm einer Telegraphenstation und Zeichenalphabet, ca. 1834

Position der Signalarme und die Bedeutung der Zeichen nach Chappe

Die erste reguläre Telegrafenlinie, bestehend aus 22 Semaphorstationen und mit einer Länge von 270 Kilometern, wurde 1794 zwischen Paris und Lille gebaut. In den folgenden fünfzig Jahren entstand in Frankreich ein flächendeckendes Telegrafennetz, das die Hauptstadt Paris mit allen wichtigen Städten des Landes verband. Die Übertragungszeit für einen einzigen Buchstaben dauerte seinerzeit sage und schreibe zwei Minuten.

Von Anfang an wies die optische Telegrafie aber auch entscheidende Nachteile auf, da sie witterungs- und tageszeitabhängig war. Regen, Nebel oder Schnee, einsetzende Dämmerung oder Dunkelheit sowie das Flimmern heißer Luft bei Sonneneinstrahlung verursachten schlechte Sicht und hatten einen oft unregelmäßigen und unzuverlässigen Betrieb zur Folge. Daher verwundert es nicht, dass die von diesen äußeren Faktoren unabhängige elektromagnetische Telegrafie bald die optische Telegrafie ablöste und die letzte derartige Telegrafenlinie in Frankreich 1853 eingestellt wurde.

DIE OPTISCHE TELEGRAFIE IN PREUSSEN

Die Französische Revolution 1789 war das Ereignis, das die größten Auswirkungen auf die politische Landschaft Europas in dieser Epoche zeitigte. Zwar ist es in Deutschland nicht zu einer Revolution gekommen, doch durch die sich anschließenden Kriege mit Frankreich und seinem Feldherren Napoleon durchmischte sich auch die Struktur der deutschen Großmächte Preußen und Österreich. Letztendlich hatten die napoleonischen Siege für die deutschen Länder eine Abtrennung von Gebieten zur Folge, es kam zu einer territorialen Umstrukturierung und somit zur Beseitigung des territorialen „Flickenteppichs“ des Alten Reichs. 1801 erfolgte die Annektierung des Rheinlands durch Napoleon, 1802 wurde die französische Verfassung eingeführt und unter Napoleons Einfluss die bisherige territoriale und politische Ordnung umgestoßen, zudem wurden gesellschaftliche Reformen eingeleitet. Zunächst schlossen sich 16 deutsche Staaten 1806 im Rheinbund zusammen, der nun neben Preußen und Österreich eine dritte deutsche Macht bildete. Nach den Befreiungskriegen (1813-1815), in denen Napoleon von einer europäischen Allianz geschlagen wurde, kamen Rheinland und Westfalen 1815 als rheinische Provinzen zu Preußen, die Franzosen mussten aus dem Rheinland abziehen. Nach 1815 wurden das Rheinland und Westfalen einer administrativ völligen Neugestaltung unterzogen. Bis 1822 bildeten sich daher fünf Regierungsbezirke heraus: Düsseldorf, Aachen, Köln, Münster und Arnsberg.

Obwohl der Gedanke einer militärischen Nutzung der aus Frankreich bekannten optischen Telegrafie schon 1819 vom damaligen Kommandierenden General des IV. Armeekorps, Carl Ferdinand Freiherr von Müffling (1775-1851), geäußert worden war, scheiterten diese Vorstöße am preußischen Kriegsminister Karl von Hake, der als „Militärbürokrat alten Stils“ dem Einsatz fortschrittlicher telegrafischer Systeme bei der militärischen Aufklärung nichts abgewinnen konnte. 1829 gab er eine neuerliche Initiative von Müfflings zumindest auf den Instanzenweg und löste damit seinerzeit ein regelrechtes „Telegrafenfieber“ aus. Zahlreiche Entwürfe

Forsthaus Telegraph bei Troisdorf (Ansichtskarte, ca. 1918)

wurden eingereicht, von denen der des Geheimen Postrats Karl Philipp Heinrich Pistor (1778-1847) den Zuschlag erhielt. Im Dezember 1830 legte er dem Ministerium der Auswärtigen Angelegenheiten eine Denkschrift über den *Entwurf zur Errichtung einer Telegraphenlinie in den Königlich Preußischen Staaten* vor. Er erkannte in seinen Ausführungen das entstandene „Bedürfnis rascher Communication" zwischen der Landeshauptstadt Berlin und den zu Preußen gehörenden, aber von den Kernlanden territorial getrennten Rheinprovinzen. So schrieb er: „Daß übrigens gerade für die Rhein-Provinz vorzugsweise ein so rasches Communications-Mittel zur Hauptstadt Bedürfniß sei, findet seinen Nachweis zunächst wohl darin, daß diese Provinzen, die volkreichsten, die gewerbereichsten und zugleich die beweglichsten der ganzen Monarchie sind [...] Das dortige Leben erfordert daher auch unstreitig das raschere Eingreifen [...]."

Haus Telegraf in Söven mit nachträglicher Einzeichnung der Masten

1832 erteilte König Friedrich Wilhelm III. (1770-1840, regierte seit 1797) mit *Geheimer Kabinettsorder* vom 21. Juli die Genehmigung zum Bau einer optischen Telegrafenlinie von Berlin bis Koblenz. Die technische Ausrüstung der Stationen oblag dem Geheimen Postrat Karl Philipp Heinrich Pistor, die Gesamtbauleitung dem Major im Generalstab Franz August Oetzel (1783-1850), der sich später eigenmächtig den Namen O'Etzel zulegte. Zu den Zwischenstationen dieser Linie, die bei der Berliner Sternwarte in der Dorotheenstraße begann, gehörten u. a. Potsdam, Brandenburg, Magdeburg, Braunschweig, Hildesheim, Paderborn, Köln und in unserem heutigen Kreisgebiet Söven sowie das heute so genannte *Forsthaus Telegraph* am Troisdorfer Telegraphenberg. Der Abstand zwischen den einzelnen Stationen betrug sieben bis elf Kilometer. Am 1. Oktober 1833 nahmen die insgesamt 61 Stationen – 1842 kam noch eine 62. dazu – dieser beinahe 700 Kilometer langen optischen Telegrafenlinie ihren Betrieb auf; sie diente ausschließlich der höfischen und staatlichen Korrespondenz. Die Gesamtkosten für Bau und Ausrüstung der Telegrafenlinie lagen bei circa 155.000 Talern, die jährlichen Unterhaltungskosten bei rund 54.000 Talern. Die militärische Nutzung war vor allem auf die beschränkte Übertragungskapazität zurückzuführen, die maximal sechs Telegramme pro Tag zuließ. Die Laufzeit eines Zeichens von Berlin nach Koblenz betrug siebeneinhalb Minuten, die Durchgabe eines Telegramms mit 25 Wörtern dauerte daher mehrere Stunden. Auch war das Chiffrieren und Dechiffrieren mittels Codebüchern eine zeitaufwändige Angelegenheit. Jährlich kam man so auf 500 bis 700 Telegramme.

DAS ENDE DER OPTISCHEN TELEGRAFIE IN PREUSSEN

Auf Grund der bekannten Nachteile der optischen Telegrafie, ihrer Wetter- und Witterungsabhängigkeit, die durchschnittlich täglich einen nur sechsstündigen, im Winter einen nur dreistündigen Betrieb zuließ, setzte sich Franz August Oetzel bereits seit 1837 auch mit den Entwicklungen auf dem Gebiet der innovativen elektromagnetischen Telegrafentechnik auseinander. Anfangs verfolgte er die Vorstellung, die optische Telegrafenlinie auf überlasteten Teilstücken mit der neuen Technik zu unterstützen. Jedoch entwickelte sich die neue Technologie sehr schnell, und 1848 stellte die preußische Regierung auf einen Schlag die Strecke Berlin – Köln auf die neue Technik um. 1849 konnte auch der öffentliche Verkehr an der Linie partizipieren. Schließlich wurde 1852 der Betrieb mit dem optischen Telegrafen auch auf dem restlichen Teilstück zwischen Köln und Koblenz eingestellt.

Haus Telegraf in Söven (um 1972)

Ansichtskarte mit Telegrafenhaus in Spich (um 1920)

Ansichtskarte mit ehemaligem Telegrafenhaus in Spich (um 1900)

DIE TELEGRAFENSTATIONEN NR. 53 UND NR. 54 DER TELEGRAFENLINIE VON BERLIN NACH KOBLENZ: SÖVEN UND DAS „FORSTHAUS TELEGRAPH" IN SPICH

Bei der Suche nach geeigneten Objekten für die benötigten Telegrafenstationen – es entstanden nicht nur Neubauten, sondern es wurde auch auf vorhandene Bausubstanz zurückgegriffen – verfuhren die Verantwortlichen nicht gerade zimperlich. Die wichtigsten Bestandteile eines optischen Telegrafen waren der circa sechs Meter hohe Mastbaum, der die Plattform des Turmes um etliche Meter überragte, und die daran befestigten sechs Flügel, mit denen 4.096 Zeichen – übrigens ein größerer Zeichenvorrat als bei Chappes System – dargestellt werden konnten. Da Kirchtürme sich für die Einrichtung der Balken, mit denen durch verschiedene, mittels Seilzügen bewerkstelligte Positionen die einzelnen Zeichen weitergegeben wurden, besonders eigneten, wurde so manches Objekt einfach zur Garnisonskirche erklärt. Zur besseren Sicht wurden außerdem zwischen den einzelnen Stationen Waldungen gelichtet, Bäume gekürzt oder überhaupt Schneisen in den Wald geschlagen. Im Allgemeinen waren die Stationsneubauten massive Steinbauten und dienten bis auf das Beobachtungszimmer im vierten Stock als Dienstwohnung für einen Ober- und einen Untertelegrafisten.

Die Station Nr. 53 war die in Spich, die Anfang der 1830er Jahre auf dem Ravensberg „im Spicher Busch" in einem kaum genutzten Gelände errichtet wurde; heute heißt die 134 Meter hohe Anhöhe Telegraphenberg. Dieses Grundstück stellte Freiherr von Spieß-Büllesheim auf Hall der preußischen Telegrafendirektion unter Vorbehalt kostenlos zur Verfügung. Die Forstinspektion Bensberg wies den Oberförster Kesseler in Siegburg auf Grund einer entsprechenden Ordre vom Oktober 1832 an, beim Bau der Spicher Station zu helfen. Von dem Gebäude existieren heute noch Pläne im Landeshauptarchiv Düsseldorf. Demnach handelte es sich bei der Spicher Telegrafenstation um ein einstöckiges Gebäude mit massiven Außenmauern, einem Innenausbau aus Fachwerk und Fußböden aus Tannenholz. Der Turm besaß wohl drei Geschosse und eine Treppe mit 44 Stufen, die zum eigentlichen „Arbeitsplatz" der Telegrafisten führte. Die Telegrafisten, dem so genannten „Telegraphen-

Das heutige „Forsthaus Telegraph" in Spich (2005)

Ansichtskarte mit ehemaligem Telegrafenhaus in Spich (Ende 19. Jh.)

Corps" zugehörig und dem Kriegsministerium unterstellt, wohnten auch in den Stationen. Natürlich waren die Flügel am Mastbaum so bemessen, dass man sie von den nächsten Stationen in Niederzündorf (Station Nr. 52) und Söven mit dem Fernrohr noch sehen konnte. Im Erdgeschoss befanden sich zwei Küchen und zwei weitere Zimmer, im Dachgeschoss zwei Stuben und zwei Kammern. Außerdem gehörte ein Ökonomieanbau zum Haus, in welchem Stallungen und Aborte untergebracht waren.

Nachdem der Telegrafenbetrieb eingestellt worden war, musste das Grundstück 1850 vereinbarungsgemäß an den Freiherren von Spieß-Büllesheim zurückgegeben werden. Da dieser erklärte, für die Telegrafenstation keinen Bedarf zu haben, wurde das Gebäude auf Abbruch – der Abbruchwert wurde mit 80 Talern bestimmt – verkauft. Für 115 Taler kam das Haus schließlich im März 1853 mit der Auflage unter den Hammer, dass es bis Mai abgerissen werden müsse. Der Freiherr hatte jedoch über einen Strohmann das Gebäude kaufen lassen; er ließ es ausbessern und stellte es seinem Förster als Wohnung zur Verfügung; die ehemalige Telegrafenstation diente von nun an als Försterei, später war dem Förster auch der Betrieb einer Gastwirtschaft gestattet. Mehreren Abbruchsaufforderungen wurde übrigens seitens des Freiherrn nicht entsprochen.

Auch von baulichen Veränderungen blieb das Gebäude in den kommenden Jahrzehnten nicht verschont: Ein Stockwerk des Turmes wurde abgetragen, der Turm wurde mit einem Dach versehen, Wohn- und Wirtschaftgebäude wurden durch einen Anbau vergrößert. Möglicherweise brannte die ehemalige Station um 1870 sogar einmal bis auf die Grundmauern ab und wurde wieder aufgebaut; heute sollen nur noch Turm und Hausgrundmauern original sein. Trotz allem sind immer noch einige charakteristische Eigenschaften einer Telegrafenstation zu erkennen: die vier Fenster im Parterre, eins von zwei Giebelkammerfenstern, der Quaderputz sowie der Turm. Die Weltkriege überstand das Haus im Übrigen unbeschadet, obwohl es einige Bombenkrater in der näheren Umgebung gibt.

1894 begann der Förster damit, in den früheren Wirtschaftsräumen Wanderer zu bewirten um damit sein Salär aufzubessern. In den 1920er und 1930er Jahren bewohnte laut *Adreß=Buch des Siegkreises* der Förster Karl Kreuz das Forsthaus. Auch nach dem Krieg wurde das *Haus Telegraf* für die Gastronomie genutzt, 1940, 1950 bzw. 1955/56 nennt das Adressbuch des Siegkreises die Witwe des Franz Kreuz, 1959/60 Frau Elise Kreuz als Inhaberin der Gaststätte *Forsthaus Telegraf.* Bis 1971 war das *Haus Telegraph* ein beliebtes Ausflugsziel und Restaurant, war dann aber stark instandsetzungsbedürftig. Gegenwärtig beherbergt das Haus wieder Gastronomie auf gehobenem Niveau. Der heute obere Teil des Restaurants *Forsthaus Telegraph* war früher der Wohnraum der Telegrafisten, in dem sie ihre Pausen machten oder auch schliefen. Der untere Gastraum entstand erst in den 1960er Jahren.

Die Station Nr. 54 war das Telegrafenhaus in Söven, heute ein Stadtteil von Hennef, die nächsten Stationen von hier aus die nordwestlich gelegene in Spich und die südöstlich gelegene in Eudenbach, Sauerwiese (Station Nr. 55). Letztere wurde schon in den 1860er Jahren auf Abbruch verkauft und existiert heute nicht mehr. Der Bau in Söven ist typengleich mit dem in Köln-Flittard (Station Nr. 50). Die Station wurde seinerzeit auf einem baufreien Stück Land errichtet, auf dem sich der Ackerbau nicht lohnte. Die Sövener Station war unterkellert, hatte im Erdgeschoss eine Küche und zwei Stuben, das Dachgeschoss besaß eine Stube, eine weitere Küche und zwei Kammern. Der Turm war vierstöckig, in ihm waren drei kleine Räume untergebracht. Nach der Stilllegung sollte das Gebäude 1853 der Gemeinde Hennef zur Errichtung eines Schullokals überschrieben werden, das Staatsministerium ließ es jedoch zur öffentlichen Versteigerung ausschreiben. Bei der am 21. April 1853 erfolgten Versteigerung konnte die Gemeinde dann doch das Haus erwerben.

Die ehemalige Telegrafenstation in Köln-Flittard (2005)

Bis 1906 diente die Station dann als Schulhaus. Im selben Jahr erhielt das Gebäude an der Turmseite einen Saalanbau, der fortan die Schule aufnahm, das Haus selbst wurde als Lehrerwohnung genutzt. Nach der Verlegung der Schule 1922 wurden der Saalbau aufgestockt und Privatwohnungen eingerichtet. Kriegsschäden hatte das Gebäude nicht zu verzeichnen, aber Ende der 1960er Jahre befand es sich schließlich in einem ziemlich heruntergekommenen Zustand; u. a. war das Dach durch Blitzschlag beschädigt. Die Gemeinde Hennef trug sich seinerzeit mit Abrissgedanken, denen der Landeskonservator jedoch entgegentrat, da es sich bei dem Haus „um eine der ganz wenigen noch erhaltenen Stationen der Telegrafenlinie Berlin – Koblenz handelte".

1972 beabsichtigte die Gemeinde Hennef, den Turm der Station wieder in Stand zu setzen. Da sich die Kosten hierfür auf 28.000 DM beliefen, wurde der Rhein-Sieg-Kreis um „eine angemessene Kreisbeihilfe" in Höhe von 25 Prozent des anfallenden Betrages gebeten, 14.000 DM waren als Landesbeihilfe eingeplant. Hierzu kam es letztendlich aber nicht, da die Gemeinde Hennef im August 1973 die ehemalige Station an Josef Emanuel Hammer aus Hennef verkaufte und dieser bis 1974 das Haus und den Turm renovierte. 1992 gewann es einen ersten Preis beim Fassadenwettbewerb. Heute dient die Telegrafenstation – auch *Haus Hammer* genannt – als Wohnhaus.

Ansichtskarte von Söven mit ehemaligem Telegrafen (um 1900)

Preußens „lange Leitung" in die Rheinprovinzen war also insgesamt eine recht kurzlebige Geschichte, die man den heute noch existierenden ehemaligen Telegrafenstationen im Rhein-Sieg-Kreis auf den ersten Blick kaum ansieht.

Literaturhinweise (Auswahl):

Beyrer, Klaus: Von Berlin nach Koblenz und zurück. Die preußische optische Telegrafie. In: So weit das Auge reicht. Die Geschichte der optischen Telegrafie. Eine Publikation des Museums für Post und Kommunikation, Frankfurt am Main [...] Hrsg. v. Klaus Beyrer und Birgit-Susann Mathis, Karlsruhe 1995, S. 177-194.

Christ, [Karl]: „Haus Telegraph" bei Troisdorf und in Söven. In: Heimatblätter des Siegkreises 1 (1925), S. 36-38.

Drogge, Horst: Die Entwicklung der optischen Telegrafie in Preußen und ihre Wegbereiter. In: Archiv für deutsche Postgeschichte (1982) H. 2, S. 5-26.

Herbarth, Dieter: Die Entwicklung der optischen Telegrafie in Preußen. Köln 1978. (Arbeitshefte/Landeskonservator Rheinland; 15)

Ansichtskarte mit „Forsthaus Telegraph" in Spich, (Ende 19. Jh.)

MOGGELER & BLEIMÖPS

VON
KARL-E. ANHÄUSER

ÜBER DAS SUCHEN NACH VERSCHOSSENER ARTILLERIEMUNITION AUF DER WAHNER HEIDE

Im Jahr 2004 wurde im Troisdorfer Stadtteil Spich die Fläche vor dem neuen Stadtteilhaus umgestaltet und „Bleimops-Platz“ benannt. Der neue Brunnen auf dem Platz bekam dann 2005 zur Verschönerung eine Bronzeplastik des Troisdorfer Künstlers Vito Ronzano. Dieser Beitrag versucht nun, etwas Licht in einen regionalen Mythos zu bringen, der im vergangenen Jahrhundert aufgekommen ist und gegenwärtig mit der Schaffung des Zierbrunnens einen sichtbaren Ausdruck gefunden hat.

Wenn wir heute von der Wahner Heide sprechen, meinen wir damit ein etwa 50 Quadratkilometer großes Gebiet, das größtenteils unter Naturschutz steht. Der Name war primär eine alte Flurbezeichnung in der Gemarkung Wahn und diente als Unterscheidung zu den benachbarten Linder und Elsdorfer Heideflächen.

Als 1817 die preußische Artillerie erstmals auf einer etwa 400 Morgen großen Fläche „minderwertigen Heidelandes“ Exerzier- und Schießübungen abhielt, wurde dieser Grund und Boden namenkundlich die eigentliche Keimzelle der heutigen Wahner Heide.

Deutsche Geschütze im Lager der Engländer – um 1920

Anfangs hatte der rechteckige Platz die Maße von 1.800 Schritt Länge und 1.000 Schritt Breite, etwa 1.300 x 720 Meter. Einige Jahrzehnte lang reichten diese Abmessungen vollkommen aus; um 1860 setzte jedoch eine rasante technische Entwicklung bei der Artillerie ein. Die Geschütze schossen immer weiter und die Wirkung der Geschosse wurde immer stärker und gewaltiger. Die Maße des Platzes reichten nicht mehr aus; Flurschäden und Beschwerden der Anwohner waren an der Tagesordnung. Deshalb kam es 1860 zur ersten Erweiterung, westlich bis an den Mauspfad und östlich in Richtung Altenrath bis in den Bereich des so genannten *Wegekreuzes*. Die nachfolgenden Erweiterungen bis zum Ersten Weltkrieg erbrachten ein enormes Ausmaß des Platzes Wahn, so dass die Nord-Süd-Ausdehnung ab Höhe Gut Leidenhausen bis an die Agger etwa acht Kilometer und die west-östliche Ausdehnung vom Mauspfad bis teilweise an die Sülz etwa sechs Kilometer betrug.

Etwa in der Mitte des 19. Jahrhunderts erfuhr die Entwicklung der Artilleriebewaffnung einen entscheidenden Wendepunkt. Bis etwa 1860 übte die Artillerie noch mit glatten Vorderladergeschützen. Dies waren Kanonen mit langen Rohren für den Flachbahnschuss, Mörser mit kurzen Rohren für den Bogenschuss und Haubitzen mit mittellangen Rohren für einen Flachbahn- wie auch Bogenschuss. Die Geschütze wurden nach dem Gewicht der von ihnen verfeuerten Kugeln bezeichnet, daher zum Beispiel *Drei-, Sechs-, Zwölf-* oder *Vierundzwanzig-Pfünder*. Hauptsächlich wurden Vollkugeln aus Eisenguss, Granaten oder Bomben, Schrapnells und Kartätschen verschossen.

Dorfkirche von Altenrath

Die Volleisenkugeln wurden in Preußen 1861 ganz abgeschafft. Granaten (aus Kanonen oder Haubitzen verschossen) und Bomben (aus Mörsern verschossen) waren beides Hohlgeschosse mit eingesetzten Sprengladungen. Die Schrapnells – nach ihrem Erfinder, dem englischen Oberst Shrapnel, benannt – waren mit Bleikugeln und einer leichten Sprengladung gefüllt. Die Brennzünder wurden so eingestellt, dass sie in der Luft vor den Zielen explodierten, die weiter fliegenden Bleikugeln sollten lebende Ziele treffen; dies klappte aber nur selten exakt. Kartätschen waren mit Zink- oder Bleikugeln gefüllte Büchsen für den Nahkampf. Noch im Rohr wurden die Büchsen aufgerissen, so dass die Kugeln beim Verlassen des Rohres ähnlich wirkten wie ein Schrotschuss. Die größten Schussweiten der glatten Geschütze mit Vollkugeln lagen bei etwa 1.500 Metern und die der Schrapnells bei etwa 900 Metern. Mit den Bomben konnten größere Weiten erzielt werden. Sämtliche Vollkugeln und Hohlgeschosse nannte man „Eisenmunition".

1858/59 wurden in Preußen die ersten Geschütze mit gezogenen Rohren eingeführt. Die neuen Geschütze waren Hinterlader, aus Gussstahl hergestellt und daher leichter als die alten Bronze- bzw. Eisengeschütze. Jetzt begann auch die Ära der Langgeschosse. Dies waren Granaten von zwei Kalibern Länge mit Aufschlagzünder. Ab 1864 kamen Schrapnells mit einem neuartigen Zeitzünder hinzu, der die Schrapnells zuverlässig in der Luft zum Zerspringen brachte.

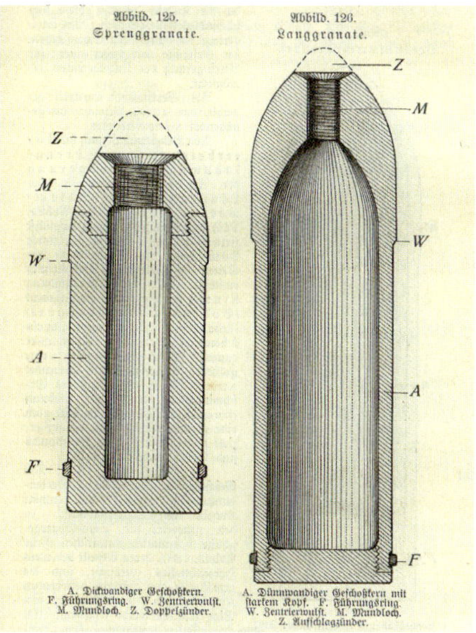

Spreng- und Langgranate – um 1905

Kartätschen

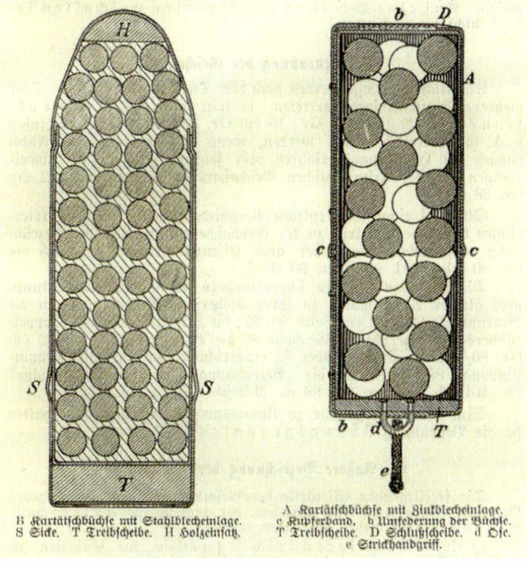

Am Mühlenbach 1913

Wie auf allen nach 1815 von den Preußen eingerichteten Artillerieschießplätzen, wurde auch in Wahn nach verschossener Munition gesucht. In der Militärsprache wurde dies *Kugelsuchen* genannt und die Personen *Kugelsucher*. Das Suchen auf den Schießplätzen war grundsätzlich nur den Soldaten erlaubt, außerhalb der Schießplätze durften auch Zivilpersonen nach „Eisen-Munition“ Ausschau halten. Legales Suchen und Abliefern beim Militärfiskus wurde durch Finderlohn lukrativ gemacht, illegales Suchen – also widerrechtliches Einsammeln und Aneignen – unter Strafe gestellt. Bereits 1833 ordnete der Preußenkönig Friedrich Wilhelm durch *Allerhöchste Kabinetsorder* an:

Niemand ist befugt, die bei den Uebungen der Artillerie verschossene Eisen-Munition, welche er an den Schießplätzen oder deren Umgebung findet, sich anzueignen. Liefert er dieselbe aber an das Artillerie-Depot oder die Militair-Behörde ab, so erhält er für die noch brauchbare Eisen-Munition eine Vergütigung von zwei Pfennigen für jedes Pfund. Wer dergleichen gefundene Eisen-Munition sich widerrechtlich zueignet, ist der Unterschlagung fremden Eigenthums schuldig, und soll, wenn der Werth des Unterschlagenen sich nicht über Fünf Thaler beläuft, mit Geldbuße bis zu Zwanzig Thalern, oder im Unvermögensfall mit Gefängniß bis zu einem Monat, bei einem höhern Werthe aber mit Gefängniß von einem bis zu sechs Monaten bestraft werden.

Die Absicht des Zueignens ist, in Ermangelung des Gegenbeweises, schon gegen denjenigen anzunehmen, welcher die gefundene Eisen-Munition länger als acht Tage an sich behalten hat, ohne der Militair-Behörde dieselbe abzuliefern, oder wenigstens von der Auffindung Anzeige zu machen …

Auch die Hehlerei, also der Ankauf solcher Munition, wurde unter Strafe gestellt. Als 1851 das *Strafgesetzbuch für die Preußischen Staaten* in Kraft trat, hatte man in § 349 Ziff. 5 die Kabinettsorder von 1833 berücksichtigt, allerdings mit geänderter Strafandrohung: „Geldbuße bis zu funfzig Thalern oder Gefängniß bis zu sechs Wochen.“ Es ist noch die Rede von *Eisenmunition*, womit wohl hauptsächlich die Volleisenkugeln gemeint waren. Diese Kugeln werden bei den Schießübungen oft vom Platz gerollt sein, so dass auch die zivilen *Kugelsucher* danach suchen durften.

In das *Reichs-Strafgesetzbuch* von 1871 wurde der § 291 aufgenommen, der die widerrechtliche Zueignung der „verschossenen Artilleriemunition“ unter Strafe stellte: „Gefängniß bis zu einem Jahre oder Geldstrafe bis zu dreihundert Thalern“; später wurde die Strafandrohung in 900 Mark geändert. Der § 291 war bis 1945 gültig und wurde erst durch die Alliierten 1946 per Kontrollratsgesetz gestrichen.

Allerhöchste Kabinetsorder vom 23sten Juli 1833 – aus: Gesetz-Sammlung für die Königlichen Preußischen Staaten von 1833

(No. 1453.) Allerhöchste Kabinetsorder vom 23sten Juli 1833., die widerrechtliche Zueignung der bei den Uebungen der Artillerie verschossenen Eisen-Munition betreffend.

Auf Ihren Bericht vom 19ten Juli c. verordne Ich hiermit:

1) Niemand ist befugt, die bei den Uebungen der Artillerie verschossene Eisen-Munition, welche er an den Schießplätzen oder deren Umgebung findet, sich anzueignen. Liefert er dieselbe aber an das Artillerie-Depot oder die Militair-Behörde ab, so erhält er für die noch brauchbare Eisen-Munition eine Vergütigung von zwei Pfennigen für jedes Pfund.

2) Wer dergleichen gefundene Eisen-Munition sich widerrechtlich zueignet, ist der Unterschlagung fremden Eigenthums schuldig, und soll, wenn der Werth des Unterschlagenen sich nicht über Fünf Thaler beläuft, mit Geldbuße bis zu Zwanzig Thalern, oder im Unvermögensfall mit Gefängniß bis zu einem Monat, bei einem höhern Werthe aber mit Gefängniß von einem bis zu sechs Monaten bestraft werden.

3) Die Absicht des Zueignens ist, in Ermangelung des Gegenbeweises, schon gegen denjenigen anzunehmen, welcher die gefundene Eisen-Munition länger als acht Tage an sich behalten hat, ohne der Militair-Behörde dieselbe abzuliefern, oder wenigstens von der Auffindung Anzeige zu machen.

4) Wer

Gaststätte Bertram Lohmar in Spich, um 1900

In der regionalen Volkssprache, also im Dialekt des kölnisch-bergischen Sprachraumes, wurde das Suchen nach verschossener Artilleriemunition *moggelen* genannt; die Kugelsucher waren die *Moggeler*. Der Mundart von heute sind diese Worte noch geläufig. *Moggeler* und *moggeln* steht sprachlich in enger Verwandtschaft zu *Moggel* und *moggelich*, was im Dialekt so viel wie „feiste rundliche Person, Dickerchen“ bzw. „drall, rundlich, fleischig, fett“ bedeutet. Also hatte man vor mehr als 150 Jahren, als aus den Geschützen noch richtig dicke, schwere und runde Eisenkugeln verschossen wurden, die Bedeutung sprachlich erweitert und zu den Geschützkugeln *Moggelen* gesagt. Dies erklärt auch, dass die Bleikugeln der Schrapnells noch heute in Spich so genannt werden. Die Begriffe *Moggeler* und *moggeln* kannte man um die Mitte des 19. Jahrhunderts auch in den Amtsstuben, dies geht aus schriftlichen Unterlagen zu den Bestandsaufnahmen der Flurschäden hervor. Scheinbar haben damals die Kugelsucher beim Ausgraben der verschossenen Eisenmunition auch Schäden angerichtet.

Die *Moggeler* stammten hauptsächlich aus den angrenzenden Orten des Schießplatzes, wie Wahn mit dem Weiler Biesel, Lind, Altenrath, Troisdorf, Oberlar oder Spich. Den *Spicher Moggelern* wird nachgesagt, besonders zahlreich unter den Suchern vertreten gewesen zu sein. Als Blütezeit des „Suchens nach verschossener Munition“ – so wurde das *Moggeln* um 1900 beim Militär genannt – kann der Zeitraum von etwa 1890 bis 1925 angesehen werden. Grundsätzlich war es so, dass nach jedem Scharfschießen der Artillerie sofort das Zielgelände, meist in der Nähe von Altenrath gelegen, nach Blindgängern, d. h. nach Geschossen oder scharfen Zünderteilen, von der schießenden Truppe abgesucht werden musste. Die Blindgänger mussten direkt gesprengt werden. Den Soldaten wurde Finderlohn gezahlt, bis zu 1 Mark je Geschoss und 0,50 Mark für jeden scharfen Zünder. Alle anderen Teile wurden nach Gewicht bezahlt. Der Erlös ging größtenteils an die Soldaten. Dies wurde bereits im ersten Entwurf der *Verwaltungsvorschrift für die Schießplätze der Fußartillerie* von 1895 reglementiert und hatte noch drei Jahre später in der neuen Verwaltungsvorschrift Bestand. 1901 wurde in dieser Vorschrift die Ziffer 150 entscheidend geändert und ergänzt: „Das Suchen der Sprengstücke aus verschossener Munition darf Unternehmen übertragen werden.“ Der erste *concessionierte Sucher der Sprengstücke* war ein Franz Peter Braschoß aus Troisdorf, wahrscheinlich ein Straßenbauer und Steinbruchbesitzer. Der Pachtpreis war enorm hoch und betrug für das Schießjahr 1903/04 51.000 Mark.

Allerhöchste Kabinetsorder vom 23sten Juli 1833 – aus: Gesetz-Sammlung für die Königlichen Preußischen Staaten von 1833

— 87 —

4) Wer wissentlich dergleichen gefundene Eisen-Munition ankauft, hat ebenfalls die Strafe des §. 2. zu gewärtigen.

5) Der unvorsichtige Ankauf solcher Eisen-Munition hat Geldbuße bis zu Funfzehn Thalern, oder im Fall der Thäter unvermögend ist, Gefängniß bis zu drei Wochen zur Folge.

6) Mit eben diesen Strafen (§. 5.) soll auch derjenige belegt werden, welcher sich erweislich, länger als acht Tage, im Besitze von Eisen-Munition, wie sie zu Geschützen der Preußischen Artillerie gebraucht wird, befindet, ohne über den redlichen Erwerb sich ausweisen zu können. Außerdem soll der bei ihm gefundene Vorrath dieser Munition konfiszirt werden.

7) Bei den im §. 5. und 6. bezeichneten Vergehen wird die Untersuchung, nach Analogie des §. 1122. Thl. 2. Tit. 20. des Allgemeinen Landrechts, nur polizeimäßig geführt.

Dieser Befehl ist durch die Gesetz-Sammlung bekannt zu machen.

Berlin, den 23sten Juli 1833.

Friedrich Wilhelm.

An die Staats- und Justizminister v. Kamptz und Mühler und den General-Lieutenant v. Witzleben.

Die Praxis sah dann so aus, dass der Pächter die *Moggeler* für sich arbeiten ließ und auch bezahlte.

War es bisher laut Verwaltungsvorschrift so gewesen, dass eine „Erlaubnis zum Suchen von verschossener Munition auf den Schießplätzen" Zivilpersonen nicht erteilt werden durfte, bekamen jetzt die *Moggeler* das Recht, für die jeweiligen Pächter zu suchen, verbunden mit einer schriftlichen Genehmigung zum Betreten des Schießplatzes. Einsammeln durften die *Moggeler* eigentlich alle Munitionsteile, von denen erkennbar keine Gefahr mehr ausging. Alles andere – Blindgänger mit und ohne Zünder, Sprengstücke mit Resten von Sprengstoff, Zünder und Zündladungen, geladene Mundlochbuchsen, lose oder im Geschosskopf sitzend – durfte unter keinen Umständen berührt werden, lediglich die Fundstellen waren zu markieren. Aber fahrlässiges Handeln und Habgier führten zu vielen Unfällen und mancher *Moggeler* verunglückte tödlich, wie zum Beispiel in der Altenrather Schulchronik nachgelesen werden kann:

14. Aug. 1898: Gestern hat der benachbarte Schießplatz Wahn wiederum 3 Opfer gefordert. Schon seit längerer Zeit wurde hier beobachtet, daß Leute aus Spich, Lind, Beysel [= Weiler Biesel zwischen Wahn und Schießplatz] *ect. sich während des Scharfschießens seitens der Festungsartillerie auf die Heide schlichen, sich in den zu beschießenden Batterien versteckten und von da aus die einschlagenden Granaten beobachteten. Als sie glaubten, es sei eine Pause eingetreten, wagten sie sich an eine Batterie heran, wo sie von einer Granate zerrissen wurden. Solche Fälle wiederholen sich trotzdem Jahr für Jahr …*

Frankfurter Straße von 1913

Am 24. Mai 1917 wurde der 16-jährige Geschossteilsucher Paul Höck aus Altenrath von einem Geschoss am Kopf getroffen und getötet. 1921 verunglückten beim *Moggeln* der 18-jährige Heinrich Kellershohn und der 22-jährige Franz Tüttenberg, beide aus Altenrath, tödlich. Ein Zeitgenosse schildert in seinen Erinnerungen u. a.:

Es war erstaunlich, wie die Leute mit nicht explodierter Munition umgingen, um ein Stück Messing oder Kupfer zu ergattern. Es hieß, dass noch kein Altenrather mit zehn Fingern in den Himmel gekommen sei …

Da auf dem „freien Markt" bei den *Alträuchern* [in Köln] ein wesentlich besserer Preis für das Metall erzielt wurde, schlichen sich viele *Moggeler* mit den Geschossteilen in die Büsche und verkauften illegal, machten sich also nach § 291 StGB strafbar. Leider sind die schriftlichen Quellen zu diesem Punkt sehr spärlich, lediglich in zeitgenössischen Lokalzeitungen ist darüber etwas zu finden. Es ist auffällig, dass das illegale *Moggeln* nach Kriegsende, hauptsächlich ab 1920, allem Anschein nach zugenommen hat, und zwar zu der Zeit, als bis 1925 die französischen Besatzungstruppen den Platz zu Übungen nutzten. Die Not der Menschen und eine „Rechtsgrauzone" scheinen dabei eine Rolle gespielt zu haben. Die Engländer erlaubten 1919 den Kugelsuchern zunächst noch, die noch auf dem Platz herumliegenden verschossenen Teile deutscher Munition aufzusammeln. Aber schon 1920, als die Franzosen mit der Pächterfirma *Dortmunder Handelsgesellschaft* und deren Vertreter in Wahn, Fritz Hellwig, enger zusammenarbeiteten, wehte für die illegalen *Moggeler* ein anderer Wind. Wiederholt wurde in den Lokalzeitungen auf die Strafbarkeit hingewiesen. Rigoros ging man gegen die illegalen Sprengstücksucher und Hehler vor. Am 29.7.1922 war im *Porz-Urbacher Volksblatt* zu lesen:

Titelseite der Verwaltungsvorschrift für die Schießplätze der Fußartillerie von 1898

Verwaltungsvorschrift

für

die Schießplätze der Fußartillerie.

Berlin 1898.
Ernst Siegfried Mittler und Sohn
Königliche Hofbuchhandlung
Kochstraße 68–71.

Marsch über die Schießplatzstrasse (heute Heidestraße) 1904

Straßenansicht von 1919

Französische Soldaten 1923

Wahn – Bei einer in Wahn am Mittwoch den 26. 7. vorgenommenen Revision eines Schrottwagens, welcher dem Althändler Rudolf Beumer, Köln, Kleine Witschgasse 20, gehört, wurden Kupfer, Messing und Bleikugeln vorgefunden, die auf dem Schießplatz Wahn gestohlen wurden. Der Althändler hatte diese Metalle in Spich eingekauft. Die Metalle wurden beschlagnahmt und gegen die Diebe und den Althändler das Strafverfahren eingeleitet.

Etwa einen Monat später war zu lesen:

Strafkammer Köln – Termin 12. 8. 1922. Der Althändler Michael Fl. aus Kalk hatte fortgesetzt Hehlerei betrieben, wobei ihm sein Bruder Martin mitgeholfen hat. Dieselben haben zum Nachteil der Firma Klasmann und Lentze in Wahn fortgesetzt in Spich von den Sprengstücksuchern auf dem Schießplatz Wahn verschossene Munition angekauft. Michael Fl. wegen fortgesetzter Hehlerei 1 ¹/₂ Jahr Gefängnis, Martin Fl. 6 Monate Gefängnis.

Studioaufnahme um 1880, sog. „Carte de Visite“

Heinrich Brehm aus Spich, 1890 geboren, schilderte als Ex-*Moggeler* im hohen Alter von 96 Jahren Folgendes:

... Hinter dem Metall der Granaten, den Messingzündern, den Kupferringen und den Bleikugeln, waren wir Spicher her. Wir „mopsten“ dem Militär das von uns begehrte Metall. Mit einer großen Hacke und einem Sack schlichen wir vorsichtig durch die Heide und suchten die Einschlaglöcher, um die Granaten und die Bleikugeln auszugraben – von uns „moggelen“ genannt. Auch die Bleikügelchen nannten wir „Moggelen“. Wenn wir genug beisammen hatten, wurde das Blei zu Hause in einem Kessel auf dem Ofen geschmolzen. Draußen im Hof wurde es dann in flache Platten oder kleine Blöcke umgegossen. Diese wickelten wir um den Bauch und fuhren dann schwer beladen mit dem Fahrrad nach Köln. Mit dem Zug konnten wir nicht fahren, denn dann wären wir auf dem Bahnhof kontrolliert worden. Wir fuhren mit der halbzentnerschweren Last bis in die Altstadt zu den dortigen „Altröhsches“, denn diese bezahlten am meisten für unser Blei. Schon nach kurzer Zeit kannten die uns fast alle als „Spicher Bleimöps“ ... Anfangs gab es für den halben Zentner 500 – 600 Mark, später, 1922/23, in den Jahren der Inflation, ging es in die Tausende und Millionen ...

Französische Gendarmerie 1923

Beim Lesen der letzten Zeilen entsteht der Eindruck, als hätten nur die Spicher illegal *gemoggelt*. Der später über den Ortsspitznamen aufgekommene *Bleimops*-Mythos erweckt jedenfalls diesen Anschein. Es scheint so, dass in der Vergangenheit aus unkritisch-naiver Geisteshaltung, einem Wunschdenken heraus, eine Deutung des Namens *Bleimops* erfolgt und verbreitet worden ist, die im Kern absolut falsch ist. Der Name *Bleimops* gehört zu den Spott- und Spitznamen, mit denen in der „guten

Kriegshumor-Ansichtskarte aus dem 1. Weltkrieg

alten Zeit" in humorvoll-witziger Weise Zeitgenossen belegt wurden. Oft war gutmütige Ironie im Spiel, keinesfalls Diffamierung.

Bezogen auf die Spicher *Bleimöps* waren es Spaßvögel aus Wahn, Lind, Altenrath, Troisdorf oder Sieglar, die den Spichern diesen Namen gaben. Fragt man heute alteingesessene Spicher nach der Herkunft der Bezeichnung *Bleimöps*, bekommt man fast immer dieselbe Deutung zu hören: Das *Blei* habe mit der verschossenen Munition zu tun, dass die Spicher früher heimlich – also illegal – gesucht hätten. Und *Mops* habe mit *mopsen* zu tun, was im Dialekt *heimlich wegnehmen* und *stehlen* bedeuten würde. Wie auch immer dieser Mythos zu Stande gekommen ist, muss er hinsichtlich *Mops* >*mopsen* abgelehnt werden, denn sprachlich lässt sich *mopsen* nur in *Mopser* substantivieren, d. h., hätte man bei der mehr als 100 Jahre zurückliegenden Namensgebung in diesem Sinne gedacht, wären die Spicher als *Bleimopser* verspottet worden.

Wenn auch eine sichere Deutung bei Spitz- und Spottnamen nicht immer möglich ist, dürfte es sich bei *Bleimops* um ein Kompositum handeln, dass mit dem ersten Teil „Blei" im übertragenen Sinn Auskunft über das Suchen nach verschossener Artilleriemunition, zum Beispiel Bleikugeln der Schrapnellgeschosse, gibt **und** in dem mit dem zweiten Teil „Mops" eine Person charakterisiert wird, die nach zeitgenössischen Wörterbüchern folgende Attribute aufzuweisen hatte: unfreundlicher, verdrießlicher, mürrischer, träger oder auch dummer Mensch. Ebenso wurden Menschen mit einem feisten, aufgedunsenen Gesicht „Mops" genannt (diese Bedeutung wurde erst sekundär auf die aus den Niederlanden kommende Hunderasse übertragen). Als Adjektiv gehörte *mopsig* im Sinne von „mürrisch, durch sein Benehmen lästig" dazu.

Demnach ist unter *Bleimops* ein Kugelsucher des 19. Jahrhunderts zu verstehen, der in der Nachbarschaft des Schießplatzes Wahn wohnte und verbissen und mürrisch nach Geschossteilen suchte. Die Armut der Menschen zu der damaligen Zeit wird dabei sicherlich eine große Rolle gespielt haben, wahrscheinlich auch Raff- und Habgier.

Leser, die an Quellenangaben und weiterführender Literatur zu diesem Thema interessiert sind, wenden sich bitte an die Redaktion oder an den Verfasser.

Mehrere Motive in Spich um 1910

WASSER, DAMPF UND ELEKTRIZITÄT

VON HORST BURSCH

AUS DER GESCHICHTE DER „RODENKIRCHENER MÜHLE“ ZU WALDORF IM VORGEBIRGE

Beim Anblick der historischen Mühlengebäude in der Kerpengasse zu Waldorf im Vorgebirge assoziiert man nahezu unwillkürlich das Begriffspaar „Natur und Technik“, denn der malerische Gebäudekomplex mit seiner einstigen Technikeinrichtung schmiegt sich innerhalb eines Tälchens an die rings ansteigenden Gärten und Feldflächen. Das vom Heerweg her betrachtet stark abschüssige Gelände bot sich für die Anlage einer Wassermühle geradezu an, denn mehrere Quellgründe spenden auch heute noch reichlich Wasser, wenn auch die einst zahlreichen Siefen, Rinnsale und Bäche meist längst kanalisiert sind. Am Fuß des von der früheren Mühle her gesehen südlich ansteigenden Vorgebirgshanges liegt ein stark vernässter Geländestreifen, das Üllekovener *Sömpche*, also ein kleiner Sumpf, der zum Waldorfer Ortsteil Üllekoven gezählt wird. Die nach Nordwesten hin ansteigenden Hangterrassen boten ebenfalls Fließwasser. Jenseits des Straufsberges besteht heute noch im so bezeichneten *Schulwald* im Bereich des Lethenberges eine in Steine gefasste Quelle, der ein Bächlein entspringt, die bereits im 14. Jahrhundert urkundlich bezeugte *Lethe* (daher Lethenberg).

In wenigen Jahren wird von der alten Mühle nichts mehr zu sehen sein. Die Natur verschlingt die letzten Mauern.

Teile der Mühlsteine als Wegfassung erinnern an die Mühle.

Der Graben ist heute trocken, das Gebäude verfällt.

Efeu verschluckt das alte Mühlengebäude.

Dieses Wasser ließ sich also technisch nutzbar machen. So verwundert die Anlage einer Wassermühle in diesem Geländeabschnitt keineswegs. Die restlichen Gebäudeteile der historischen Mühle künden von einer Wirtschaftseinrichtung, die über 500 Jahre lang zum Wohle ihrer Besitzer und der freien Waldorfer Bauernschaft ihren Dienst tat.

Waldorf war seit dem Ende des 14. Jahrhunderts Sitz eines Dingstuhls, der sich über den Hauptort mit Üllekoven selbst sowie die benachbarten Ortschaften Hemmerich und Kardorf erstreckte. Ein Vogt stand dem Schöffengericht des Dingstuhls vor. Auch die Angelegenheiten der Mühle waren Sache dieser Institution, die 1794 beim Einmarsch französischer Revolutionstruppen im Vorgebirge aufgelöst wurde.

In einer Urkunde der Kölner Kartäuser (in der Kartause St. Barbara im Severinsviertel), die in Waldorf damals mit dem *Kuttenpohlgut* an der Üllekovener Unterdorfstraße, dem *Steinpützgut* an der oberen Schmiedegasse und dem *Stadelershof* an der Dersdorfer Straße reich begütert waren und vor allem dem Waldorfer Weinanbau eine bedeutende Schubkraft gaben, wird die „Roedenkirger Muhlen tso Waldorp" am 8. Februar 1450 erstmals bezeugt. Über ihr früheres Aussehen und über ihr damaliges Alter ist nichts überliefert.

Die frühere Wassermühle von Waldorf

Wahrscheinlich entstand die ursprüngliche Wassermühle zusammen mit der Einrichtung des erwähnten Dingstuhls um 1380. Waldorf besaß fortan immer nur diese eine Mühle.

Das Gebäude des Rodenkirchener Hofes ist in seiner Ursprünglichkeit erhalten. Wohnhaus und Wirtschaftsgebäude zeigen viele Spuren der vergangenen Jahrhunderte.

Ihre Bezeichnung *Rodenkirchener Mühle*, die bis ins 19. Jahrhundert hinein belegt ist, bezieht sich auf den etwas entfernten *Rodenkirchener Hof* im Zwickel zwischen dem Waldorfer Hühnermarkt und der Sandstraße. Die Bezeichnung *Hühnermarkt* hat nichts mit dem Federvieh zu tun, sondern weist auf den *Honrio* oder *Honnen*, also den Vorsitzenden des örtlichen Schöffengerichts. So lautete der Straßenname anno 1678 *Honremarckt*. Der Rodenkirchener Hof, ein schiefergedecktes ehemaliges Weingut, ein wohl proportionierter Fachwerkbau mit fünf steilen Giebeln (ein früherer Weinkeller ist noch vorhanden), gehörte 1356 einer Jutta „van Rodenkirchin". Damals wurde ihr Anwesen als der „nuwe hoeyve zu Waldorp" bezeichnet. Von ihr gelangte der von Weingärten umgebene Hof an das Bonner Damenstift Dietkirchen, das ihn seinerseits an die Ritter von Hemberg auf Burg Hemmerich verlehnte, weil Dietkirchen erstens dort den so bezeichneten *Bodenheimer Hof* bewirtschaftete und zweitens zur Gemeinschaft der Stiftsdamen eine 1393 bezeugte Lisa von Hemberg gehörte. Der Höhenort Hemmerich wird 1163 erstmals urkundlich im Zusammenhang mit einem Dietkirchener Hofverwalter, dem „advocatus de Himberg", erwähnt.

Spätere Besitzer des Rodenkirchener Hofes sind die Grafen von Neuenahr, in deren Folge die ab 1623 auf Burg Rösberg residierenden Freiherren von Weichs das Gut ihr Eigen nannten. Sie gaben diesen Hof sowie ihr zu Üllekoven gelegenes Weingütchen stets in Pacht. Als Pächter des Hofs zu Üllekoven (des späteren *Schumacherhofs*) gegenüber dem *Schmötz Backes* finden wir 1753 Peter Bursch und dessen aus Bornheim stammende Frau Gertrud Schmitz. Peter Bursch (1706 bis 1781) war ein direkter Vorfahr des Verfassers dieser Zeilen.

Der Eingang in den alten Weinkeller ist noch heute erhalten.

Über die alten Stufen rollte so manches Weinfass in den niedrigen Keller.

Die Ersterwähnung der Rodenkirchener Mühle fällt in jene Zeit, da (1499 belegt) Ritter Gerhard von Hemberg, seines Zeichens Erbkämmerer des Erzstiftes Köln, den erwähnten Hof noch als Lehen hatte. Ob er auch die Mühle bewirtschaftete oder möglicherweise unterverpachtet hatte, ist nicht überliefert. Offensichtlich wurde die zum Rodenkirchener Hof gehörende Mühle, in der Getreide gemahlen wurde, zu einem unbestimmten Zeitpunkt in neue Besitzerhände gegeben, denn in der verhältnismäßig dicht dokumentierten Geschichte des Hofgutes wird sie auffälligerweise nicht mehr erwähnt. Häufig genannt wird hingegen der *Rodenkirchener Broich*, an dem die Mühle lag und von dessen gestautem Wasser sie angetrieben wurde. 1696 tritt er als Flurbezeichnung auf. Gegenwärtig ist das Bruchgelände wieder gut als solches erkennbar, denn in den letzten Jahren hat sich die Natur hier wieder ihren Raum genommen, da mehrere angrenzende Ackerparzellen verwilderten. 1735 wird dieses vernässte Gelände ausdrücklich zur Entnahme von Weinbergpfählen (*Röhm, Rahmen*) empfohlen. 1756 ist in einem aufschlussreichen Pachtvertrag festgelegt, dass der oberhalb der Mühle gelegene Broich gegen Holzdiebstahl zu schützen sei. Die „Brüchtenprotokolle" des Dingstuhls Waldorf enthalten etliche Hinweise auf den Diebstahl von Holz und besonders Weinbergstangen, die in den umliegenden Weinbaugemeinden sehr begehrt waren.

Sprossenfenster und Schlagläden am Rodenkirchener Hof

Erst 1842 wird die damals noch fernab der dörflichen Bebauung gelegene *Rodenkirchener Mühle* notariell wieder als solche genannt. Am 23. März 1841 hatte Anton Heyden aus Heimerzheim (heute Gemeinde Swisttal) die „Mahlmühle mit dem Mühlenteich und der Umgebung, welche bis an den nach dem herrschaftlichen Hause des Rodenkirchener Landgutes führenden Weg geht", an den Waldorfer Müller Theodor Kentenich für 2.100 „Thaler Preußisch Courant" verkauft.

Der erwähnte Weg lag im Bereich des heutigen Waldorfer Friedhofs. Der Käufer musste sich verpflichten, dem Ort Waldorf nicht das Wasser abzugraben. Auch musste er die Wasserleitung, die wohl als Holzrinne über Bogenstellungen zum Rodenkirchener Hof führte und dort eine „Fontaine" speiste, in Schuss halten. Dass mittels des abgeleiteten Wassers ein Springbrunnen betrieben wurde, zeugt von einer gut durchdachten Technik, die in diesem Fall ästhetischen Zwecken nutzbar gemacht wurde.

Einst eine prächtige Hofanlage. Aber auch nicht der modernen Zeit zum Opfer gefallen

Als Baumaterial verwendete man Holz, Lehm und Ziegel. Die Dächer wurden mit Schiefer und Tonziegeln gedeckt.

Im Jahr 1915 entstand dieses Foto von der „Rodenkirchener Mühle" zu Waldorf. Vorne steht der stolze Müller Hubert Früh (1885-1975).

Als nächsten Besitzer nennt ein Kaufvertrag vom 15. Juli 1867 den Müller Matthias Schult, bei dem damals Joseph Früh wohnte, der einem alten Müllergeschlecht aus Badorf-Eckdorf (Stadt Brühl) entstammte. Joseph Früh erwarb 1867 von Peter Brühl (daher der der Mühle benachbarte Straßenname *Brühler Garten*) ein der Waldorfer Mühle gegenüber gelegenes Bauerngehöft. Dessen Sohn Peter Joseph Früh (1840 bis 1899) kaufte zwei Jahre später, also 1869, die nahe gelegene Rodenkirchener Mühle. In einem Kaufakt vom 16. Mai 1884 wird er ausdrücklich als „Müller" bezeichnet. Der neue Müller erkannte als fortschrittlicher und der Technik gegenüber aufgeschlossener Mann die Zeichen der Zeit und stellte den Betrieb von Wasserkraft auf Dampfenergie um. Deshalb erhielt die Mühle einen hohen Schornstein. Gleichwohl blieb das Wasserrad für eventuelle Notfälle erhalten. Nach seinem Tod bewirtschaftete seine aus Üllekoven stammende Witwe Anna geb. Heisterbach aus dem Stammhaus *op de Hoov* (1847 bis 1924) die bestens florierende Mühle. Die gesamte umliegende Bauernschaft ließ in der Rodenkirchener Mühle ihr Getreide mahlen.

Anna Früh war eine ungewöhnliche Frau, eine begeisterte Pilgerin, die etliche Wallfahrten nach Rom sowie insgesamt 23 Wallfahrten ins südfranzösische Lourdes unternahm und der die Errichtung der *Lourdeskapelle* (1911) auf dem Waldorfer Straufsberg maßgeblich zu verdanken ist. Ihr Sohn Hubert Früh, der auf dem ältesten Foto der Mühle aus dem Kriegsjahr 1915 als stolzer Müllermeister in weißer Berufskleidung posiert, übergab 1919 seinem 1953 verstorbenen Bruder Josef die Getreidemühle, die 1903 elektrifiziert worden war. 1899 hatte man auf der Bornheimer Königstraße die ersten Stromkabel des Vorgebirges verlegt, und drei Jahre später konnte auch Waldorf die neue Energie nutzen.

Josef Früh ließ als frommer Mann auf der Nordseite der Mühlengebäude in zwei Nischen Statuen des heiligen Vitus (u. a. Patron gegen Feuergefahr) und des heiligen Christophorus (u. a. Patron gegen Wasserschäden) anbringen. Bei einem verheerenden Unwetter brach 1953 das große, bereits lädierte (oberschlächtige) Schaufelrad als letztes äußeres Zeichen der früheren Mühlenherrlichkeit entzwei. Dies war auch genau die Zeit, da die Rodenkirchener Mühle, deren Betrieb sich nicht mehr rentierte, stillgelegt wurde. Im selben Jahr, 1953, war ja auch der letzte Müller, Josef Früh, verstorben. Die Reste der historischen Mühle befinden sich heute noch im Besitz der Familie Früh.

Schweineschlachtung auf dem Hof der Müllerfamilie Früh in Waldorf (1935)

Waldorf, 3. März 1938; Hof der Müllerfamilie Früh

Mobil mit der RSVG
RSVG - REISEN
RSVG
Ob nah, ob fern,
wir fahren Sie gern ...
Urlaubsreisen
Vereinsfahrten
Gruppenreisen
Vergnügungsfahrten
Rhein-Sieg-Verkehrsgesellschaft mbH - Tel.: 0 22 41 / 499-0 - Fax: 0 22 41 / 499-224
www.rsvg.de

DIE TRÄNEN DES KÖLNER DOMS

GESCHICHTEN VOM DOMSTEINBRUCH IN WACHTBERG-BERKUM

VON
BARBARA HAUSMANNS

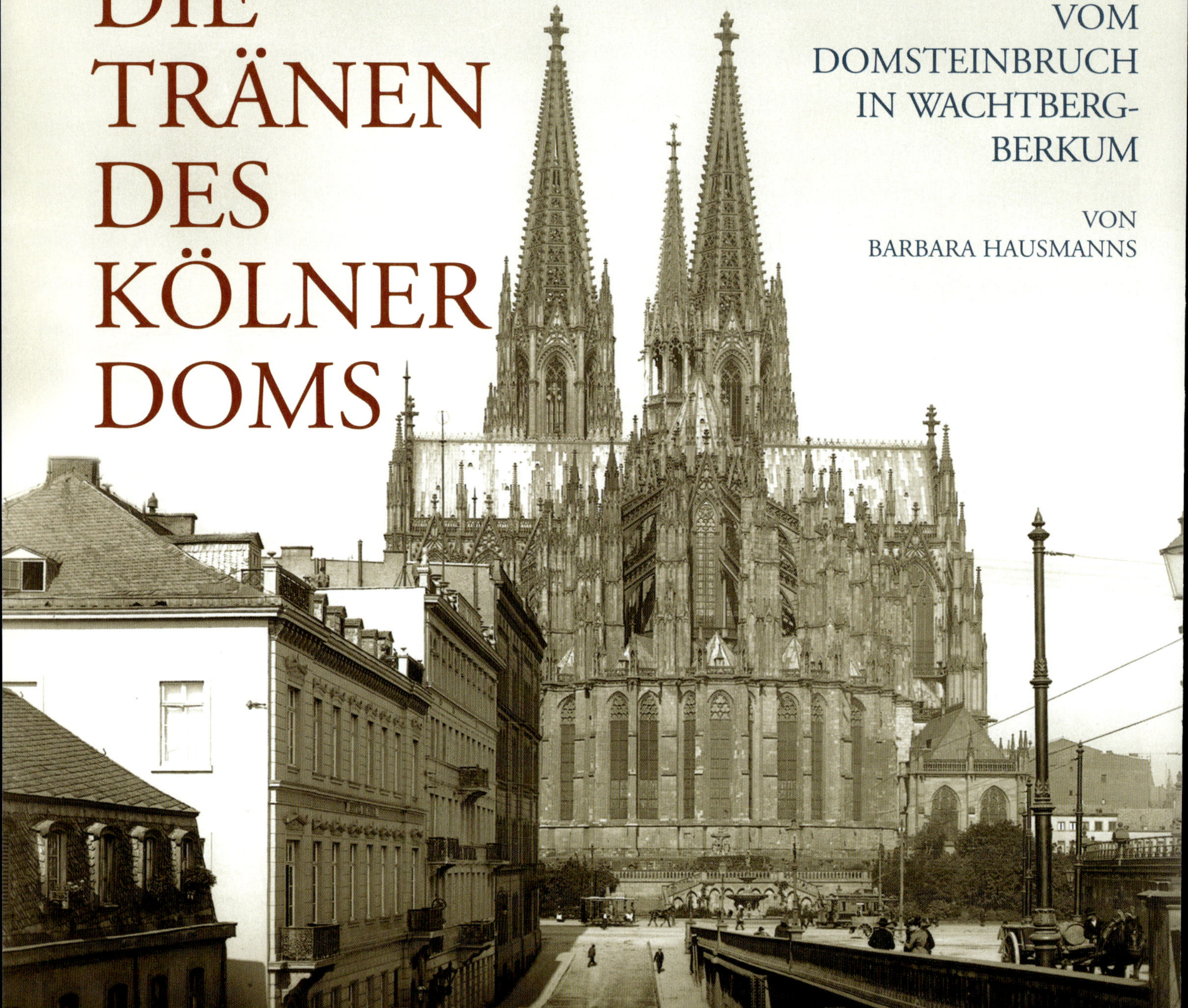

Der Dombaumeister Ernst Friedrich Zwirner hatte jede Menge Ärger im sommerlichen Köln des Jahres 1837. Seit knapp vier Jahren war er intensiv damit beschäftigt, das altehrwürdige, immer noch unvollendete Gemäuer des gotischen Doms (Grundsteinlegung 1248) zu restaurieren. Doch jetzt drohten ihm bei allem Schwung, den er und seine Steinmetze an den Tag legten, so langsam die Steine für die Ausbesserungsarbeiten am Gotteshaus auszugehen.

Schon bei seiner Berufung war der Protestant Zwirner äußerst skeptisch gewesen, ob er im erzkatholischen Köln als oberster Baumeister und verantwortlich für das Wahrzeichen der Stadt erfolgreich sein könnte. Wie gut es ihm gelingen sollte, zeigt sich daran, dass er später seine letzte Ruhestätte auf dem berühmten Kölner Friedhof Melaten fand. Aber das konnte der Architekt, von dem auch die neogotische Wallfahrtskirche St. Apollinaris bei Remagen stammt, zu diesem Zeitpunkt noch nicht ahnen.

Vielmehr stand ihm im Sommer 1837 weniger seine Konfession im Weg als die Ohnmacht der Steinhauergewerkschaft Königswinter, die ansonsten recht einflussreich war und traditionell Mitbewerber und Konkurrenten konsequent behinderte. Die war zu diesem Zeitpunkt einer der Hauptlieferanten für die Dombauarbeiten und konnte nur noch unzureichende Steinmengen liefern. Zwirners energische Drohgebärden rheinaufwärts halfen ihm in diesem Fall aber überhaupt nicht, denn es war höhere Gewalt im Spiel. So hatte der Frost einen Teil der gelagerten Steinvorräte aus dem Siebengebirge zerstört, und der Rhein als Transportweg nach Köln war wegen Eisgang und Niedrigwasser über Wochen nicht schiffbar gewesen. Und so reichten die wenigen Steine, die die Gewerkschaft noch liefern konnte, bei weitem nicht aus. Zwirner musste sich also nach neuen, zuverlässigen Bezugsquellen umsehen.

Blick auf das Siebengebirge mit Drachenfels vom Hohenberg aus

RETTUNG AUS DEM LINKSRHEINISCHEN

Verschärft wurden Zwirners Schwierigkeiten zudem durch die aufkommende Unruhe unter den am Dom beschäftigten Steinmetzen. Die waren auf Grund des Steinmangels quasi arbeitslos, begannen langsam „Däumchen zu drehen" und drohten zum Bau des Donaukanals nach Bayern abzuwandern.

Da kam für Zwirner unerwartet die Rettung von der linken Rheinseite. Der Mineraloge und Oberbergrat Johann Jakob Noeggerath aus Bonn, mit dem der Dombaumeister schon im Juni eine Dienstreise zu den Brüchen im Siebengebirge unternommen hatte, machte ihn in dieser Not auf den Trachyt aus Berkum (heute Gemeinde Wachtberg) – „eine starke Stunde von Mehlem gelegen" –, aufmerksam. Dieser Stein war zwar etwas weicher als der aus dem Siebengebirge, schien aber der Verwitterung gut zu widerstehen. „Die Commissarien [Zwirner und Noeggerath] nahmen Gelegenheit, die Haltbarkeit dieses sehr kenntlichen Gesteins an alten Kirchen, an den Kreuzen auf Kirchhöfen u.s.w. zu untersuchen und überzeugten sich von dem Vorbemerkten." Nachdem sich dann auch die Domsteinmetze nach einer weiteren Prüfung mit der Qualität der Steine einigermaßen zufrieden erklärten, stand einer Nutzung des Berkumer Trachyts aus dem Drachenfelser Ländchen eigentlich nichts mehr im Weg. Allenfalls konnte es auch in Berkum, so fürchtete Zwirner, die altbekannten Unannehmlichkeiten mit der selbstbewussten Königswinterer Steinhauergewerkschaft geben. Doch gegen derartige Unwägbarkeiten wusste sich der Dombaumeister dieses Mal zu helfen.

UNTERDRÜCKUNG DER KONKURRENZ

Als Zwirner in das Ländchendorf kam, hatte er mehrere verlassene und zwei noch betriebene Brüche an dem südwestlich von Berkum gelegenen Höhenrücken, dem Hohenberg, vorgefunden. Der eine dieser beiden Brüche gehörte dem Steinhauer und Ackerbauern Klein aus Berkum, der andere hingegen befand sich in Nachbarschaft mit zwei stillgelegten Brüchen auf dem Gelände des „Rentners" Johann Andreas Bodenstaff aus Mehlem. Der hatte seinen Besitz komplett an den Steinhauermeister Johann Adam Pauly verpachtet. Die Erfolg versprechenden, für den Kölner Dom vorgesehenen Steinproben stammten aus dem Paulyschen Steinbruch. Damit schien eigentlich alles klar zu sein für eine größere Bestellung beim Pächter.

Doch Zwirner warnte – mit Blick auf die Erfahrungen mit den rechtsrheinischen Steinhauern – vor einem direkten Auftrag an Pauly. Den hielt er nämlich für bedenklich, weil „ ... dadurch die Steinhauergewerkschaft zu Königswinter aufmerksam werden konnte, und ihrem Prinzip gemäß zur Verhüthung jeglicher Konkurrenz eine langjährige Pacht oder den Ankauf des ganzen Steinbruchs unternommen haben würde ...".

Die Befürchtungen des Dombaumeisters waren berechtigt. Denn schon gleich nach Beginn der Restaurierungsarbeiten am Dom hatte die Gewerkschaft die Berkumer Brüche von 1824 bis 1836 angepachtet und den Unterpächter (wahrscheinlich Pauly) unter Druck gesetzt, Steine aus dem Bruch nur in die unmittelbare Umgebung und nicht einmal ins nahe Bonn zu liefern.

Um die Steinhauergewerkschaft diesmal von vornherein auszuschalten, fädelte Zwirner eine abenteuerliche Transaktion mit mehreren Mittelsmännern zum Ankauf der Brüche ein. Schließlich gelang es, „dem als schrullig bekannten Bodenstaff die ‚Buschparzelle genannt Hümmerich oder Hohenberg in der Gemeinde Berkum' im Umfang von 16 Hektar für 3.500 Taler abzuhandeln." Nun war der Dombaufonds endlich im Besitz der Brüche, doch deren Nutzung für die gotische Kathedrale verzögerte sich dann überraschend doch noch eine ganze Weile.

Kölner Dom in den 1870er Jahren

Ein Seitenflügel des Kölner Doms nach der Fertigstellung

DIE EWIGE BAUSTELLE

Im Herzen von Köln gab es seit fast 600 Jahren eine exklusive Baustelle. Seit seiner feierlichen Grundsteinlegung durch Erzbischof Konrad von Hochstaden am 15. August 1248 war der Dom zwar ein beträchtliches Stück gen Himmel gewachsen und überragte an Höhe und Masse alle profanen Bauten der Handelsmetropole, aber als Zwirner 1833 als Dombaumeister anfing, war er immer noch weit davon entfernt, vollendet zu sein.

Über die Jahrhunderte war der unvollendete Dom zum Wahrzeichen und Anziehungspunkt Kölns geworden. Jede Epoche hatte auf ihre Weise an der Kirche rumgewerkelt und gearbeitet. In all den Jahren waren die Steinmetze der Dombauhütte dafür zuständig, auch noch nach 1560, als der Weiterbau der Kathedrale erst einmal eingestellt worden war.

Aber der preußische Staat – das Rheinland gehörte seit 1815 dazu – stellte sich gewohnt gründlich und korrekt dem Projekt „Kölner Dom". Nachdem das in Folge der Französischen Revolution aufgelöste Erzbistum Köln 1821 wiederhergestellt worden war, übernahm Berlin die Baulast für die Bischofskirche und begann 1823 mit dringend notwendigen Wiederherstellungsarbeiten. Die Bauhütte wurde nun als preußischer Staatsbetrieb geführt.

Schon Jahre zuvor hatte der Kölner Bürger und frühe Denkmalschützer Sulpiz Boisserée in einem umfangreichen Kupferstichwerk 1808 den damaligen Bestand der Kirche und auch die Projektion ihrer Vollendung erarbeitet. Diese Stiche – übrigens die Grundlage für den späteren Weiterbau – und natürlich vor allem ihr Zeichner wurden zum Motor der Idee, den Dom endlich nach jahrhundertelanger Pause zu vollenden.

Doch erst mit der Thronbesteigung des preußischen Königs Friedrich Wilhelm IV. 1840 rückte dieses Ziel in greifbare Nähe. Der König genehmigte die Gründung des Zentral-Dombauvereins, einer frühen Bürgerinitiative der Kölner, der dringend zur Finanzierung des Bauvorhabens nötig war. Am 4. September 1842 fand schließlich die Grundsteinlegung zum Weiterbau im Beisein des Königs und des Kölner Erzbischofs statt. Mit den gleich bleibenden Staatszuschüssen und dem Etat des Dombauvereins war auch die Finanzierung des Dombaus trotz mancher Schwierigkeiten gesichert.

Als 1880 die Vollendung der Kirche gefeiert wurde, schien die ewige Baustelle Kölner Dom der Vergangenheit anzugehören. Doch schon bald wurde klar, dass es an dem gigantischen Bauwerk immer und unablässig Reparaturbedarf geben würde, u. a. auch, weil sich mancher Stein als längst nicht so haltbar erwies wie erhofft. Auch die Berkumer Steine gehörten zu diesen Problemfällen, mit denen sich die Dombauhütte langfristig herumschlagen musste und noch heute herumschlägt.

Kölner Dom – noch mit mittelalterlichem Baukran (vor 1868)

Der alte Bruch am Hohenberg

Stollenformation im Domsteinbruch

STEINALT UND STEINHART

Doch diese konkreten Sorgen hatte der Dombaumeister Zwirner noch nicht, als er im November 1837 Vorschläge zum bestmöglichen Abbau der Berkumer Steine machte. Zwirner hatte sich von dort eine reiche Ausbeute an großen Blöcken versprochen. Doch dazu bot ihm der bis zu dem Zeitpunkt von Pauly betriebene Bruch erst einmal schlechte Voraussetzungen. Der Bruch lag zu hoch im Berg und hatte deshalb zu niedrige Stollen, um sehr ergiebig zu sein.

Der Trachyt am Hohenberg steht nämlich in so genannten *Stollen*, „ ... das heißt, die Masse der Felsen ist durch senkrechte Klüfte in mächtige einzelne Säulen geteilt." Zum Abbau wurden diese Stollen mit einer ordentlichen Ladung Schwarzpulver unterminiert, so dass man sie als ganze umstürzen lassen konnte. Die freigesprengten, liegenden Steinmassen wurden dann gespalten oder, um in der Sprache der Steinhauer zu reden, „gestoßen".

Die Lösung für Zwirners Problem war so einfach wie zeitraubend: von einem tieferen Punkt des Berghangs aus sollte ein ca. 80 Meter langer Einschnitt auf den Bruch zugetrieben werden. Die neue Sohle wäre dann knapp 16 Meter tiefer als die alte und würde die gewünschten großen Blöcke freigeben. Das klang machbar, und so bekam der Steinhauermeister Pauly seinen neuen Job für 1.400 Taler. Er sollte den neuen Steinbruch mit einem Abfuhrweg anlegen und bis zum 1. Juli 1839 fertig sein. Mit ins Team kam auch Paulys Schwager, der Steinbrecher Peter Joseph Bachem, als Wächter im Steinbruch, Aufseher über die Arbeiter und Vertreter von Pauly.

Blick auf den Hohenberg in Wachtberg-Berkum

Doch der Hohenberg war nicht so leicht zu bezwingen, wie das Gutachten des Bergamtes Düren es versprochen hatte. Was vor Millionen von Jahren in Säulen erkaltet und hart geworden war, ließ sich nicht in wenigen Monaten wegräumen. Denn wider Erwarten stieß man bei den Einschnittarbeiten auf jede Menge soliden Fels.

Der Hohenberg ist einer von sechs erloschenen Wachtberger Vulkanen, die aus einer wilden erdgeschichtlichen Phase vor ca. 26 Millionen Jahren übrig geblieben waren. Rund 7 Millionen Jahre lang gab es Vulkanausbrüche, die rechts des damals noch nicht existierenden Rheins letztlich nicht nur das Siebengebirge hervorgebracht haben, sondern eben auch für die typische Kuppenstruktur des Drachenfelser Ländchens verantwortlich sind. Neben dem 263 Meter hohen Hohenberg bilden der Stumpeberg (Basalt/238 Meter), der Wachtberg (Basalt/258 Meter), der stark abgebaute Dächelsberg (Basalt) und die Anhöhe „Auf dem Höchsten" (Basalt/242 Meter) sowie der breit gelagerte Rodderberg das landschaftsbestimmende Wachtberg-Panorama. Der Rodderberg ist allerdings, erdgeschichtlich betrachtet, jung. Erst vor ca. 300.000 Jahren entstanden, war er wohl noch bis in die letzte Eiszeit aktiv.

Historischer Blick auf das Siebengebirge – Lastkähne auf dem Rhein

HARTE ARBEIT FÜR WENIG LOHN

Am Hohenberg war der Steinhauermeister Pauly ab 1838 damit beschäftigt, den neuen Bruch zu erschließen. Doch man hatte sich sowohl mit der Dauer des Einsatzes als auch hinsichtlich der Kosten gewaltig verschätzt. Innerhalb eines Jahres waren bis zum 30. November 1839 mit einem Aufwand von 2.739 Tagelöhnen („Manntage" würde man heute sagen) nur 23 Meter der neuen Rampe geschafft. „Bis zum vorgesehenen Betriebspunkt fehlte gut noch einmal soviel."

Um den Betrieb am Dom nicht lahm zu legen, musste Pauly fürs Erste Ersatz aus dem älteren Bruch nach Köln liefern. Und so arbeitete zeitweise nur ein einsamer Mann an der Erschließung des neuen Bruchs, da dem Steinhauermeister auf Grund der Fehlkalkulation das Geld ausging. Schließlich drohte das ganze Unternehmen „Berkumer Domsteinbruch" in der zweiten Hälfte des Jahres 1840 zu platzen, „weil erst am 23. November durch Kabinettsorder [der preußischen Regierung] weiterhin jährlich 10.000 Taler zur Fortsetzung der Bauarbeiten am Dom zugesagt wurden."

Erst im März 1841 – also fast vier Jahre, nachdem Zwirner zum ersten Mal nach Berkum gekommen war – erreichten die ersten brauchbaren Steine aus dem neuen Bruch die Dombauhütte in Köln. Wenn der kleine Johann Fleischhauer aus Gimmersdorf (heute ein Ort der Gemeinde Wachtberg) mittags nach Berkum kam, um dem Steinmetz und Wirt Friedrich Berchem sein Essen zu bringen, konnte er den rauen Arbeitsalltag der Arbeiter im Domsteinbruch beobachten. An dicken Seilen, die an Bäumen oberhalb des Bruchs befestigt waren, ließen sich die Männer an den steilen Felswänden hinab. Dann bohrten sie mit Handbohrern Löcher in den Stein, die die Sprengladungen aufnahmen.

Im Domsteinbruch

Beim Erklingen des Hornsignals wurde es dann höchste Zeit, sich in Sicherheit zu bringen. Die Wucht der gezündeten Sprengladungen ließ nicht nur die Steine auf den Grund des Bruchs kullern, sondern verursachte großen Lärm. Zugleich wurden große Mengen feinen Staubs aufgewirbelt, dem die Männer mehr oder minder schutzlos ausgeliefert waren. Schließlich wurden die roh gebrochenen Felsen mit Muskelkraft zum Platz der Steinmetze gebracht, die dort den Trachyt in schweißtreibender Arbeit mit Hammer und Meißel in transportfähige Quader und große Mengen Abfallmaterials verwandelten.

VON GEISTERN UND WEIHESTEINEN

Gesund war diese Arbeit nicht, und sie forderte immer wieder Todesopfer. Anton Klein stammte aus einer Berkumer Steinhauerfamilie und wurde wie viele vor und nach ihm Opfer seines Berufs. Er verstarb relativ jung am 6. Mai 1846 mit nur 38 Jahren an der typischen Krankheit der Steinhauer und Bergleute, der so genannten Staublunge. Sein Arbeitsplatz, der Domsteinbruch, ließ ihn der Überlieferung nach auch nach seinem frühen Tod nicht los. So soll seine unbefreite Seele ruhelos durch die Felswände des Bruchs geirrt sein.

Trachyt-Kreuze an der alten Berkumer Pfarrkirche

Trachyt-Kreuze an der alten Berkumer Pfarrkirche

Zwar hatte man den Steinhauermeister Anton Klein ordnungsgemäß zu Grabe getragen, ihm einen schönen Grabstein gesetzt und die ewige Ruhe versprochen. Doch damit klappte es erst einmal nicht, denn der brave Steinhauer hatte wohl noch nicht gänzlich mit den irdischen Dingen abgeschlossen.

Irgendetwas trieb ihn um, und so erschien er seinen ehemaligen Kollegen zu deren Schrecken einige Mal als todtraurig blickender Geist. Aber die einfachen Männer kamen nicht so recht mit dem Geist ins Gespräch und holten sich zwecks besserer Kommunikation geistlichen Beistand in Gestalt des katholischen Pastors. Und dem gelang es dann endlich, den armen Geist mit allerhöchster Unterstützung und dem Lesen einer Messe von einer großen Schuld zu befreien.

Derart erlöst, konnte Anton Klein endlich in die Ewigkeit überwechseln, konnten seine Steinhauerkollegen wieder unbehelligt ihrer Arbeit nachgehen und der Pfarrer zufrieden zu seiner Kirche zurückkehren.

Auf dem Friedhof rund um die ehemalige Pfarrkirche in Berkum erzählt noch heute mancher Grabstein vom Schicksal der Steinbrucharbeiter. So starb am 2. Juni 1714 Stephanus Unckels den Tod durch die Steine – genau wie sein Namenspatron, der hl. Stefan. Das ist ein Hinweis darauf, dass schon Anfang des 18. Jahrhunderts in den Berkumer Brüchen gearbeitet wurde, lange vor der Eröffnung des Domsteinbruchs.

Die Geschichte der Brüche am Hohenberg geht weit zurück. So bediente sich Arnold Blankart beim Umbau seiner Burg Odenhausen unweit von Berkum im Jahr 1584 des einheimischen Trachyts vom „Hömerich“. Der Steinmeister Arnold Meurer hatte diese Kuhle in Betrieb.

Natürlich wurde das Material des Hohenbergs auch für einheimische Gotteshäuser, Wege- und Grabkreuze im Drachenfelser Ländchen und den angrenzenden Gebieten verwendet. Sicher ist wohl auch, dass schon im Mittelalter Berkumer Trachyt im Kölner Kirchenbau beliebt war. Aber wie an vielen Stellen im Rheinland waren es auch in Berkum die Römer, die als erste systematisch Steinmaterial unter militärischer Verwaltung abbauen ließen. Die einheimische gallisch-germanische Urbevölkerung hatte jedenfalls keine Ahnung von der Technik der Steingewinnung – ihr bevorzugtes Baumaterial war das reichlich vorhandene Holz.

Grabkreuz Stephanus Unckels

Für den Archäologen leicht nachweisbar, sind in dem oberhalb des Domsteinbruchs gelegenen ersten Bruch Arbeitsspuren der römischen Steinbrecher sichtbar, die vermutlich schon ab dem ersten Jahrhundert nach Christus dort Steine klopften. Der Trachyt wurde insbesondere im Straßen-, Militär- und Städtebau gebraucht.

Eher ungewöhnlich mutet dagegen der Versuch eines Bonner Militärsteinmetzes im Jahre 226 an, einen Weihestein aus dem widerspenstigen Berkumer Material zu fertigen. Der Künstler hatte offensichtlich erhebliche Schwierigkeiten, dem Stein Gestalt zu verleihen, wie das eher mäßige künstlerische Ergebnis seiner Bemühungen zeigt.

Pferdegespann mit Steinen in Königswinter um 1900 – genauso sahen auch die Transporte des Berkumer Trachyts aus

ÜBER STOCK UND STEIN NACH KÖLN

Schon die Römer hatten ihre Mühe, den in Berkum gebrochenen Trachyt von der Höhe herab in die Militärlager Bonn und Remagen zu transportieren. Zwar hatten sie auch in der Wachtberger Gegend ein ausgezeichnetes Wegesystem angelegt, aber die Abfuhr der schweren Blöcke auf Holzkarren war mühsam und buchstäblich Kärrnerarbeit.

Auch mehr als 1.600 Jahre später waren die Transportbedingungen noch nicht wesentlich besser. Aus dem Bruch heraus transportierte Steinhauermeister Pauly die Trachytblöcke mit eigenem Wagen und Pferden bei gesonderter Bezahlung über etwa 700 Meter auf einem Feldweg nach Berkum. Hatte es geregnet, war schon diese Strecke fast nicht befahrbar. Jedenfalls klagte Pauly in diesen Jahren ständig über den miserablen Zustand der kommunalen Wege, die seiner Meinung nach mehr schlecht als recht instand gehalten wurden. Doch erst 1847 wurde auf Initiative des Villiper Bürgermeisters Groten, zu dessen Amtsbezirk Berkum und die umliegenden Dörfer gehörten, mit Straßenbauarbeiten begonnen. Immerhin gab es vom Kölner Dombaufonds einen Zuschuss von 100 Talern.

Von Berkum aus gingen dann die Fuhrwerke von je fünf Pferden gezogen über den so genannten *Stumpebergsweg* Richtung Gimmersdorf, dann über Ließem hinab in die Rheinebene nach Lannesdorf. Alternativ gab es noch den *Burewäg*, die *Höll* und den *Eselsweg* über Niederbachem nach Mehlem bis an den Rhein. Stunden vergingen für die Fuhrleute, bis die ungefähr 7 Kilometer lange Strecke geschafft war. Auf diese mühsame Weise wurden zwischen 1842 und 1846 fast 1.500 Kubikmeter Trachyt abtransportiert. Erst 1855/ 57 wurde die Abfuhr durch den Bau der Bezirksstraße von Mehlem durch das Drachenfelser Ländchen nach Essig (heute Gemeinde Swisttal) leichter. Aber auch das Verladen der Steine am unbefestigten Mehlemer Ufer mittels hölzerner Schubkarren, die über schmale, schwankende Holzplanken geschoben wurden, wie auch der Weg über den Rhein bis nach Köln hielten noch manche Tücken bereit.

Die aufwändige Verschiffung des Bruchmaterials dauerte solange an, bis die Eisenbahnstrecke zwischen Köln und Bonn, die schon seit 1844 in Betrieb war, nach Mehlem verlängert wurde. Ab 1856 konnte Pauly dort die Blöcke auf die Bahn bringen, die die schwere Fracht bis zum Bahnhof am Pantaleonstor in Köln transportierte. Das letzte Stück des Wegs bis zur Dombauhütte am Dom übernahm dann ein Fuhrunternehmer.

Verladen der Steine in Oberkassel – genauso wie in Mehlem für den Berkumer Trachyt

Lastenkahn am Rhein

NICHT FÜR DIE EWIGKEIT

Römerbruch am Hohenberg

Vogelhorst am Domsteinbruch

Von der Grundsteinlegung an bis 1560 wurde am Kölner Dom fast ausschließlich der Drachenfelser Trachyt verwendet. Er ließ sich recht gut verarbeiten und die Beschaffung war durch die Rheinnähe vergleichsweise einfach. Bis ins 19. Jahrhundert hatte er sich an glatten Flächen und bei den großen Fenstermaßwerken bewährt, nicht aber im Strebewerk.

Der Kölner Dom – Fassade nördliches Querhaus

Für die umfangreichen Erneuerungsarbeiten im 19. Jahrhundert musste man also einen anderen Dombaustein suchen, zudem der Drachenfelsbruch im Zuge der durch die intensiven Steinbrucharbeiten im Siebengebirge ausgelösten, innovativen Denkmal- und Naturschutzbemühungen nicht mehr ausgebeutet werden durfte. So kam u. a. der schon erwähnte Trachyt vom Stenzelberg zum Einsatz, später verwandte vulkanische Gesteine wie der Wolkenburger und der Berkumer Trachyt. „Aus dieser Materialgruppe wurden die Strebebögen im Chorbereich, die Strebepfeiler der 1842 begonnenen Querhausfassaden und fast alle Horizontalgesimse sowie die meisten Maßwerkbrüstungen hergestellt." Leider zeigte sich schon bald, dass die Berkumer Steine nicht so witterungsbeständig waren, wie Dombaumeister Zwirner und Oberbergrat Noeggerath dies anfangs vermutet hatten. So bekam der Berkumer Trachyt später das Etikett der „Tränen des Kölner Doms".

In den 80er Jahren des letzten Jahrhunderts lösten sich aus diesen Teilen bis zu 15 Millimeter dicke Schalen – denn inzwischen war der Dom durch schädliche Umwelteinflüsse, die schon seit dem 19. Jahrhundert auf ihn einwirkten, arg angefressen. Schuld daran waren Zehntausende von privaten Feuerstellen in seiner Umgebung, aber auch der angrenzende Bahnhof mit seinen Ruß und Schwefel spuckenden Lokomotiven.

VOR ORT

Mit der Auslieferung der ersten Steine hatte sich der Steinhauermeister Pauly samt Ehefrau und der achtköpfigen Kinderschar am Domsteinbruch einquartiert. Nachdem sie eine Weile in der alten Schmiede gewohnt hatten, wurde im September 1842 mit einem Neubau unweit des Bruches begonnen. Über die Jahre entstand ein Wohnhaus mit Büro, Schmiede und Steinhauerwerkstatt und diversen Nebengebäuden, die bis weit ins 20. Jahrhundert erhalten blieben. Heute ist vom historischen Bestand das vor Jahren schon vom Eigentümer liebevoll restaurierte „Haus der Steinmetze" mit eindrucksvollen Torbögen erhalten.

Nach der Blütezeit des Domsteinbruchs in den 1840er Jahren ging der Bedarf an dem ja nicht universell einsetzbaren Berkumer Trachyt langsam zurück. Zudem erwies sich der Betrieb als zu teuer; Pauly hatte keine glückliche Hand als Unternehmer. Zwar wurde der Vertrag mit ihm bis 1874 verlängert, aber schon in der Folge des deutsch-französischen Krieges kam es in Deutschland allgemein zu Lohnsteigerungen, die das ohnehin kaum noch konkurrenzfähige Unternehmen nicht mehr auffangen konnte. Nach Paulys Aussage wurde es immer schwieriger, Arbeiter zu finden. Die nur wenige Kilometer entfernte Erzgrube Laura in Kürrighoven erwies sich als attraktiverer Arbeitgeber, bei dem offenbar mehr für die „Malocher" herauskam.

„Haus der Steinmetze" – vom heutigen Eigentümer liebevoll restauriert

So musste sich denn der Steinhauermeister Pauly den Herausforderungen der Zeit stellen und dem Steinbruchgeschäft Adieu sagen. 1872 eröffnete er eine Gastwirtschaft in Berkum, ohne die Vergangenheit als Steinbruchunternehmer sofort ganz abstreifen zu können.

Auch wenn er der „Mann der ersten Stunde" gewesen war, wurde Pauly vom amtierenden Dombaumeister wegen ausgebliebener Pachtzahlungen verklagt. Zu einem unschönen Finale kam es dann am 20. Februar 1874, als der ehemalige Unternehmer vom Gerichtsvollzieher aus dem Anwesen am Steinbruch hinausgewiesen wurde und Teile seines Besitzes in die Pfändung gerieten. Erst mit der Erfüllung einer letzten Forderung vom Juli 1876 wurde Pauly seine Schulden an den Dombaufonds endgültig quitt.

Pachtvertrag der Witwe Jakob Gillessen mit der Familie Bleibtreu von 1913

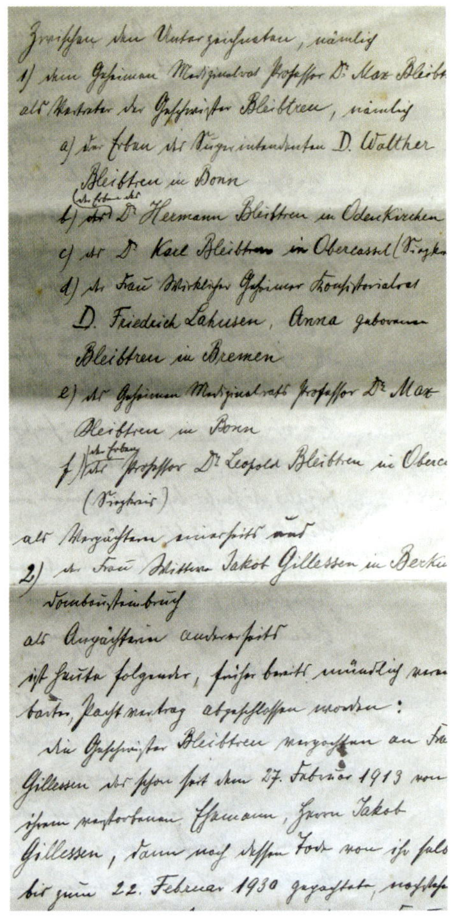

Zwischen den Unterzeichneten, nämlich
1) dem Geheimen Medizinalrat Professor Dr. Max Bleibt
als Vertreter der Geschwister Bleibtreu, nämlich
a) der Erben des Superintendenten D. Walther
Bleibtreu in Bonn
b) (der Erben des) Dr. Hermann Bleibtreu in Odenkirchen
c) des Dr. Karl Bleibtreu in Obercassel (Siegk
d) der Frau Wirklichen Geheimen Konsistorialrat
D. Friedrich Lahusen, Anna geborene
Bleibtreu in Bremen
e) des Geheimen Medizinalrats Professor Dr. Max
Bleibtreu in Bonn
f) (der Erben des) Professor Dr. Leopold Bleibtreu in Oberc
(Siegkreis)
als Verpächtern einerseits und
2) der Frau Witwe Jakob Gillessen in Berku
Dombausteinbruch
als Pächterin andererseits
ist heute folgender, früher bereits mündlich verein
barter, Pachtvertrag abgeschlossen worden:
Die Geschwister Bleibtreu verpachten an Fra
Gillessen den schon seit dem 27. Februar 1913 von
ihrem verstorbenen Ehemann, Herrn Jakob
Gillessen, dann nach dessen Tode von ihr selb
bis zum 22. Februar 1930 gepachteten, nachste

Historische Aufnahme der Steinhauerwerkstatt am Berkumer Domsteinbruch

Historische Aufnahme des Wohnhauses

VOM STEINBRUCH ZUM FESTPLATZ UND VERBORGENEN DENKMAL

Pferde am Hohenberg

Nachdem der Steinhauermeister Pauly „rausgeschmissen“ und damit freie Bahn für neue Investoren geschaffen worden war, fand sich ein Käufer für den Domsteinbruch mit dem dazugehörenden Gelände. Der in der ganzen Region engagierte, hoch angesehene Zementfabrikant Hermann Bleibtreu erwarb das Anwesen für 10.000 Taler am 10. April 1874. Doch viel war aus dem Bruch nicht mehr herauszuholen, so dass der letzte Pächter die Arbeit im Domsteinbruch am Berkumer Hohenberg im Jahre 1907 einstellte.

Die Berkumer hingegen akzeptierten schnell das Schicksal des Domsteinbruchs nach der rheinischen Weisheit, dass „et kütt wie et kütt“ und machten das Beste aus der Situation. Das wildromantische Gelände am Hohenberg eignete sich nicht nur für manch ungestörtes Schäferstündchen, sondern hielt auch leicht oberhalb des Domsteinbruchs einen perfekten Festplatz mit einer Naturbühne und einem terrassenförmig aus Abraum aufgeführten Atrium bereit.

Mit einem einzigen Zugang bot sich das von hohen Felswänden umschlossene Areal als Veranstaltungsort geradezu an. Neben stimmungsvollen Musikveranstaltungen und Festumritten gab es ausgelassene Sommer-, Bürger- und sogar Pfarrfeste. Höhepunkte waren wildbewegte Theateraufführungen der Berkumer Gesellschaft „Erholung“, bei denen dramatische Stoffe bis hin zu Wilderergeschichten szenisch umgesetzt wurden. Diese Tradition hielt sich bis in den Sommer 1954. Kürzer währte die Erfolgsgeschichte einer sehr beliebten Sommerwirtschaft, die der ehemalige Steinbruchverwalter Johann Adam Bachem aus Berkum bis zum Ersten Weltkrieg betrieb.

Nach dem Zweiten Weltkrieg verkauften die Nachfahren Hermann Bleibtreus ihren Besitz an eine Familie, die dort schon eine Weile als Pächter lebte.

Heute ist das weitläufige, nicht ungefährliche Steinbruchgelände nicht mehr öffentlich zugänglich. Schon vor Jahren hat die Gemeinde Wachtberg den ehemaligen Domsteinbruch als Bodendenkmal eintragen lassen und damit als erhaltungswürdiges Kulturgut anerkannt, das eine 2.000-jährige Handwerks- und Technikgeschichte in unserer Region belegt.

Ausführliche Hinweise zur Geschichte des Domsteinbruchs im 19. Jahrhundert finden sich in: Studien zum Kölner Dom (Hg. Arnold Wolff), Band 4, Großbaustelle Kölner Dom (Thomas Schumacher), Köln 1993. Gedankt sei dem heutigen Besitzer des Domsteinbruchs für seine freundliche Unterstützung bei den Recherchen.

Standort der ehemaligen Freilichtbühne in der Nähe des Domsteinbruchs

DER GOLDBECHER VON FRITZDORF

VON
CLAUS WEBER

Es sah zunächst gar nicht nach einer Sensation aus, als der Landwirt Heinrich Sonntag aus Fritzdorf am 11. November 1954 beim Graben einer Rübenmiete ein glänzendes Gefäß entdeckte. Offenbar steckte es noch in einem Tontopf, dessen Scherben er jedoch wegwarf. Den glänzenden Becher stellte er zunächst bei sich zu Hause auf.

Nachdem Zweifel über die Bedeutung des Fundes aufgekommen waren, vermittelten die Herren Josef Dietz, Norbert Zerlett und Hans Niesen den Kontakt zum Rheinischen Landesmuseum Bonn. Dort erkannte man sofort die Bedeutsamkeit des Fundes und nach einigen Verhandlungen verkaufte Heinrich Sonntag den Goldbecher an das Museum. Hier ist er noch heute eines der Prunkstücke der Ausstellung.

Vom 29. März bis 7. April 1955 untersuchten Dr. R. von Uslar und P. Tholen vom Rheinischen Landesmuseum den Fundort. Die derzeitige Einmessung bestimmt die genaue Lage des Fundplatzes, auch wenn das Gelände heute vollständig anders aussieht. Damals waren dort Drainagegräben, vier Gruben ohne Funde sowie die Eingrabung der Rübenmiete, in der sich der Becher fand. Man konnte jedoch nur noch ein paar Scherben ausfindig machen, diese gehörten zu dem Keramikgefäß, das Heinrich Sonntag als „ringförmige Verfärbung" um den Goldbecher beobachtet hatte.

Grabungsplan. Die Fundstelle des Goldbechers ist eingetragen. (Zeichnung P. Tholen)

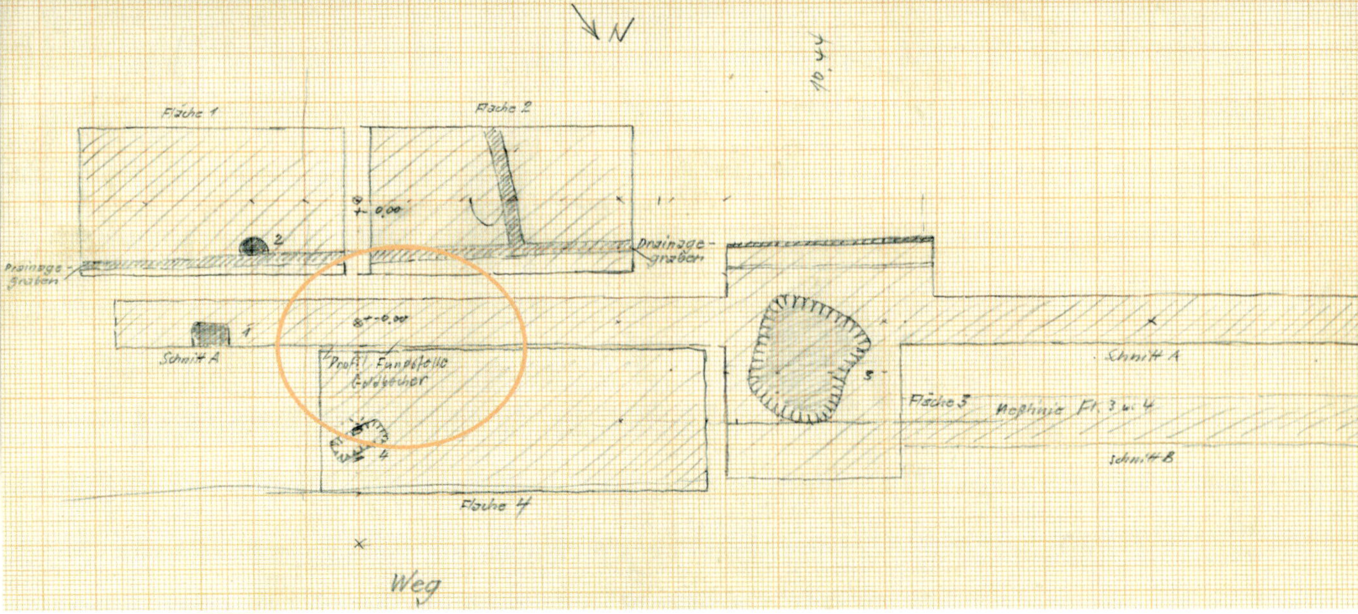

Detail des Henkels

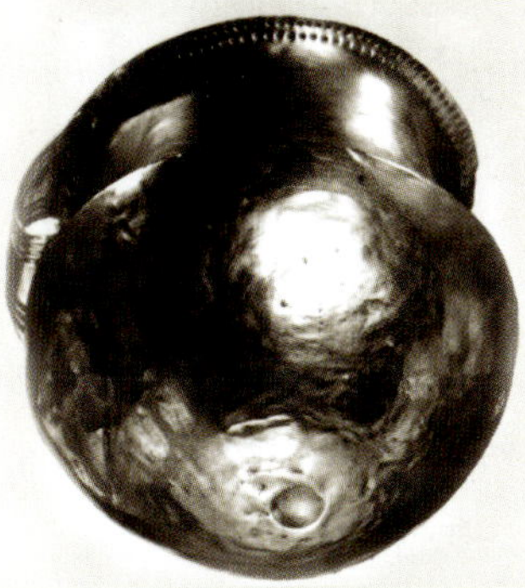

Boden mit Omphalos

Der Goldbecher von Fritzdorf ist 12,1 Zentimeter hoch, die Mündung misst 11,6 Zentimeter im Durchmesser, die größte Breite beträgt 12,2 Zentimeter. Bei einer Wandungsstärke von 0,03 bis 0,06 Zentimetern wiegt der Becher nur 221 Gramm. Er hat ein Fassungsvermögen von rund einem Liter.

Der Becher wurde in Treibtechnik hergestellt. Bei dieser Technik bearbeitete man ein Goldblech so lange mit Hämmern über Holzmodeln, bis es die gewünschte Form annahm. Das halbkugelige Unterteil verfügt über einen Omphalosboden, wobei der innere Teil des Standbodens nach oben gewölbt ist. Der Standring hat einen Durchmesser von nur 1,4 Zentimetern. Über dem deutlichen Bauchknick zieht das Oberteil merklich ein und endet in einem schmalen Schrägrand. Dieser ist durch zwei Reihen gepunzte Buckelchen verziert, die von außen mit einem kleinen punktförmigen Stichel eingedrückt worden sind. Die obere Reihe hat 105, die untere Reihe 95/96 Buckelchen. Am Ansatz des Griffes unterbricht die Reihe von Buckelchen: Offenbar hatte man zunächst den Henkel angebracht und erst danach die Verzierung gepunzt.

Der Henkel ist bandförmig geschweift, an den Ansätzen 3,6 bis 3,7 Zentimeter und in der Mitte noch 2 Zentimeter breit. Parallel zu den Rändern verlaufen je drei tiefe Rillen. Mit vier Nieten wird die Verbindung zum Gefäßkörper hergestellt, die durch das umgebogene Henkelblech sowie das Gefäß getrieben wurden. Zwischen den Nietköpfen und dem Gefäßkörper sitzen Unterlegscheiben von 0,7 x 0,9 Zentimeter Größe. Die flach umgeschlagenen Nietköpfe haben einen Durchmesser von 0,25 bis 0,4 Zentimetern.

Vergleiche mit dem Becher von Fritzdorf führen zu Funden aus Rillaton an der Südwestspitze von England und aus Eschenz in der Schweiz. Der Becher aus Rillaton, Cornwall, wurde bereits 1837 in einem Steinkistengrab unter einem Grabhügel gefunden, er befand sich zusammen mit einem Dolch und einem Tongefäß in dem Grab.

Goldbecher aus Eschenz, Thurgau

Schale aus Gölenkamp, Grafschaft Bentheim

Er datiert um 1.500 v. Chr. und wird einem „Fürsten" der örtlichen Wessex-Kultur zugeschrieben. Dieser Becher ist über den ganzen Gefäßkörper mit kräftigen, glatten Treibwülsten profiliert, er misst 8,2 Zentimeter Höhe und 8,3 Zentimeter Durchmesser. Mit dem Fritzdorfer Becher ist die Griffgestaltung und -befestigung vergleichbar, z. B. die parallel zu den Griffkanten verlaufenden Rillen. Das Griffblech ist an den Enden umgeschlagen und am Gefäßkörper mit drei Nieten befestigt, ebenfalls gesichert durch Unterlegscheiben.

Der Becher von Eschenz, Kanton Thurgau, südwestlich des Bodensees, wurde 1916 bei Gleisbauarbeiten an der Bahnstation gefunden, er verblieb jedoch unbeachtet bis 1974 in Privatbesitz und ist heute in Thurgau zu sehen. Er hat eine Höhe von 11,1 Zentimeter, einen Durchmesser von 11,2 Zentimeter, bei einer Wandungsstärke von 0,8 Zentimetern wiegt er 136 Gramm. Das Oberteil ist mit umlaufenden, getriebenen Rippen verziert. Die Unterseite weist Buckelreihen, einen kräftigen Treibwulst sowie eine Zone aus verschiedenen Rippen auf.

Noch ein weiteres Gefäß ist mit dem Becher aus Fritzdorf vergleichbar: Ähnlichkeiten der Verzierung aus umlaufenden getriebenen Rippen und Buckelreihen verbinden ihn mit der Schale aus Gölenkamp, Grafschaft Bentheim.

Sie wurde 1840 beim Sandabbau gefunden. Die goldene Schale war über ein Tongefäß gestülpt, das weißen Sand enthielt (Asche?). Bei einem Gewicht von 255 Gramm misst sie 11,5 Zentimeter an Höhe und hat einen Durchmesser von 14 Zentimetern.

Für alle diese Goldgefäße ist eine Herstellung im ostmediterranen Raum sicher anzunehmen. Dies belegen nicht nur die Ergebnisse der Untersuchungen der Metalle, sondern auch Vergleiche mit Form und Verzierung.

Bei Metallanalysen in den 1960er Jahren stellte man rund 88 Gewichtsprozente Gold und 12 Gewichtsprozente Silber fest. Zudem fanden sich Kupfer und Blei. Auffällig war die sehr geringe Beimengung

Goldbecher aus Rillaton, Cornwall

von Zinn. Diese Sorte wird als Berggold bezeichnet, da es unmittelbar aus Bergwerken stammte und direkt verarbeitet wurde. Solche Bergwerke kennt man im beginnenden zweiten Jahrtausend v. Chr. im ägäischen Raum. Die hier gefertigten Gefäße fanden sich in Gräbern und Siedlungen rund um die Ägäis, aber auch in Bulgarien, Rumänien, Ungarn bis in den österreichischen Raum. Nur ganz wenige Goldfunde in Nordwesteuropa bestehen aus diesem speziellen Material, so eben auch der Fritzdorfer Becher.

Rund um die Ägäis kennt man aus Ausgrabungen in Siedlungen und Gräbern Gefäße aus Edelmetallen oder Bronze, die direkte Vergleiche mit dem Fritzdorfer Becher erlauben. Hierzu gehören solche aus den Schachtgräbern von Mykene und anderer herausragender Bestattungen aus dieser Zeit auf dem Peloponnes. Vergleichbare Gefäße gibt es auch an der heutigen türkischen Ägäisküste, z. B. aus Troia. Typisch für diese Gefäße sind das gerundete Unterteil, der deutliche Bauchknick sowie das konkav eingezogene Oberteil. Hinzu kommen an einigen Exemplaren die Verzierung mit Punktbuckeln, die Form des Bandhenkels und die Befestigung mit Unterlegscheiben.

Allerdings ist die äußere Form der Goldbecher aus Fritzdorf, Eschenz und Rillaton auch aus Nordwesteuropa bekannt, wie die so genannte Aunjetitzer Tasse, bikonische Tassen der Wessex-Kultur sowie schnurkeramische Becher. Diese datieren in die ausgehende Jungsteinzeit und die Frühe Bronzezeit, also um die Wende vom dritten zum zweiten Jahrtausend v. Chr. Eindeutig fremdartig an den nordwesteuropäischen Goldgefäßen sind die konzentrischen Standringe, der Omphalosboden sowie die waagerechte Wülstung, die eindeutige Vorbilder im kretisch-mykenischen Raum besitzen. Aber letztlich wird sich die Frage nicht mehr klären lassen, unter welchem Einfluss beispielsweise die Aunjetitzer Tasse und die Wessex-Becher entstanden. In den Herrschaftszentren der ägäischen Welt, der kretisch-mykenischen Kultur und den Zentren an der ostägäischen Küste (z. B. Mykene, Pylos, Knossos, Phaestos, Troia und viele andere) gab es eine reiche Oberschicht, zu deren Besitz u. a. mehrere Edelmetall- oder Bronzegefäße in unterschiedlicher Funktion (z. B. als Misch- oder Trinkgefäße) gehörten. Ihre soziale und wirtschaftliche Stellung repräsentierten auch Waffen und Geräte, teilweise ebenfalls aus Edelmetallen, die ihnen mit ins Grab gegeben wurden und die sich so bis in unsere heutige Zeit erhalten konnten.

Zahlreiche Funde aus dem europäischen Raum belegten die engen Kontakte zwischen den Eliten dieser Zeit. Diese reichten von Griechenland und Vorderasien bis nach Mittel- und Nordeuropa. Die Verbindungen liefen über verschiedene Routen. Eine führte über Nordgriechenland, Mazedonien in das Donautal und von hier bis nach Süddeutschland und weiter nach Skandinavien und den baltischen Raum. Ein weiterer Weg nutzte die Adria, entlang der albanischen und kroatischen Küste weiter in den Alpenraum. Und auch über Italien lassen sich Handelswege bis in den Alpenraum und nach Frankreich nachweisen. Auf diesen Routen transportierte man Metalle und andere Rohmaterialien, Lebensmittel, Tiere, Menschen. Im Gegenzug wurden kostbare Goldgefäße, Waffen, Geräte verhandelt. Auf diesem Wege trug man aber auch Vorstellungen und Ideen weiter. Man kann sich daher gut vorstellen, dass zu besonderen Gelegenheiten kostbare Gefäße verschenkt wurden, die so als Gastgeschenke oder im diplomatischen Austausch in die Fremde gelangen konnten.

Funde aus Rumänien, Bulgarien, Albanien, Serbien, Kroatien, Ungarn und Österreich verdeutlichen die Zentren der frühbronzezeitlichen Metallgewinnung. Die hier ansässigen Eliten beherrschten Gewinnung, Verarbeitung und Handel mit dem kostbaren Metall, dadurch und unter dem Einfluss der ägäischen Kulturen gelangten sie zu Reichtum und Macht. Begünstigt durch ihre zentrale Lage wirkten sie auch als Vermittler zwischen den Hochkulturen des Mittelmeerraumes und dem nordwesteuropäischen Raum.

Als eine der herausragenden Fernverbindungen im bronzezeitlichen Europa gelten die Kontakte zwischen der englischen Wessex-Kultur und der mykenisch-minoischen Welt. Diese werden durch Funde von nordischem Bernstein im Mittelmeerraum und mykenischen Waffen, Fayenceperlen, typischen Verzierungsformen und Einzelstücken in England, wie beispielsweise dem Becher von Rillaton, verdeutlicht. Einer der wichtigsten Exportartikel war sicherlich Zinn, das man in Cornwall gewann.

Dabei lief der Handel nicht nur über den Seeweg, sondern auch über Land. In diesem Zusammenhang darf es trotz der großen Entfernungen nicht verwundern, wenn einzelne Stücke, wie beispielsweise der Fritzdorfer Becher, den weiten Weg vom Mittelmeer bis ins Wachtberger Ländchen schafften. Das Rheinland hatte zu dieser Zeit Anteil an den bronzezeitlichen Gemeinschaften in Europa.

Jedoch ist hier nicht das eigentliche Ziel der Reise des Fritzdorfer Bechers anzunehmen. Das Rheinland war in der älteren Bronzezeit ausgesprochen dünn besiedelt, wie die nur wenigen überlieferten Funde andeuten. Kleine Siedlungen mit einfachen Häusern aus Fachwerk erforschte man im Bereich der Rheinischen Braunkohletagebaue. Diese lagen in der Nähe von kleinen Bächen auf den angrenzenden Hängen. Die fruchtbaren Böden der Lössbörde boten die landwirtschaftliche Lebensgrundlage. Verkehrswege, die darüber hinaus auch die überregionalen

Bernsteinfunde von den Küsten der Ostsee. Die Verbreitung zeigt die weit reichenden Handels- und Tauschbeziehungen der bronzezeitlichen Gemeinschaften Europas.

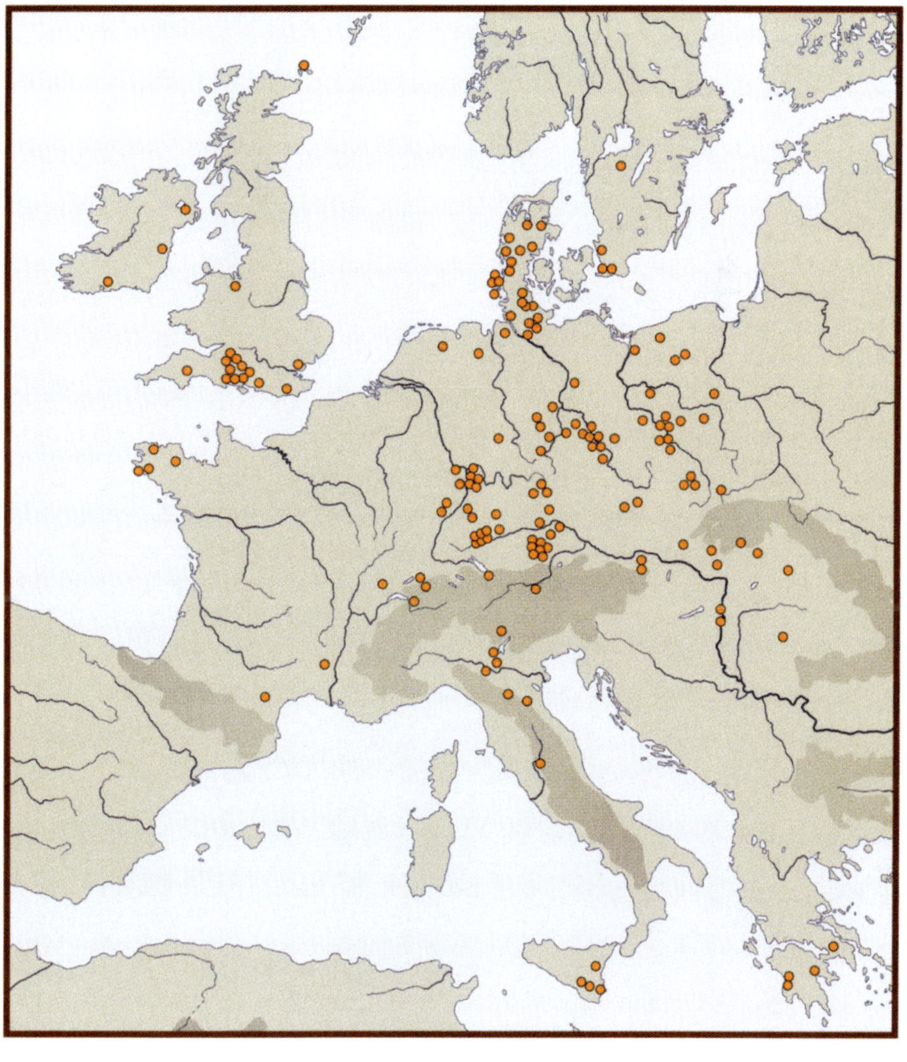

Verbindungen herstellten, erschlossen die Landschaft. Dabei hat man sich prähistorische Wege nicht als eine ausgebaute Straße vorzustellen, sondern in einem Korridor mit günstigen Voraussetzungen gab es mehrere Trassen, die alternativ genutzt werden konnten. Hier spielten auch wetterbedingte Veränderungen (z.B. Hochwasser) und lokale Herrschaftsbereiche eine Rolle.

Weitere frühbronzezeitliche Funde im Rheinland, wie Schwerter, Dolche, Lanzenspitzen und Beile, barg man in oder nahe bei Flüssen, wie dem Rhein oder der Niers. Zu diesen Einzelfunden gehörte beispielsweise der Dolch aus Bonn-Pützchen oder das Schwert mit feuervergoldetem Griff aus Grefrath-Oedt an der Niers. Diese wertvollen Bronzegeräte gehörten einer Gruppe von Einwohnern, die sich solche Waffen und Geräte leisten konnte. Deren Reichtum beruhte auf dem Handel, der entlang der großen Handelswege, wie dem Rhein oder den in Ost-West-Richtung verlaufenden Landverbindungen durch das Rheinland, geführt wurde. Die Kontrolle dieser Handelswege, ebenso von Flussübergängen und Handelsplätzen, war offenbar ein einträgliches Geschäft.

Dennoch ist kaum anzunehmen, dass ein solch überragend kostbares Gefäß wie der Fritzdorfer Goldbecher einem lokalen Fürsten geschenkt werden sollte oder dieser den Becher erwerben konnte. Eher wurde der Becher, aus welchen Gründen auch immer, auf seinem Weg zum Endziel in der Erde von Fritzdorf zwischengelagert.

Wie die Aufbewahrung in einem Keramikgefäß belegt, sollte der Goldbecher erhalten bleiben, um ihn später wieder bergen zu können.

Der Fundort des Goldbechers liegt auf einem Höhenrücken, der sich zwischen dem Ahrtal im Süden und der rheinischen Lössbörde im Nordwesten erstreckt. Im Westen führt in einem Einschnitt der Swistbach vorbei, der nach Norden auf die Lössbörde fließt und in die Erft mündet. Im Süden stellt das Tal des Leimersdorfer Baches die Verbindung in das Ahrtal her.

Wollte man in vorgeschichtlicher Zeit vom Rheintal aus die Lössbörde erreichen,

Dolch aus Bonn-Beuel

konnte man durch das Tal der Ahr verhältnismäßig leicht an Höhe gewinnen, um beim heutigen Bad Neuenahr-Heppingen über das Tal des Leimersdorfer Baches bzw. des Ringener Baches die Swist zu erreichen. Dieser Weg führt westlich um den Höhenzug herum, auf dem der Fritzdorfer Becher gefunden wurde. Diese abseits der Verkehrswege gelegene, waldbestandene Höhe bot eine markante Geländemarke. Durchaus ein Ort, an dem man ein kostbares Gefäß deponieren konnte, um es dauerhaft dem Boden anzuvertrauen, oder um es später wieder zu bergen.

Der Höhenrücken selbst dürfte in der Älteren Bronzezeit (zweites Jahrtausend v. Chr.) bewaldet gewesen sein. Allerdings

Schwert aus Grefrath-Oedt

gibt es keine Hinweise mehr auf den ursprünglichen Zustand, da im Laufe der Zeit der alte Boden durch die landwirtschaftliche Nutzung weitgehend abgetragen wurde. So war der Becher ursprünglich in einer sehr viel größeren Tiefe eingegraben worden, als er nach rund 3.500 Jahren gefunden wurde. Darüber hinaus gibt es keine Indizien für eine vorgeschichtliche Besiedlung des Höhenrückens. Die Stelle der Deponierung war also bewusst abseits von Wegen und Siedlungen ausgesucht worden, um den Becher geschützt zu lagern.

Nach allem, was man weiß, wurde der Fritzdorfer Goldbecher im 16. Jh. v. Chr. an einer abgelegenen Stelle nahe einer Handelsroute deponiert. Die genauen Beweggründe werden für immer verborgen bleiben. Es mögen profane Gründe gewesen sein, beispielsweise dass ein Händler oder Gesandter das kostbare Gefäß aus unbekannten Gründen zwischenlagern wollte oder musste, um es später wieder hervorholen zu können. Oder es war doch der örtliche Adlige, der bestrebt war, seinen Besitz zu sichern. Es mag auch religiöse Gründe gegeben haben, den kostbaren Besitz dem profanen Gebrauch zu entziehen.

Für uns hat der Becher heute mehrfache Bedeutung. Er zeigt das weite Beziehungsgeflecht auf, das in der Bronzezeit den gesamten europäischen und vorderasiatischen Raum überzog. Im Rheinland ist er einer der ganz wenigen kostbaren vorgeschichtlichen Goldfunde, in einer Gegend, in der Gold immer importiert werden musste. Er zeugt von der großen Kunstfertigkeit der bronzezeitlichen Handwerker, für die die Herstellung eines solchen Gefäßes zwar technische Routine, aber doch auch immer ein sehr individuelles Handwerksstück war.

Und die Fritzdorfer sind durch diesen Becher in nahezu der ganzen Welt berühmt geworden.

So ist der Fund des Fritzdorfer Goldbechers doch eine Sensation.

Aunjetitzer Gefäße aus Bottendorf (Thüringen), 1950 bis 1650 v. Chr.

CHRONOLOGIETABELLE

SÜDSKANDINAVIEN	Frühbronzezeit (Periode I) – Ältere Bronzezeit (Periode II) – Mittlere Bronzezeit (Periode III)
BRITISCHE INSELN	Jüngere Frühbronzezeit (Wessex II) – Mittelbronzezeit
MITTELEUROPA	Jüngste Frühbronzezeit (Aunjetitzer Kultur) – Frühe Mittelbronzezeit – Mittlere bis Späte Mittelbronzezeit – Spätbronzezeit
DONAUREGION	Frühdanubisch III – Mittel-danubisch I–II – Mittel-danubisch III – Spätdanubisch I
FRANKREICH	Bronze Ancien – Bronze Moyen I – Bronze Moyen II – Bronze Final I
Zeitachse	1800 v. Chr. – 1600 v. Chr. – 1400 v. Chr. – bis 1200 v. Chr.
ITALIEN	Ältere Bronzezeit IV – Mittlere Bronzezeit 1 – Mittlere Bronzezeit 2–3 – Jüngere Bronzezeit
IBERISCHE HALBINSEL	El Argar B – Bronce Tardio
GRIECHENLAND	Späthelladisch I–II (Schachtgräberzeit) – Späthelladisch III
LEVANTEKÜSTE	Mittelbronzezeit II – Spätbronzezeit I – Spätbronzezeit II
ÄGYPTEN	Mittleres Reich – 2. Zwischenzeit – Neues Reich (Echnaton (1352–1336), Ramses II (1279–1213))

Johannes Bergmann, ICE und Rhein-Sieg-Kreis

MOPS
Leben
& Kultur

MIT DEM WIND ÜBER SANFTE HÜGEL UND REIZVOLLE TÄLER

VON
INGA SCHULZ

BALLONFAHREN IN UNSERER HEIMAT

Schon immer ist in den alten Legenden der Griechen, Römer, Skandinavier, Inder und Chinesen von der Erprobung aller möglichen Formen des Fliegens die Rede. Dem alten Menschheitstraum, der sich auch in der Legende von Dädalus und Ikarus niederschlägt, kamen die französischen Gebrüder Montgolfier mit ihrer Entdeckung im Jahr 1783 ein Stück näher. Die Betreiber einer Papierfabrik und Hoflieferanten von Ludwig XVI. entwickelten die These, dass bei der Verbrennung von Materialien im Rauch ein Stoff namens „Phlogiston" entstehe, der für Auftrieb sorge. So fertigten sie große Hüllen von Papier und machten ein Feuer mit feuchtem Stroh und Mist, damit es kräftig qualmte und rauchte. Dass der Aufstieg der auf diese Weise erwärmten Luft in der Papierhülle mit ihrer geringeren Dichte zu tun hat und ein physikalisches Gesetz ist, wussten die Brüder nicht.

Am 5. Juni 1783 jedenfalls stieg der erste unbemannte Ballon in Annonay südlich von Lyon in die Luft auf. Am 19. September desselben Jahres wurden dann auf Erlass Ludwig XVI. ein Hahn, ein Schaf und eine Ente zu den ersten Luftreisenden. Nach mehr oder weniger gelungenen Starts und Landungen mit den Tieren stiegen am 21. November 1783 die ersten Menschen unter den Augen des Königs und seiner Gattin Marie Antoinette in Paris mit einem Heißluftballon der Gebrüder Montgolfier in die Luft. Auf diese erste bemannte Heißluftballonfahrt gründet sich noch heute die Tradition, dass alle, die zum ersten Mal mit einem Heißluftballon in die Lüfte steigen, in den Adelsstand erhoben werden. Wie es heißt, soll sich damals nämlich niemand getraut haben. Strafgefangene wurden hierzu vom König verdonnert und nach gelungener Landung auf diese Weise geehrt. So erhält noch heute jeder Erstfahrer nach seiner Feuertaufe (im wahrsten Sinne des Wortes) einen adligen Titel. Wie Ballonpilotin Erika Schröder erzählt, werden hierbei die Haare des Jungfernfahrers leicht angesengt und mit Sekt wieder gelöscht.

Wie dieser Nachbau trug der erste bemannte Heißluftballon die Farben blau/gold.

Das Ballonglühen gehört zu den Attraktionen bei den Ballonfahrertreffen.

Zusammen mit ihrem Ehemann Reiner Schröder ist die Eitorferin die Initiatorin des regelmäßigen Heißluftballonfahrer-Freundschaftstreffens auf der Siegwiese in Eitorf. Jedes zweite Jahr Mitte Juli treffen sich seit 1991 Ballonfahrer aus dem In- und Ausland, um sich auszutauschen, gemeinsam in die Lüfte zu steigen und den Himmel des Rhein-Sieg-Kreises mit ihren bunten Luftgefährten zu bevölkern. Auch 2005 waren es wieder 40 Ballonteams, 20 Gleitschirmflieger und zwei Modellballonbesitzer, die sich vom 15. bis 17. Juli ein Stelldichein auf der *Pletsch Wasem* genannten Siegwiese gaben. Neben den drei Starts (wetterbedingt entfiel einer von ursprünglich vier vorgesehenen), die während des dreitätigen Treffens vonstatten gingen, gab es auch wieder das bei den Zuschauern besonders beliebte „Ballonglühen". Unter dem (Funk-) Kommando von Reiner Schröder ließen die Piloten mittels des Brenners ihre Ballone im Takt der Musik aufleuchten. Untermalt wurde das stimmungsvolle Szenario mit einem bengalischen Licht, das traditionell die Eitorfer Herstellerfirma für Feuerwerkskörper zum Selbstkostenpreis zur Verfügung stellt. Aber nicht nur das Ballonglühen, das laut Erika Schröder für die Piloten genauso aufwändig ist wie ein normaler Start, zieht immer wieder Scharen von Besuchern an. Auch die Möglichkeit, sich als Passagier zum Mitfahren anzumelden und auf diese Weise die Starts und Landungen der anderen hautnah mitzuerleben, ist ein guter Grund für den Besuch des Ballonfahrertreffens. Für 150 Euro pro Person kann man sich die reizvolle Hügellandschaft, die Täler und Flussniederungen rund um Eitorf einmal von oben anschauen.

So schnell wie der Wind fährt ein Heißluftballon. „Darum ist Wetterkunde auch das A und O bei der Ausbildung zum Erwerb der PPL-D (Privatpilotenlizenz – das D steht für Ballonfahrer)", so Reiner Schröder, der diesem Hobby bereits seit 17 Jahren zusammen mit seiner Frau frönt. Schon immer war das Fliegen der Lebensinhalt des gebürtigen Eitorfers. Bereits im Alter von 15 Jahren begann der Sohn eines Piloten mit dem Segelfliegen. Seinen Wunschtraum, Pilot zu werden, verwehrte ihm der Vater jedoch, denn sein Bruder war als Berufspilot nicht aus dem Zweiten Weltkrieg zurückgekehrt. So erwarb Schröder im Alter von 19 Jahren seinen Privatpilotenschein, erlernte das Fallschirmspringen und verschrieb sich schließlich dem Drachenfliegen. An dessen Einführung in Deutschland war er maßgeblich beteiligt. Der Fliegerei nicht so viel abgewinnen konnte hingegen seine Ehefrau. „Das einzige, was sie sich für sich selbst vorstellen konnte, war das Ballonfahren", berichtet Schröder von der Geburtsstunde der Idee, den PPL-D zu erwerben. Und so meldete sich das Ehepaar im Jahr 1988 kurzerhand bei einer Schule in Herxheim (bei Mainz) an und paukte in 60 theoretischen Stunden Wetterkunde, Luftrecht, Gerätekunde, Navigation und Verhalten in besonderen Fällen.

40 Ballonteams gaben sich vom 15. bis 17. Juli 2005 ein Stelldichein auf der Siegwiese.

Der Erwerb des Funksprechzeugnisses, 20 praktische Fahrten mit 50 Starts und Landungen, eine Alleinfahrt und – als Grundvoraussetzung – eine ärztliche Überprüfung auf Lufttauglichkeit, die alle ein bis zwei Jahre wiederholt werden muss, waren weiterhin dafür nötig – Kostenfaktor: um die 5.000 Euro. Wer es billiger haben möchte, kann seinen Schein auch über einen der vielen Ballonfahrervereine erwerben. Dies senkt insbesondere die Kosten des praktischen Teils, hat aber den Nachteil, dass die Ausbildung Monate oder Jahre dauern kann, da sich mehrere Anwärter einen Ballon teilen, der letztlich aber nur bei bestimmten Wetterbedingungen starten kann.

Bei Zuschauern beliebt ist das Heißluftballontreffen in Eitorf.

„Optimales Flugwetter ist Kälte, blauer Himmel und eine Windgeschwindigkeit von zehn bis 15 Stundenkilometern, das entspricht zwei bis fünf Knoten", so Reiner Schröder. Während man im Winter rein theoretisch den ganzen Tag über Ballonfahren könne, könnten die Ballons im Sommer wegen der Erderwärmung und der hierbei entstehenden thermischen Winde nur früh morgens oder spät abends starten. Im Ballon selbst spüre man keinen Wind, weil der Ballon ja genauso schnell fahre wie der Wind, erzählt Erika Schröder. Als optimale Kleidung empfiehlt sie den Außentemperaturen angepasste normale Wanderkleidung, denn meist ist es am Boden kälter als in der Luft. Das Feuer des Brenners gibt zusätzliche Wärme, allerdings nicht für die Füße. Die sind daher in festen Wanderschuhen gut aufgehoben, sonst können sie schon mal kalt werden. Bei einer Außentemperatur von null Grad Celsius wird die Luft im Ballon mittels des Brenners auf 80 Grad Celsius erhitzt, bei 25 Grad Außentemperatur oder höheren Bergen auf 110 bis 120 Grad Celsius.

Die Richtung, in welche der Ballon fährt – es heißt „fahren", nicht „fliegen", weil sich der Ballon nach den Gesetzen der Aerostatik bewegt – bestimmt der Wind. Darum ist eine genaue Windprüfung mittels kleiner heliumgefüllter Ballons vor dem Start ebenso unerlässlich wie die exakte Navigation.

Schließlich muss ein Ballonteam ja ungefähr wissen, wo es wieder landet. Die Richtung kann nur durch die Höhe etwas korrigiert werden, wobei hier jedoch bestimmte Richtwerte gelten. Die vorgeschriebene Mindesthöhe beträgt 150 Meter über Äckern und Wiesen, über bebauter Fläche 300 Meter, über Großstädten 600 Meter. Rund um den Flughafen Köln/Bonn besteht ein Flugverbot. In diesem Gebiet bedarf es Sondergenehmigungen.

„Am schönsten ist es bei 200 Metern", erzählt Erika Schröder. In dieser Höhe könne man die Landschaft am besten genießen, so die Ballonfahrerin, die mit ihrem Ballon „Mops" gerne auch ohne ihren Ehemann in die Luft geht. Der ist dann am Boden für die Verfolgung zuständig. Ausgerüstet mit Anhänger und Funkgerät sammelt Reiner Schröder seine Frau und deren Mitfahrer nach ein bis zwei Stunden wieder ein. Brenzlig wird es, wenn plötzlich der Wind einschläft. Dann kann es schon mal passieren, dass sich der Ballonpilot an den Baumspitzen entlanghangeln und in einer Lichtung abwärts ziehen muss. „Manchmal bitten wir auch Personen am Boden, uns mit dem mitgeführten Seil zu einer geeigneten Landestelle zu ziehen", so Erika Schröder. Wenn hingegen der Wind auffrischt, kann das wegen der höheren Fahrtgeschwindigkeit schon mal zu einer unsanfteren Landung führen.

Die Besucher des Ballonfahrertreffens schauen Erika Schröder interessiert bei ihren Vorbereitungen zu.

Die Ballonpiloten müssen bestimmte Höhen einhalten.

Ernsthafte Unglücke sind allerdings selten und laut Reiner Schröder meist auf menschliches Fehlverhalten zurückzuführen.

Beim Ballonfahren kann man Schönheit und Stille der Landschaft genießen.

Die optimale Besetzung für einen Ballon sind vier Personen, im Sommer, wegen der höheren Außentemperaturen, drei. Das Startgewicht beträgt rund 770 Kilo. Pro Person rechnet der Pilot mit jeweils 80 Kilo, hinzu kommt das Eigengewicht der etwa 23 Meter hohen und 20 Meter breiten Hülle eines Standardballons, des 1,40 mal 1,60 Meter großen Korbes, des Brenners, des Gebläses, der Gasflaschen und der technischen Geräte wie Funk, Navigator und Höhenmesser. Maximal vier bis fünf Stunden kann man mit einem Heißluftballon in der Luft bleiben. Länger, dafür aber auch wesentlich teurer, geht's nur mit einem Gasballon. Hier könne man einen Tag in der Luft bleiben, erzählt Reiner Schröder. Bei Wettbewerben seien es sogar schon mal drei bis vier Tage. Eine Heliumfüllung für einen normal großen Ballon (etwa 3.000 Kubikmeter) kostet jedoch zwischen 1.000 bis 3.000 Euro und macht das ohnehin nicht gerade günstige Hobby fast unerschwinglich. Allein die Hülle eines normalen Heißluftballons schlägt mit 50.000 bis 60.000 Euro zu Buche. Hinzu kommen der Korb, das technische Gerät und ein Anhänger fürs Auto. Ganz besonders teuer sind die Versicherungen.

„Nur Hubschrauberfliegen ist teurer", sagt Reiner Schröder, der Kosten von 400 Euro pro Start errechnet. Das erklärt auch den stattlichen Preis für die Passagiere und nicht zuletzt auch, warum so viele Ballons Werbung auf ihrer Hülle haben. Die gesponserte Ballonhülle und der Zusammenschluss der Piloten in Vereinen macht das Hobby für Normalsterbliche annähernd bezahlbar.

Nur mit Hilfe von Sponsoren ist übrigens auch das Ballonfahrertreffen in Eitorf möglich. Zusätzlich zu den hohen Versicherungskosten müssen kostenpflichtige Genehmigungen und Sicherheitskräfte bezahlt werden. Die Einnahmen aus dem Verkauf von Speisen und Getränken gehen an das Catering-Unternehmen, das auch auf eigenes Risiko arbeitet.

Die etwa 12.000 Euro, die das himmlische Ereignis verschlingt, finanzieren sich außer über Sponsorengelder nur über die Einnahmen aus den Fahrpreisen. Darum hoffen die Veranstalter auch immer auf gutes Wetter. Denn es ist auch schon vorgekommen, dass wegen Dauerregens gar nicht gestartet werden konnte. Dies ist nicht nur für die Ballonteams und die Zuschauer bedauerlich. Auch um das halbe Jahr Vorbereitungszeit, das in jedem Treffen steckt, ist es schade. In solchen Fällen vertreiben sich die Ballonpiloten mit Austausch, Kontaktpflege und Spielen die Zeit, müssen aber auf das gemeinsame Ballonfahren verzichten.

Schließlich ist das Leitmotiv, das hinter diesem wie den anderen weltweit veranstalteten Ballonfahrer-Treffen steckt, nicht nur die Lust des Menschen, sich mit anderen zu messen – so bei den nach den Heißluftballon-Erfindern *Montgolfiaden* genannten Wettbewerben –, sondern auch der Wunsch, ein schönes Erlebnis mit anderen zu teilen. So wie die Eroberung der Lüfte schon immer ein Ziel des Menschen war, so ist es auch der Wunsch nach Zusammengehörigkeit, das ihn umtreibt. Und so starten die Ballonfahrerfreunde am liebsten gemeinsam zu der sanften Reise mit dem Wind in die Stille der reizvollen Landschaft des Rhein-Sieg-Kreises.

Auch kuriose Formen wie diese von einer Brauerei gesponserte Ballonhülle gehen in die Luft.

Wenn der Wind nachlässt, müssen sich Ballonpiloten zur Landung abwärts ziehen lassen.

IMPRESSIONEN DER „OFFENEN GARTENPFORTE" – NATUR HAUTNAH ERLEBEN

VON KATJA ESCHMANN

Am 25. und 26. Juni 2005 öffneten sich auf Initiative des Tourismusbüros Much unter dem Motto „Offene Gartenpforte" in Much, Neunkirchen-Seelscheid, Lohmar, Ruppichteroth und im benachbarten Overath sonst meist verschlossene Tore zu heimischen Gärten – zahlreiche Besucherinnen und Besucher durften die Vielfalt der privaten Rückzugsräume bewundern. Auch anderenorts im Rhein-Sieg-Kreis fanden an diesem Wochenende ähnliche Aktionen statt.

Die Idee zur Offenen Gartenpforte stammt aus England. Dort öffnete man bereits im Jahr 1927 an besonderen Tagen attraktive Privatgärten für Besucher. Die eingenommenen Eintrittsgelder erhielt ein Hilfsfond für Krankenpflege – so wurde das Angenehme mit dem Nützlichen verbunden.

Bauerngarten der Familie Kehres in Növerhof

Kleiner fantasievoller Doppelhausgarten der Familie Panthen aus Lohmar-Neuhonrath

Naturnaher Garten der Familie Becker

Auch in Deutschland haben sich seit Beginn der 90er Jahre zahlreiche Nachahmer gefunden – hier ist der Eintritt jedoch frei, im Gegensatz zu Australien, den USA, den Niederlanden und Belgien, wo man sich ebenfalls für die Idee des *National Gardens Scheme* begeistert.

Dreizehn ideenreiche Gärten bezauberten an diesem Wochenende ihre Gäste. Kletterrosen umranken dort denkmalgeschützte Gebäude und schaffen eine stimmungsvolle Umgebung.

Buchsbaumgesäumte Wege führen vorbei an farbenfrohen Wildstaudenbeeten. Liebevoll angelegte Plätze laden zum Träumen und Verweilen ein. In Naturteichen sind Teichmolch, Grasfrosch und Co. ungestört. Plastiken und Skulpturen fügen sich harmonisch in ihre Umgebung ein. Heimische Bäume, Sträucher und Pflanzen bieten Vögeln, Kleintieren und Insekten Nahrung und Zufluchtsmöglichkeiten. Gemüsegärten, Blumen- und Rosenbeete, Trockenmauern mit Steinbrechgewächsen, Spalierobst wechseln sich miteinander ab. Duftende Kräuter, luftige Sommerblumen, Stauden und Bambushaine umschließen Skulpturen und Keramikobjekte. Solitärgehölze, Materialien aus Naturstein, Wasserspiele und Feuerplätze lassen die Besucher entspannen.

Damit fügen sich die ideenreichen Gärten wunderbar in die malerische Landschaft zwischen Rhein, Sieg und dem Bergischen Land ein. Wer sich einmal von ihnen verzaubern lässt, wird ihrem Bann so schnell nicht wieder entkommen.

Infos unter: Tourismus Büro Much, Tel.: 02245-610888
www.much.de

Ein Bad für Dagobert. Garten der Familie Brehm-Schröter

Garten der Familie Klingen-Stein aus Neunkirchen-Seelscheid

AN DER WAHRHEIT SCHLEIFEN

GABRIELE PÜTZ, TRÄGERIN DES RHEINISCHEN KUNSTPREISES 2004

von links: Gabriele Pütz, Michael Solf MdL (Vorsitzender des Kulturausschusses des Rhein-Sieg-Kreises), Kreisdirektorin Monika Lohr und Dr. Gabriele Uelsberg

Als „eine Auszeichnung für hervorragende Arbeiten auf dem Gebiet der bildenden Kunst" versteht der Rhein-Sieg-Kreis den *Rheinischen Kunstpreis.* Im Jahre 2004 wurde diese Auszeichnung, um die sich Künstlerinnen und Künstler aus dem gesamten Rheinland zwischen Emmerich und Koblenz sowie den Partnerregionen des Rhein-Sieg-Kreises in Frankreich und Polen bewerben konnten, zum zweiten Mal vergeben: an die in Alfter geborene Künstlerin Gabriele Pütz, die seit über 20 Jahren in Bad Honnef lebt und arbeitet. Erstmals ging der Kunstpreis damit in den Rhein-Sieg-Kreis. Zwei Jahre zuvor war die Kölnerin Sonia Knopp erfolgreich.

Unter Vorsitz von Professor Dr. Frank Günter Zehnder, bis Ende 2004 Direktor des Rheinischen Landesmuseums Bonn (dem Kooperationspartner des Rhein-Sieg-Kreises beim *Rheinischen Kunstpreis*), traf die Jury, wie es in der Begründung hieß, „ aus einem breiten Feld von über 600 Bewerbungen, die ein getreues Bild der zeitgenössischen Kunstszene vermitteln, nach einer ausführlichen Diskussion eine eindeutige Entscheidung ... Gabriele Pütz konnte sich gegen stärkste Konkurrenz aus dem In- und Ausland durchsetzen. Sie ist eine Künstlerin mit einer reichen künstlerischen Biografie, war in Ausstellungen im Rheinland und darüber hinaus vertreten, verdient es aber unbedingt, weit über das Rheinland hinaus noch stärker bekannt gemacht zu werden."

Der Preis wurde der Künstlerin am 16. April 2005 anlässlich des *Tages des Rhein-Sieg-Kreises im Rheinischen Landesmuseum Bonn* übergeben. In ihrer Laudatio auf die Preisträgerin führte Dr. Gabriele Uelsberg, die als Nachfolgerin Zehnders nun das Museum leitet, aus:

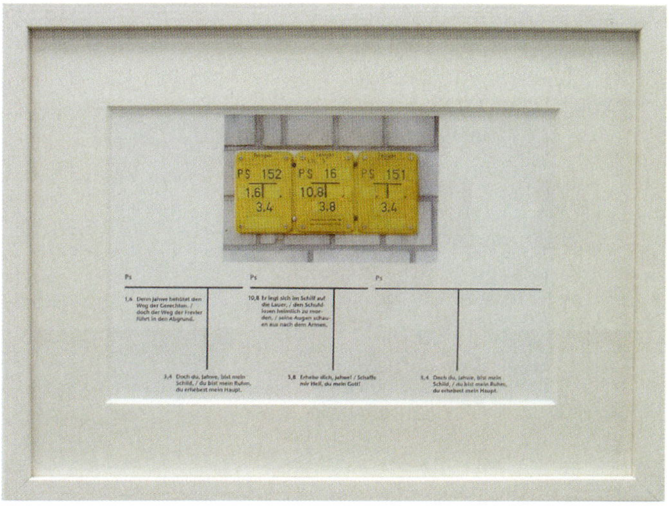

Details aus *Wegweisungen* – Folge von 10 Farb-Digitalfotografien

Gabriele Pütz' Arbeiten einer künstlerischen Gattung zuzuordnen, fällt schwer. Die Künstlerin erarbeitet raumbezogene Installationen, die sie aus einer Auseinandersetzung mit scheinbar banalen Alltagsdingen und komplexen philosophischen oder religiösen Thematiken heraus entwickelt. Sie verfolgt dabei konzeptionelle Ansätze ohne jedoch in ihrem Werk in der bloßen Erfassung eines solchen Konzeptes zu verharren, sondern wandelt das Thema in der Gestaltung zu größeren Einheiten. Die Anstöße ihres Werkes bezieht sie meist aus religiösen oder philosophischen Gedankengebäuden, die sie wie die Alltagsobjekte selbst findet und aufgreift.

Diese philosophischen Thesen verknüpft Pütz mit Objekten, Szenarien und Erlebnissen der Realität, die sie aus ihrem direkten Umfeld heraus ableitet. Umfeld bedeutet dabei durchaus auch im konkreten Sinne die eigenen Lebenserfahrungen oder die ihrer Familie, aber auch den öffentlichen Raum, in dem wir uns bewegen und der uns immer wieder neu in unterschiedlichen Aspekten begegnet. So entstehen irritierende Arbeiten, die sich stets unter anderen Gattungsformen konkretisieren. Mal sind es fotografische Arbeiten von Straßenzeichen, die sie nimmt, um die mathematische und rein technische Bezifferung in Verbindung zu setzen zu den Zahlen und Textstellen religiöser Texte. Mal sind es Objekte des Alltags wie Teller, denen sie eine Programmatik aufprägt, indem sie Bild gewordene philosophische Theorien als eine „gleichsam geistige Nahrung" auf den Teller legt.

Die Alltagsgegenstände, die sie dabei verwendet, entwickeln hier im künstlerischen Kontext eine Abgerücktheit von ihrer tatsächlichen Funktion sowie eine Poesie, die die Sinnfälligkeit der Gedanken, die sie in ihren Arbeiten verfolgt, nachhaltig unterstreicht.

Gabriele Pütz fordert mit ihren Arbeiten den Betrachter als „Seher" und „Denker" heraus und macht es uns im besten Sinne des Wortes „nicht leicht", mit ihren Werken umzugehen. Sie findet jedoch auch gerade in der Verwendung oftmals scheinbar banaler Gegenständlichkeit einen fast ironischen und damit distanzierten Weg zu tiefer Erkenntnis, der sich dem Betrachter als neue Erfahrung eröffnet.

Das Gastmahl

DER KUNSTHISTORIKER UND VERLEGER CHRISTOPH SCHADEN SCHREIBT ZU DEN KÜNSTLERISCHEN ARBEITEN VON GABRIELE PÜTZ:

Baruch de Spinoza wusste sein Dilemma in einem einzigen Satz zusammenzufassen: „Alles Erhabene ist ebenso schwierig wie selten." Der niederländische Philosoph und Verfasser der epochalen *Ethik – In geometrischer Weise behandelt in fünf Teilen* hatte die Fallhöhe der Existenz nämlich am eigenen Leib zu spüren bekommen. Er musste sich den Lebensunterhalt zeitweise mit dem stupiden Schleifen von Linsen verdienen.

In der gleichnamigen Installation von Gabriele Pütz, die 2004 entstanden ist, bildet die verquere biografische Grunddisposition den Ausgangspunkt einer erweiterten Wahrheitssuche. Auf und um einen kargen, etwas zu klein geratenen Arbeitstisch des Philosophen liegen vereinzelt und in Gruppen genau 21 überdimensionierte Linsen verstreut, deren rostfarbene Oberfläche eher an das bekannte Grundnahrungsmittel als an das optische Fixierungsinstrument erinnern. Ein Schelm übrigens, wer angesichts des philosophischen Sujets hierbei an ein Missverständnis des Wortes denkt. Die Schleifung der Oberfläche hat zugleich Wörter offen gelegt, die allesamt begriffliche Eckpfeiler des spinozistischen Gedankensystems bilden: Schaffende Natur, Vollkommenheit, Ewigkeit, Modus usw. heißt es da bedeutungsschwer. Nicht zuletzt offenbart ein Blick in die halb geöffnete Schublade des Schreibtischs, dass dort noch eine Linse mit der Aufschrift „Gott" ihrer Entdeckung verharrt.

Anstatt nun dem gedanklich klaren Diskurs der Begriffe zu folgen, legt die sinnlich fassbare Logik des Kunstwerks im Sinne der überlieferten Anekdote äußerst unbehagliche Parameter frei. Größenverhältnisse geraten etwa ins Wanken, neue Ordnungs- und Chaossysteme entstehen und materialisierte Gedanken entheben sich plötzlich ihrer Eindeutigkeit (für diejenigen, die hineinbeißen wollen, sei gesagt: Die Linsen sind aus keramischem Material gestaltet!). Nicht ohne Ironie lenkt Gabriele Pütz unsere Aufmerksamkeit auf die Kluft zwischen Erkenntnis und Erfahrung, Schein und Sein, Wort und Wahrheit.

Spinoza Installation

- aber "alles Erhabene ist ebenso schwierig wie selten"
(Baruch de Spinoza)
Installation, bestehend aus einem Tischchen und 21 rostigen Linsen, die mit wesentlichen Begriffen aus dem Hauptwerk des Philosophen Baruch de Spinoza, der „Ethik – In geometrischer Weise behandelt in fünf Teilen", beschriftet sind.

THEOLOGIA, MYTHOLOGIA, PHILOSOPHIA

Was zunächst wie ein bissiger Werkkommentar anmutet, offenbart sich bei näherer Betrachtung als ein künstlerisches Leitprinzip: Das Schleifen an der Wahrheit, oder konkreter: an den tradierten Denk- und Wahrheitssystemen der Theologie, Mythologie und Philosophie, bildet den inhaltlichen Nährboden der Kunst von Gabriele Pütz. Ihre zumeist skulpturalen Arbeiten erschöpfen sich dabei nicht in kalter Systemkritik, sondern legen die sinnliche Logik des Kunstwerks selbst frei, das autonom und überzeugend zu bestehen vermag.

Zur präzisen Auslotung gedanklicher Wahrheitskonzepte mit den Mitteln der Kunst hat Gabriele Pütz, die bei Eduardo Paolozzi und Karl Burgeff in die Lehre ging, im Beuyss´chen Sinne von Beginn an Materialien verwendet, die im verbreiteten Kanon der kunstimmanenten Denkschubladen nicht eben konsensfähig sind. Nicht zufällig war ihr erster Werkstoff Keramik, ein Synonym solider angewandter Handwerklichkeit, die sie virtuos gegen ihre hart glänzende Oberflächenbeschaffenheit auszuspielen wusste. Seit den 1980er Jahren entstanden hieraus

Die Gefahr der Worte
Die Arbeit bezieht sich auf den Ventilator von Wittgenstein, der ihm neben dem üblichen Zweck auch als Geräuschkulisse gegen das Musizieren der Studenten diente. Der Text „Die Gefahr der Worte" nimmt Bezug auf das gleichnamige Buch von M. O'C. Drury, einem ehemaligen Schüler und Freund Wittgensteins, in dem er Aufsätze veröffentlicht, die aufzeigen, welchen Einfluss Wittgenstein auf sein und das Denken anderer Menschen hatte. Gedacht sei aber auch an das beliebte Kinder- oder Orakelspiel des Auszupfens und Auszählens der Blütenblätter einer Blume unter gleichzeitigem Aufsagen von "Er (sie) liebt mich, er (sie) liebt mich nicht, er (sie) liebt mich ...".

scheinrealistische Kissenskulpturen, deren ikonografische Sinnbezüge den Betrachter zu vielfältigen Gedankenausflügen veranlassen, nur nicht, den Kopf sanft zur Ruhe zu legen.

Die Titel der skulpturalen Arbeiten bezeugen schon in den 80er Jahren eine Hinwendung zu fundamentalen Fragen der menschlichen Existenz. *Weltenberg* (1985), *Opferkreuz* (1987) und das *Haus der neun Seelen* (1986) bezeichnen zum Beispiel Skulpturen, die sich explizit auf religiöse und mythologische Wahrheitslehren beziehen. Ihre spezifische Konzentration gewinnen die Werke aus der Verdichtung von Symbol, Wort, Schrift, Form und Bild. Mit einem dritten, 1990 begonnenen Werkkomplex, der das weite Feld der Philosophie analysiert, hat Gabriele Pütz die Palette ihrer medialen Ausdrucksformen entscheidend erweitert: Sie reicht von Skulpturen, analogen und computeranimierten Fotografien bis zu Videoinstallationen. Unverwechselbar geblieben ist dabei die solide Präzision der künstlerischen Gestaltungsprozesse.

Das Gastmahl (1994), *Gebündelte Logik* (1997) und *Die Gefahr der Worte* (2000) analysieren denn auch Wahrheitskonzepte von Platon bis Wittgenstein mit jenem leisen Skeptizismus, dem die Kunst von Gabriele Pütz eigen ist.

In *Corporate Identity* (seit 1998), dem jüngsten Werkblock, widmet sich die Preisträgerin des Rheinischen Kunstpreises abermals der Existenzbefragung. Der Fokus auf genetische und medizinische Determinanten bedeutet in der Konsequenz einen schonungslosen Rückwurf auf die eigene Endlichkeit. Nicht nur für die Künstlerin, auch für den Betrachter heißt es einmal mehr, die Wahrheit zu schleifen.

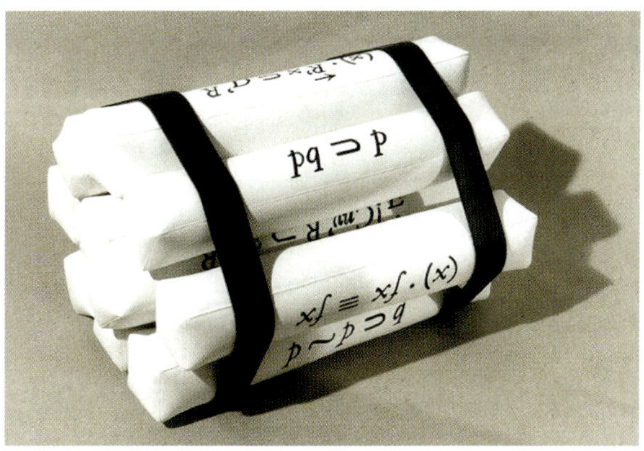

Gebündelte Logik

Die an dieser Stelle gezeigten Werke sind einer Zusammenstellung entnommen, die anlässlich der Preisübergabe an Frau Pütz im April 2005 im Rheinischen Landesmuseum erschienen ist. Dort wird Frau Pütz auch eine Einzelausstellung erhalten.

Das Gastmahl

Chromosomen-Schale
Holzschale mit 24 Porzellanobjekten mit der Abbildung der 24 menschlichen Chromosome

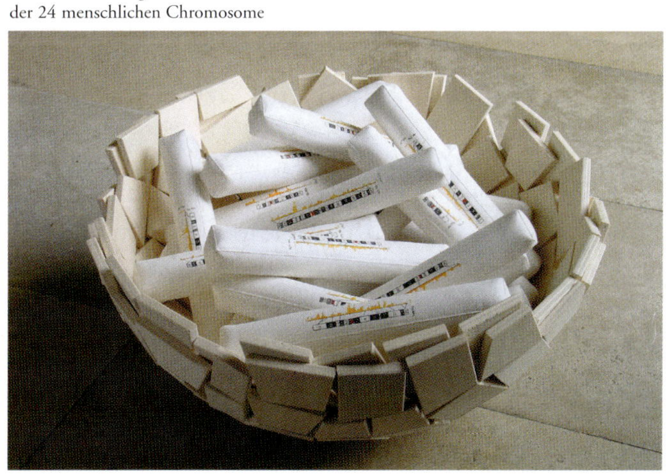

Stiftung Kreissparkasse

Für uns Pänz

GUT DRAUF

GUT DRAUF :rhein-sieg-kreis

MODELLREGION RHEIN-SIEG

VON
JUTTA BERGMANN-GRIES
UND KARSTEN HEUSINGER

GUT DRAUF IN DER MODELLREGION RHEIN-SIEG

Gesunde Ernährung, ausreichend Bewegung und regelmäßige Entspannung sind die wesentlichen Bausteine der Jugendaktion GUT DRAUF der Bundeszentrale für gesundheitliche Aufklärung (BZgA) in Köln. Bereits vor 10 Jahren wurde diese Jugendaktion gestartet und ist seitdem mit verschiedenen Partnern umgesetzt worden. Das GUT DRAUF-Konzept ist wissenschaftlich begründet und wird in enger Zusammenarbeit mit Fachleuten konzipiert und in der Praxis verankert.

Seit Frühjahr 2003 ist mit dem Rhein-Sieg-Kreis erstmals im Bundesgebiet eine ganze Modellregion als Projektpartner der BZgA angetreten, um das GUT DRAUF-Konzept in die tägliche Arbeit mit Jugendlichen zu integrieren. Mit den Stiftungen „Für uns Pänz" und „Stiftung für Sport, Kunst, Kultur und Umwelt" der Kreissparkasse Köln im Rhein-Sieg-Kreis konnte ein zuverlässiger und starker Partner gefunden werden, der die Arbeit in der Modellregion zur Hälfte finanziert. Dieses großartige Engagement ermöglicht es, zahlreiche und vielfältige GUT DRAUF-Projekte und -Aktionen im Rhein-Sieg-Kreis umzusetzen.

Insgesamt über 40 verschiedene Institutionen und Vereine aus den Bereichen Sport, Jugendarbeit und Schule sind an der Umsetzung beteiligt und haben sich vorgenommen, langfristig und nachhaltig die GUT DRAUF-Idee in das jeweilige Arbeitsgebiet zu implementieren. Dafür wurden in eigenen Fortbildungen bisher rund 100 Haupt- und Ehrenamtliche aus den verschiedenen Bereichen geschult. Betreut und koordiniert wird GUT DRAUF in der Modellregion seit Mai 2004 durch die Projektkoordinatorin Jutta Bergmann-Gries. In einer übergreifenden Steuergruppe beraten sich die Vertreter der Projektbereiche: der Kreissportbund, das Schulamt für den Rhein-Sieg-Kreis, der Kinder- und Jugendring Rhein-Sieg, das Kreisjugendamt und die Jugendherberge Windeck Rosbach. Das Gesundheitsamt des Rhein-Sieg-Kreises steht der Modellregion mit fachlicher Unterstützung zur Seite. Die Städte Siegburg und Bornheim verfolgen mit den GUT DRAUF-Projekten besonders das Interesse, positive Vernetzungseffekte zwischen den einzelnen Arbeitsfeldern Schule, Jugendarbeit und Sport noch zügiger nutzen zu können.

Im Rahmen kommunaler Gesundheitsvorsorge im Rhein-Sieg-Kreis geht es um die körperliche und geistige Gesundheit junger Menschen und darum, ihre Chancen auf dem Berufs- und Ausbildungsmarkt zu verbessern. Fehlentwicklungen würden zu höheren Folgekosten für kommunale Träger führen: GUT DRAUF vor Ort unterstützt die Bemühungen, negative Entwicklungen bei Jugendlichen zu verhindern und soziale Folgekosten zu vermeiden.

DIE IDEE VON GUT DRAUF

Ziel von GUT DRAUF ist es, das Ernährungs- und Bewegungsverhalten wie auch die Stressbewältigung der 14- bis 18-jährigen Jugendlichen nachhaltig zu verbessern und damit einen entscheidenden Beitrag zur Gesundheitsförderung zu leisten. In wichtigen Lebensbereichen – in der Freizeit, in der Schule, im Sportverein und auf Reisen – sollen Jugendliche gesundheitsbewusste Angebote erleben, die Spaß machen. Gesundheitsgerechtes Verhalten wird so ganz selbstverständlich in den jugendlichen Lebensalltag integriert. Die BZgA nennt folgende Leitlinien:

- Gesunde Ernährung, ausreichende Bewegung und Entspannung sollen ein wichtiger Bestandteil des sozialen Lebens der Jugendlichen werden. Das Wechselspiel zwischen den drei Elementen wird erlebbar und die Notwendigkeit, diese im Gleichgewicht zu halten, erfahrbar gemacht.
- Über jugendliche Bedürfnisse nach Abenteuer, Risiko, körperlicher Selbst- und Grenzerfahrung sollen Anreize zu einer bewussten Körperwahrnehmung gegeben werden.
- Jugendliche sollen für physische und psychische Befindlichkeiten sensibilisiert werden, damit sie lernen, eigene Bedürfnisse zu erkennen, einzuordnen und mit ihnen umzugehen.

Das GUT DRAUF-Konzept basiert auf der Erkenntnis, dass Jugendliche gesundheitsfördernde Handlungsmöglichkeiten dann umsetzen, wenn sie diese sinnlich erfahren können und mit Spaß, Spannung, Wohlfühlen und Genießen in Verbindung bringen.

Mit der Umsetzung der Jugendaktion in einer ganzen Region sind wichtige Ziele der Gesundheitsförderung verbunden.

DIE PRAKTISCHE UMSETZUNG IM RHEIN-SIEG-KREIS

Die Jugendaktion GUT DRAUF findet dort statt, wo Jugendliche sind: in Sportvereinen, Jugendhäusern und -Einrichtungen, in Jugendverbänden und Schulen im Rhein-Sieg-Kreis. Damit GUT DRAUF nicht auf der Multiplikatorenebene stehen bleibt, laufen seit Anfang des Jahres 2004 in diesen Projektbereichen jugendgerechte GUT DRAUF-Aktionen und -Projekte. Mit finanzieller Unterstützung als „Initialzündung" werden GUT DRAUF-Aktionswochen, -Erlebnistage und -Projektwochen veranstaltet. Außerdem gibt es Mädchenwochenenden, Abenteuer- und Bewegungsaktionen, ein Abenteuer-Freizeit-Camp, ein Basketball-Camp, verschiedene Planspiele, Mitarbeiterschulungen und Aktionen wie „Kampf dem Stress", „Bring DICH in FORM" und „Fun4U". Ein großer, zentraler Aktionstag „GUT DRAUF JUGENDAKTION" am 26. Juni 2004 in Siegburg verstand sich als umspannende Klammer der vielfältigen GUT DRAUF-Angebote für Jugendliche im Rhein-Sieg-Kreis. Hier wurde GUT DRAUF für 1.000 Jugendliche erlebbar gemacht und die Ideen und Projekte der Öffentlichkeit präsentiert.

STANDARDS UND NACHHALTIGKEIT

Alle Partner im Rhein-Sieg-Kreis erarbeiten im Rahmen des Modells Qualitätsstandards und Zertifizierungsverfahren für ihren jeweiligen Bereich. Das übergeordnete Ziel ist dabei, dass sich die Einrichtungs- und Vereinsstrukturen langfristig in Richtung GUT DRAUF verändern und damit die gesundheitsfördernde Wirkung nachhaltig und dauerhaft in den einzelnen Projektbereichen installiert wird. Ein ganz besonderer Erfolg in der Modellregion ist die bundesweit erste Zertifizierung von Einrichtungen der Offenen Kinder- und Jugendarbeit durch die Bundeszentrale für gesundheitliche Aufklärung zu „GUT DRAUF-Jugendeinrichtungen“ im Januar 2005.

AUSBLICK

Auf Basis der 2004 geleisteten GUT DRAUF-Projektarbeit kamen Anfang 2005 die Mitglieder der Steuergruppe in der Modellregion sowie Praktiker und Praktikerinnen aus den GUT DRAUF-Arbeitsfeldern zu einer Zukunftswerkstatt zusammen. Bei diesem ganztägigen Workshop „Ziele und Visionen für die Modellregion Rhein-Sieg“

- wurden vor dem Hintergrund eigener Erfahrungen mit GUT DRAUF-Projekten Wünsche und Erwartungen an die übergreifende Projektplanung formuliert;
- wurde eine angeregte Diskussionen über die nachhaltige Verankerung von GUT DRAUF in den Einrichtungen geführt;
- konnten neue Ansätze für Kooperationen und Formen der Zusammenarbeit entwickelt werden;
- wurden Ziele und Visionen für die weitere Umsetzung von GUT DRAUF in der Modellregion für die kommenden Jahre formuliert.

Nach rund zweijähriger Erfahrung mit dem GUT DRAUF-Ansatz in der Modellregion, der Umsetzung der Projekte vor Ort und deren Evaluation lässt sich eine durchweg positive Zwischenbilanz ziehen. Es zeigt sich, dass GUT DRAUF zu gesundheitsgerechter Jugendarbeit in der Modellregion einen entscheidenden Beitrag leistet: Die Jugendlichen vor Ort profitieren von der Umsetzung der Jugendaktion in den einzelnen Arbeitsfeldern und die Region überdies von den Image-Vorteilen gegenüber Kommunen bzw. Landkreisen ohne GUT DRAUF.

GUT DRAUF – die Jugendaktion, die wirkt und ankommt!

GUT DRAUF IN DER PRAXIS: CHAOSSPIEL IN DER OFFENEN JUGENDARBEIT

Das Chaosspiel beginnt mit (wie sollte es anders sein) Chaos. Insgesamt vier Gruppen von jeweils bis zu fünf Jugendlichen im Alter von 11 bis 16 Jahren – regelmäßige Gäste des Hauses – haben sich gemeldet und sind auch pünktlich zur Stelle: im Cafébereich eines Jugendhauses im Rhein-Sieg-Kreis. Lachend und lärmend, wie sie nun mal sind, stehen sie dort und warten auf das angekündigte GUT DRAUF-Chaosspiel. Trotz Lautstärke und gleichzeitiger Musikbeschallung schafft es die Spielleiterin, sich Gehör zu verschaffen und das Spiel in knappen Sätzen zu erklären:

Es geht darum – grob beschrieben – mit vier Mannschaften im Haus versteckte Zettel zu finden und dann kniffelige Aufgaben zum Thema „gesunde Ernährung, Bewegung oder Entspannung" zu lösen.

Da es bei diesem Spiel auf Schnelligkeit und Teamarbeit ankommt, und alle Mannschaften durcheinander laufen und rufen, ist der Titel „Chaosspiel" durchaus berechtigt.

Dennoch haben alle ihren Spaß. Während die eine Gruppe in einer Ecke gerade die Aufgabe „Übt ein selbst gereimtes Lied zu gesunder Ernährung ein und singt es vor!" zu lösen versucht, muss eine andere Gruppe fünf Gemüsearten aufzählen – gar nicht so einfach. Die dritte Mannschaft muss durch Riechen an Döschen das richtige Gewürz erkennen; derweil sucht Nr. 4 verzweifelt in allen Ecken nach einem Zettel mit der Nummer 11 – Chaos pur!

Damit auch die notwendige Stärkung für zwischendurch gewährleistet ist, hat das Team im Haus der Jugend ein mundgerechtes GUT DRAUF-Buffet mit geschnittenem Obst und Gemüse, Vollkornbrötchen sowie genügend Mineralwasser aufgebaut, von dem sich jede und jeder reichlich bedienen kann – während des Spiels als Stärkung für zwischendurch und danach als „Relax-Buffet". Dieses Angebot hat übrigens die hauseigene „Cook & Kitchen"-Gruppe mit viel Spaß und Engagement hergestellt. Hier treffen sich nicht nur Mädchen zu regelmäßigen Kochaktionen.

Das Chaos tobt und noch immer hat keine Mannschaft die letzte Zahl gefunden. „Nach dem Spiel gibt es eine Entspannungseinheit in der neuen Chill-out-Area," erklärt mir die Spielleiterin in einer kleinen Atempause. Ich gehe los und schaue sie mir an: Ein schöner, neu gestalteter Raum mit Matten auf der Erde und allerlei Tüchern,

Kuschelkissen und einer angenehmen Farbgestaltung. Die Fenster können mit Vorhängen abgedunkelt werden und in einer Ecke steht ein kleiner CD-Spieler für Entspannungsmusik. Im Moment jedoch sind alle Jugendlichen noch im Chaosspiel gebunden.

Nach etwa 45 Minuten stehen die Sieger fest und bekommen als Preis jeweils einen Badmintonschläger. Alle anderen Teilnehmer und Teilnehmerinnen bekommen „zum Trost" eine Frisbeescheibe, die von einigen sofort vor dem Haus auf der großen Wiese ausprobiert werden muss. Das Obst- und Gemüsebuffet ist nach dem Spiel radikal geschrumpft, selbst Möhren und Kohlrabi sind weggeputzt. Für das anschließende Relax-Essen muss tatsächlich kräftig nachgelegt werden: Vollkornpizza mit frischem Gemüse zeigt, dass der Slogan der BZgA auch hier aufgeht: „Gesund und lecker!"

Getreu den Kriterien von GUT DRAUF ist nun auch die Entspannungseinheit fällig. Dieses Bedürfnis sieht bei den Jugendlichen ganz unterschiedlich aus: Die einen gehen mit einer Betreuerin in den neuen Entspannungsraum und trinken bei ruhiger Musik und schöner Atmosphäre einen Fruchtdrink, während die anderen ein ruhiges Billardspiel oder das „Abhängen" an der Bistrotheke bevorzugen. Beim genauen Betrachten hält die offene Jugendarbeit zum Thema Entspannung vielfältige Möglichkeiten bereit.

Das Chaosspiel zeigte sich als ein einfach umzusetzendes Bewegungsangebot mit Elementen von gesunder und nährstoffreicher Ernährung und anschließender Entspannungsmöglichkeit. Jugendliche im Alter von 11 bis 16 Jahren waren mit viel Spaß und Engagement bei dem Spiel dabei; die Essensangebote wurden von Jugendlichen selbst hergestellt und mit großem Stolz präsentiert. Alles in allem ein sehr gutes Beispiel von GUT DRAUF in der Offenen Kinder- und Jugendarbeit!

DAS DRITTE SCHULTHEATERFESTIVAL SPOTLIGHTS

KINDERKURZWEIL, AMERIKANISCHE BANANEN, SPANISCHE BLUMEN, SCHWEDISCHE RÄUBER UND JEDE MENGE GRIPS

VON ELISABETH EINECKE-KLÖVEKORN

Vom 25. Juni bis zum 1. Juli 2005 öffneten beim dritten Schultheaterfestival *spotlights* wieder mehrere Bonner Theater ihre Bühnen für den Nachwuchs. Im Jungen Theater Bonn, in der Brotfabrik, in den Kammerspielen Bad Godesberg und im Theater *Die Raben* in der Tapetenfabrik wurden 15 ausgewählte Schultheaterproduktionen – 25 hatten sich um die Teilnahme beworben – aus Bonn und dem Rhein-Sieg-Kreis vorgestellt. Drei Aufführungen feierten sogar bei *spotlights* ihre Premiere.

Dieses Schultheaterfestival mit seiner bundesweit einmaligen und beispielhaften Zusammenarbeit zwischen freien Kulturträgern und einem großen Stadttheater hat jetzt schon zum dritten Mal als Hauptsponsor die Kreissparkasse Köln ermöglicht, die mit ihren verschiedenen Stiftungen das bürgerschaftliche kulturelle Engagement in der Region und insbesondere die Jugendarbeit unterstützt. Josef Hastrich, stellvertretender Vorstandsvorsitzender der Kreissparkasse, betonte in seinem Grußwort, dass gerade das Theaterspielen für das weitere Leben wichtige Fähigkeiten wie Kreativität, Verantwortungsbewusstsein und soziale Kompetenz fördert. Ganz ohne Geld geht das allerdings trotz vieler unentgeltlich geleisteter Arbeitsstunden leider nicht; wenigstens einen Teil des konkreten materiellen Aufwandes möchte das Veranstalterteam aus Junger Theatergemeinde Bonn, Jungem Theater Bonn und dem freien Kulturzentrum Brotfabrik Bonn den teilnehmenden Gruppen erstatten – und weil das Kulturamt der Stadt Bonn diesmal seinen Projekttopf aus welchen Gründen auch immer für die *spotlights* unter Verschluss hielt, war die Finanzdecke reichlich dünn. Umso dankbarer ist das Veranstalterteam allen Sponsoren, die wieder mit Geld- und Sachspenden aushalfen und das Festival von Anfang an auch ideell unterstützten.

Kreisdirektorin Monika Lohr, in Vertretung des Landrates des Rhein-Sieg-Kreises Frithjof Kühn, und die Bonner Kulturausschussvorsitzende Erika Coché haben bei der Festival-Eröffnung im fast ausverkauften Jungen Theater die vielen Zuschauer begrüßt und großes Vergnügen gehabt am putzigen *Urmel aus dem Eis* und seinen menschlichen und tierischen Freunden. Die Beueler Gemeinschaftsgrundschule Josefschule hat den Kinderklassiker sehr lebendig in Szene gesetzt und im JTB zum ersten Mal präsentiert, bevor zwei Tage später die ganze Schule vormittags noch einmal die tollen Leistungen ihrer Theatergruppe bewunderte.

Überhaupt: Die Grundschulen waren diesmal mit sechs Produktionen besonders stark vertreten, die GGS Waldschule Venusberg war sogar gleich zweimal dabei mit *Tranquilla Trampeltreu, die beharrliche Schildkröte* nach Michael Ende, die trotz aller Hindernisse rechtzeitig ihr Ziel erreicht, und mit dem mitreißenden Musical *Das Dings*, bei dem ein banaler blauer Stuhl die verrücktesten Fantasien weckt.

Gelb ist mehr als eine Farbe. *Gelb* kann man singen, tanzen und spielen. *Gelb* ist ein Stück über alltägliche Lebenserfahrungen.

Aus unscheinbaren Larven werden bunte Schmetterlinge: fabelhafte *Kinderkurzweil*

Absurde Verhandlungen auf einem einsamen Floß: Überlebenskampf *Auf hoher See*

In den großen Kammerspielen spielten und sangen über 60 Kinder von der Katholischen Grundschule Holzlar die berühmte Geschichte von *Ronja Räubertochter*. Karin Freist-Wissing, in Bonn eine bekannte Chorleiterin, hatte das Musical inszeniert, das Tono Wissing nach Astrid Lindgrens Kinderbuch eigens für diese Gruppe komponiert hatte und mit einer bestens aufgelegten Band schmissig begleitete. Ein Abend, den so schnell niemand vergessen wird! Die Kissenschlachten der jüngsten Zuschauer im Foyer auch nicht – aber das gehört nun mal dazu, wenn der Publikumsnachwuchs die heiligen Hallen für sich erobert und am Ende die Bühne als Abenteuerspielplatz stürmt. Die Techniker und Bühnenarbeiter vom Theater Bonn, das bereits zum zweiten Mal als Partner mitmachte, haben da gelassen ein Auge zugedrückt und sich bei den Proben auch geduldig über die Schulter schauen lassen.

In der Brotfabrik rockten *Die W-Hexen* der KGS Clemens-August-Schule Bonn sich vergnügt durch Wind, Wald und Wasser, bevor die *Kinderkurzweil* der GGS Asselbachstraße Troisdorf-Spich die überraschenden Lehren aus Peter Hacks' vertrackten Fabeln für kleine und große Zuschauer spielerisch witzig gegen den Strich bürstete.

Sehr ernst und beklemmend war dagegen die neue Arbeit des Antoniuskollegs Neunkirchen, dessen Theatergruppe unter der Leitung von Andreas Bergheim sich das selten gespielte Drama *Und sie legten den Blumen Handschellen an* des Spaniers Fernando Arrabal gewählt hatte und damit im Studio des Theaters *Die Raben* in der Tapetenfabrik, das zum ersten Mal eine *spotlights*-Produktion übernahm, mit den begleitenden Workshops seines *Dramatischen Zentrums* aber längst ein bewährter Partner ist, seine Premiere feierte. Es geht in diesem Stück, das Erfahrungen aus dem spanischen Bürgerkrieg mit den dumpfen Bedrohungen der Franco-Ära verbindet, um die Situation des Gefangenseins, die Angst vor Misshandlung, die Hilflosigkeit gegenüber einem undurchschaubaren Apparat und die absurde Logik seiner Gesetze. Die jungen Darsteller haben dafür eine präzise Form zwischen emotionaler Identifikation mit den Figuren und Rollendistanz durch Figuren-Splitting, zwischen narrativen und choreographischen Elementen und klaren Symbolstrukturen gefunden und das Thema durch Einblendungen der bekannten Folterszenen aus dem Irak-Krieg in die Gegenwart verlängert. Ein anspruchsvoller Abend eher für junge Erwachsene, der durch die gesuchte Nähe zum Publikum provozierte. Wie sehr er allen unter die Haut gegangen war, bewies die lange Diskussion im Anschluss.

Anstreicher sind vergesslich – und manchmal sehr komisch

What you need is what you get von der freien Bonner Jugendgruppe *All You Need* nach dem Stück *Hysterikon* der zeitgenössischen Autorin Ingrid Lausund nahm in der Brotfabrik den allgegenwärtigen Konsumterror vergnüglich aufs Korn. Die Schüler verschiedener Schulen haben nach ihrem fulminanten Erfolg bei *spotlights* bereits fest versprochen, unter der Leitung der professionellen Schauspielerin Sabine Zaluskoswki ein neues Stück zu erarbeiten. *Everybody Can Shake it – Life, Liberty and the Pursuit of Bananasness* vom Gymnasium am Oelberg Oberpleis trickste mit seiner wilden Textcollage und amerikanischem Slang in der Regie von Frank Mertens noch ein bisschen schriller an der Comedy-Schraube. Kesse Girlies in der Bar, *Sex and the City* im medialen Overkill, Bananenverkäufer im Marketingrausch – ein gefundenes Fressen für etliche Englisch-Leistungskurse, die das JTB bis zum Bersten füllten und sich gelegentlich reichlich frech ins Geschehen einmischten.

Etwas braver waren die Mädchen vom Bonner Clara-Fey-Gymnasium, die mit der Komödie *Anstreicher sind vergesslich* des italienischen Nobelpreisträgers Dario Fo im JTB die normalen Katastrophen ins Absurde wachsen ließen. Für kluge Irritationen sorgte *Auf Hoher See* des polnischen Autors Slawomir Mrozek, dessen kannibalische Boshaftig- und politische Spitzfindigkeiten die Jungs vom Bonner Aloisiuskolleg in der Brotfabrik unverfroren mit eigenen *Big-Brother*-Video-Parodien aufmischten. Einer wird immer gefressen; man muss ihm nur beibringen, dass er der Menschheit damit zur Ehre gereicht.

Hysterischer Konsumrausch im Supermarkt – *All You Need*

Spuk im alten englischen Schloss: *Das Gespenst von Canterville*

Was in der Schule so abgeht, wenn die Lehrer mal wegschauen, zeigte die Bonner Bertolt-Brecht-Gesamtschule mit ihrer aus Improvisationen entwickelten Eigenproduktion *Gelb*: Mobbing, Starallüren, Bewerbungstraining, erste Liebe, Schmetterlinge im Bauch, ungewollte Schwangerschaft, interkulturelle Probleme mit Migrantenfamilien – was sich da an Gefühlen, authentischen Erlebnissen und fragilen Hoffnungen anstaut, bewies die tänzerisch, sängerisch und schauspielerisch überzeugende Gruppe im gut gefüllten JTB mit fulminanter Energie. Die leisere, aber umso brutalere Variante des Schulhof-Alltags zeigte am selben Ort als letzte *spotlights*-Premiere *Eins auf die Fresse* von Rainer Hachfeld, des bewährten Haus-Autors am Berliner Grips-Theater. Ute Werner, seit langem eine der engagiertesten Schultheater-Regisseurinnen der Region mit einer eindrucksvollen Liste von erfolgreichen Inszenierungen, hatte diesmal mit ihren Schülern vom Albert-Einstein-Gymnasium Sankt Augustin ein Stück für jüngere Zuschauer von Haupt- und Realschulen erarbeitet. Matze hat sich umgebracht; Lucky, der schnöselige King aller Cliquen ist daran nicht unschuldig. Er hat alles drauf, womit man ganz cool durch ein paar Drohungen oder Erpressungen an die Markenklamotten oder besseren Bikes der Mitschüler kommt. Bis Sven neu in die Klasse schneit und die Mädels sich nicht mehr alles gefallen lassen. Ein hervorragend gespielter Krimi mit Breakdance und frechen Songs ohne pädagogischen Zeigefinger. Wie unmittelbar sie das alles aus eigener Erfahrung kennen, berichteten die Mitwirkenden beim Publikumsgespräch im Foyer-Café des JTB.

Alle Jahrgangsstufen vom Bonner Tannenbusch-Gymnasium waren beteiligt beim *Gespenst von Canterville* nach Oscar Wilde. Da gerieten sogar die Ahnen in ihren Bilderrahmen ebenso munter in Bewegung wie die strengen Cops und die ungezogenen Zwillinge des amerikanischen Botschafters, dessen Familie dem ganzen Spuk des alten Europa die Nüchternheit der neuen Welt mit sportlichem Ehrgeiz um die Ohren schlägt. Jubel beim großen und kleinen Publikum, wenn die tapfere Virginia trotz allem das unglückliche Gespenst erlöst. Für den tollen Auftritt der Gruppe in den Kammerspielen waren sogar der Autor der Spielfassung und der Komponist der Bühnenmusik angereist und diskutierten noch bis kurz vor Mitternacht mit dem jungen Ensemble, dem der Direktor glücklicherweise die ersten Schulstunden am nächsten Tag freigegeben hatte.

Dass die Theaterprofis den ausgewählten Schultheater-Produktionen bei *spotlights* nicht nur bei Proben mit Rat und Tat zur Seite stehen und ihr gesamtes technisches Equipment und Know-how zur Verfügung stellen, sondern in kostenlosen Workshops Tipps für die Praxis geben – Moritz Seibert, Intendant des JTB und gelernter Jurist, hatte bei seinem Crashkurs zum Urheber- und Verlagsrecht viele interessierte Zuhörer – und nach fast jeder Aufführung mit den Beteiligten und dem Publikum kritisch moderierte Gespräche führen, gehört zur Konzeption dieses Festivals.

Mit *Beatlemania* von der Integrierten Gesamtschule Bonn-Beuel gingen die *spotlights 2005* zu Ende: Behinderte und nicht behinderte Schüler einer Integrationsklasse entführten alle Zuschauer singend und tanzend noch mal ins legendäre U-Boot *Yellow Submarine.* Der hoffnungsvolle und immer noch aktuelle Hit ihrer Elterngeneration *Let it be* leitete direkt zur Abschlussparty in der Brotfabrik über.

Das Veranstalterteam war glücklich, dass wieder alles perfekt über die Bühne gegangen war, obwohl eine Mandelentzündung bei einem kleinen Sänger, ein beinahe verstauchter Fuß und ein Wassereinbruch in einer Garderobe und nicht in den LKW passende Bühnenbilder für einigen Stress gesorgt hatten. Improvisationstalent gehört bei einem solch großen Festival einfach dazu. Die vielen Theaterprofis von den beteiligten Bühnen haben aber großen Spaß daran gehabt, ihre jungen Kollegen zu unterstützen, ihr Lampenfieber zu dämpfen und ihre erfrischende Spielfreude zu erleben. Circa 400 Kinder und Jugendliche haben diesmal bei den Aufführungen auf und hinter der Bühne mitgewirkt, etwa 2.500 Zuschauer haben ihren Leistungen begeistert applaudiert, mehrere Vorstellungen waren restlos ausverkauft.

Alte Songs ganz jung: *Beatlemania*

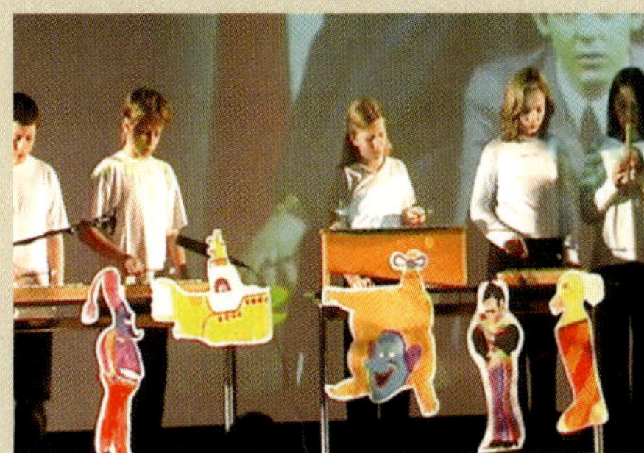

„Die künstlerische Qualität aller Bewerbungen ist gegenüber den letzten Jahren insgesamt sogar noch deutlich gestiegen, die Auswahl war umso schwieriger“, meinte Renate Leonhardt, die Vorsitzende der Jury. „Preise gibt es nicht, weil die Arbeiten einfach nicht miteinander vergleichbar sind. Die Einladung zum Festival ist bereits die Anerkennung einer herausragenden Leistung.“

Andreas Amberg, Vorsitzender der Jungen Theatergemeinde Bonn, und die Jugendreferentin Claudia Lüth dankten allen Beteiligten: „Wir haben in dieser Woche ganz unterschiedliche, berührende, beklemmende und lustige Aufführungen gesehen. Das Festival hat bewiesen, dass junge Menschen sehr wohl bereit sind, sich mit den sie betreffenden Themen intensiv und kreativ auseinander zu setzen und gemeinsam etwas zu erarbeiten.“ Schon vorher hatte Nikolaus Büchel vom Theater Bonn es auf den Punkt gebracht: „Alle, die bei *spotlights* mitgemacht haben, lassen doch gar keinen Zweifel daran, dass das Theater als Live-Erlebnis eine Zukunft hat.“

Die Planung für *spotlights 2006* hat natürlich sofort nach dem Abschluss des Festivals 2005 begonnen.

Weitere Informationen und Bewerbungsunterlagen bei der Jungen Theatergemeinde Bonn unter Tel. 0228-9 15 03 35 oder unter www.theatergemeinde-bonn.de

DIE KREISSPARKASSE KÖLN

PARTNER UND FÖRDERER DER MENSCHEN, DER WIRTSCHAFT UND DER KOMMUNEN IM RHEIN-SIEG-KREIS

VON HANS-PETER KRÄMER,
VORSITZENDER DES VORSTANDS
DER KREISSPARKASSE KÖLN

Bis zum heutigen Tag haben Sparkassen in ihrer nahezu 200-jährigen Geschichte den Beweis geführt, dass sie anderen Geschäftsmaximen folgen als andere Bankengruppen des deutschen Kreditgewerbes. Das im Sparkassengesetz verankerte Regionalprinzip bewirkt eine Konzentration der Aktivitäten einer Sparkasse auf das Gebiet ihres Trägers – bei der Kreissparkasse Köln auf den Rhein-Erft-Kreis, den Rheinisch-Bergischen Kreis, den Oberbergischen Kreis und den Rhein-Sieg-Kreis – und ist gerade im Zeitalter der Globalisierung aktueller denn je.

KUNDENNAHER DIENSTLEISTER

Angebote und Dienstleistungen der Kreissparkasse Köln orientieren sich an den Bedürfnissen der Kunden und sichern eine flächendeckende Versorgung von Bevölkerung und Wirtschaft mit modernen Finanzdienstleistungen. In ihren Trägerkreisen stellt die Kreissparkasse Köln für alle Bevölkerungsgruppen, die mittelständische Wirtschaft sowie die kommunalen Gebietskörperschaften und deren Einrichtungen und Unternehmen die gesamte Palette kreditwirtschaftlicher Leistungen bereit.

Gestützt auf 207 Geschäftsstellen, davon 67 im Rhein-Sieg-Kreis, ein modernes Online-Banking-Angebot sowie die bewährte Zusammenarbeit im Sparkassenverbund offeriert die Sparkasse ein Leistungsspektrum, das in dieser Breite flächendeckend von keinem anderen Wettbewerber geboten wird. Durch eine Vielzahl maßgeschneiderter Wohnungs- und Baufinanzierungen leistet die Kreissparkasse Köln beispielsweise alljährlich einen aktiven Beitrag für eine ausreichende Versorgung der stetig wachsenden Bevölkerung des Rhein-Sieg-Kreises mit Wohnraum. Mit besonderer Intensität widmet sie sich auch der Finanzierung des Mittelstands – über die Hälfte ihres Kreditbestandes ist an Unternehmen und Selbstständige ausgeliehen.

Das Rhein-Sieg-Kammermusikfestival gastiert auf dem Petersberg.

INTENSIVE WIRTSCHAFTS-FÖRDERUNG

Über die kreditwirtschaftliche Versorgung hinaus engagiert sich die Kreissparkasse Köln ferner für die Erhaltung und Weiterentwicklung der regionalen Wirtschaftskraft. So ist sie Mitgesellschafterin zahlreicher Wirtschaftsförderungsgesellschaften im Rhein-Sieg-Kreis. Bei der Vermittlung öffentlicher Fördermittel für gewerbliche und wohnwirtschaftliche Zwecke liegt sie seit 1998 mit deutlichem Abstand an der Spitze aller nordrhein-westfälischen Kreditinstitute. Angesichts der Schlüsselfunktion kleiner und mittlerer Betriebe für die Schaffung von Arbeitsplätzen widmet die Sparkasse außerdem der Förderung von Existenzgründungen besondere Aufmerksamkeit. Mitte 2005 wurde zum Beispiel Professor Dr. Christoph Zacharias auf den von der Kreissparkasse Köln finanzierten neuen Lehrstuhl für Existenzgründungs- und Mittelstandsmanagement an der Fachhochschule Bonn-Rhein-Sieg berufen. Gemeinsam mit der Fachhochschule und dem Rhein-Sieg-Kreis gründete die Sparkasse zudem die BusinessCampus Rhein-Sieg GmbH, die an den FH-Standorten Rheinbach und Sankt Augustin Gründungszentren betreibt.

PARTNER DER KOMMUNEN

Zum Kerngeschäft der Sparkasse zählt weiter eine enge Zusammenarbeit mit den kommunalen Gebietskörperschaften. Wie in den übrigen Trägerkreisen ist die Kreissparkasse Köln auch im Rhein-Sieg-Kreis im Kommunalkreditgeschäft bewährter Partner des Kreises, der Städte und Gemeinden. Als kompetenter Dienstleister sowie Ratgeber in allen Finanzfragen greift die Sparkasse außerdem regelmäßig besondere Herausforderungen für die Kommunen in Form von Pilotprojekten auf, um gemeinsam Problemlösungen zu erarbeitet. An dem im Juni 2005 abgeschlossenen jüngsten Pilotprojekt „Konsolidierung kommunaler Haushalte“ war u. a. die Stadt Sankt Augustin beteiligt. Zugleich partizipieren Kreis und Kommunen in Form von Gewerbesteuern und Gewinnausschüttung am wirtschaftlichen Erfolg der Kreissparkasse Köln.

FÖRDERUNG GESELLSCHAFTLICHER ANLIEGEN

Als öffentlich-rechtliches Kreditinstitut entwickelt die Kreissparkasse Köln außerdem ein beachtliches soziales und gesellschaftliches Engagement. Alleine im Rhein-Sieg-Kreis sind vier ihrer insgesamt 13 Sparkassenstiftungen aktiv, darunter mit der *Stiftung Kreissparkasse – Für uns Pänz* (1979) und der *Städte- und Gemeinden-Stiftung im Rhein-Sieg-Kreis* (2003) die älteste und die jüngste Stiftung. Die Bandbreite der Förderaktivitäten reicht von der Unterstützung sozialer Einrichtungen über Spenden an Vereine und Organisationen – zum Beispiel für den Breitensport – bis hin zu vielfältigen Sponsoringmaßnahmen im kulturellen Bereich. Beispielhaft sei hier das jährlich stattfindende *Rhein-Sieg-Kammermusikfestival* genannt, das fester Bestandteil der von der *Sparkassenstiftung für den Rhein-Sieg-Kreis* ins Leben gerufenen Konzertreihe *Klassik-Bühne Rhein-Sieg* ist. Neben arrivierten Künstlern erhält dank der Sparkasse aber auch der Nachwuchs eine Chance. So ist die Kreissparkasse Köln seit mehr als 25 Jahren ebenfalls Hauptsponsor des Wettbewerbs *Musizierende Jugend im Rhein-Sieg-Kreis.*

WICHTIGE BRÜCKENFUNKTION

Als Zweckverbandssparkasse ist die Kreissparkasse Köln ein gutes Beispiel kommunaler Gemeinschaftsarbeit. Für den sich beidseits des Rheins erstreckenden Rhein-Sieg-Kreis besitzt sie – wie für die gesamte Region – gleichsam eine Art Brückenfunktion, die dem Erfahrungsaustausch der verantwortlich Handelnden ebenso zugute kommt wie einem sinnvollen Kapitalausgleich zum Wohle von Wirtschaft, Bevölkerung und der Kommunen. Zugleich wäre in der heutigen Zeit manche scheinbar selbstverständliche Initiative oder Aktivität im Vereins- und Sozialleben der Städte und Gemeinden des Rhein-Sieg-Kreises ohne das Engagement der Sparkasse nur schwer zu verwirklichen.

Gründung des Lehrstuhls für Existenzgründungs- und Mittelstandsmanagement an der Fachhochschule Bonn-Rhein-Sieg

v.l.n.r.: Hans-Peter Krämer, Vorsitzender des Vorstands der Kreissparkasse Köln; Prof. Dr. Wulf Fischer, Rektor der Fachhochschule Bonn-Rhein-Sieg; Prof. Dr. Christoph Zacharias, Lehrstuhlinhaber; Frithjof Kühn, Landrat des Rhein-Sieg-Kreises

KULTUR-, SPORT- UND JUGENDSTIFTUNG DER KREISSPARKASSE KÖLN IN DEN STÄDTEN UND GEMEINDEN DES RHEIN-SIEG-KREISES

VON HELENA HORN

Die *Städte- und Gemeinden-Stiftung der Kreissparkasse Köln im Rhein-Sieg-Kreis* – das ist die Kurzbezeichnung der Stiftung – ist am 18. Dezember 2003 als ein wichtiger Bestandteil der regionalen Förderung der Kreissparkasse Köln gegründet worden. Die Stiftung mobilisiert und macht in vielen Fällen bürgerschaftliches und ehrenamtliches Engagement erst möglich, indem sie gesellschaftliche Verantwortlichkeit fördert und finanziell unterstützt. Auf überzeugende Ideen kommt es an! Die Stiftung ist dialogisch ausgerichtet und nah am Puls der Zeit – hochflexibel kann sie auf Tendenzen, Trends und sich wandelnde Strukturen sofort reagieren.

Die Kreissparkasse Köln ist die drittgrößte Sparkasse in Deutschland. Sie unterhält 13 Stiftungen, davon übernehmen vier Stiftungen Verantwortung im Rhein-Sieg-Kreis: die *Stiftung Kreissparkasse – Für uns Pänz*, die *Kreissparkassenstiftung für den Rhein-Sieg-Kreis*, die *Hochbegabten-Stiftung der Kreissparkasse Köln* sowie die *Städte- und Gemeinden-Stiftung der Kreissparkasse Köln im Rhein-Sieg-Kreis*. Insgesamt beläuft sich das Stiftungskapital der 13 Stiftungen auf 65 Mio. Euro.

Die Erträge des Kapitals kommen dem Rhein-Sieg-Kreis, dem Rhein-Erft-Kreis, dem Rheinisch-Bergischen Kreis und dem Oberbergischen Kreis zugute.

Ausgestattet mit einem Kapital in Höhe von rund 10.400.000 Euro unterstützt die *Städte- und Gemeinden-Stiftung der Kreissparkasse Köln im Rhein-Sieg-Kreis* gemeinnützige Institutionen in 17 Städten und Gemeinden im Rhein-Sieg-Kreis bei der Umsetzung ihrer Projekte in sechs Bereichen.

Junkersdorf-Kreuz, Bornheim

MUSIK, LITERATUR SOWIE DARSTELLENDE UND BILDENDE KUNST

Die Kultur verbindet unsere Sparkasse mit der Region. Tragendes Prinzip der Stiftungen der Kreissparkasse Köln ist die Gemeinwohlorientierung – in diesem Sinne ist die Kulturförderung Teil der Standortförderung zur Steigerung der Lebensqualität. Zahlreiche Projekte sind 2005 gefördert worden: die Aufstellung von Skulpturen in Bornheim und Much, die Literaturtage in Lohmar, der Internationale Glaspreis für Glasfachschulen – ausgelobt vom Glasmuseum in Rheinbach, Ausstellungen in Museen in Siegburg, Eitorf und Troisdorf, ein internationales Kulturfest in Siegburg sowie Jazzkonzerte im Schloss in Alfter.

DENKMALPFLEGE

Denkmäler prägen das Bild unserer rheinischen Kulturlandschaft. Dorfkirchen, Burgen und Schlösser, Parks und technische Bauten machen Geschichte in unserem schnelllebigen Alltag erfahrbar. Die Erhaltung des Kulturerbes liegt im Interesse der Öffentlichkeit. Das kulturelle Erbe muss nachfolgenden Generationen erhalten bleiben. Deshalb fördert die Stiftung zum Beispiel die Restaurierung des Ehrendenkmals in Niederkassel und die Sanierung des Junkersdorf-Kreuzes in Bornheim.

HEIMATPFLEGE, HEIMATKUNDE

Heimatliebe und Weltoffenheit sind keine Gegensätze. Heimatpflege im Sinne der Stiftungen bedeutet, mit Engagement den wiederentdeckten hohen Stellenwert von „Heimat" zu vermitteln und regionale Identifikation zu stärken. Die Stiftung unterstützt unter anderem die Ausstellung über Ernemann Sander in Königswinter, Konzerte und Chöre, das Bergbaumuseum in Windeck zur Erhaltung der Bergbau- und Hüttentradition sowie den Bau eines historischen Kasseler Töpfer-Langofens auf dem Dorfplatz von Wachtberg-Adendorf.

SPORT, INSBESONDERE BREITEN- UND NACHWUCHSSPORT

Die Sportvereine gestalten Freizeit, fordern Leistungen heraus, sie verbinden Jung und Alt, Deutsche und Ausländer, Anfänger und Fortgeschrittene. Für viele Menschen ist der Sportverein wesentlicher Bestandteil individuellen Lebensglücks, Ort fester Freundschaften und bester Kameradschaften. Er ist aber mitunter auch eine pädagogische Instanz, die dazu beiträgt, sich in der Gesellschaft geborgen zu fühlen. Die Stiftung fördert für rund 20 Vereine die Anschaffung von Spiel- und Sportgeräten zur Verbesserung der Trainingsbedingungen, ebenso fördert sie die Teilnahme an Wettkämpfen. Beispiele für die Stiftungsaktivitäten sind das Fußballturnier bei Nacht sowie ein Tenniscamp für Kinder und Jugendliche jeweils in Rheinbach.

UMWELT- UND NATURSCHUTZ

Das Verantwortungsbewusstsein, nachkommenden Generationen nicht nur eine gesunde Natur zu hinterlassen, sondern auch für „ökologische Gerechtigkeit" Sorge zu tragen, leitet auch die Arbeit der Städte- und Gemeinden-Stiftung der Kreissparkasse Köln im Rhein-Sieg-Kreis. Sie unterstützt deshalb die Pflege alter Streuobstwiesen in Eitorf, wozu das Mähen extensiver Grünflächen, das Mulchen sowie Freistellung und Pflegeschnitt gehören. Außerdem werden eine „Freiluftklasse" in Meckenheim – mit Sitzgelegenheiten aus Natursteinen zum Lernen im Freien – und ein „Grünes Klassenzimmer" für lernbehinderte Schüler in Sankt Augustin finanziell gestützt.

JUGEND- UND ALTENHILFE SOWIE WOHLFAHRT- UND SOZIALWESEN

Im sozialen Bereich gilt besonders unser Leitsatz: Hilfe zur Selbsthilfe. In diesem Sinne geben wir Anschubfinanzierungen. Dazu gibt es viele Beispiele: Die Stiftung unterstützt ein Kinderheim in Sankt Augustin und in Siegburg bei der Pflege von schwer- und mehrfachbehinderten Kindern, es werden ein Hobby- und Freizeitraum, ein Therapieraum und ein Garten der Sinne eingerichtet, außerdem wird ein Kinderspielplatz angelegt. In Jugendeinrichtungen werden Sozialberatungen und Hausaufgabenhilfe gefördert, aber auch die Integrativen Jugendspiele für behinderte und nicht behinderte Kinder in Siegburg sowie ein Suchtvorbeugungsprojekt in Oberpleis werden unterstützt.

Aus all diesen realisierten Projekten geht hervor: Die Kreissparkasse Köln übernimmt Verantwortung in der Öffentlichkeit – sie tritt in den direkten Dialog und ist damit Teil des bürgerschaftlichen Engagements in der Region. Auf regionaler Ebene werden staatliches und kommunales Handeln mit gemeinnützigen Initiativen verbunden. In der Balance von Stiftungsaktivitäten und den freiwilligen kommunalen Bereichen nimmt sie subsidiär Ergänzungsfunktionen wahr.

Junkersdorf-Kreuz, Bornheim

DEN BESTEN EINE CHANCE GEBEN:

DIE HOCHBEGABTEN-STIFTUNG DER KREISSPARKASSE KÖLN

VON LOTHAR THEODOR LEMPER

Seit acht Jahren gibt es unter den insgesamt dreizehn Stiftungen der Kreissparkasse Köln eine Hochbegabten-Stiftung. Sie wirkte, als sie 1998 insbesondere von Hans-Peter Krämer, dem bis Ende 2005 erfolgreich wirkenden Vorstandsvorsitzenden der Kreissparkasse, aus der Taufe gehoben wurde, wie ein Stück schulpolitischer Revolution. Denn zu diesem Zeitpunkt war es nicht gerade selbstverständlich, von Hochbegabten, von Spitzenförderung, von Elitenbildung in der Schule zu sprechen. Mittlerweile sind die Ideologien allgemeiner Gleichmacherei den Einsichten gewichen, dass Chancengerechtigkeit im Bildungswesen bedeutet, nicht jedem die gleiche, sondern jedem seine spezifische Chance zu geben. Leistungsschwache Schüler brauchen eine andere Form der individuellen Unterstützung als leistungsstarke. Weil diese an sich ziemlich einleuchtende Erkenntnis jahrelang ignoriert wurde, weil sich die Bildungspolitiker viel zu sehr mit Schulstrukturen als mit den Kindern befasst hatten, weil Leistung eine Zeitlang verpönt, weil der Zusammenhang von Fördern und Fordern bestritten und der Wettbewerbsdruck der Globalisierung mit sträflichem Zeitverzug nur ganz allmählich begriffen wurde, musste das deutsche PISA so ausfallen, wie es ausgefallen ist: Deutschland nimmt das letzte Drittel im internationalen OECD-Schulvergleich ein – eine betrübliche Bilanz. So gesehen hat die Kreissparkasse Köln mit ihrer Hochbegabten-Stiftung das vorgedacht, was andere bis heute nach PISA erst andenken.

Teilnehmer der Sommerakademie

Mittlerweile darf die Hochbegabten-Stiftung als Erfolgs-Story bezeichnet werden – auch unter dem Gesichtspunkt, dass die Kreissparkasse Köln auch in bildungspolitischer Hinsicht wesentliche Verantwortung in der Region übernommen hat. Die Hochbegabten-Stiftung hat ein Stiftungsvermögen von vier Mio. Euro. Von den Erträgen dieses Stiftungsvolumens – bisher über 1,5 Mio. Euro – werden jährlich eine Vielzahl von Aktivitäten finanziert. Der Rhein-Sieg-Kreis ist, seit der Fusion „seiner" Sparkasse mit der Kreissparkasse Köln, unmittelbar an den finanziellen Segnungen der Hochbegabten-Stiftung beteiligt, und zwar sehr aktiv. Davon weiß Landrat Frithjof Kühn zu berichten, denn er gehört dem Kuratorium der Stiftung an.

Was bietet die Hochbegabten-Stiftung im Einzelnen an? Wir wollen uns auf die wesentlichen Angebote konzentrieren:

FÜR DIE KINDERGARTEN-KINDER:

Kinder im Kindergarten-Alter sollen in einer Bambini-Akademie eine Woche lang auf spielerische Weise zum Lernen angeregt werden. Denn die Förderung von Hochbegabten muss – auf behutsame Weise – bereits in einem bestimmten Kindergartenalter beginnen, wie uns alle Experten sagen.

FÜR DIE GRUNDSCHÜLER:

Ausgesuchte Lehrer, die mit Hochbegabten-Förderung hinreichend vertraut sind, bieten zu bestimmten Fächern außerschulische Arbeitsgemeinschaften an. In ihnen erhalten die Kinder sehr intensiv und in ganz kleinen Gruppen einen vertiefenden Fachunterricht – möglichst in den Fächern, die an der Grundschule nicht angeboten werden. Bisher konnten insgesamt über 1.000 Grundschüler durch die Hochbegabten-Stiftung der Kreissparkasse Köln erfolgreich gefördert werden.

KINDERAKADEMIE:

Im Rhein-Sieg-Kreis findet jährlich eine Kinderakademie statt, in der sich etwa 70 Grundschüler eine Woche lang in einem der von uns sorgsam ausgewählten Fächern geistig „austoben" dürfen: etwa in Mathematik, in einer Fremdsprache (z. B. Arabisch, Japanisch, Latein), in Physik, in Philosophie – um nur wenige Beispiele zu nennen. Die erste Kinderakademie im Rhein-Sieg-Kreis fand übrigens in der Fachhochschule Rhein-Sieg in Rheinbach statt – mit großem Erfolg.

KINDER–FH:

In diesem Jahr wird die Hochbegabten-Stiftung der Kreissparkasse Köln eine Kinder-FH durchführen – zusammen mit Professorinnen und Professoren der Fachhochschule Rhein-Sieg, worauf der Name schon hindeutet. So viel darf verraten werden: Eine Woche lang „studieren" Grundschüler an der Fachhochschule in Vorlesungen, die ausschließlich von Wissenschaftlern angeboten werden.

FÜR DIE GYMNASIASTEN:

Ebenso wie bei den Grundschülern bietet die Kreissparkasse Köln Arbeitsgemeinschaften an. In der gesamten Region haben bereits über 1.500 Gymnasiasten diese Arbeitsgemeinschaften – auch im Rhein-Sieg-Kreis – besucht.

SOMMER-AKADEMIE:

Im Jahr 2006 wird – wiederum in der ersten Woche der Sommerferien – eine Sommerakademie stattfinden. Es ist bereits die dritte in unserem Kreis, nach den Sommerakademien 2004 in der Jakob-Kaiser-Stiftung in Königswinter und 2005 im Christlichen Jugenddorf Königswinter. Die Sommerakademie ist Gymnasiasten ab der zehnten Klasse vorbehalten. Die Teilnehmer werden „handverlesen" ausgesucht und erhalten von acht Uhr bis 18 Uhr einen exzellenten Unterricht in ausgewählten Fächern, sehr intensiv und in kleinen Gruppen mit hervorragenden Lehrerinnen und Lehrern, zum Beispiel Professorinnen und Professoren der Kölner Universität. Von 19 Uhr bis 22 Uhr werden Vorträge von ausgesuchten Persönlichkeiten aus ganz Deutschland angeboten – zu den Vortragenden gehörten bisher der Nobelpreisträger Reinhard Selten, der inzwischen verstorbene frühere Minister Hans-Jürgen Wischnewski, EU-Kommissar Günter Verheugen, Raumfahrtexperten oder etwa Theologen von höchstem wissenschaftlichem Rang. Beinahe 900 Schüler haben bisher insgesamt an der Sommerakademie teilgenommen, im Rhein-Sieg-Kreis bis jetzt über 100 Teilnehmer.

Teilnehmer der Sommerakademie

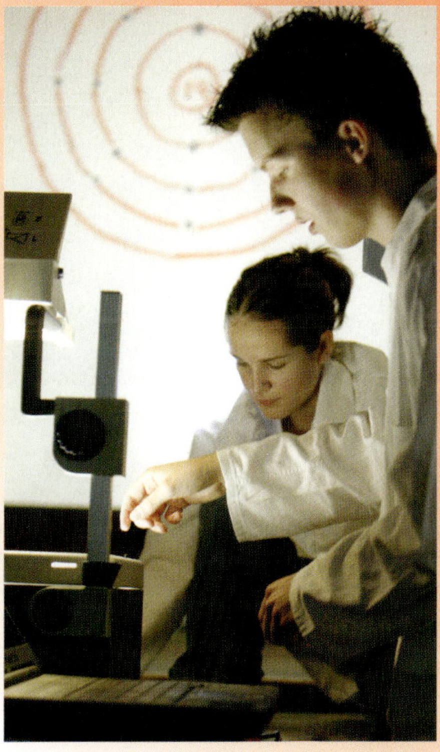

SCHÜLER AN DIE UNI:

Das von der Kreissparkasse Köln und der Universität zu Köln im Jahre 2000 entwickelte Modell „Schüler an die Uni" ermöglicht hochbegabten Schülern ab der zehnten Klasse, in bestimmten Fakultäten (vorrangig im naturwissenschaftlich-mathematischen Bereich) zu studieren. Dabei können obligatorisch angebotene Vorlesungen und Seminare belegt werden. Diese Möglichkeit gibt es in Nordrhein-Westfalen nunmehr an jeder Universität, ebenso mit unserer Hilfe ab diesem Jahr auch an der Musikhochschule Köln. Über 500 Schüler konnten bisher dieses Angebot im Rahmen der Hochbegabten-Stiftung der Kreissparkasse Köln wahrnehmen. Nach einer erfolgreichen Klausur erhalten die Schüler einen Leistungsschein, der zu einem verkürzten Studium in jenem Fach berechtigt, in dem dieser Leistungsschein erworben werden konnte.

LEHRER FORTBILDUNG:

Die Hochbegabten-Stiftung der Kreissparkasse Köln kann nur so erfolgreich sein, wie höchstqualifizierte Lehrerinnen und Lehrer für die verschiedenen Angebote zur Verfügung stehen. Sie müssen sich vor allem in den spezifischen Anforderungen der Förderung von Hochbegabten auskennen. Deshalb hat die Kreissparkasse Köln zusammen mit der Universität Nijmegen sowie der Universität Münster (Prof. Dr. Franz Mönks und Prof. Dr. Fischer) einen Diplom-Studiengang angeboten. Über 20 Pädagogen konnten ein Diplom „Spezialist in Gifted Education" erwerben.

Gäbe es die Hochbegabten-Stiftung nicht – sie müsste erfunden werden. Die gerade im Rhein-Sieg-Kreis besonders engagiert arbeitende „Gesellschaft für das Hochbegabte Kind", das Palotti-Kolleg in Rheinbach, aber auch das mit Hochbegabten-Förderung seit Jahren in Praxis und Theorie vertraute Gymnasium des Christlichen Jugenddorfes in Königswinter wissen ganz besonders die Arbeit der Hochbegabten-Stiftung der Kreissparkasse Köln zu schätzen. Die Kreissparkasse Köln hat eben ein Herz für den Verstand unserer Kinder.

DAS SINNBILD DES MODERNEN SIEGBURG

VON
HOLGER KLEIN

Die verbaute Beton- und Stahlmenge wiegt so viel wie 650 Lokomotiven, die Wandschalung hat eine Fläche von sechs Fußballfeldern, die Verglasung reicht für 200 Einfamilienhäuser und der Baugrubenaushub entspricht 4.500 Lkw-Ladungen – diese Zahlen versinnbildlichen die Dimension des S-Carrés der Kreissparkasse Köln vielleicht noch deutlicher als die Baukosten (37 Millionen Euro) oder die Gesamtkubatur (rund 100.000 Kubikmeter). Das 2005 nach zweijähriger Bauzeit fertig gestellte Prunkstück in der Neuen Poststraße hat Siegburg aus der städtebaulichen Sicht verändert wie kaum ein anderes Gebäude in den vergangenen Jahrzehnten – vom Kreishaus einmal abgesehen.

Der gestaffelte Baukörper wird geprägt durch gegliederte, vorstehende Sandsteingebäudeteile im Wechsel mit vollständig verglasten Fronten. Gläserne Brückenstege verbinden auch die beiden Gebäudeteile. „Die interne Kommunikation ist dadurch noch einfacher. Die Mitarbeiter gehen über die Stege und sind schon im anderen Gebäudeteil“, sagt der Aachener Architekt Helmut Heuer, der mit seinem Büro für die Errichtung des S-Carré zuständig war. Eine Aufgabe, die nicht immer leicht war, hat doch eine Nutzungsänderung während der Bauphase dem Architekten manch schlaflose Nacht bereitet.

In der ersten Planung war das Gebäude für 350 KSK-Mitarbeiter konzipiert, doch mit der Fusion zwischen den Kreissparkassen Siegburg und Köln änderte sich das Nutzkonzept: Die Kreditserviceagentur Rheinland mit rund 600 Angestellten hatte sich das S-Carré als Domizil ausgesucht. „Das war schon eine Herausforderung. Das Innenleben des Gebäudes veränderte sich völlig“, erläutert Heuer. Während er im ersten Entwurf von mehreren Abteilungen mit vielen Hierarchien ausgegangen war, wurden nun Großraumbüros benötigt.

Ein Gebäude, das Siegburg städtebaulich verändert hat: Das S-Carré der Kreissparkasse Köln wurde im September offiziell eröffnet.

Dem Passanten blieben diese Arbeiten im Inneren des Großprojektes verborgen. Er freute sich lieber über die neu entstandene Parkanlage mit Seerosenteich, die im Erdgeschoss beheimateten Geschäfte, über Restaurant und Eiscafé und die zusätzliche Tiefgarage unter dem S-Carré.

Zusammen mit dem Siegburger Architekten Hartmut de Corné – er war mit dem städtebaulichen Gesamtkonzept betraut – legte Heuer viel Wert auf die Ökobilanz des Gebäudes: Luftiger Freiraum durch bepflanzte Innenhöfe, Fassadenbegrünungen und die Einbindung der beiden alten Platanen geben dem sandfarbenen Komplex auch einen grünen Anstrich.

Ebenso wichtig wie die „grüne“ Seite des S-Carrés war den Planern, dass der Blick zu den historischen Wahrzeichen der Kreisstadt, der Abtei auf dem Michaelsberg und der Sankt Servatiuskirche, nicht durch das Gebäude verdeckt wird. Auch dies gelang: Das S-Carré wird architektonisch anspruchsvoll von den beiden historischen Bauwerken eingerahmt und ist selbst auf dem besten Weg ein Wahrzeichen der Stadt zu werden: Zusammen mit ICE-Bahnhof und Europaplatz ist es das Sinnbild für das neue, moderne Siegburg.

Hier steckt Leben drin: Im Erdgeschoss des S-Carrés sind ein Restaurant, ein Eiscafé und viele Geschäfte beheimatet.

Wenn mal der Kopf raucht, können die Mitarbeiter in den begrünten Innenhöfen verschnaufen.

Gerhard Stroß, Kraftbaum

Wirtschaft
&Technik

EIN NEUES KAPITEL STADTGESCHICHTE IN SIEGBURG

VON HARTMUT DE CORNÉ

Mit dem Abriss des alten Siegburger Bahnhofs, der 1999 Platz machte für den neuen ICE-Bahnhof Siegburg/Bonn, wurden die ersten Zeilen eines neuen Kapitels der Siegburger Stadtgeschichte geschrieben. Im Sommer 2005 ist nach mehr als zehnjähriger Planungs- und Bauzeit der Abschluss wesentlicher Baumaßnahmen im neu gestalteten Stadtquartier zwischen dem Bahnhof und dem S-Carré an der Stadtmauer abzusehen. Ausgehend von der Konrad-Adenauer-Allee auf der süd-westlichen Seite des Bahnhofs, über die der Individualverkehr an die Gleise herangeführt wird, über den *Europaplatz* auf der dem Stadtzentrum zugewandten Seite, den *Platz der Gerichtsbarkeit* am Mühlengraben vor dem Amtsgericht bis zum *Finanzplatz* vor dem neu gestalteten Portikus der Kreissparkasse mit dem Übergang zum Stadtgarten entlang der Stadtmauer wurde ein völlig neu gestaltetes Stadtquartier entwickelt.

BAHNHOF, STADTBAHNTUNNEL

Durch den ICE-Bahnhof ist die Region mit dem europäischen Schienennetz verknüpft. Täglich verkehren hier fahrplanmäßig 47 ICE-Züge und die Bahnen des S-Bahn- und Regionalverkehrs. Außerdem ist der Bahnhof Endstation der Straßenbahnlinie 66 zwischen Siegburg und Bonn, die im Untergeschoss hält, der Hauptverteilerebene für alle Verkehrsanbindungen. Nebenan, von einem großen Kinokomplex überdacht, befindet sich der zentrale Omnibusbahnhof.

EUROPAPLATZ

Im August 2005 ist der letzte Bauabschnitt des Europaplatzes fertiggestellt worden. Als Bahnhofsvorplatz bildet er das Tor zur Stadt. Die geplanten Stadtarkaden entlang der Gleise werden später den Platz räumlich abschließen. Der von Bäumen umsäumte Platz mit beleuchteter Brunnenanlage lädt zum Verweilen ein. Die Bäume auf dem Bahnhofsdach sind ein Zeichen für den Anspruch, den Grünraum konsequent ins Zentrum zu leiten. Alleebäume begleiten den neuen Stadtraum mit der abendlichen Illuminierung (Lichtarchitektur).

TRICHTERBAUWERK AN DER KONRAD-ADENAUER-ALLEE

Mit Wassertreppe und Lavendelgarten präsentiert sich der Ausgang vom Bahnhof in den Siegburger Stadtteil Zange, der auf diese Weise einen neuen Zugang zum Stadtzentrum erhält. Zusammenhängende Grünflächen mit Formholz-Bäumen – geschnittene Catalpen – stehen in dem trichterförmigen Garten in reizvollem Kontrast zur schienengebundenen Technik. Farbige, duftende Lavendelflächenstreifen wechseln sich mit gerasterten Rasenflächen ab.

KREISSPARKASSE UND S-CARRÉ

Im Stadtzentrum entstand auf dem alten Postgelände an der Neuen Poststraße das neue Verwaltungszentrum mit Geschäftslokalen im Erdgeschoss. Das Gebäude ist axial von einer überdachten Zentralpassage durchschnitten. Die Fassade der ehemaligen Hauptstelle der Kreissparkasse in Siegburg erhielt ein neues Gesicht. Verspiegelte Fassadenelemente und der neue Portikus prägen den Raum ebenso wie die alte Platane, die als Solitärbaum an dieser Stelle eine überragende Bedeutung hat.

STADTGARTEN

Von der Neuen Poststraße aus blickt man durch die offene Sichtachse des S-Carrés direkt auf die Abtei Michaelsberg, das Wahrzeichen Siegburgs, und den neuen Stadtgarten an der Stadtmauer. Hier entstand an der Skulpturenachse in Kombination mit der Gastronomie im S-Carré eine Oase mit besonderer Lebensqualität. Die Entwicklung zum schönsten Garten der Stadt ist das lohnende Ziel. Der Seerosenteich ist eine Hommage an Monets Giverny. Offenkundig fühlen sich gefiederte Gäste hier bereits wohl. Zurück zur Natur!

GEMEINSAM IN DIE ZUKUNFT

GKD

Zweckverband Gemeinsame Kommunale Datenverarbeitung Rhein-Sieg / Oberberg

KOMMUNALE IT-DIENSTLEISTUNGEN FÜR BÜRGER, UNTERNEHMEN UND VERWALTUNGEN

VON ALFRED MEINERZHAGEN

Wie werden die persönlichen Daten jedes einzelnen Bürgers für Personalausweise und Pässe verwaltet? Wer druckt die Wahlbenachrichtigungen und Lohnsteuerkarten? Wo werden die Daten der Straßenverkehrsämter gespeichert und die „Knöllchen" gedruckt? Wo befinden sich Anwendungen und Daten des kommunalen Finanzmanagements? Mit welchen Verfahren werden Steuern und Gebühren erhoben? Wer speichert Bauakten und Katasterdaten? Wer berechnet die Sozial- und Jugendhilfe oder die Gehälter? Die Lösungen zu diesen Anforderungen bietet im Rhein-Sieg-Kreis und Oberbergischen Kreis der Zweckverband *Gemeinsame Kommunale Datenverarbeitung Rhein-Sieg/Oberberg (GKD RSO)*. Die beiden Kreise, die 32 Städte und Gemeinden, deren Betriebe sowie sonstige kommunale Institutionen arbeiten in der Datenverarbeitung durch ihren gemeinsamen Zweckverband GKD RSO Hand in Hand. Innerhalb des Verbandsgebiets, das sich von Wachtberg und Bad Honnef bis Radevormwald und Hückeswagen erstreckt, unterstützt der Zweckverband GKD RSO alle Bereiche der Kreis-, Stadt- und Gemeindeverwaltungen sowie deren Betriebe, das heißt indirekt 890.000 Einwohner, mit rund 200 Fach-, Büro- und E-Government-Anwendungen sowie System-, Benutzer-, Kommunikations- und Internetservices. Beim Zweckverband GKD RSO ist kommunales Verwaltungs-, Betriebswirtschafts- und Ingenieurwissen ebenso konzentriert wie informations- und kommunikationstechnisches Know-how.

Die IT-Kooperation der Kommunen im Rhein-Sieg-Kreis und im Oberbergischen Kreis begann 1968. Auf Grund ihres Erfolges wurde diese Zusammenarbeit in einer öffentlich-rechtlichen Vereinbarung manifestiert. Seit 1998 wird die GKD RSO als Zweckverband geführt. Er bietet seinen Verbandsmitgliedern Dienstleistungen rund um die Informations- und Kommunikationstechnologie an und verarbeitet deren Daten. Indem der Zweckverband GKD RSO viele Aufgaben der Datenverarbeitung für alle Verwaltungen an einer zentralen Stelle löst, werden umfassende Synergieeffekte erzielt und Kosten eingespart. Informationen, die jeweils die Kreise bzw. Gemeinden originär bereitstellen, können gemeinsam genutzt werden.

Die Wirtschaftlichkeit, die bereits ein Hauptargument für die Gründung des Zweckverbands GKD RSO war, gewinnt im Hinblick auf die prekäre Haushaltslage der Kommunen weiter an Bedeutung. In Nordrhein-Westfalen ist kommunale Datenverarbeitung überwiegend auf 35 große städtische und gemeinsame Datenverarbeitungszentralen, aber auch auf die autonome Datenverarbeitung in Kreisen und kreisangehörigen Gemeinden verteilt. Als IT-Dienstleister sehen sich die Anbieter nicht nur einem steigenden Wettbewerbsdruck ausgesetzt, sondern es stellen sich ihnen zunehmend Herausforderungen wie

- zunehmender Kostendruck,
- durch Bürgerorientierung steigende Anforderungen an die Dienstleistungserbringung,
- notwendige Realisierung von Zukunftsprojekten und damit
- wachsende Vielfalt vorzuhaltender IT- und Fachkompetenzen.

Seite an Seite: Das Kreishaus und das neue moderne Dienstgebäude der GKD RSO in Siegburg ...

... ebenso wie die denkmalgeschützte Villa Kohlgrüber vor dem Rathaus in Gumersbach

Die GKD RSO bietet den Mitarbeitern ihrer Verbandsmitglieder eine optimale Schulungsumgebung.

Der Zweckverband GKD RSO ist, wie seine Partner, davon überzeugt, dass die Bewältigung dieser Herausforderungen nur durch eine enge regionale und überregionale Zusammenarbeit in einem Leistungsverbund gelingen kann. Dies haben die Bundesstadt Bonn, die Städte Hagen, Köln, Mülheim an der Ruhr, Ratingen, Münster, Wuppertal, Solingen, der Kreis Mettmann sowie die Zweckverbände GKD Paderborn und GKD RSO erkannt und im Januar 2004 den *Dachverband Kommunaler IT Dienstleister (KDN)* gegründet. Sechs weitere kommunale Datenzentralen sind diesem Dachverband assoziiert. Ziel des KDN ist es, die Qualität und Wirtschaftlichkeit von IT-Dienstleistungen seiner Mitglieder zu verbessern und damit zur Steigerung der Effizienz der Leistungserstellung aller Mitglieder beizutragen. Der KDN bildet die Klammer um die einzelnen Datenverarbeitungszentralen, die sich nun jeweils auf bestimmte fachliche und informationstechnische Kompetenzen spezialisieren. Damit fokussieren sich die KDN-Mitglieder auf die Gebiete, in denen sie bisher die besten Erfahrungen gesammelt haben und besonders kompetent sind, um über den KDN ihre Leistungen auszutauschen. Ein Paradebeispiel hierfür ist der gemeinsame Rechenzentrums-Betrieb zwischen den Städten Köln, Hagen und dem Zweckverband GKD RSO. Seit 2005 wird die dazugehörige Infrastruktur gemeinsam genutzt und ausgebaut. Die Kommunikation erfolgt über ein entsprechend leistungsfähiges Netz.

Die Mitglieder der bisher in Nordrhein-Westfalen noch separat im KDN und in der *Arbeitsgemeinschaft Kommunale Datenverarbeitung (AKD)* organisierten IT-Dienstleister wollen sich noch 2005 zu einer gemeinsamen *Arbeitsgemeinschaft Kommunaler IT-Dienstleister in Nordrhein-Westfalen (AKDN)* zusammenschließen, um in allen übergreifenden und strategischen Fragen zur Entwicklung der kommunalen IT-Landschaft enger zusammenzuarbeiten. Dadurch soll die Leistungsfähigkeit der Städte, Gemeinden und Kreise in NRW gestärkt sowie die Zusammenarbeit mit der Landesverwaltung gebündelt werden.

Die AKDN unterstützt damit die Arbeit der kommunalen Spitzenverbände, koordiniert in Kooperationsausschüssen die Abstimmung mit dem Land und unterstützt den länderübergreifenden IT-Verbund. Die Kooperationsausschüsse geben gemeinsam mit dem Land Rahmenempfehlungen zur Weiterentwicklung der kommunalen Informationsverarbeitung und des E-Governments. Hierzu zählen zum Beispiel auch die sichere elektronische Kommunikation zwischen den Behörden, der Betrieb von Clearingstellen sowie die Online-Bereitstellung von Verwaltungsverfahren im kommunalen und staatlichen Verbund. Gerade in der heterogenen und auf viele Stellen verteilten IT-Landschaft der öffentlichen Verwaltung in Nordrhein-Westfalen ist eine Koordination auf freiwilliger Basis im Einklang mit den kommunalen Spitzenverbänden mit nur einem IT-Ansprechpartner auf kommunaler Seite zu favorisieren.

Über diese bestehenden Kooperationen auf Landesebene hinaus befindet sich zudem ein bundesweiter IT-Leistungsverbund der öffentlichen Verwaltung im Aufbau, um langfristig die Herausforderungen bewältigen zu können.

Im Dienste der Bürgerinnen und Bürger des Rhein-Sieg-Kreises und des Oberbergischen Kreises kooperiert der Zweckverband GKD RSO somit auf allen Ebenen. Durch die Bündelung der Kompetenzen werden Synergien ausgeschöpft. Dadurch können die kommunalen IT-Dienstleistungen auf hohem fachlichen und technischen Leistungsstand sicher und kostengünstig erbracht werden. Die führenden kommunalen IT-Dienstleister entwickeln IT-Strategien und Verfahren gemeinsam weiter, damit in Zukunft die Bürger und Unternehmen noch zügiger und sicherer betreut werden können.

Leistungsstarke Server ...

... und die dazugehörige Klimatechnik.

DER ÜBERGANGSBAHNHOF HANGELAR

VON
VOLKHARD STERN

Übergangsbahnhöfe sind ein spannendes Terrain: Nicht nur Personen und Frachten, sondern auch die Verantwortung geht hier von einer auf die andere Bahngesellschaft über. Gleichzeitig wechseln die Tarife (von Durchgangstarifen einmal abgesehen), das Personal und nicht zuletzt die Triebfahrzeuge. An den Landesgrenzen ist so ein Wechsel zwischen zwei Staatsbahnen ein ganz normaler Vorgang. Aber auch innerhalb des Landes wird eifrig übergeben, denn schließlich ist jede Privat- oder Werksbahn an einem Ende an den „großen Bruder“ *Deutsche Bahn AG* angebunden. Seltener kommt es hingegen vor, dass zwei Privatbahnen untereinander durch einen Übergangsbahnhof verbunden sind.

Blicken wir um einige Jahrzehnte zurück, als das Netz der deutschen Klein- und Privatbahnen noch dicht war und solche Verknüpfungen öfter vorkamen. Der Übergang gestaltete sich solange unproblematisch, wie die Spurweite der benachbarten Bahnen gleich war. Schöne Beispiele sind der Bahnhof Enger der *Bielefelder* und der *Herforder Kreisbahn* oder der Bahnhof Sorge, in dem sich die *Südharz-* und die *Nordhausen-Wernigeroder Eisenbahn* trafen (alle Bahnen mit 1.000-Millimeter-Spur). Der letztgenannte Bahnhof diente sogar zum Durchlauf von Personenzügen auf der Relation Braunlage-Brocken. Waren die Spurweiten jedoch unterschiedlich, konnten zwar die Reisenden selbstätig umsteigen, die Güter aber mussten von Hand umgeladen werden.

Als Beispiel sei der Bahnhof Puffendorf der *Jülicher* (1.435 Millimeter) und der *Geilenkirchener Kreisbahn* (1.000 Millimeter) genannt. Nur ganz selten waren zwei Privatbahnen mit unterschiedlichen Spurweiten durch Rollwagen- oder Rollbockgruben miteinander verbunden, um einen durchgehenden Güterverkehr zu ermöglichen. In Westdeutschland waren das von 1940 bis 1963 der Bahnhof Hoya der *Hoyaer Eisenbahn Gesellschaft* und der *Hoya-Syke-Asendorfer Eisenbahn* (Normalspur/ Meterspur) sowie von 1955 bis 1962 der Bahnhof Hangelar der *Rhein-Sieg-Eisenbahn* (785 Millimeter) und der *Kleinbahn Beuel-Großenbusch* (1.435 Millimeter). Der Bahnhof Hangelar soll im Folgenden näher betrachtet werden, da schon der ausgesprochen kurze Zeitraum seiner Existenz als Übergangsbahnhof interessante Zusammenhänge vermuten lässt.

Der alte Bahnhof Hangelar der RSE, der 1955 durch den neuen Übergangsbahnhof zur Kleinbahn Beuel-Großenbusch ersetzt wurde.

Übersichtskarte zur Lage des Bahnhofs Hangelar

Hangelar liegt nordöstlich vor der rechtsrheinischen Stadtgrenze von Bonn und ist heute Teil der Stadt Sankt Augustin im Rhein-Sieg-Kreis. Bis 1967 berührten Gleise von vier verschiedenen Bahngesellschaften – heute sind es noch drei – Hangelar unmittelbar oder in direkter Nähe: Nur knapp zwei Kilometer entfernt liegt die rechtsrheinische Hauptbahn Troisdorf-Niederlahnstein der *DB*, die an Hangelar ohne Halt vorbeiführt. Drei Haltepunkte im Ort bietet dagegen die heutige Stadtbahnlinie 66 der *Elektrischen Bahnen der Stadt Bonn und des Rhein-Sieg-Kreises*, die Bonn und Siegburg verbindet. Sie wurde 1911 als „nebenbahnähnliche Kleinbahn in 1,435 m Spur für die Beförderung von Personen, Gepäck und Stückgut mittels elektrischer Kraft" in Betrieb genommen und erst 1960 in eine Straßenbahn umkonzessioniert. Seit 1900 wurde Hangelar von der ebenfalls regelspurigen *Kleinbahn Beuel-Großenbusch* berührt, einer reinen Industriebahn ohne Personenverkehr. Eigentümer war die *Industriebahn AG* in Frankfurt, weshalb in der Bevölkerung oft von der „I-Bahn" oder später der „Frankfurter Bahn" die Rede war. Ein vierter Schienenstrang nach Hangelar existierte bereits seit 1891 mit der Strecke Beuel-Niederpleis (-Hennef) der *Brölthaler Eisenbahn-Gesellschaft*, die seit 1921 als *Rhein-Sieg-Eisenbahn AG (RSE)* firmierte. Sie wies die seltene Spurweite von 785 Millimeter, entsprechend 2 $^1/_2$ rheinischen Fuß, auf. Der planmäßige Personenverkehr wurde hier bereits sehr früh aufgegeben und durch bahneigene Busse ersetzt: Im Sommerfahrplan 1951 (gültig bis 6.10.1951) erschien der letzte Kursbucheintrag der Tabelle 253, während nach anderen Quellen noch bis Herbst 1952 Personenzüge gefahren worden sind. Für den schweren Basaltzugverkehr von den Steinbrüchen im Westerwald hin zur Beueler Rheinwerft, wo die Fracht auf Schiffe umgeschlagen wurde, hatte die Strecke jedoch noch bis 1967 einige Bedeutung.

Mehrere Faktoren, die einander bedingten, führten im Frühjahr 1955 zur Einrichtung des Spurwechselbahnhofs in Hangelar: Durch den bereits seit 1948 projektierten Ausbau der Bundesstraße Beuel-Siegburg wurden die *RSE*-Gleise aus dem Ortsbereich Hangelar herausgenommen und entlang der B 56 neu trassiert. Unter Aufgabe ihres bisherigen Bahnhofs in Hangelar wurde die *RSE* gleichzeitig direkt an den Bahnhof Hangelar der Kleinbahn Beuel-Großenbusch herangeführt, womit die Voraussetzung zur Einrichtung eines Übergangsbahnhofs geschaffen wurde.

Diese Maßnahme wiederum war erforderlich, weil der bisherige Übergangsbahnhof *RSE/DB* in Siegburg zeitgleich mit der Verbindung Siegburg-Niederpleis am 22. Mai 1955 stillgelegt und ein Jahr später abgebaut wurde. Theoretisch hätten Rollwagenzüge für die *RSE-Pleistalbahn* von Niederpleis nach Oberpleis und weiter nach Rostingen auch von der zweiten Rollwagenanlage der *RSE* in Hennef zugeführt werden können, allerdings war die *DB*-Unterführung in Buisdorf dafür nicht profilfrei. So übernahm die *RSE* ab Mai 1955 Regelspurwagen für die Pleistalstrecke in Hangelar von der *Kleinbahn Beuel-Großenbusch*, die die Wagen ihrerseits im Bahnhof Beuel mit der *DB* austauschte. Die Schilderung macht deutlich, dass der Bahnhof Hangelar nicht isoliert betrachtet werden kann, sondern Teil eines komplexen Verkehrsnetzes war.

Der Industriebahn war die Gemeinschaftsanlage in Hangelar zunächst gar nicht recht, wovon umfangreicher Schriftverkehr aus den Jahren 1952/53 zeugt. Anfängliche Planungen gingen noch nicht von einem Übergangsbahnhof aus, sondern nur von einem nebeneinander gelagerten Normal- und Schmalspurbahnhof ohne Gleisverbindung. Im *RSE*-Bereich war an eine Rollwagengrube mit

Verloren steht das funktionslose BÜ-Überwachungssignal an der stillgelegten RSE-Trasse bei Hangelar, 1979.

RSE-Rollwagen vor der Rollwagengrube und dem Übergabegleis zur Kleinbahn Beuel-Großenbusch in Hangelar, 1955.

normalspurigem Absetzgleis gedacht, das aber auf dem Gelände der *Beueler Kleinbahn* liegen sollte. Diese befürchtete auf Grund der Platzverhältnisse nicht nur den Verlust ihres Ortsladegleises, sondern auch die Konkurrenz der trotz Rollwagenzuschlags günstigeren *RSE*-Frachttarife und damit die Abwanderung von Güterkunden. Schließlich einigte man sich doch noch, wohl auch unter dem Druck der nahen Schließung der Schmalspurverbindung nach Siegburg. Die *Kleinbahn Beuel-Großenbusch* musste zwar ihren Güterschuppen in Hangelar abreißen, hatte aber bereits frühzeitig jenseits der Straßenkreuzung in Richtung Niederpleis ein neues Ortsladegleis erhalten.

Die Bauarbeiten waren im April 1955 noch im Gange, der neue Wechselverkehr in Hangelar konnte jedoch nahtlos an die Stilllegung der *RSE*/*DB*-Übergabe in Siegburg am 22. Mai 1955 eröffnet werden. Mit Schreiben vom 13.11.1956 genehmigte der Minister für Wirtschaft und Verkehr des Landes Nordrhein-Westfalen der *RSE* nachträglich die „Einrichtung eines Übergangsbahnhofs zur Kleinbahn Beuel-Großenbusch in Hangelar sowie die Aufnahme des unmittelbaren Güterverkehrs mit dieser Kleinbahn“.

Der neue Schmalspurbahnhof Hangelar war zu einer fünfgleisigen Anlage mit sieben einfachen und einer doppelten Kreuzungsweiche ausgebaut worden, während die *Kleinbahn Beuel-Großenbusch* ein Zustell- und Abholgleis zur *RSE*-eigenen Rollwagengrube erhielt. Die Herstellungskosten dieses Übergabegleises teilten sich die *RSE* zu 4/5 und die *Beueler Kleinbahn* zu 1/5. Alle Gleise waren profilfrei für Bundesbahnwagen auf Rollwagen. Der *RSE*-Bahnhof war für Zugkreuzungen vorgesehen und zumindest zeitweise besetzt. Dafür war ein Streckentelefon vorhanden.

Im *RSE*-Gleisplan von 1955 sind beidseitig Einfahr-Lichthauptsignale eingetragen, was auch bei einer Änderung im Sommer 1959 bestätigt wurde. Damals wurden die Gleise 2 und 3 verkürzt und stattdessen ein Wellblechschuppen für Stückgüter errichtet. Wie lange diese Signale danach noch benutzt wurden, lässt sich nicht mehr genau feststellen; Gleiches gilt übrigens für die ähnlich ausgestattete Nachbarstation Niederpleis. Im August 1963 wurde dem wachsenden Straßenverkehr Rechnung getragen und eine im nördlichen Bahnhofskopf kreuzende Straße mit einer Blinklicht-Signalanlage gesichert, in die beide Bahnen einbezogen waren.

Für die *RSE* wurden entsprechend Überwachungssignale von Siemens aufgestellt, die in etwa die Position der früheren Einfahrsignale einnahmen.

Während der Wagenaustausch zunächst auf beiden Seiten mit Dampftraktion erfolgte, standen der *RSE* ab 1959/60 zusätzlich die drei modernen Streckendiesselloks V 11 bis V 13 zur Verfügung. Zum Fahrplan wurde am 14. Mai 1955 verabredet:

Die RSE wünscht die Übergabe in Hangelar bis 7.30 h, die Abholung mittags nach Stunde 13. Nach dem Fahrplan der RSE trifft der Güterzug um 7.43 h in Hangelar ein, der nach ca. einer Stunde Aufenthalt die überführten Wagen aufnimmt und auf die Strecke fährt.

RSE-Schmalspurbahnhof Hangelar mit doppelter Kreuzungsweiche, 1955.

Zwei RSE-Diesellloks (V 11 und V 13) ziehen einen Schmalspurzug in den Bahnhof Hangelar, 1964.

Um 11.58 h trifft der Gegenzug der RSE in Hangelar ein und bringt die am Vortage übernommenen Wagen zur Übergabe an, die dann nach Stunde 13 für die Kleinbahn Beuel-Großenbusch zum Abholen bereitstehen. Diese Wagen werden mit dem Güterzug 4 der Kleinbahn Beuel-Großenbusch in Hangelar aufgenommen, da die Rückgabe an die Bundesbahn in Beuel erst um Stunde 19 erfolgt.

Bereits Ende Juni 1955 berichtet die Bahnverwaltung der Beueler Kleinbahn an die Betriebsverwaltung in Frankfurt, dass sich nach den ersten Erfahrungen „die Legung der Güterzüge bei dem augenblicklich schwächeren Verkehr der RSE als nicht wirtschaftlich herausgestellt hat."

Die relativ großzügige Anlage in Hangelar lässt auf gewisse Verkehrserwartungen der beiden beteiligten Bahnen schließen, die aus damaliger Sicht – man befand sich mitten im „Wirtschaftswunder" – verständlich sind. So waren bei der *RSE* in den fünfziger Jahren 800-t-Züge mit 55 Wagen keine Seltenheit, und auch die Jahrestonnagen waren für eine Schmalspurbahn beachtlich: Bis 1960 wurden im Durchschnitt gut 250.000 Gütertonnen jährlich, überwiegend im Binnenverkehr, befördert. Die von Siegburg nach Hangelar verlegte Übernahme regelspuriger Güterwagen ermöglichte die Weiterbedienung der Frachtkunden im Pleistal und versprach für die Hangelarer Nachbarbahnen ein willkommenes Zusatzgeschäft. Die Realität sorgte allerdings bald für Ernüchterung. Werktäglich übernahm die *RSE* im Schnitt zunächst fünf *DB*-Wagen von der Kleinbahn Beuel-Großenbusch, die dann per Rollwagen den Hauptkunden – Tonwerke Plato bei Birlinghoven, Baumschulen in Uthweiler-Jüngsfeld und der Raiffeisengenossenschaft Oberpleis – zugestellt wurden. Aber auch in Richtung Beuel beförderte die *RSE* zum Anschluss O. Schuler in Pützchen aufgeschemelte Bundesbahnwagen (ab 1959 sogar noch mit Diesellok), während der Endbahnhof Beuel-Rheinwerft durch die Profileinschränkung der Bundesbahnunterführung in Beuel nicht von Rollwagenzügen erreicht werden konnte.

Dieser Wechselverkehr war für beide Bahnen kein großartiges Geschäft und zudem noch rasch rückläufig. Die *Kleinbahn Beuel-Großenbusch* hatte am Gesamttransport nur ganze fünf Tarifkilometer Anteil, entsprechend bescheiden war ihr Profit aus dem Übergabebetrieb. Die *RSE* musste ihrerseits Rollwagen vorhalten und den zeit- und kostenaufwändigen Spurwechsel einkalkulieren. Dabei ist zu bedenken, dass sich die Beförderung von adaptierten Normalspurwagen auf Schmalspurgleisen wegen der ungünstigen Nutzlastverhältnisse betriebswirtschaftlich kaum rechnet und im Fall der *RSE*-Kunden auch noch hinzukam, dass der Versand den Empfang bei weitem überstieg. Infolgedessen waren umfangreiche Leerwagengestellungen erforderlich, die keine Einnahmen brachten.

Weiterhin war zu berücksichtigen, dass im Zuge des allgemeinen Verkehrsrückgangs der Kleinbahnen durch die allge-

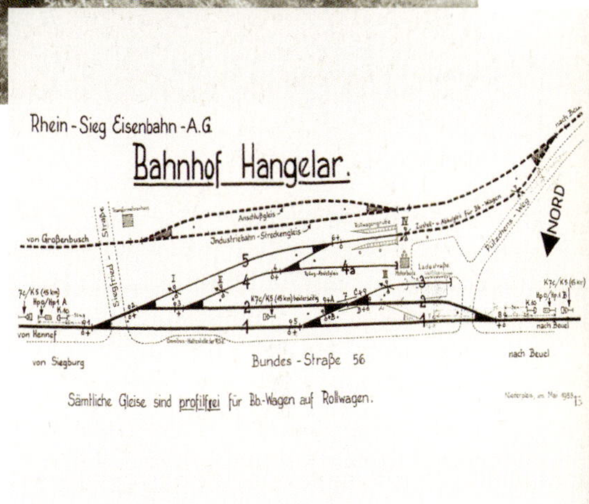

Gleisplan des Bahnhofs Hangelar von 1955

genwärtige Straßenkonkurrenz auch das Streckennetz der *RSE* bereits seit 1951 kontinuierlich schrumpfte (gleichwohl blieb die *RSE* bis zum Schluss immer ein finanziell gesundes Unternehmen). Vom Sommer 1959 bis zum Frühling 1960 wurde die Pleistalstraße L 143, die den Verkehrsanforderungen nicht mehr genügte, neu- bzw. ausgebaut. Für die Dauer des Straßenbaus hatte die *RSE* mit ihrem letzten Triebwagen T 4 sogar für mehrere Monate nochmals den Schienenpersonenverkehr reaktiviert und einen Busersatzbetrieb durchgeführt. Nach Fertigstellung der neuen Straße war die *RSE* gegen den flexiblen Lkw endgültig chancenlos und beantragte die Entbindung von der Betriebspflicht auf dem Abschnitt Niederpleis-Oberpleis. Sie wurde am 1. August 1962 erteilt, und ein Jahr später wurden die Gleise im Pleisbachtal abgebaut. Damit entfiel gleichzeitig die Notwendigkeit für den Übergabebahnhof Hangelar. Am 30. September 1962 endete der Durchgangsverkehr in Hangelar offiziell. Die *RSE* schrieb der *Deutschen Eisenbahn-Gesellschaft* in Frankfurt als Betriebsführer der *Beueler Kleinbahn* am 19. August 1963, dass „unsererseits die Einstellung des

Einer der letzten Güterzüge der ehemaligen Kleinbahn Beuel-Großenbusch im Normalspurteil des Bahnhofs Hangelar, 1993

Sonderzug der „neuen“ RSE auf den Normalspurgleisen der früheren Kleinbahn in Hangelar, 1995

Rollwagenverkehrs auf Bhf. Hangelar ab 1. Oktober 1962 beabsichtigt gewesen ist. Dieser Termin wurde auch eingehalten. Wir wollen nunmehr unsere Gleisanlage auf diesem Bahnhof, mit Ausnahme unseres durchgehenden Streckengleises, restlos abbauen.“ Am gleichen Tag wurde die Verbindung durch Abbruch des regelspurigen Zuführungsgleises zur Rollwagengrube bereits unterbrochen, und im September 1963 war dann auch die Spurwechselanlage selbst nach nur sieben Betriebsjahren verschwunden. Zu diesem Zeitpunkt wurde im Hanfbachtal auf der *RSE*- Strecke Hennef-Eudenberg (-Asbach) noch Rollwagenbetrieb durchgeführt, so dass die Hangelarer Rollwagen wohl nach Hennef umgesetzt wurden. Im Übrigen beeilte sich die *RSE* der *Kleinbahn Beuel-Großenbusch* am 20. Dezember 1962 mitzuteilen, dass „ab dem 1. Januar 1963 durch die Aufhebung des Übergangs Beuel-Hangelar die Voraussetzungen nicht mehr gegeben sind, die zur Gewährung von Freifahrt auf der *Rhein-Sieg-Eisenbahn* für Ihre Bediensteten führten ...“

Noch vier Jahre fuhren die *Bröltalbahn* und die „Frankfurter Bahn“ in Hangelar ohne Gleisverbindung parallel nebeneinander her. Am 17. Mai 1967 erreichte der letzte Schmalspur-Güterzug aus Eudenberg das Beueler Rheinufer. Damit endete vor fast 40 Jahren der Schienenverkehr der *RSE*. Das Streckengleis in Hangelar wurde noch im gleichen Jahr abgebaut. Beiderseits von Hangelar ist die frühere *RSE*-Bahntrasse noch heute frei bzw. wird als Radweg genutzt. Das Überwachungssignal aus Richtung Niederpleis stand noch bis 1980 am leeren Schotterbett. Während das Gelände des ehemaligen Schmalspurbahnhofs heute verwildert und teilweise dem Straßenbau zum Opfer gefallen ist, liegen daneben im Bahnhof der Beuel-Großenbuscher Bahn noch immer das frühere Strecken- und ein Ladegleis. Dahinter befindet sich unmittelbar der Prellbock, denn das Endstück Hangelar-Großenbusch wurde wegen schlechter Gleislage am 1.12.1965 von der Betriebspflicht entbunden. „Unter der Hand“ war allerdings noch 1966 abschnittsweise eine Bedienung mit 5 km/h und nur auf Verantwortung des Triebfahrzeugführers erfolgt. Das Streckengleis und das hinter der Straßenkreuzung gelegene Ortsladegleis Hangelar wurde erst 1971/72 von einer Beueler Schrottfirma, die Anschließer der Kleinbahn war, abgebaut.

Vor dem ehemaligen Bahnhof Niederpleis wurde 1984 als Denkmal ein kleiner Schmalspurzug aufgestellt.

Ebenfalls im Jahr 1965 hatte die Industriebahn aus wirtschaftlichen Gründen die eigene Zugförderung, die bis zuletzt aus reiner Dampftraktion bestand, komplett aufgegeben und mietete fortan eine *DB*-Kleinlok für alle Zugfahrten an. Der Rangierleiter wurde aber bis zuletzt von der Kleinbahn gestellt. Noch 1970 erhielt übrigens die *RSE* Wagenladungen über den Bahnhof Hangelar, die dort in LKW des *RSE*-eigenen Güterkraftverkehrs umgeladen und so zum endgültigen Bestimmungsort befördert wurden.

Hangelar ist heute nach wie vor Tarifpunkt im Güterverkehr. Nachdem der bisherige Betriebsführer, die *Deutsche Eisenbahn-Gesellschaft* in Frankfurt, den Bahnverkehr nach jahrelangem Siechtum mit dem letzten Güterzug am 28. April

Nicht weit von Hangelar finden sich weitere Relikte der Bröhltalbahn: Der Bahnhof Niederpleis war einst eine wichtige Kreuzungsstation der RSE.

Nachgestellter Bröltalbahn-Schmalspurzug in der Kölnstraße in Hangelar, 2004 als Denkmal am früheren Bahnhof aufgestellt.

1994 einstellte, kaufte die Stadt Bonn nach schwierigen Verhandlungen Ende Dezember 1994 die gesamte Trasse. Betreiber der Strecke von Beuel ist seit Anfang 1995 die neu gegründete *Rhein-Sieg-Eisenbahn Betriebs-Gesellschaft*. Sie übernahm den Traditionsnamen von der Schmalspurbahn, die ihrerseits noch bis Ende 1971 Güterkraftverkehr durchgeführt hatte und später als reiner Busbetrieb in der *Rhein-Sieg-Verkehrsgesellschaft* aufging. Anfang 1984 war die alte *RSE* auch juristisch erloschen und wurde aus dem Handelsregister gestrichen. Zehn Jahre später erhielt dann unerwartet der ehemalige Übergangsbahnhof Hangelar noch einmal eine symbolische Bedeutung, indem nun der Name von der einen auf die andere Bahngesellschaft überging. Die neue *RSE GmbH* wird vom *Verkehrsclub Deutschland*, mehreren Vereinen und Spediteuren sowie einer Reihe von verkehrspolitisch interessierten Privatpersonen getragen. Ohne die Gründung dieser Auffanggesellschaft wären die Gleise längst abgebaut worden. Die *RSE GmbH* verfolgt ein Güterbahn-Verkehrskonzept für den Großraum Bonn/Rhein-Sieg – auch über ihre eigene Strecke hinaus.

Bereits seit 1989, verstärkt aber seit 1995 wird erfolgreich versucht, neben dem Güterverkehr auch Personenzüge im Sonderverkehr als weiteres Standbein der Bahn zu etablieren. Dazu werden u. a. alljährlich im September Pendelzüge von Beuel und Hangelar zur Bonner Großkirmes *Pützchens Markt* gefahren, ein Geschäft, das sich vordem auch die *RSE*-Schmalspurbahn nicht entgehen ließ. Noch etwa bis 1957/58, also weit nach Einstellung des regulären Personenverkehrs, setzte man dazu sporadische Sonderzüge Hennef-Pützchen ein. Diese Leistungen wurden mit den Vorkriegs-Triebwagen gefahren, die von der *RSE* 1959/60 an die *Südwestdeutsche Eisenbahn-Gesellschaft* für deren *Jagsttalbahn* verkauft werden konnten. Planmäßigen Personenverkehr haben beide Teile des Übergangsbahnhofs nie erlebt.

Hangelar war seit seiner Gründung nie ein bedeutender Bahnhof, aber er verkörperte immer das typische Kleinbahnfluidum. Die Zukunft dieses Bahnhofs hängt wesentlich von der Gewinnung neuer schienengebundener Güterverkehre ab. Dafür steht heute die *RSE GmbH* mit ihren Lokomotiven und Triebwagen bereit.

Schienenstrang bei Bonn-Beuel

Eine plastische Erinnerung an die gute alte Bröltalbahn ist seit dem Sommer 2004 mitten in Hangelar zu bewundern. Als Reminiszenz an die damalige Ortsdurchfahrt der Kleinbahn ist auf der alten Trasse an der Kölnstraße in Höhe des früheren Bahnhofs ein kleiner Schmalspurzug mit Lok und Wagen aufgestellt worden.

Angesichts der Verkehrsprobleme unserer Tage mahnt das Denkmal, auch umweltfreundlichere Transportwege als das Auto nicht in Vergessenheit geraten zu lassen.

KRAFTWERKSPLÄNE AN DER SIEG NACH DEM ERSTEN WELTKRIEG

VON JOHANN PAUL

Die Sieg durchfließt eine der niederschlagsreichsten Regionen Westdeutschlands. Deshalb führt sie im Unterschied zu anderen mittelgroßen rheinischen Flüssen wie Ahr und Erft auch in niederschlagsärmeren Perioden noch reichlich Wasser. Nach dem Ersten Weltkrieg gab es Überlegungen, die beachtliche Wasserführung der Sieg durch den Bau von Wasserkraftwerken zur Stromerzeugung zu nutzen. Von den damals geplanten Anlagen wurde nur eine einzige errichtet. Im Folgenden werden die einzelnen Projekte, die hinter ihnen stehenden Interessenten und die beabsichtigten Eingriffe in die Sieg beschrieben und es werden die Gründe geschildert, warum es in den meisten Fällen nur bei Plänen blieb.

GEPLANTE WASSERKRAFTWERKE AN DER MITTLEREN SIEG

Der windungsreiche Mittellauf der Sieg durchzieht auf einer Länge von zirka 34 Kilometern bei einem Gefälle von rund 55 Metern das Gebiet der heutigen Gemeinde Windeck und Verbandsgemeinde Hamm.

Für diesen Flussabschnitt lassen sich in den erhaltenen Akten des Landratsamtes Waldbröl mehrere recht beachtliche Kraftwerksprojekte nachweisen. Im Dezember 1919 beantragte ein Wilhelm Weber aus Eitorf beim Bezirksausschuss Köln das Recht, die Sieg etwa 1 Kilometer oberhalb der Eisenbahnbrücke bei Opsen hinter einem zu errichtenden 3 Meter hohen Wehr aufzustauen und das Flusswasser durch einen rund 2,5 Kilometer langen Stollen zu einem Turbinenhaus zu leiten, das am Südwesthang des *Alten Stuhls* an der Landstraße zwischen

Blick auf Rosbach aus Richtung *Alter Stuhl* (ohne Jahr)

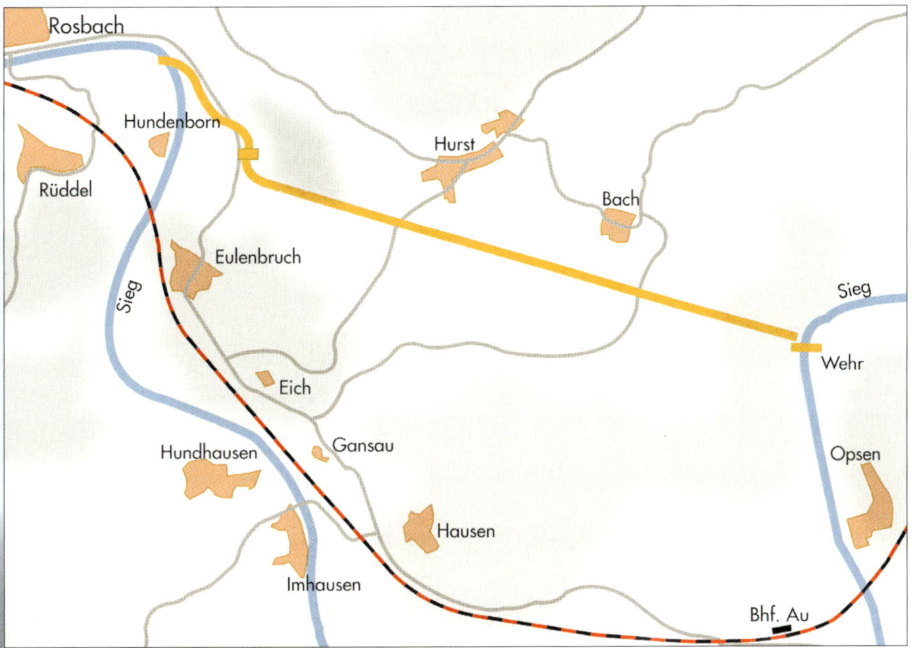

Das Projekt im Raum Rosbach (Darstellung auf der Grundlage des zeitgenössischen Kartenmaterials in der Archivakte)

Rosbach und Eulenbruch errichtet werden sollte. Der Untergraben des Kraftwerks sollte in einen alten Siegarm münden. Der Bau einer Fischtreppe am Stauwehr war nicht vorgesehen, weil das gesamte Flusswasser „fast immer“ zur Stromerzeugung genutzt werden und die 6,9 Kilometer lange Siegstrecke zwischen Wehr und Kraftwerk weitgehend trockenfallen sollte. Ein Fischpass erübrigte sich nach den Worten des Antragstellers auch deshalb, weil „die Siegfischerei infolge Einleitung schädlicher Abwässer (...) ständig zurückgeht“. Der Fischbestand bei Rosbach litt damals erheblich unter den Abwässern eines Hochofen- und Walzwerks in Wissen. Der u. a. für wasserrechtliche Fragen zuständige Bezirksausschuss war ein aus Staatsbeamten und Vertretern des Provinzialausschusses bestehendes Beschlussorgan.

Über das Rosbacher Projekt erfahren wir erst wieder etwas, als der Kreisausschuss des Kreises Waldbröl, zu dem damals die früheren Sieggemeinden Rosbach und Dattenfeld gehörten, Einspruch erhob gegen einen Antrag vom 18. August 1924 der flussaufwärts im Kreis Altenkirchen liegenden Gemeinden Fürthen und Etzbach. In diesem Gesuch wurde das Recht beantragt, die Sieg unterhalb der Nistermündung aufzustauen und das Flusswasser durch einen Stollen in ein bei Fürthen zu errichtendes Wasserkraftwerk zu leiten. Der vorgesehene Stollen hätte den Siegbogen abgeschnitten, wo der Stausee des Rosbacher Kraftwerks angelegt werden sollte. Der Kreisausschuss Waldbröl schlug vor, die beiden projektierten Stollen miteinander zu verbinden. Dadurch werde das nutzbare Gefälle größer und somit steige die Wirtschaftlichkeit des Rosbacher Kraftwerks.

In den Akten des Landratsamtes Waldbröl finden sich, abgesehen von einer Mitteilung der Kreisverwaltung vom 7. Februar 1925 an Dr. Abs (Bonn), dass Weber seine Rechte aus dem Antrag beim Bezirksausschuss inzwischen an den Inhaber der *Eitorfer Maschinenbauwerke*, Clemens August Hegeling, übertragen habe, keine weiteren Hinweise über das Rosbacher Projekt. Wesentlich besser werden wir über die an der unterhalb liegenden Siegstrecke bei Dattenfeld und Herchen geplanten Wasserkraftwerke informiert.

Der vorhin erwähnte Hegeling hatte schon im Juli 1919 beim Bezirksausschuss Köln einen Antrag zur „möglichst restlosen Ausnutzung“ der an der Übersetziger und Unkelmühle vorhandenen Wasserkraft gestellt. Beide Mühlen gehörten dem Eitorfer Unternehmer. Im März 1920 beurteilte der *Ruhrtalsperrenverein* im Auftrag Hegelings die Leistungsfähigkeit zweier Wasserkraftanlagen, die auf der

Die Sieg zwischen Dattenfeld und Dreisel (Mai 2005)

Standort des im Jahre 1919 geplanten Stauwehrs in der Siegkrümmung bei Übersehn (Aufnahme Mai 2005)

Flussstrecke zwischen den beiden Mühlen geplant waren. Bei Dattenfeld sollte ein Walzenwehr die Sieg auf einer Länge von etwa 3 Kilometern an Dreisel vorbei bis zum Untergraben des Wasserkraftwerks der *Elmores Metall AG* in Schladern aufstauen. Vom Dattenfelder Stausee sollte ein 2,5 Kilometer langer Stollen, der den Flusslauf auf einer Strecke von zirka 7,5 Kilometern abschnitt, in südwestlicher Richtung bis unterhalb von Röcklingen getrieben werden. Dort sollte östlich der Bahnlinie das erste der beiden von Hegeling projektierten Kraftwerke entstehen. Etwa weitere 2 Kilometer flussabwärts sollte die Sieg in der Krümmung bei Übersehn abermals an einem Wehr aufgestaut werden. Dieser Stauweiher sollte sich bis zum Untergraben des Kraftwerks bei Röcklingen erstrecken. Von Übersehn sollte ein 950 Meter langer Stollen, der den Fluss auf 5,5 Kilometer Länge abschnitt, in südwestlicher Richtung zur Unkelmühle führen. Hier war das zweite Kraftwerk geplant. Mit einer Jahresleistung von zusammen 25 Mio. Kilowattstunden (kWh) würden beide Anlagen nach Auffassung des *Ruhrtalsperrenvereins* „für westdeutsche Verhältnisse ungewöhnlich leistungsfähig" sein, zugleich aber noch unterhalb der im *Gesetz betreffend die Sozialisierung der Elektrizitätswirtschaft* vom Dezember 1919 vorgesehenen Grenze für die Verstaatlichung von Kraftanlagen liegen. Auf längere Sicht könne ihre Leistungsfähigkeit vor allem bei Niedrigwasser durch eine große Talsperre an der Nister noch gesteigert werden. Doch überstiegen die beiden Kraftwerksprojekte anscheinend die finanziellen Möglichkeiten Hegelings. Jedenfalls schraubte er in der Folgezeit seine Pläne zurück und suchte einen Partner. Am 20. August 1921 verlieh ihm der Bezirksausschuss Köln mit Zustimmung des Kreises Waldbröl das „dauernde Recht", die Sieg 1.370 Meter oberhalb der Dattenfelder Brücke an einem Wehr ohne Fischpass aufzustauen und das Flusswasser durch einen zunächst 500 Meter langen offenen Obergraben und anschließend durch einen, wie aus der Eintragung im Messtischblatt hervorgeht, 3.675 Meter langen Stollen zu leiten. (In einem späteren Verleihungsantrag des Kreises Waldbröl ist irrtümlich von 2.675 Metern die Rede.)

Übersehn bei Herchen (ohne Jahr)

Stelle des im Jahre 1921 geplanten Stauwehrs an einem Schwall in der Sieg, 1.370 Meter oberhalb der Dattenfelder Brücke (Aufnahme Mai 2005)

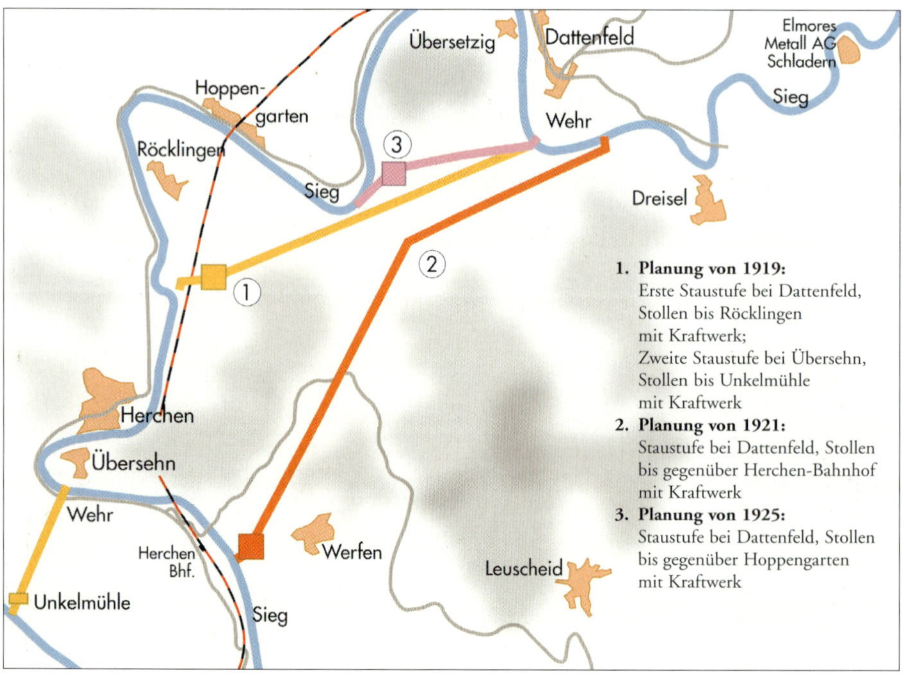

Der Stollen sollte zwischen Werfen und Herchen-Bahnhof wieder auf die Sieg stoßen, wo nun der Bau eines Wasserkraftwerks geplant war. Die abgeschnittene Flussstrecke von 11,6 Kilometer Länge sollte nach einer Auflage des Bezirksausschusses nur dann Wasser aus dem Dattenfelder Stausee erhalten, wenn „schwer wiegende Missstände" auftraten und der wirtschaftliche Schaden des Kraftwerksbetreibers durch die Wasserabgabe nicht größer war als der Nutzen für die Fischerei. Das preußische Landeswasseramt hob diesen Beschluss auf Grund von Beschwerden auf und erklärte, bei einem für die Fischerei notwendigen Wasserabfluss von 500 Litern/Sekunde sei die Wirtschaftlichkeit des Kraftwerks in Frage gestellt. Eine Mindestwasserführung von 500 Litern/Sekunde war nicht viel, betrug doch die mittlere Wasserführung

Dattenfeld (ohne Jahr)

RWE-Hochspannungsleitungen aus dem rheinischen Braunkohlengebiet ins Siegerland, die zwischen Stromberg und Werfen die Sieg überqueren (Mai 2005)

der Sieg seinerzeit am Pegel Rosbach 16.000 Liter/Sekunde und lag selbst in Trockenperioden noch bei 4.000 Litern/Sekunde.

Hegelings Kraftwerkspläne lösten nach den Worten des Waldbröler Landrats Otto Eichhorn „in der Bürgermeisterei Dattenfeld eine lebhafte Beunruhigung“ aus. Die dortige Bevölkerung befürchtete bei einem Austrocknen der Sieg „erhebliche Belästigungen“ und ähnlich unzuträgliche Verhältnisse wie an dem „toten Siegarm bei Schladern“, der beim Eisenbahnbau im 19. Jahrhundert abgeschnitten worden war. Der Waldbröler Kreisarzt Prof. Dr. Walter glaubte dagegen nicht, dass die Sieg unterhalb des Dattenfelder Wehres völlig austrocknen werde und die verbotenerweise eingeleiteten häuslichen Abwässer im Flussbett stagnieren würden. Austretendes Hangwasser und zufließende Seitenbäche, wie der allerdings unbedeutende Lommersiefen, würden für eine genügende Verdünnung sorgen. Nicht angesprochen wurde die wichtige Frage der Verschlammung des Stausees. Auch bei Dattenfeld wurde die Sieg durch die Abwässer der Wissener Schwerindustrie verschmutzt. Diese Abwässer enthielten vor allem Schlackensand und so genannten Eisenrost; beides sedimentierte auf dem Flussgrund.

Eine Verschlammung des Dattenfelder Stauweihers lag daher auf der Hand; doch mit diesem Problem scheint sich der Kreis Waldbröl nicht beschäftigt zu haben.

Hegeling verpflichtete sich, das ihm verliehene Recht nur in Kooperation mit dem Kreis Waldbröl zu nutzen, der inzwischen wachsendes Interesse an einer Mitbeteiligung bei der Stromerzeugung bekundete. Beide gründeten die *Siegkraftwerke GmbH in Dattenfeld*. An dieser Gesellschaft waren Hegeling mit 55 Prozent und der Kreis Waldbröl mit 45 Prozent beteiligt. Auf diesem Wege hoffte Landrat Eichhorn, die Standortnachteile seines Kreises wettzumachen, die er hauptsächlich auf eine „außerordentlich stiefmütterliche Behandlung“ bei der Anbindung an das Eisenbahnnetz und eine unzureichende Elektrizitätsversorgung zurückführte. Um die industrielle Entwicklung zu fördern, hatte der Kreis bereits eine Überlandleitung durch das Kreisgebiet legen lassen, die an ein 1922 von der *Wasserkraft Eitorf AG* bei der Unkelmühle errichtetes Wasserkraftwerk angeschlossen war. Dieses Kraftwerk verfügte nur über ein Nutzgefälle von 2,3 Metern und erzeugte jährlich bis zu 1,4 Mio. kWh. Die 1919 an der Unkelmühle geplante Anlage sollte dagegen ein Gefälle von 9,8 Metern ausnutzen. Weil das Kraftwerk Unkelmühle nicht genügend Strom produzierte, war der Kreis Waldbröl auf eine Belieferung durch das *Rheinisch-Westfälische-Elektrizitätswerk* angewiesen. Wie die weitere Entwicklung zeigt, versuchte der Kreis, sich aus dieser Abhängigkeit wieder zu lösen.

Stauwehr, Obergraben und Turbinenhaus des Wasserkraftwerks Unkelmühle (Aufnahme Mai 2005)

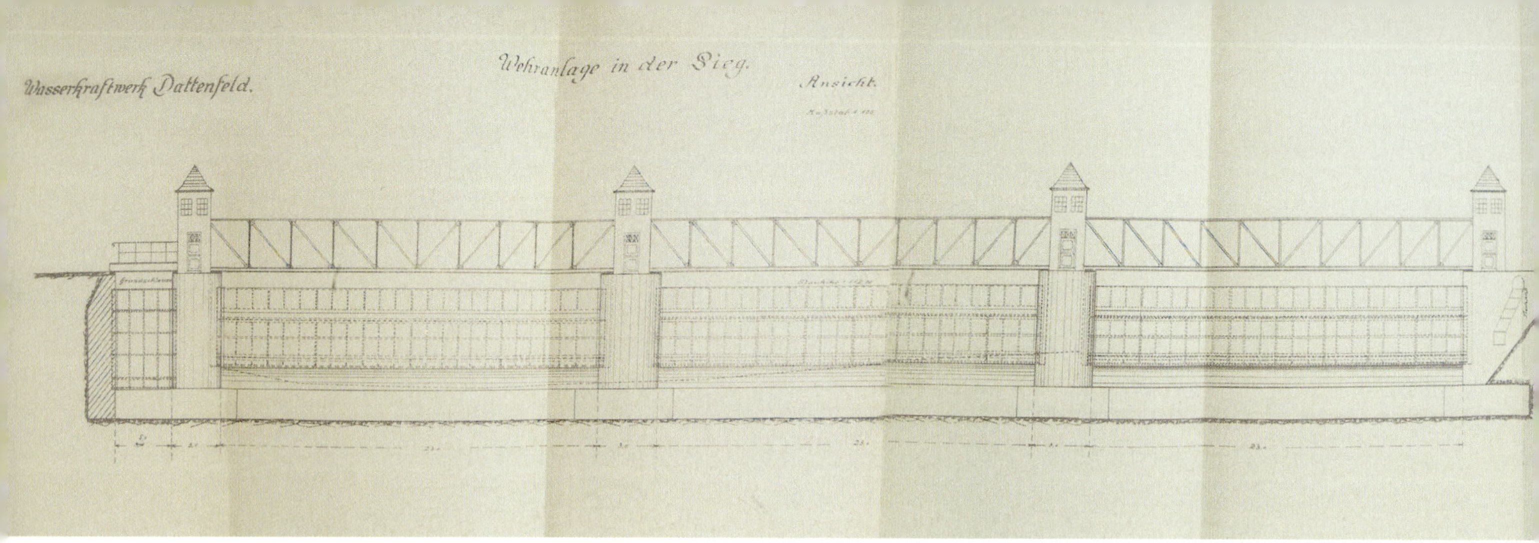

Im Jahre 1925 geplantes Stauwehr in der Sieg bei Dattenfeld

Nachdem Hegeling als Mitgesellschafter im Januar 1923 ausgeschieden war, verkleinerte der Kreis Waldbröl als alleiniger Träger die bei Dattenfeld geplante Anlage nochmals und beantragte am 17. Mai 1925 beim Bezirksausschuss das Recht, die Sieg 750 Meter (nach anderen Angaben 820 Meter) oberhalb der Dattenfelder Brücke aufzustauen, einen 1.066 Meter langen Stollen in Richtung Hoppengarten zu treiben, der 275 Meter nördlich der Mündung des Ohmbachs wieder austreten sollte, und an dieser Stelle ein Wasserkraftwerk mit einer Jahresleistung von rund 10,5 Mio. kWh zu errichten. Die auf 1,08 Mio. Reichsmark (RM) veranschlagten Baukosten sollten durch einen Kredit der *Rheinischen Landesbank* in Höhe von maximal 750.000 RM und einen Zuschuss aus der produktiven Erwerbslosenfürsorge über 250.000 RM finanziert werden. Nach Ansicht von Kreisbaumeister Capito ließ sich durch die Beschäftigung von Arbeitslosen „der leider recht eingerissenen Arbeiterunlust (sic!) ein geeignetes Mittel zur Wiedererziehung zur produktiven Arbeit" entgegensetzen. Der Bezirksausschuss lehnte jedoch nun eine Abschnürung der Sieg, selbst bei einer verbleibenden Mindestwassermenge von 500 Litern / Sekunde, ab. Daher plante das Kreisbauamt zusätzlich den Einbau einer Turbine im Stauwerk mit einem Nutzgefälle von 5,5 Metern. Die 1921 auf 1,21 Pfennig berechneten Selbstkosten der Stromerzeugung in der Dattenfelder Anlage lagen 1925 bei 2,03 Pfennig / kWh.

Nicht ohne Grund sprach Landrat Eichhorn gegenüber interessierten Baufirmen von der „Schwierigkeit der Baugeldbeschaffung", die er aber durch die Bereitschaft der *Rheinischen Landesbank* zur Kreditgewährung gelöst sah. Die Landesbank bot den Kredit mit einer Laufzeit von maximal einem Jahr allerdings „im Wege eines Wechselkredits" an; die Baufirmen sollten die Bürgschaftsleistung übernehmen. Unter dieser Bedingung fand sich offenbar kein Unternehmen, dass zum Bau des Wasserkraftwerks bei Dattenfeld bereit gewesen wäre, obwohl die Landesbank, wie der Landrat versicherte, „die Wechsel nötigenfalls nur bei der Reichsbank rediskontieren" wollte. Auf der Suche nach einem anderen Kapitalgeber stieß Kreisbaumeister Capito im Juni 1925 auf folgende Kleinanzeige in der *Kölnischen Zeitung*: „600.000 Bargeld auch geteilt, auf prima Landwirtschaft oder größeres industrielles Werk günstig auszuleihen. Ausf. Gesuche unter BS 3300 an die Exp. d. Bl." Das Angebot erwies sich, wie die Antwort auf Capitos Anfrage zeigte, als Finte. Der vermeintliche Kapitalgeber entpuppte sich als Düsseldorfer Unternehmen, das auf diese Weise an Bauaufträge herankommen wollte, aber ausdrücklich verlangte, dass „die Finanzierung gesichert" sein müsse.

Anschließende Hoffnungen des Kreises, das am 6. Oktober 1927 konzessionierte Kraftwerk Dattenfeld gemeinsam mit dem *RWE* zu bauen, zerschlugen sich in der Weltwirtschaftskrise. Im Jahre 1932 wurde der wirtschafts- und finanzschwache Kreis Waldbröl aufgelöst.

Diese Wiese zwischen der B 478 und der Wüstung Ingersaueler Hof hätte im Bereich des geplanten Stauweihers am Brölbach gelegen.

EIN WASSERKRAFTWERKS-PROJEKT IM EINZUGSBEREICH VON SIEG, WAHN- UND BRÖLBACH

Auch der damalige Siegkreis wollte nach dem Ersten Weltkrieg an der Sieg ein kreiseigenes Wasserkraftwerk errichten. Anders als die flussaufwärts geplanten Kraftwerke sollten in die am Unterlauf projektierte Anlage nicht nur die Sieg, sondern auch zwei Zuflüsse einbezogen werden. Im Juli 1922 legte der *Ruhrtalsperrenverein* im Auftrag des Siegkreises den Plan für eine „Kraftanlage Wahnbach – Brölbach – Sieg“ vor. Geplant war,

1. den Brölbach unterhalb von Winterscheiderbröl am Abzweigwehr zum Ingersaueler Hof in einem Weiher mit einem Fassungsvermögen von 225.000 Kubikmetern aufzustauen,
2. aus diesem Stauweiher Wasser durch einen 2,6 Kilometer langen Stollen, der nahe der ehemaligen Hoffnungsthaler Hütte münden sollte, in den Wahnbach überzuleiten,
3. den Wahnbach zirka 800 Meter oberhalb von Seligenthal hinter einem 21,5 Meter hohen Erddamm in einem Stausee mit einem Fassungsvermögen von 5,1 Mio. Kubikmetern aufzustauen,
4. einen 1,4 Kilometer langen Druckstollen vom Wahnbachstausee zur Sieg zu legen,
5. bei Seligenthal ein Hoch- und Niederdruckwasserkraftwerk zu errichten,
6. die Sieg bei Allner aufzustauen und
7. einen 2,2 Kilometer langen und 5 bis 6,4 Meter breiten offenen Kanal rechts der Sieg zum vorgesehenen Kraftwerk zu graben.

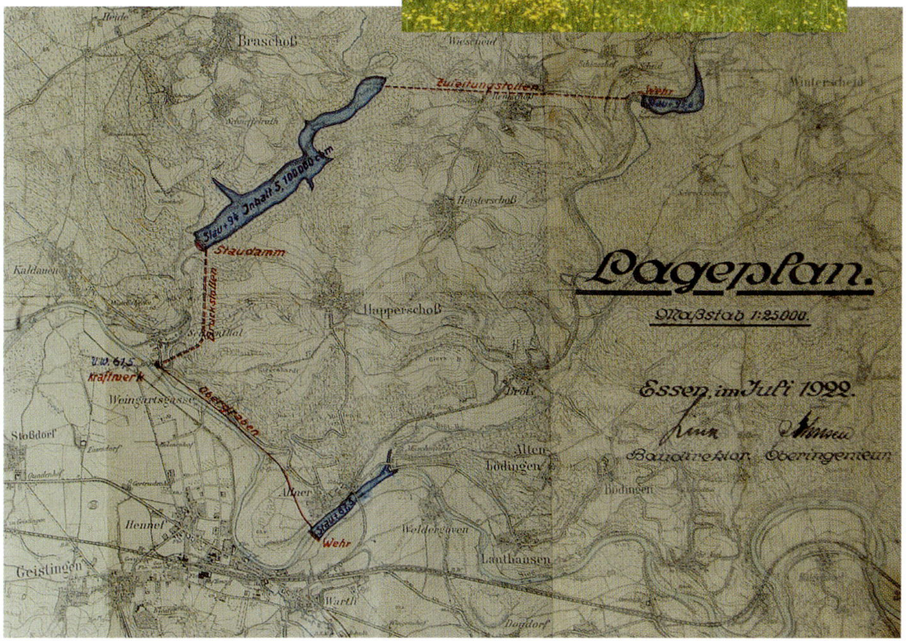

Lageplan der an Sieg, Wahn- und Brölbach geplanten Wasserkraftanlage

Das Hochdruckkraftwerk sollte mit Wahn- und Brölbachwasser, das Niederdruckkraftwerk mit Siegwasser betrieben werden. Beide Anlagen sollten zusammen 13,73 Mio. kWh im Jahr erzeugen. Der Plan des *Ruhrtalsperrenvereins* bildete die Grundlage für einen Antrag des Siegkreises beim Bezirksausschuss Köln, den Bau des Wasserkraftwerks zu konzessionieren. Das Genehmigungsverfahren zog sich jedoch in die Länge.

Auch gegen Ende des Krisenjahres 1923 – als die französisch-belgische Ruhrbesetzung, der von der deutschen Regierung ausgerufene passive Widerstand, der Zusammenbruch der Währung, Massenarbeitslosigkeit und separatistische Unruhen das Rheinland und den Siegkreis erschütterten – war über den Antrag noch nicht entschieden. Unter Hinweis auf die rasch steigende Arbeitslosigkeit bat das Landratsamt am 5. November den Bezirksausschussvorsitzenden, das Projekt so bald wie möglich zu genehmigen, damit der Siegkreis „wenigstens einen Teil der Erwerbslosen“ als Notstandsarbeiter beim Kraftwerksbau beschäftigen könne.

Auf der Wiese im Vordergrund sollte das Wasserkraftwerk Seligenthal gebaut werden (Mai 2005)

Hennef mit der Telegraphenstation Söven im Hintergrund (um 1900)

Siegblick mit Schloss Allner (1912)

Nach Meinung des Oberkasseler Zementfabrikbesitzers und Kreistagsabgeordneten der Deutschen Volkspartei, Alfred Hüser, musste der Kreis in „allerkürzester Zeit für Beschäftigung der Leute" sorgen, „denn auf der Straße liegen können sie nicht, wenn nicht Unheil kommen soll". Beim Bau des Wasserkraftwerks ließen sich Hüser zufolge „größere Mengen von Arbeitern" insbesondere mit Erdarbeiten beschäftigen. Allerdings war sich das Kreistagsmitglied nicht sicher, ob der Siegkreis angesichts seiner hohen Sozialausgaben für die Arbeitslosen und ihre Familien überhaupt in der Lage war, eine Anleihe zur Finanzierung des Projekts aufzunehmen. Ende 1923 waren über 40 Prozent der Kreisbevölkerung auf Erwerbslosenfürsorge angewiesen. Außerdem war im besetzten Rheinland, anders als im übrigen Deutschland, am 15. November 1923 noch nicht die neue Rentenmark eingeführt worden. Hier blieb bis in den Sommer 1924 hinein ungedecktes Notgeld aus der Inflationszeit weiter im Umlauf.

Obwohl insbesondere arbeitsmarktpolitische Gründe für den Bau des Kraftwerks sprachen, lehnte der Bezirksausschuss das Projekt wegen des beabsichtigten Eingriffs in die Sieg ab. Seine Entscheidung stützte er auf das Gutachten eines Medizinalrats der Regierung Köln, der sowohl gegen einen Stausee bei Allner als auch gegen eine Abschnürung des Hennefer Siegbogens „ganz erhebliche Bedenken" äußerte. Der Mediziner befürchtete, dass „sich am linken Ufer des Staugebietes eine Versumpfung und Schnakenbrutanstalt entwickeln" könne und die Hennefer Abwassereinleitung in den nur noch durch den verschmutzten Hanfbach mit Wasser versorgten Siegbogen gefährdet sei. Zudem sei es im Interesse der Erhaltung des Ortsbildes „zu bedauern, wenn Hennef seines strömenden Siegflusses beraubt wird und an einen faulenden toten Arm verlegt würde". Der Bezirksausschuss schloss sich dieser Auffassung an und erklärte, eine irreversible Schädigung dieses Talbereichs, der durch „jahrhundertelange Kultur", „Naturschönheit" und eine „regsame Bevölkerung" geprägt sei, könne im öffentlichen Interesse nicht hingenommen werden.

Angesichts dieser gewichtigen Argumente warf die Kreisverwaltung dem Bezirksausschuss zu Unrecht vor, er bemühe

Furt in der Sieg unterhalb des Stegs nach Allner (um 1930)

Die Siegpromenade in Hennef (um 1910)

Die so genannte Kirchwoog an der Sieg bei Hennef. Hier befand sich bis Anfang der 1950er Jahre ein öffentlicher Badeplatz. (Aufnahme 1978)

„sich geradezu krampfhaft (...), Gründe gegen das Projekt des Siegkreises, soweit es sich auf die Sieg erstreckt, zusammenzutragen". Der Bezirksausschuss kam dem Siegkreis sogar mit einem eigenen Vorschlag entgegen. Weil auch ihm bewusst war, dass das geplante Kraftwerk ohne Siegwasser nicht wirtschaftlich betrieben werden konnte, regte er an, die Sieg erst unterhalb von Hennef bei Weingartsgasse aufzustauen. Der Siegkreis akzeptierte diesen Vorschlag und änderte seinen Kraftwerksplan. Aus Rücksicht auf landwirtschaftliche Interessen sollte auch das Staubecken am Brölbach verkleinert werden. Doch nun erhob das preußische Landwirtschaftsministerium Einwände. Es bemängelte, dass die Prüfung des Hochwasserschutzes „in einer so unvollständigen Weise erfolgt" sei und machte den Siegkreis darauf aufmerksam, dass „derartig umfangreiche Bauten in einem Fluss, der ein Hochwasser von mehr als 1.000 Kubikmeter je Sekunde abzuführen hat, (...) eine sorgfältige Untersuchung der Frage, wie die hydraulischen Verhältnisse sich in Zukunft gestalten werden", erforderten. Die Kreisverwaltung wollte die Sieg bei Hochwasser durch ein Entlastungsbauwerk am oberen Ende des Stausees über das linke Flussufer zwischen Stauseedamm und Hennefer Hochwasserschutzdeich ableiten. Auf Grund der Rüge des Landwirtschaftsministeriums wurde die maximale Aufstauhöhe durch eine Reduzierung des Wehres um 60 Zentimeter abgesenkt. Außerdem wurde das Hochwasserentlastungsbauwerk gestrichen und der Stausee sollte nicht mehr durch hohe Dämme, sondern niedrigere Uferverwallungen eingefasst werden.

Zwar versicherte Landrat Dr. Eduard Wessel Ende 1926 dem Kölner Regierungspräsidenten, der Siegkreis sei nach wie vor am Bau des Wasserkraftwerks interessiert, doch wies er zugleich darauf hin, dass sich auf Grund wichtigerer Projekte, die der Kreis gegenwärtig verwirkliche, nicht sagen lasse, wann es errichtet werde. Vorrang hatten seinerzeit der Ausbau des Straßennetzes und die Verbesserung des Hochwasserschutzes an Rhein und Sieg. Dass sich der Siegkreis die Option zum Kraftwerksbau offen halten wollte, zeigt auch die Trassierung der in den Jahren 1925 bis 1927 gebauten Wahnbachtalstraße von Siegburg nach Much sehr deutlich. Sie wurde zwischen

Das Siegtal zwischen Hennef und Allner (um 1925)

Blick über Hennef und die Siegniederung zum Schloss Allner (1911)

Münchshecke und der ehemaligen Hoffnungsthaler Hütte im Hinblick auf den oberhalb von Seligenthal geplanten Kraftwerksstausee aufwändig als Hangstraße mit zwei hohen Brücken über das Ummer- und Derenbachtal angelegt. Doch war seit Beginn der schweren Wirtschaftskrise im Herbst 1929, die nach und nach fast zum völligen Zusammenbruch der kommunalen Finanzen führte, an eine Realisierung des Kraftwerksprojekts vorerst nicht mehr zu denken. Die Nationalsozialisten scheinen anschließend das Vorhaben wegen fehlender Wirtschaftlichkeit nicht weiter verfolgt zu haben. Das Projekt wurde spätestens 1943, als das Wasserwirtschaftsamt Bonn den unteren Wahnbach als geeigneten Standort für eine Trink- und Brauchwassertalsperre auserkor, endgültig begraben. Dort wurde zwischen 1955 und 1958 die jetzige Wahnbachtalsperre gebaut. Mit einem Stauraum von 41,4 Mio. Kubikmetern kann sie rund achtmal mehr Wasser speichern als die zunächst geplante Kraftwerkstalsperre. In ihren Fluten ging auch die dreißig Jahre vorher mit einer Spannweite von 70 Metern als technische Meisterleistung gefeierte Bogenbrücke über das Derenbachtal unter.

Als Fazit lässt sich festhalten, dass unter den insgesamt ungünstigen wirtschaftlichen Rahmenbedingungen nach dem Ersten Weltkrieg die Kraftwerkspläne an der mittleren Sieg Schritt für Schritt zurückgeschraubt und die projektierten Anlagen (von dem Kraftwerk an der Unkelmühle abgesehen) nicht gebaut wurden, weil sie sich wohl nicht finanzieren ließen. Die bei Hennef geplante Anlage wurde vom Bezirksausschuss Köln aus Rücksicht auf Interessen des Gesundheits-, Landschafts- und Heimatschutzes in ihrer ursprünglichen Größe nicht genehmigt. Anschließend drängten andere wichtigere Notstandsarbeiten des Siegkreises das überarbeitete Kraftwerksprojekt in den Hintergrund; später fehlte das Geld und schließlich wurde es zu Gunsten einer Trinkwassertalsperre ganz aufgegeben. Eine Verwirklichung der Kraftwerkspläne hätte, so viel lässt sich abschließend sagen, die Landschaft des Siegtals auf weite Strecken erheblich verändert und es wäre massiv in das Ökosystem des Flusses eingegriffen worden.

Quellen:
Archiv des Rhein-Sieg-Kreises:
Landratsamt Waldbröl Nr. 27, 28, 29 und
Landratsamt Siegkreis Nr. 1942, 1650, 1915, 2617, 2620, 2651.

Literaturhinweis:
Peter Ruland: Die Elektrifizierung des Kreises Waldbröl, in: Landschaftsverband Rheinland (Hrsg.): Der erste Strom. Geschichtslehrer erforschen die Anfänge der Elektrizitätsversorgung im Oberbergischen, Köln 1992, S. 109-127.

Die Autobahn A 560 im Hennefer Siegbogen (Aufnahme 2001)

VON DER ÜBERSETZIGER MÜHLE ÜBER DEN GROSSEN TEICH

VON
RAINER LAND
UND
WILLI SCHRÖDER

Der Traum, die Wasserrechte an der Übersetziger Mühle im heutigen Windeck-Dattenfeld Gewinn bringend zur Energieerzeugung einzusetzen, blieb ein schöner Traum, wie dem vorstehenden Beitrag von Johann Paul zu entnehmen ist. So kann die Sieg weiterhin ungehindert fließen und das Rad der Mühle antreiben, die sich heute – vorbildlich restauriert – im Besitz des Bürgervereins Dattenfeld befindet.

Viele Generationen haben mit dieser Mühle seit der Mitte des 18. Jahrhunderts buchstäblich ihr Brot verdient. Aber der Tisch war selten reich gedeckt und mitunter konnte der Mühlenbetrieb eben nicht „seinen Mann" und dessen Familie ernähren. So auch in der sehr schwierigen Zeit der vierziger Jahre des 19. Jahrhunderts, kurz vor der Revolution 1848, als mehrere Missernten die ohnehin bestehende wirtschaftliche, soziale und politische Not verstärkten. Viele Menschen aus unserer Region sahen nur noch in der Auswanderung einen Ausweg aus ihrer Misere.

Aus Dattenfeld machten sich unter anderen auch Mitglieder der Familie Bestgen auf den mühsamen Weg nach Amerika, der bei aller Unsicherheit dennoch eine bessere Zukunft versprach. Andreas Bestgen hatte lange Jahre die Übersetziger Wassermühle betrieben und in dem Ort wahrscheinlich eine führende Rolle gespielt; bekannt ist seine Beschreibung eines Hochwassers mit Eisgang 1809, auch eine Aufstellung der Fischereirechte der Übersetziger Bürger stammt von ihm. Andreas Bestgen verstarb 1840. Seine Frau Anna Catharina wanderte mit ihren jüngsten Söhnen Johannes Andreas und Johannes Peter 1847 nach Amerika aus. 1850 folgten weitere Familienmitglieder. In Tipton in Missouri fand die Familie eine neue Heimat.

Mehr als 150 Jahre später traf bei der Dattenfelder Kirchengemeinde Sankt Laurentius ein Brief aus Texas ein, in dem Paul H. Wiechmann „zur Vervollständigung meiner Familiengeschichte" um „nähere amtliche Angaben über die Familie des Andreas Bestgen" und dessen

Die Übersetziger Wassermühle in früherer Zeit

Die Nachkommen der Familie Bestgen vor der Übersetziger Wassermühle

Ehefrau bittet. Sie seien wahrscheinlich 1772 bzw. 1779 in Windeck geboren. Willi Schröder, der ehrenamtlich das Pfarrarchiv betreut, wurde in den Kirchenbüchern schnell fündig und konnte die gewünschten Daten liefern. Die Schilderungen der Nachfahren der Familie Bestgen wiederum erhellten die weitere Geschichte der Auswanderer. So wurde bekannt, dass die genannten beiden Söhne und einige andere Auswanderer später ein ansehnliches Stück Bauland (rund 8.000 Quadratmeter) zum Bau einer Kirche stifteten, die im Andenken an den verstorbenen Vater den Namen *St. Andrew Church* erhielt. Im Stil sei die neue Kirche der Dattenfelder Heimatkirche nachempfunden worden (von der im Original nur noch Reste zu finden sind, denn sie wurde in den siebziger Jahren des 19. Jahrhunderts teilweise abgerissen und in den Neubau der Pfarrkirche, des so genannten *Siegtaldomes*, integriert). Heute noch sind auf dem Friedhof an *St. Andrew* die Grabsteine von Anna Catharina Bestgen (gestorben 1853) und ihrer immigrierten Kinder erhalten.

Im Herbst 2003 schließt sich der Kreis: Nachkommen der Auswanderer von einst, Gene Bestgen und sein Schwager Paul H. Wiechmann, kommen nach Dattenfeld, um an Ort und Stelle den Wurzeln ihrer Familie nachzuspüren.

Gene Bestgen, Willi Schröder und Paul H. Wiechmann beim Studium der Kirchenbücher im Dattenfelder Pfarrarchiv

Teile des alten Mühlenmechanismus hängen heute dekorativ im Eingang der Mühle.

Grabstein von Anna Catharina Bestgen, geborene Külschbach, auf dem Friedhof in Tipton

Die St. Andrew Church in Tipton / Missouri

„WIE ALT IST HAUS LÜTZ IN DATTENFELD?“

DENDROCHRONOLOGIE AM KONKRETEN BEISPIEL

VON
BURKHARD NEUWIRTH
UND
DAGMAR FRIEDRICHS

Am 12. Mai 2005 wurde *Haus Lütz*, eines der ältesten Häuser Dattenfelds (Gemeinde Windeck), nach mehrjährigen Restaurationsarbeiten feierlich eingeweiht. Neben zahlreichen handwerklichen und finanziellen Problemen, die der Bürgerverein Dattenfeld als Bauherr und Eigentümer zu lösen hatte, stellte sich seit Jahren die Frage, wie alt *Haus Lütz* ist. Die an einem Türrahmen angebrachte Jahreszahl 1713, so vermutete man zumindest, schien nicht das Jahr der Erstbebauung wiederzugeben. Zumindest würde diese Jahreszahl die Theorie, dass *Haus Lütz* im Auftrage des Bonner St. Cassiusstifts erbaut wurde, nicht stützen.

WAS IST DENDROCHRONOLOGIE UND WIE FUNKTIONIERT SIE? DENDROCHRONOLOGISCHE GRUNDLAGEN

Die Dendrochronologie (aus dem Griechischen: dendros – Baum; chronos – Zeit; logos – Wort, Sprache) ist die Lehre von der jahrgenauen Datierung von Dickenzuwächsen verholzter Pflanzen wie von Bäumen, Sträuchern (z. B. Alpenrose) und mehrjährigen Kräutern (z. B. Heidelbeere). In Regionen mit temperatur- bzw. feuchtebedingtem Wechsel von Vegetationszeit und -ruhe werden durch periodische Änderungen der Tätigkeit des *Kambiums* radiale Wachstumszonen gebildet. Das *Kambium* ist ein teilungsfähiges Bildungsgewebe zwischen Holz- (Xylem) und Bast- (Phloem) Körper von Spross und Wurzel. Treten die kambialen Aktivitätswechsel in jährlichem Rhythmus auf, können die Zuwachszonen jeweils genau ihrem Bildungsjahr zugeordnet werden und heißen Jahrringe. Mit Beginn der Vegetationsperiode (als Faustregel kann in unseren Breiten das Überschreiten der Tagesmitteltemperatur von 5 °C nach der winterlichen Wachstumsunterbrechung herangezogen werden) produziert das Kambium große, weitlumige und engwandige Holzzellen, das Frühholz. Diese auch *Tracheiden* genannten Zellen dienen hauptsächlich dem Wasser- und Nährsalztransport. Nach einigen Tagen bis wenigen Wochen entstehen englumigere und dickwandigere Zellen, die das Spätholz bilden und der Stützfunktion dienen. Wegen der alljährlichen Blattneubildung bei Laub werfenden Pflanzen bilden diese zusätzlich zu den *Tracheiden* noch wesentlich größere Gefäße, die *Tracheen*. Diese übernehmen den größten Teil des Wassertransportes vom Wurzelwerk zur Krone, der bei Laubhölzern wegen der Blattneubildung erheblich umfangreicher als bei Nadelhölzern ist. Die Tracheen können bei manchen Arten, wie beispielsweise der Stieleiche (*Quercus robur*), ausschließlich im Frühholz lokalisiert sein – man spricht in diesem Fall von ringporigen Hölzern – oder wie etwa im Falle der zerstreutporigen Birke (*Betula utilis*) sich über den gesamten Jahrring verteilen. Mit Abschluss der Vegetationsperiode im Herbst wird dieses so genannte sekundäre Dickenwachstum eingestellt bis im folgenden Frühjahr der Wuchszyklus von neuem beginnt.

Über mehrere Jahre hinweg entsteht eine Folge von Jahrringen, deren Gestalt neben der genetischen Ausstattung der jeweiligen Art von den Umweltbedingungen abhängt, die zur Zeit der Jahrringbildung auf die Pflanze einwirken.

Bei noch sehr gut erhaltenen Balken mit nur feinen Rissen ist eine maschinelle Bohrkernentnahme möglich.

Bohrkernentnahme an einer lebenden Eiche

Diese Bedingungen, die als Wachstumsfaktoren bezeichnet werden, können in klimatische und nicht klimatische Faktoren gegliedert werden. So wirken klimatische Faktoren wie Licht, Temperatur, Niederschlag, Frost usw. eher großräumig, wohingegen nicht klimatische Wachstumsfaktoren zumeist nur auf einzelne Bäume bzw. begrenzte Baumkollektive beschränkt sind. Zu diesen nicht klimatischen Faktoren gehören vor allem mechanische Belastungen (Schneedruck, Rutschungen, Lawinen etc.), chemische Schädigungen wie Luftverschmutzungen und Bodenversauerung, Verletzungen durch Steinschlag, Verbiss etc. und anthropogene Einflüsse wie Düngung, forstliche Maßnahmen etc. Aus der großräumigen Wirksamkeit klimatischer Faktoren resultiert in den Jahrringen ein typisches Muster in der Abfolge von schmalen und breiten Ringen, auch über verschiedene Pflanzenarten hinweg. Diese Muster ermöglichen es dem Dendrochronologen, Jahrringsequenzen unbekannten Datums, wie sie etwa aus Fachwerkhäusern unbekannten Alters zu gewinnen sind, durch einen Vergleich mit Jahrringkurven bekannten Datums zu datieren. So verursachen Trockenheiten, wie sie etwa im Sommer 2003 fast überall in Europa herrschten, auch europaweit besonders schmale Jahrringe in nahezu allen verholzten Pflanzen.

Scheibe eines ersetzten Balkens

Haus Lütz nach der vollständigen Renovierung im Sommer 2005

Besonders auffällige Jahrringe werden als Weiserjahre bezeichnet und dienen als wichtige Bausteine beim Vergleich von Jahrringreihen verschiedener Bäume und Regionen. Die Folge von Weiserjahren aus verschiedenen Jahren weist für jedes Jahrhundert typische und aus statistischer Sicht nahezu unverwechselbare Charakteristika auf, so dass die Datierung von Jahrringen bei einer ausreichenden Zahl untersuchter Bäume bzw. Balken nahezu fehlerfrei ist. Diese Synchronisierungstechnik wird als *Crossdating* bezeichnet und geht auf die Arbeiten von A. E. Douglass (1941) zurück, der so in der Lage war, die indianische Pueblosiedlung *Mesa Verde* im Südwesten der USA altersmäßig eindeutig zu bestimmen und wichtige Beiträge zur Besiedlungsgeschichte leistete. Insgesamt erlaubt die Dendrochronologie in Mitteleuropa Datierungen zurück bis zum Ende der letzten Eiszeit vor ca. 12.000 Jahren. Während der Eiszeiten wuchsen in unseren Regionen keine Bäume, so dass eine lückenlose Jahrringsequenz nicht weiter in die Vergangenheit zurückreichen kann.

Da das Wachstum zum großen Teil durch die klimatischen Bedingungen zur Zeit der Jahrringbildung gesteuert wird, leitet sich daraus die Möglichkeit ab, aus den Jahrringen von Bäumen das Klima vergangener Zeiten zu rekonstruieren. Dieser Forschungsbereich, der als Dendroklimatologie bezeichnet wird und ein Teilbereich der Dendrochronologie ist, stellt einen wesentlichen Schwerpunkt im dendrochronologischen Labor des Geographischen Institutes der Uni Bonn dar und erklärt das Interesse von Naturwissenschaftlern an Fachwerkhäusern.

DIE DATIERUNG VON HAUS LÜTZ

Zu jeder dendrochronologischen Altersbestimmung eines Fachwerkhauses gehört eine detaillierte Objektanalyse. In Zusammenarbeit mit dem Zimmermann Herrn Dedenbach wurden für *Haus Lütz* die baugeschichtlichen Grundlagen, wie die vermuteten Bauphasen und die Umsetzung oder Zweitverwendung von Balken, erörtert. Als weitere vorbereitende Arbeit war eine Überprüfung der Balken auf ihre dendrochronologische Eignung nötig, d. h., es wurde nach dem Vorhandensein von Waldkanten gesucht. Als Waldkante bezeichnet man den Jahrring im Holz, der als letzter vor dem Absterben bzw. dem Fällen des Baumes gebildet wurde und dem Fälldatum des Baumes entspricht.

Schema eines Fachwerkhauses zur Begriffsbildung der einzelnen Hölzer

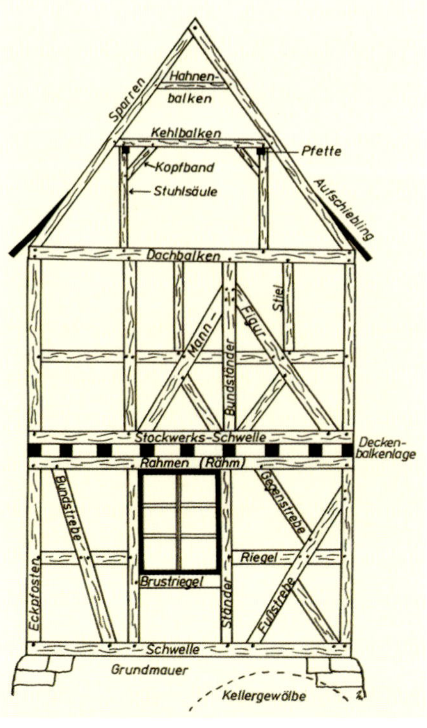

Nach diesen vorbereitenden Arbeiten konnte am 25. Februar 2003 die eigentliche Beprobung beginnen. Dabei wurden aus den Balken Bohrkerne mit 5 Millimeter Durchmesser entnommen. Als Werkzeug dient ein so genannter Zuwachsbohrer, der die Entnahme der Bohrkerne ohne größeren Schaden ermöglicht. Die Entnahme von Scheiben ist nicht erforderlich. Der Schwerpunkt der Arbeit lag auf der Nordwand, ergänzt durch zusätzliche Proben aus der West- und Ostwand. Um die gesamte Jahrringsequenz des Fachwerkbalkens auf der Probe wiederzufinden, wird beim Bohren versucht, radial von der Rinde bis in den Markbereich zu gelangen. Zusätzlich zu den Bohrkernen stand eine Balkenscheibe zur Verfügung, die bei den Renovierungsarbeiten von einem alten, zu ersetzenden Balken abgesägt wurde. Im Anschluss an die Probenentnahme erfolgte die Fixierung der Bohrkerne auf hölzerne Objektträger, um sie für den Transport ins Bonner Dendrolabor zu stabilisieren. Die optimale Aufbereitung der Bohrkerne besteht aus dem Schleifen und Anschneiden der Kerne mit einem scharfen Messer. Das anschließende Einreiben der Kerne mit Tafelkreide, die sich in die Poren der Tracheen setzt und so den Kontrast zwischen Früh- und Spätholz verstärkt, erleichtert das Erkennen und Zählen der Jahrringe. Im Labor erfolgt die Digitalisierung der Jahrringbreiten unter Verwendung einer Jahrringbreitenmessanlage. Im Anschluss an die Datenerhebung erfolgt die Synchronisierung der Messreihen. Ein sicheres Datieren von Jahrringkurven erfordert eine entweder bereits bestehende Bezugschronologie oder eine Jahrringsequenz

Erfassung der Jahrringsequenzen mittels Jahrringbreitenmessanlage

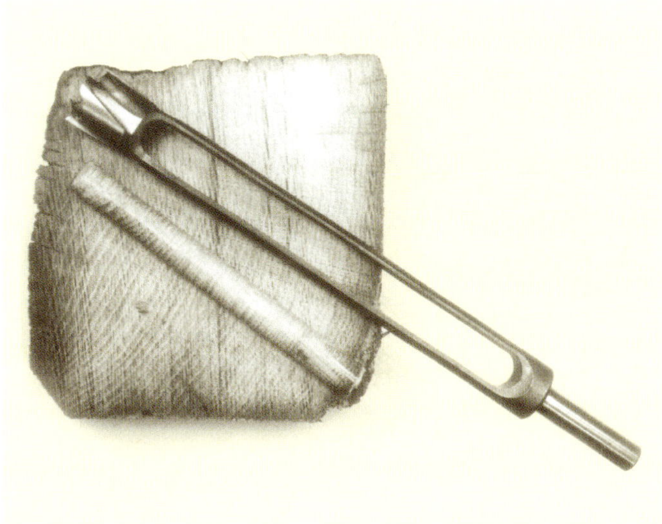

Querschnitt eines Balkens mit entnommenem Bohrkern

mit einem bekannten Endringdatum, wie es bei lebenden Bäumen immer gegeben ist.

Für die Datierung von *Haus Lütz* wurde mit Proben aus lebenden Bäumen der näheren Umgebung Dattenfelds und Proben aus einem weiteren Fachwerkhaus in Mauel der zweite Weg gewählt und so eine Jahrringchronologie Windeck erstellt. Der jüngste datierte Balken aus *Haus Lütz*, der eine Waldkante enthält, endet 1679. Zwei zeitlich anschließende Balken mit Waldkante konnten auf 1677 datiert werden. Folglich kann der Baubeginn des Hauses erst nach einem dieser Jahre erfolgt sein. Aus der Lage der datierten Balken im Haus ergibt sich eine Ableitung des Baudatums bezüglich des Jahres 1677. Die Balken dieses Jahres, es handelt sich um Ständer und Fußstrebe von *Haus Lütz*, befinden sich im Erdgeschoss.

Der Balken, dessen Fälljahr für das Jahr 1679 datiert ist, fungiert als Zierleiste. Zierleisten wurden oftmals erst nach bzw. unabhängig von der Fertigstellung eines Hauses angebracht und geben somit eher Auskunft über das Bauende. Durch Erfahrungswerte und Überprüfungen der dendrochonologischen Methode für die Baugeschichte hat sich die Formel „Fällungsjahr = Baujahr" bzw. „Fällungsjahr + 1 = Baujahr" bewährt. Da die jüngsten Jahrringe der Bezugsbäume zuletzt Spätholz bildeten und somit im Herbst gefällt worden sind, ist ein Baubeginn 1677 auszuschließen, da im Winter keine Neubauten begonnen wurden. Folglich ist der Baubeginn des *Hauses Lütz* im Jahr 1678 anzusetzen.

Weiterhin wurde eine zweite Bauphase ausgemacht, deren Baubeginn frühestens nach 1824 stattgefunden hat. Zu jeder Bauphase lassen sich 16 Balken zuordnen. Die Verteilung der den Bauphasen zugeordneten Balken im Haus lässt keine Ableitung des ursprünglichen Baus zu. Auf Grund der räumlich durchmischten Anordnung der Balken in jeder Hauswand handelt es sich bei der zweiten Bauphase nicht nur um eine Hauserweiterung, eher um einen kompletten Umbau.

Die ältesten Jahrringe der Balken aus *Haus Lütz* reichen zurück bis ins 15. Jahrhundert, so dass eine lückenlose Jahrringchronologie über 500 Jahre erstellt werden konnte. Diese Datenreihe kann als Bezugschronologie für weitere Hausdatierungen im Windecker Ländchen und darüber hinaus dienen, um detaillierte Informationen für die Siedlungsgeschichte dieses Raums zu gewinnen. Die Einordnung von *Haus Lütz* in den bereits bekannten Siedlungskontext zeigt, dass wohl kein Zusammenhang zum St. Cassiusstift besteht. Bereits Ende des 16. Jahrhunderts endete nach zahlreichen Streitigkeiten mit den Herzögen von Berg um das Kollationsrecht (das Recht, den Pfarrer einzusetzen) sowie um die Gerichtsbarkeit die über 700-jährige Abhängigkeit des Kirchspiels Dattenfeld vom St. Cassiusstift in Bonn.

Wir danken dem Bürgerverein Dattenfeld und besonders dessen Vorsitzenden Herrn Ernst Patt für die gute Kooperation.

Die Literaturangaben finden Sie auf S. 221.

Bohrkerne nach einer Beprobungskampagne

Synchronisierung der einzelnen Datensätze

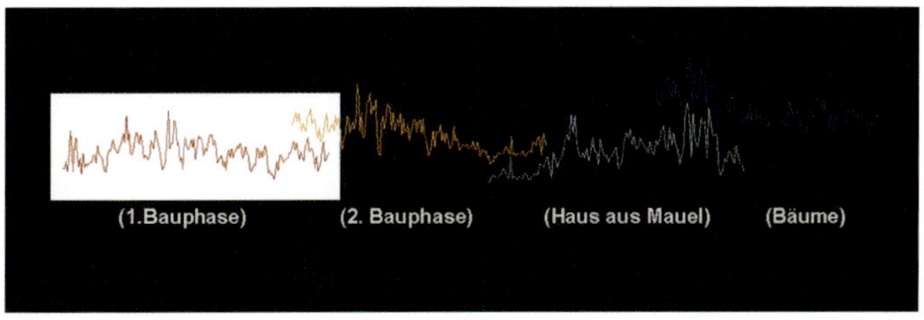

„DIE JUNGEN MENSCHEN VERSPRÜHEN HOFFNUNG – HOFFNUNG AUF EIN NEUES, SELBSTBEWUSSTES KAMBODSCHA“.

FOTOS VON DIETER ZEIMET
TEXTE VON THOMAS WAGNER

Der Rhein-Sieg-Kreis setzt in den kommenden Jahren sein Projekt zum Aufbau der Kommunalverwaltungen in Kambodscha fort. Dieses Jahr begleitete der Wachtberger Fotograf Dieter Zeimet eine Delegation um Landrat Frithjof Kühn nach Kambodscha.

Mit dem Projekt will der Rhein-Sieg-Kreis dazu beitragen, dass die Khmer wieder zu ihrer inneren Stärke finden und dass die Menschen in einem der ärmsten Länder der Welt durch demokratische Kommunalverwaltungen bessere Lebensbedingungen erhalten.

Der Fotograf

Dieter Zeimet, 1945 in Trier geboren, lebt heute in der Gemeinde Wachtberg. Das Mitglied der Association des Journalistes Européens ist seit Jahren als freischaffender Fotograf tätig. Einen Namen als Fotograf machte er sich unter anderem durch internationale Seminare und Ausstellungen, darunter die „Venezia 79“, ausgerichtet durch das International Center of Photography New York und die UNESCO sowie 1981 bei der „Academia Italia“. 1982 folgte eine Türkei-Bildreportage und 1986/87 entstand sein Foto-Film „Apropos Türkei“. 1991 dann die erste Ausstellung in Bonn. Es folgten Aufträge vom Bundesministerium für Familie, Senioren, Frauen und Jugend. Er arbeitete für das Druck- und Verlagshaus Gruner + Jahr (G+J) ebenso wie für den Burda-Verlag und zahlreiche Buchverlage, für unzählige Unternehmen aus Wirtschaft, Industrie und Verbandswesen. Dieter Zeimet ist ein „Allrounder“ im Bereich der Fotografie, wie auch seine jüngste Fotoreportage über Kambodscha zeigt. Diese Reportage zeugt in ganz besonderer Weise von seiner Vorliebe für die Fotografie unterschiedlichster Menschen in situationsbezogenem Umfeld.
www.zeimet-fotografie.de

Für Dieter Zeimet symbolisieren die Kinder und Jugendlichen („Nackte Kinder auf dem Fahrrad“) Vitalität, einen Neuanfang, eine Hoffnung, die sich aus der großen, ruhmreichen Tradition des Khmer-Reiches und aus dem kambodschanischen Sinn für innere Schönheit speisen („Blüte“).

Der Foto-Zyklus zeigt in hervorragender künstlerischer Ausführung die Verbindung der Tradition mit dem Aufbruch in ein friedliches, selbstbewusstes Kambodscha („Drei Generationen auf dem Moped“).

Zeimets Impressionen setzen einen Kontrapunkt zur kriegerischen Vergangenheit des südostasiatischen Königreichs. Seine Fotos sind Dokumentationen des Aufbruchs in eine neue, bessere Zukunft des Landes, das der jungen Generation gehört („Mädchen am Bambus“).

42. REGIONALWETTBEWERB „JUGEND MUSIZIERT“

MIT EINEM JUBILÄUM

VON
URSULA KEUSEN-NICKEL

Am 22. und 23. Januar 2005 wurden in den Musikschulen in Sankt Augustin und Siegburg sowie in der neuen Siegburger Engelbert-Humperdinck-Musikwerkstatt und im Sankt Augustiner Ratssaal die Wertungsspiele des 42. Regionalwettbewerbs „Jugend musiziert“ ausgetragen. Gleichzeitig konnte man ein Jubiläum feiern – zum 20. Mal fand nun der Wettbewerb in der eigenen Region Rhein-Sieg-Kreis statt.

In der Solowertung traten die begeisterten jungen Musikerinnen und Musiker in den Kategorien Klavier, Harfe und Gesang an. 49 Kinder und Jugendliche – und damit die größte Anzahl der Teilnehmerinnen und Teilnehmer – stellten sich in der Sparte Klavier der Wertung der Jury. Diese hatte nicht nur über junge Talente aus dem Rhein-Sieg-Kreis zu befinden – in der Kategorie Harfe kamen noch Gastwertungen aus Bonn, Bergisch Gladbach und dem Erftkreis hinzu, so dass die Jury sich an insgesamt 18 Wettbewerbsbeiträgen erfreuen konnte. Drei Sängerinnen aus dem Rhein-Sieg-Kreis wurden im Gegenzug nach Bonn in den dortigen Wettbewerb weitergeleitet, wo sie sehr gute Preise erzielen konnten.

Duos, Trios und Quartette aus Blockflöten, Querflöten, Klarinetten, Saxofonen, Trompeten und Streichinstrumenten boten in der Gruppenwertung ein buntes Programm und wurden mit zahlreichen Preisen belohnt. Insgesamt dominierten die Blasinstrumente die Konkurrenz, aber auch mit den Streichinstrumenten wurden sehr gute Erfolge erzielt. Insbesondere die Jüngsten wurden hier mit sehr guten Preisen ausgezeichnet.

Seinen traditionellen Abschluss fand der diesjährige Wettbewerb mit drei Preisträgerkonzerten. Am 13. Februar 2005 verlieh Landrat Frithjof Kühn in der Auftaktveranstaltung im Siegburger Kreishaus die Urkunden und Preise an die jungen Musikerinnen und Musiker, die mit einem vielfältigen Programm ihr Publikum begeisterten.

Das zweite Preisträgerkonzert im Schloss Birlinghoven, in dem nur diejenigen spielten, die zum Landeswettbewerb weitergeleitet wurden, war außerordentlich gut besucht. Dank der festlichen Atmosphäre und der hervorragenden Leistungen wurde dieser Abend zu einem besonderen Erlebnis. Die Kreissparkasse Köln lud zum Buffet in der Pause ein, was die gute Stimmung und Kommunikation noch erhöhte.

Den Abschluss des gelungenen Wettbewerbes bildete das dritte Preisträgerkonzert im Glasmuseum Rheinbach. Hier durfte man fast ausschließlich den Pianisten lauschen – hierunter vielen Kindern der ersten Altersgruppe, die die Anwesenden zu faszinieren wussten.

Nachstehend die Ergebnisse des Regionalwettbewerbs:

ERSTE PREISE MIT WEITERLEITUNG ZUM LANDESWETTBEWERB ERHIELTEN:
Matthäus Weinhardt, Theresa Lier (Bad Honnef), Katrin Herzog (Bonn), Ronja Liertz, Monika Barthelme (Bornheim), Anna Maria Jung, Johanna Thiele, Isabel Laudan, Antje Thiele, Ellen Leupold, Svenja Kips (Hennef), Laura Mathar, Viola von der Eltz, Philipp Besler, Jakob Besler (Köln), Svenja Schmidt (Lohmar), Tom Stefanescu (Meckenheim), Christian Casleanu, Bernice Ehrlich (Niederkassel), Philomena Aepli, Agnes Jocher (Ruppichteroth), Hannes Kindhäuser, Sonia Schwarz (Sankt Augustin), Michèle Mäurer (Siegburg), Corinna von Goscinski (Swisttal), Amelie Christiane Krause, Nikola Friederike Krause, Alina Loewenich, Simone Klein, Christine Herzog (Troisdorf).

ERSTE PREISE WURDEN ZUERKANNT:
Jan Esra Kuhl, Christopher Kerstan, Christina Buchsbaum, Benedikt Meyer, Elisabeth Seidel (Alfter), Samuel Weinhardt, Anna-S. Schütte, Karuna Koch (Bad Honnef), Elena Volbach, Julia Herzog, Christine McCaskill, Johannes Grote (Bonn), Johannes Lamotke, Anita Huk, Veronika Mohr, Berenike Bahr, Caroline Rauth, Anja Sommerfeld (Bornheim), Katharina Peters (Buchholz), Franz Thiele, Henrike Gieseke (Hennef), Jakob Zumbe (Köln), Yvonne-Lisa Tils, Lisa Löbner (Lohmar), Lukas Burkhart, Daniel Burkhart, Anja N. Kotowski, David Witsch, Arisa Hermsen, Lisa Marie Wöhlert, Pia Höcherl (Meckenheim), Timo Stomberg, Angela Groetchen, Christine Keunecke (Rheinbach), Anna Papies, Ann-Kristin Muthmann, Sarah Giernoth (Sankt Augustin), Sarah Knodt, Maxime Mäurer (Siegburg), Rebekka Forster, Stella Kondilis (Troisdorf), Britta Weißbarth (Wesseling).

ZWEITE PREISE ERHIELTEN:
Marie Ch. Bülau, Marina V. Wulff, Konstantin Bülau (Bad Honnef), Janna Ferjani, Ninja Bloch (Bonn), Daniel Zent, Elisabeth Hönig, Fanny Mertens, Erik Kern, Lisa Greve, Charlotte Rauth, Paul Geffert (Bornheim), Chan-Mi Na (Hennef), Philipp Besler (Köln), Helena Kamper, Elena Radwan, Linda von Sobbe, Thekla Golze-Schlieper (Lohmar), Judith Schumacher (Much), Rebecca Adenacker, Anna Lena Ende, Anne Krieger, Alexander Keunecke (Rheinbach), Elena Klingenburg, Linda Jarosch, Franca Stamnitz-Reske (Sankt Augustin), Jella Kroll, Sarah Schmitz (Siegburg), Hannah Velleuer Schmitz (Swisttal), Amelie Christiane Krause, Nikola Friederike Krause, Adil Ulmer, Marina Quant (Troisdorf).

DRITTE PREISE WURDEN ZUERKANNT:
Mareike Jamm, Milena Stefanski (Bonn), Christian Rottmann, Kevin Pützfeld, Clara Hörschler (Bornheim), Patrick Pickart (Königswinter), Eva Hennecke (Lohmar), Juliana Hauser (Niederkassel), Waldemar Kinas (Rheinbach), Sven Garbe, Colin Schrinner, Verena Schlick, Frauke Broer, Milena Kowalski, Jonas Christ, Jessica Wolff (Sankt Augustin), Johanna Fröhlich (Swisttal), Elena Kremser (Troisdorf).

ERFOLGREICH TEILGENOMMEN HATTE:
Oliver Haaf (Troisdorf)

IM LANDESWETTBEWERB GAB ES FOLGENDE ERGEBNISSE:

Erste Preise mit Weiterleitung zum Bundeswettbewerb:
Alina Löwenich / Troisdorf,
Simone-Lea Klein/Troisdorf,
Sophie Müller-Moewes / Königswinter,
Sonia Schwarz / Sankt Augustin.

Erste Preise:
Antje Thiele / Hennef,
Ellen Leupold/Hennef,
Isabel Laudan / Hennef,
Amelie-Christiane Krause / Troisdorf,
Nikola-Friederike Krause / Troisdorf.

Zweite und dritte Preise:
Hannes Kindhäuser / Sankt Augustin,
Bernice Ehrlich / Niederkassel,
Michèle Mäurer / Siegburg,
Tom Stefanescu / Meckenheim, Johanna Thiele / Hennef, Anna-Maria Jung / Hennef, Mathäus Weinhardt / Bad Honnef, Theresa Lier / Bad Honnef,
Melanie Buchsbaum / Alfter,
Drius Gabriel Schafigh / Bornheim,
Christine Herzog / Troisdorf.

URSULA KEUSEN-NICKEL

Ursulas Keusen-Nickel ist seit 20 Jahren Vorsitzende des Regionalausschusses „Jugend musiziert". Auf ihre Inititative hin wurde 1985 nach schwierigen Verhandlungen die eigenständige Region Rhein-Sieg-Kreis gegründet. Seit diesem Zeitpunkt beteiligten sich circa 3.000 Kinder und Jugendliche zwischen fünf und 21 Jahren am Wettbewerb. Frau Keusen-Nickel organisierte alle Wettbewerbe federführend und richtete neben der zentralen Ehrung der Preisträgerinnen und Preisträger im Siegburger Kreishaus auch je ein Preisträgerkonzert rechts- und linksrheinisch ein. Landrat Frithjof Kühn dankte Ursula Keusen-Nickel im Rahmen des Auftaktkonzertes für ihr herausragendes Engagement im Bereich der musikalischen Erziehung.

RÜCK BLICK

DAS NEUESTE AUS DEM RHEIN-SIEG-KREIS

2004-2005

CHRONIK VOM 1. JULI 2004 BIS 30. JUNI 2005

VON KATJA ESCHMANN

juli 2004

Die Psychologische Beratungsstelle des Kreises für Kinder und Familien in Rheinbach feiert ihren 25. Geburtstag. Das Team rund um den Diplom-Psychologen Ernst Kaufmann unterstützt Familien bei Krisen und Konflikten.

Von der Kreisstadt Siegburg bis zur Siegquelle in Netphen heißt es auch in diesem Jahr „Siegtal pur". Auf einer Strecke von 120 Kilometern tummeln sich Fahrradfahrer und Inlineskater. Am Streckenrand wird von kulinarischen Köstlichkeiten bis zur „After-Bike-Party" alles geboten.

Nach einer 14-monatigen Umbauphase wird die Engelbert-Humperdinck-Musikwerkstatt in Siegburg eingeweiht. Das nach dem wohl bekanntesten Sohn der Stadt, der durch seine Märchenoper „Hänsel und Gretel" berühmt wurde, benannte Gebäude soll insbesondere der Förderung des musikalischen Nachwuchses und der zeitgenössischen Musik dienen.

Gleichzeitig wird auch der „Resttopf" geleert. Die verbleibenden Mittel des Bonn-Berlin-Ausgleichs erhalten im Rhein-Sieg-Kreis die noch zu gründende Engelbert-Humperdinck-Stiftung, die die Arbeit der Musikwerkstatt unterstützen soll, das Haus Schlesien in Königswinter sowie das Kreativhaus der Jugenddorf-Christophorusschule (Königswinter).

Die Zimmerinnung Bonn/Rhein-Sieg zelebriert ihr 100-jähriges Bestehen. Die 1904 im damaligen Siegkreis gegründete Vereinigung fusionierte 1966 mit der Zimmerinnung Bonn. Heute zählt sie 44 Betriebe.

Endlich grünes Licht für den Neubau der Kreispolizeibehörde. Der Bau- und Liegenschaftsbetrieb Nordrhein-Westfalen investiert 13 Millionen Euro, um die Pläne des Kölner Architekturbüros Gatermann und Schossig, die die gegenwärtig noch verstreuten Dienststellen der Kreispolizeibehörde in einem Gebäude vereinigen sollen, umzusetzen. Dem Baubeginn war ein langwieriges Entscheidungsverfahren vorausgegangen: Die Unterbringung in der alten und engen Kreispolizeibehörde und ihren Dependancen hatte für viel Unmut gesorgt. Für zwei Jahre wechselt die Siegburger Polizei vorübergehend in das teilweise leer stehende Amt für Agrarordnung.

Der Rhein-Sieg-Kreis wächst und wächst. Nach der Prognose des Landesamtes für Datenverarbeitung und Statistik werden 2020 656.000 Menschen in dem Kreis leben, der mit 7,0 % die niedrigste Arbeitslosenquote in ganz Nordrhein-Westfalen vorweisen kann.

Ein Stromausfall legt die Siegburger Innenstadt und auch Teile Sankt Augustins lahm. Ursache ist ein Schaden im Umspannwerk der RWE Rhein-Ruhr-AG in Siegburg-Zange. Nach dem Kurzschluss zwischen zwei Trafos und dem Ausfall der 11.000-Volt-Netze müssen zahlreiche Geschäfte geschlossen werden, weil die Kassen nicht mehr aufspringen. Der Kinotag fällt im „Cinelux" mangels Strom ebenfalls aus und auch im Kreishaus funktioniert nur die über ein Notstromaggregat abgesicherte Rettungsleitstelle.

Altabt Dr. Placidus Mittler begeht mit einer Festmesse den 50. Jahrestag seiner Priesterweihe. Beim goldenen Priesterjubiläum des 75-Jährigen wird auch sein neues Buch „Zeichen des heiligen Geistes. Betrachtungen zum Lukasevangelium und zur Apostelgeschichte" vorgestellt. Der Altabt kam bereits im August 1948 als Novize nach Siegburg. 1970 wurde er zum Abt gewählt. Seine Nachfolge trat nach 40 Jahren Pater Raphael Bahrs an.

Der Kölner Karneval wird durch einen Künstler aus dem Rhein-Sieg-Kreis geprägt: Das Motiv des Lohmarer Grafikers Heiko J. Wrusch – der Kölner Dom, der Kinder verschiedener Nationalitäten trägt – ziert unter dem Motto „Kölle un die Pänz us aller Welt" die Karnevalsartikel der Session 2004/2005.

Der Windecker Heimatforscher und Gründer des Heimatmuseums, Emil Hundhausen, stirbt im Alter von 89 Jahren. Er hat zahlreiche Gedichte und Bücher verfasst. Mit seiner Sammelleidenschaft trug er umfangreiche Schätze zusammen. Teile seiner Sammlung stiftete er bereits zu Lebzeiten – nicht nur dem Heimatmuseum Altwindeck, dessen Förderverein ihn zum Ehrenmitglied ernannte, sondern auch der Gedenkstätte Landjuden an der Sieg in Windeck und vielen anderen.

Polizeioberrat Hans Peter Sperber übernimmt die Leitung der Polizeiinspektion 1 und ist fortan für die Polizeihauptwache Siegburg, die Polizeiwachen Hennef und Eitorf sowie für die Kriminalkommissariate an den drei Standorten zuständig. Auch in nahezu allen Wachen werden die Spitzen neu besetzt.

Eva-Julia Konrath wird Geschäftsführerin des im April gegründeten Vereines Rhein-Voreifel-Touristik. Die 28-jährige Diplom-Geografin will gemeinsam mit dem Vorstand ein gezieltes touristisches Konzept für die dem Verein angehörenden Kommunen Alfter, Bornheim, Meckenheim, Rheinbach, Swisttal und Wachtberg erarbeiten.

rhein-voreifel-
touristik ev

Juli 2004, Kunst und Kultur

Auf Burg Adendorf in Wachtberg startet die Open-Air-Kinoreihe „FilmSchauPlätze" der Filmstiftung Nordrhein-Westfalen. Neben dem Film „Das Wunder von Bern" von Söntke Wortmann, der den deutschen Weltmeisterschafts-Gewinn von 1954 thematisiert, garantieren eine große Reit- und Kutschenschau sowie kulinarische Genüsse den 2.000 Besuchern einen abwechslungsreichen und gelungenen Abend.

„Anspruch und Wirklichkeit – Eine Ausstellung zum Jahrhundertwerk" ist der Titel der im Foyer des Kreishauses gezeigten ICE-Ausstellung. Zahlreiche Bilder, Pläne sowie ein Video dokumentieren die Bemühungen, die Strecke so gut wie möglich in die Landschaft zu integrieren.

Der Troisdorfer Stadtwald erhält ein neues Gesicht. Neben der ersten Skulpturenarbeit des Troisdorfer Malers Rolf Mallat regen im Park der Sinne auch Kunstwerke von Tor Michael Sönksen, Masoud Sadedin und Jiri Necas Auge, Ohr, Nase, Haut und Tastsinn an.

Während des Sommerfestes der Evangelischen Gemeinde in Königswinter zeigt eine Ausstellung Bilder und Berichte über die mehr als 100-jährige Geschichte des Dollendorfer Kinderheims. Die unter dem Namen „Probsthof" bekannte Einrichtung wurde 1896 von Frieda Caron gegründet.

In Siegburg erscheint die erste Ausgabe der Siegburger Blätter. Anlässlich seines 150. Geburtstages im September dieses Jahres ist sie dem Komponisten Engelbert Humperdinck gewidmet. Ein weiteres Denkmal aus Papier, diesmal jedoch in gezackter Form, wird Humperdinck anlässlich des Ehrentages in Form einer Sonderbriefmarke gesetzt. Karl Kühn, Leiter der Zentralabteilung im Bundesfinanzministerium, stellte den geladenen Gästen das Postwertzeichen, das in einer Auflage von 25 Millionen Stück erscheint, vor. Anfang September soll auch für einen Tag ein Sonderpostamt im Geburtshaus Humperdincks eingerichtet werden – dann wird es auch einen Sonderstempel geben.

Im Rheinischen LandesMuseum Bonn zeigt Sonia Knopp unter dem Titel „Fuori" (italienisch für draußen) ihre kleinen, ungerahmten Werke. Die in Köln lebende Künstlerin ist die erste Trägerin des vom Rhein-Sieg-Kreis vergebenen und mit 20.000 Euro dotierten Rheinischen Kunstpreises.

Juli 2004, Umwelt und Natur

Ein Unwetter legt am 21. Juli 2004 den Rhein-Sieg-Kreis lahm. Auf den Straßen kommt der Verkehr für kurze Zeit beinahe zum Stillstand. Von den sintflutartigen Niederschlägen sind insbesondere Sankt Augustin, Eitorf und Bornheim betroffen.

Juli 2004,
Was sonst vor Ort geschah

Die Kreisstadt Siegburg eröffnet in der Frankfurter Straße mit 20 Mitarbeiterinnen und Mitarbeitern das stadteigene Jugendamt. Das aus Bürocontainern bestehende Gebäude dient jedoch nur als Zwischenlösung; geplant ist der Umzug in das in der Ringstraße neu zu bauende CVJM-Haus.

Die Firma Weco aus Eitorf gestaltet zusammen mit dem Leiter der Jungen Sinfonie Köln, Günther Hässy, die „Kölner Lichter 2004". Pyrotechnik und Komposition sind exakt aufeinander abgestimmt und machen den kölschen „Rhein in Flammen" zu einem einzigartigen Erlebnis.

Die 750 Jahre alte Marienkapelle in Kuchem (Ruppichenroth) wird erneut geweiht. Das im Volksmund als „Kuchemer Dom" bezeichnete Gotteshaus wurde im Jahr 2000 zerstört, als ein Autofahrer umgebremst hineinraste. Dessen Fahrzeug entzündete sich im Inneren der Kapelle – der Fahrer starb in den Flammen. Eigentümer Paul Stommel hat das Gebäude nun aufwändig renoviert. Eine Festschrift von Fritz Koch erzählt die Geschichte des heimat- und kulturgeschichtlich bedeutsamen Gebäudes.

Im Sankt Augustiner Rathaus wird der „Treffpunkt Stadtarchiv" eröffnet. 15.000 Fotos und Postkarten aus 100 Jahren, eine geschichtliche und heimatkundliche Bibliothek, Zeitungsartikel, Akten, Plakate, Flugblätter, Karten und Pläne stehen zum Forschen und Schmökern bereit.

Auch die Umgestaltung des „Alten Friedhofs Menden" in Sankt Augustin ist abgeschlossen. Der Friedhof wurde seit der ersten Hälfte des 19. Jahrhunderts genutzt. Seit dem Jahr 1980 finden dort jedoch keine Beisetzungen mehr statt.

„Hier kommt die Maus" heißt es in Swisttal beim „Swist-Kultur-Cityfest". Aber die bekannte WDR-Maus ist nicht die einzige Attraktion bei der Benefizveranstaltung zu Gunsten benachteiligter Kinder und Jugendlicher. Live-Bands, Informationen über Bundesgrenzschutz und Polizei sowie Fahrten in einem alten Thunderbird runden das Programm ab.

Auf dem Nogenter Platz in Siegburg findet im Rahmen der 40-jährigen Partnerschaft zwischen Siegburg und Nogent-sur-Marne erstmals ein französischer Markt statt. Gleichzeitig wird eine weitere Partnerschaft in Siegburg begründet: Die Städte Bunzlau (Polen) und Nogent-sur-Marne, die beide partnerschaftlich mit der Stadt Siegburg verbunden sind, schließen miteinander eine Städtepartnerschaft.

Die Lohmarer Bürger feiern trotz strömenden Regens die Eröffnung der Ortsumgehung, die den Ortskern täglich um bis zu 10.000 Fahrzeuge entlasten soll. Gleichzeitig mit dem Abschluss dieses langjährigen Projektes erfolgt der Spatenstich für den Umbau der Lohmarer Hauptstraße.

Schüsse fallen auf das Eitorfer Rathaus. Die Projektile zerschlagen die Fensterscheiben und bleiben in den Decken der Büros und des Sitzungssaales stecken. Da die Schüsse außerhalb der Dienstzeit abgegeben werden, wird niemand verletzt. Einen Monat später gesteht ein 33 Jahre alter Mann aus Eitorf die Tat. Sein Motiv: Verärgerung über die Gemeindeverwaltung.

Unter dem Motto „Zeichen setzen – Hilfe für Kindersoldaten" machen die katholische Jugend im Stadtgebiet Bornheim und das Hilfswerk Misereor gemeinsam mobil. Höhepunkt des Projektes ist ein Open-Air-Festival. 2.500 Menschen feiern in Brenig gemeinsam mit Bernd Stelter und den Höhnern.

August 2004

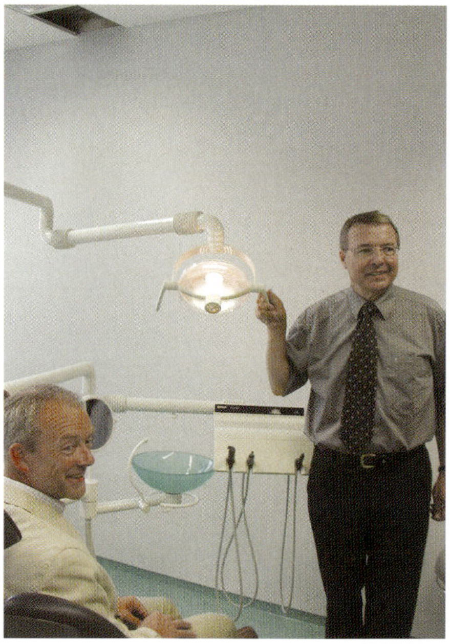

Enttäuschung macht sich im Rhein-Sieg-Kreis breit: Die auf dem Hangelarer Flugplatz geplante Papstmesse zum Abschluss des Weltjugendtages 2005 in Köln wird abgesagt. Am 12. August verkündet die Weltjugendtag gGmbH das Aus für den Standort Hangelar.

Die Organisatoren des Weltjugendtages sahen keine ausreichende Planungssicherheit mehr, nachdem alle Versuche, sich mit dem Umweltverband BUND zu verständigen, gescheitert waren, und dieser Rechtsmittel gegen notwendige Genehmigungen ankündigte. Damit werden auch die geplanten ökologischen Ausgleichsmaßnahmen für das Gelände hinfällig. Trotzdem geht die Arbeit in den Kirchengemeinden und für die 49 Kernteams weiter: Viele tausend junge Menschen aus aller Welt werden zu Gast im Rhein-Sieg-Kreis sein.

Die 65 Mitarbeiterinnen und Mitarbeiter des kreiseigenen Gesundheitsamtes ziehen aus dem Gebäudeteil C des Kreishauses aus und in die dritte Etage des Kreishauses ein. Büros und Untersuchungsräume sind nun nah beieinander und für die täglichen etwa einhundert Besucher besser erreichbar. Der Abriss des alten Gesundheitsamtes steht bevor.

August 2004, Namen und Personen

Irmgard Schillo wird neue Gleichstellungsbeauftragte des Rhein-Sieg-Kreises. Die 49-jährige Sozialpädagogin übernimmt das Amt von Judith Schiementz, die im August vergangenen Jahres in Mutterschutz und anschließende Elternzeit ging.

Der Petersberg bleibt auch für die nächsten 15 Jahre Staatsherberge. Die Petersberg GmbH schließt mit der Steigenberger Hotels AG, die bereits seit 1989 das Gästehaus des Bundes betreibt, einen Managementvertrag. Der Petersberg soll weiterhin für internationale Konferenzen des Bundes zur Verfügung stehen, aber auch der Öffentlichkeit erhalten bleiben.

Der Rhein-Sieg-Kreis und sein polnischer Partnerkreis Bunzlau veranstalten eine gemeinsame Jugend-Gruppenleiterschulung. 16 junge Leute aus beiden Kreisen kommen zunächst fünf Tage in Polen, dann fünf Tage im Rhein-Sieg-Kreis zusammen, um eine Grundqualifikation für eine bi-nationale Jugendarbeit zu erwerben. Auf dem Programm stehen neben der Schulung etwa zum Einsatz von Multimedia oder zu Konfliktlösungsstrategien auch Ausflüge.

August 2004, Umwelt und Natur

In Königswinter beginnt die Markierung für den „Rheinsteig". Der Wanderweg, der auch durch Teile von Hessen und Rheinland-Pfalz führt, soll gemeinsam mit dem Rothaarsteig im Sauerland und dem Rennsteig in Thüringen zu den attraktivsten Wanderwegen Deutschlands gehören. Er verbindet auf einer Strecke von knapp 330 Kilometern das Siebengebirge, das Mittelrheintal und den Rheingau und führt vom Rathaus in Bonn bis nach Wiesbaden.

Eine Gewitterfront zieht über den Rhein-Sieg-Kreis. Blitze, Hagel, Sturm und Regen entladen sich insbesondere über der Kreisstadt Siegburg, aber auch Lohmar, Troisdorf und Sankt Augustin sind betroffen. Voll gelaufene Keller und unterspülte Straßen halten die Feuerwehr in Atem. Auch auf der Bahnstrecke Siegen – Köln kommt es zu Verspätungen, nachdem zwischen Hennef und Siegburg ein Baum auf die Oberleitung gefallen ist.

August 2004, Was sonst vor Ort geschah

Die Firma Weco aus Eitorf gewinnt im kanadischen Montreal den Platin-Jupiter der Großfeuerwerks-Weltmeisterschaften. Anlässlich des 20-jährigen Bestehens des Preises trat eine Auswahl der besten Weltmeister der letzten 19 Jahre aus sieben Nationen an. Zu den Klängen der „Ouverture canadienne", die der Kölner Komponist Günter Hässy eigens zu diesem Anlass komponierte und die 40 mitgereiste Musiker live präsentieren, zeigen die Spezialisten auf dem Gebiet der Pyrotechnik einen 150 Meter breiten Wasserfall und ein 40 Meter hohes Luftbild des Kölner Doms.

In Siegburg wird das Gelände der ehemaligen chemischen Fabrik Kepec dem Erdboden gleich gemacht. Die Traditions-Firma, die seit 1929 in Siegburg ansässig war und dort u. a. auch Riechstoffe produzierte, wurde bereits im vergangenen Jahr geschlossen.

Bildhauer und andere Künstler sind bei der Sommerakademie der Alanus-Hochschule in Alfter aktiv. Unter dem Motto „Schlüssel" können Kunstfreunde in die unterschiedlichsten Kunstrichtungen hineinschnuppern oder auch ihre Kenntnisse in einem bestimmten Bereich vertiefen. Dozenten aus dem gesamten Bundesgebiet stehen den Teilnehmern während der zweiwöchigen Veranstaltung zur Verfügung.

Schock für die Stadt Troisdorf: Die traditionsreiche Dynamit Nobel AG löst ihre Zentrale in Troisdorf auf. Nach dem Verkauf des Unternehmens an den US-Chemiekonzern Rockwood soll nur eine kleine Produktion mit weniger als 30 Mitarbeiterinnen und Mitarbeitern bleiben. Nur ein Teil des übrigen Personals soll die Chance bekommen, nach Frankfurt zu wechseln.

Für ein ungewöhnliches Plakatmotiv erhält die Alanus Hochschule den „Red Dot Award" in einem der wichtigsten internationalen Designwettbewerbe. Dieser wird jährlich vom Design Zentrum Nordrhein-Westfalen ausgeschrieben. Das Werk der ehemaligen Studentin Ilka Helmig ist eine von 31 Arbeiten, die im Bereich Kommunikationsdesign ausgezeichnet werden (siehe auch Seite 196).

Nachdem bereits 1999 das traditionelle Penaten-Werk in Bad Honnef geschlossen wurde, gibt der Konzern „Johnson & Johnson" nun auch die Verlagerung der Abteilung für Forschung und Entwicklung ins französische Val de Reuil bekannt. Damit geht nach 100 Jahren die Ära des „Hautkonservierungsmittels Penaten-Creme" im Rhein-Sieg-Kreis zu Ende. Der Rhöndorfer Drogerist Max Riese meldete seine Erfindung im September 1904 beim Reichspatentamt in Berlin an. Als die Nachfrage nach dem „Wundschutz für Babys" immer stärker wurde, gründete er seine Firma. Das Unternehmen wurde 1986 vom US-Konzern Johnson & Johnson übernommen, der die Produktion allmählich nach Frankreich und Italien verlagerte. Auch für die letzten Mitarbeiter geht nun Ende des Jahres ihre Zeit in Rhöndorf zu Ende.

September 2004

Bei den Kommunalwahlen werden auch im Rhein-Sieg-Kreis die Weichen für die Politik der nächsten fünf Jahre gestellt. In nahezu allen Kommunen des Kreises werden die neuen Bürgermeisterinnen und Bürgermeister bereits im ersten Wahlgang gewählt. Lediglich in Bad Honnef, Bornheim, Eitorf und Troisdorf kommt es zur Stichwahl. In den übrigen Städten und Gemeinden stellt stets die CDU die Bürgermeisterin oder den Bürgermeister. Die einzige Ausnahme bildet hier die östlichste Gemeinde des Rhein-Sieg-Kreises: Der SPD-Politiker Jürgen Funke ist neuer Bürgermeister der Gemeinde Windeck. Mit 55,4 Prozent der Wählerstimmen wird auch Landrat Frithjof Kühn (CDU) in seinem Amt bestätigt.

In Sachen Müll gehen der Rhein-Sieg-Kreis und die Stadt Bonn künftig gemeinsame Wege. Beide Kommunen unterzeichnen den Vorvertrag für eine künftige Zusammenarbeit, die Synergieeffekte fördern soll. Schon bald will man bei Ausschreibungen zum Thema Schadstoffentsorgung gemeinsame Sache machen. Das soll sich auch für die Bürgerinnen und Bürger auszahlen: Eine kostengünstigere Abfallentsorgung hätte auch eine Senkung der Gebühren zur Folge.

Ehrenlandrat Dr. Franz Möller legt sein Buch „Aufzeichnungen und Erinnerungen“ vor. Damit dokumentiert er seine persönlichen Gedanken an seine Zeit im Bundestags. Diese gründen sich jedoch nicht nur auf eigene Erfahrungen als Bundestagabgeordneter, denn der Jurist Möller trat bereits 1960 als Assessor in den Wissenschaftlichen Dienst des Bundestages ein.

Im Rhein-Sieg-Kreis wird der erste BSE-Fall verzeichnet. Eine sechs Jahre alte Milchkuh aus Much, deren Kadaver routinemäßig auf BSE untersucht wurde, war erkrankt. Elf weitere Tiere aus der Geburts- und Fütterungskohorte, d. h., die bis zu einem Jahr vor oder nach der erkrankten Kuh geboren worden oder in den ersten zwölf Lebensmonaten gemeinsam mit dieser aufgezogen worden sind und möglicherweise das gleiche Futter zu sich genommen haben, werden vorsorglich getötet. Der Verdacht auf eine Infektion mit der schwammartigen Hirnkrankheit bestätigt sich bei diesen elf Rindern jedoch nicht.

Die Registrierung für den Weltjugendtag hat begonnen: Papst Johannes Paul II. meldet sich als erster Pilger an und gibt somit den Startschuss für die rund 800.000 Menschen, die für August 2005 im Erzbistum Köln erwartet werden.

September 2004, Namen und Personen

Nach 15 Jahren als Schulleiter des Berufskollegs Hennef geht Harald Krolzig in den Ruhestand. Er baute nicht nur den Bereich Informations- und Prozesstechnik auf, sondern schuf auch ein umfassendes Bildungsangebot im Bereich der Berufsvorbereitung. Seine Nachfolge tritt sein langjähriger Kollege Konrad Richter an.

September 2004, Umwelt und Natur

Sportlich geht es im Siebengebirge zu: Eine Etappe des Naturathlon 2004 beginnt im ältesten deutschen Naturschutzgebiet auf der Insel Grafenwerth und führt über 22 Kilometer bis zum Rheinufer in Niederdollendorf. 25 von der Sporthochschule Köln ausgesuchte Athleten sind bereits Tage zuvor in Berchtesgaden an den Start gegangen. Sie joggen und radeln in insgesamt 18 Etappen über 2.700 Kilometer quer durch Deutschland, fahren Kanu oder fliegen mit einem Gleitschirm.

September 2004, was sonst vor Ort geschah

In Siegburg wird der 150. Geburtstag des berühmten Komponisten Engelbert Humperdinck gefeiert. Am 1. September 1854 wurde er in Siegburg geboren. Sein Elternhaus beherbergt inzwischen das heutige Stadtmuseum. Nicht nur seine Märchenoper „Hänsel und Gretel“ ist weltbekannt, sondern auch Lieder wie „Ein Männlein steht im Walde“ sind in vieler Munde. Am Empfang nimmt auch seine Enkelin, Schwester Evamaris Humperdinck, teil. Die 2.000 Sonderbriefmarken mit dem Konterfei Humperdincks und Ersttagsstempel sind bereits nach fünf Stunden ausverkauft. Im Foyer des Stadtmuseums zeigt eine kleine Ausstellung mit Schätzen aus der privaten Sammlung des Siegburger Kaufmannes Theo Schmitz Briefe, Manuskripte und andere Dokumente, die Privates über den großen Komponisten verraten.

Das Komitee „Ein Schiff für Vietnam“ feiert in Troisdorf seinen 25. Geburtstag. Mit dabei sind Angela Merkel, Klaus Kinkel und Norbert Blüm. Die von Dr. Rupert Neudeck gegründete Hilfsorganisation, die später in „Cap Anamur“ umbenannt wurde, rettete zahlreiche „Boat People“, Menschen auf der Flucht vor den Folgen des Vietnamkrieges. TV-Journalist Franz Alt berichtete 1979 über die Organisation und gab auch deren Bankverbindung bekannt. Innerhalb weniger Tage gingen mehr als 1,2 Millionen DM ein, so dass das „Schiff für Vietnam“ zu seinen ersten Rettungsaktionen in See stechen konnte.

Auch die Oberpleiser Grundschule kann nun von den kleinen Schülerinnen und Schülern bezogen werden. Nach sechsjähriger Planung ist ein großzügiges und freundliches Schulgebäude entstanden, in dem sich nicht nur die i-Dötzchen, sondern auch ihre älteren Mitschüler und Lehrer wohl fühlen.

Die Außenstelle des Siegburger Berufskollegs in Neunkirchen wird eingeweiht. Die ehemalige Grundschule wurde für 350.000 € renoviert. Pünktlich zum Beginn des neuen Schuljahres beginnen dort 100 Jugendliche aus Neunkirchen-Seelscheid, Much und Ruppichteroth den schulischen Teil ihrer beruflichen Ausbildung.

Mit einem bunten Fest wird der ICE-Bahnhof in Siegburg eingeweiht. Fünf Jahre hat es gedauert, bis das von dem Siegburger Architekten de Corné entworfene Gebäude seiner Bestimmung übergeben werden konnte. Auch für die Mitarbeiter der Deutschen Bahn AG ist die Zeit im Container nun endlich vorbei. Sie beziehen das moderne Reisezentrum im Siegburger Bahnhof.

Die Gedenkstätte Landjuden an der Sieg feiert mit einer umfangreichen Veranstaltungsreihe ihr 10-jähriges Bestehen und erhält prominenten Besuch: Dr. h. c. Paul Spiegel, Präsident des Zentralrates der Juden, spricht beim offiziellen Festakt vor den geladenen Gästen. Die Einweihung hatte 1994 sein Vorgänger Ignaz Bubis vorgenommen.

DIE ERGEBNISSE DER KOMMUNALWAHL 2004 IM RHEIN-SIEG-KREIS IM ÜBERBLICK

Zu sehen sind der Landrat des Rhein-Sieg-Kreises sowie die Bürgermeisterinnen und Bürgermeister der Städte und Gemeinden des Kreises mit ihren errungenen Stimmenanteilen.

Darunter finden Sie die Wahlergebnisse der den neuen Vertretungen angehörenden Parteien und Wählervereinigungen.

RHEIN-SIEG-KREIS

Frithjof Kühn, CDU
1. Wahlgang 55,4 %

Kreistag des Rhein-Sieg-Kreises

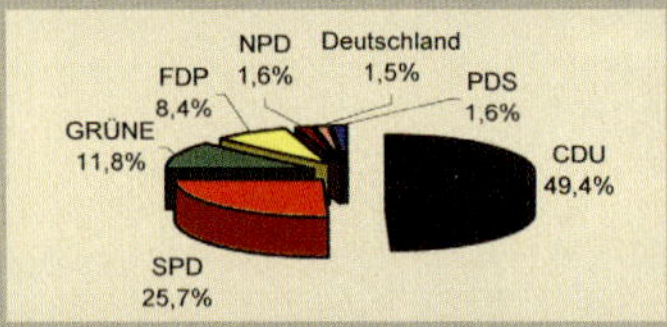

ALFTER

Dr. Bärbel Steinkemper, CDU
1. Wahlgang 52,1 %

Rat der Gemeinde Alfter

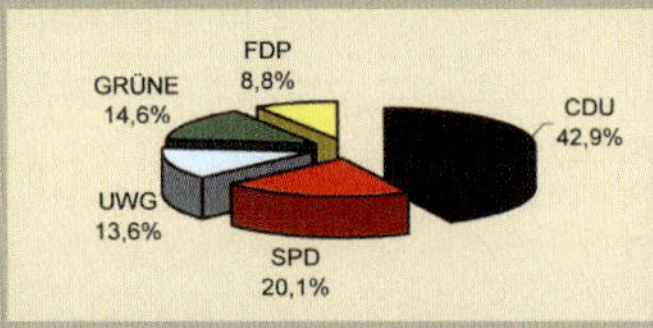

BAD HONNEF

Wally Feiden, SPD
1. Wahlgang 33,3 %
2. Wahlgang 52,9 %

Rat der Stadt Bad Honnef

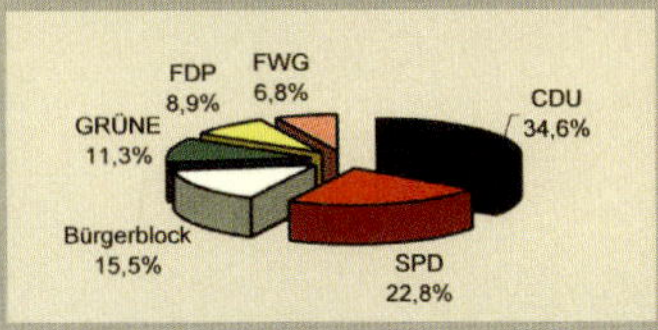

BORNHEIM

Wolfgang Henseler, SPD
1. Wahlgang 36,7 %
2. Wahlgang 57,0 %

Rat der Stadt Bornheim

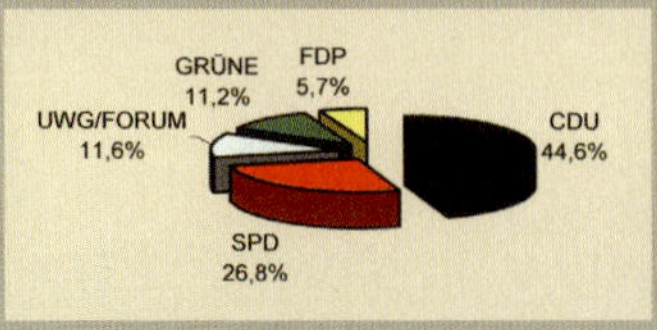

EITORF

Dr. Rüdiger Storch, FDP
1. Wahlgang 25,1 %
2. Wahlgang 62,7 %

Rat der Gemeinde Eitorf

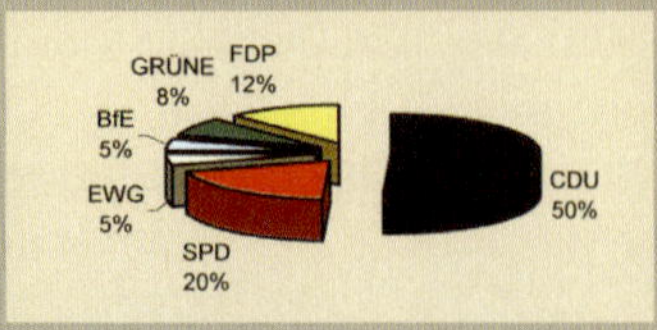

HENNEF

Klaus Pipke, CDU
1. Wahlgang 54,1 %

Rat der Stadt Hennef

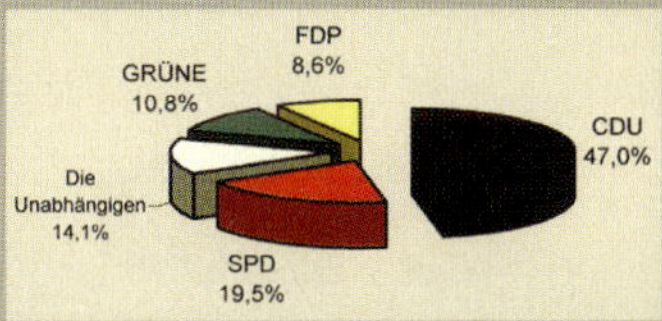

KÖNIGSWINTER

Peter Wirtz, CDU
1. Wahlgang 71,3 %

Rat der Stadt Königswinter

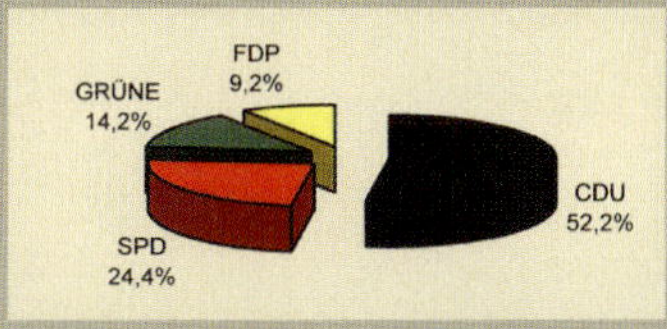

LOHMAR

Wolfgang Röger, CDU
1. Wahlgang 59,4 %

Rat der Stadt Lohmar

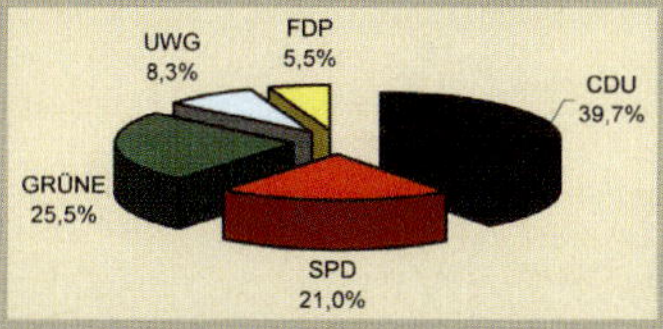

MECKENHEIM

Dr. Yvonne Kempen, CDU
1. Wahlgang 52,7 %

Rat der Stadt Meckenheim

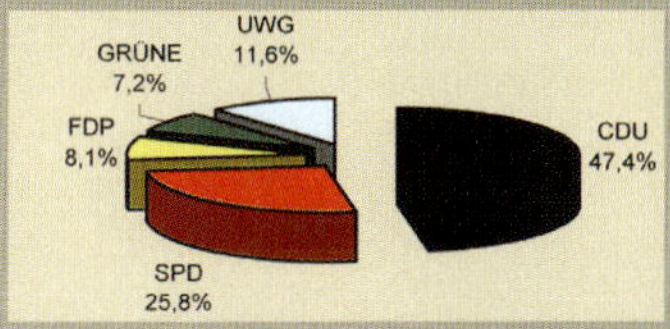

MUCH

Alfred Haas, CDU
1. Wahlgang 75,7 %

Rat der Gemeinde Much

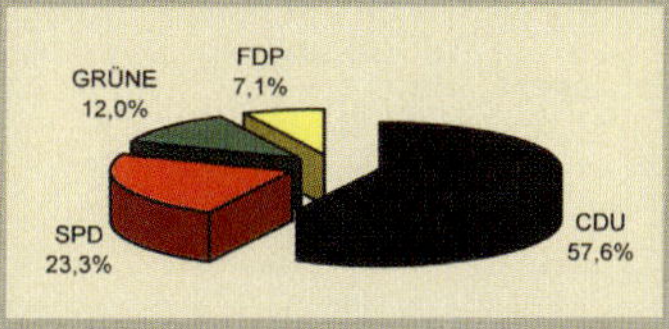

NEUNKIRCHEN-SEELSCHEID

Helmut Meng, CDU
1. Wahlgang 53,9 %

Rat der Gemeinde
Neunkirchen-Seelscheid

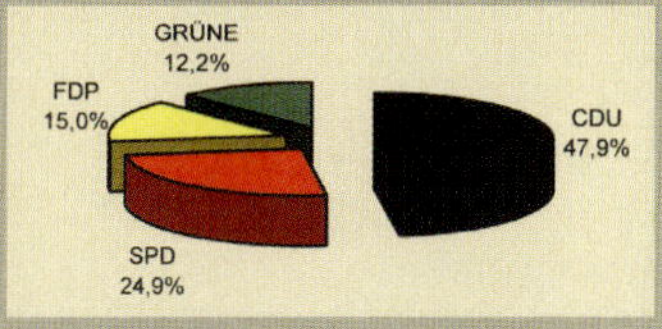

NIEDERKASSEL

Walter Esser, CDU
1. Wahlgang 61,4 %

Rat der Stadt Niederkassel

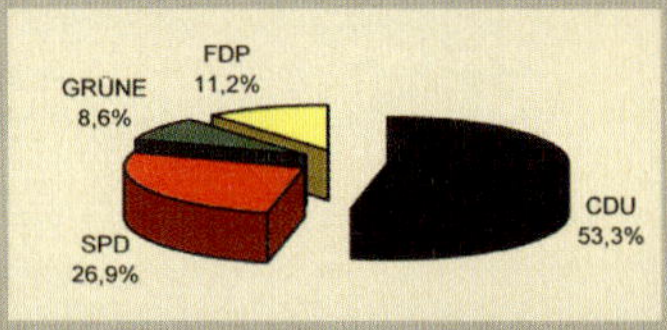

RHEINBACH

Stefan Raetz, CDU
1. Wahlgang 63,4 %

Rat der Stadt Rheinbach

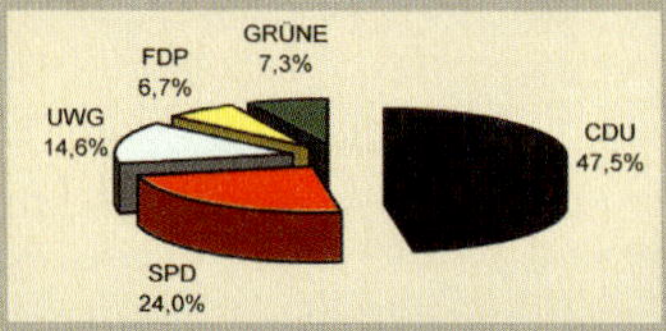

RUPPICHTEROTH

Hartmut Drawz, CDU
1. Wahlgang 65,4 %

Rat der Gemeinde Ruppichteroth

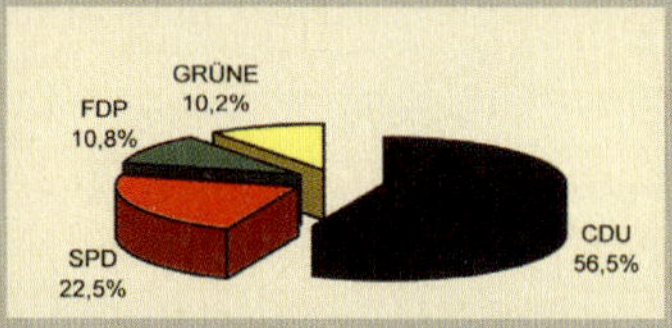

SANKT AUGUSTIN

Klaus Schumacher, CDU
1. Wahlgang 53,6 %

Rat der Stadt Sankt Augustin

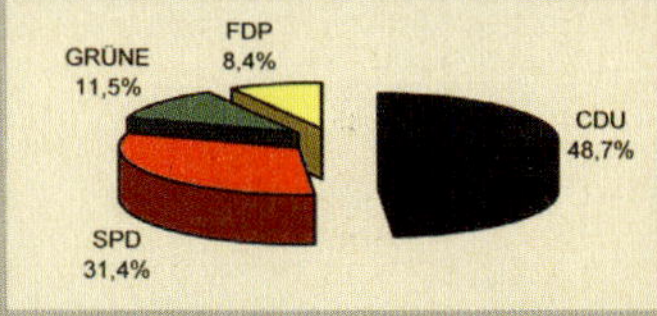

SIEGBURG

Franz Huhn, CDU
1. Wahlgang 63,3 %

Rat der Stadt Siegburg

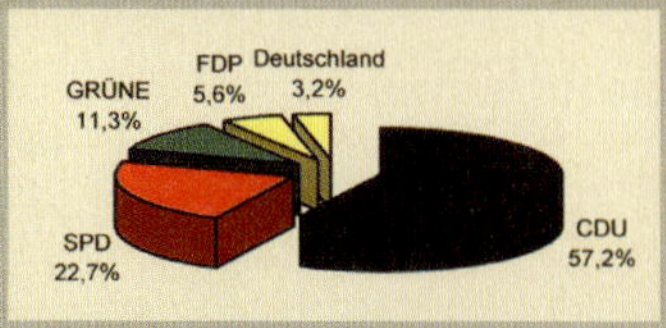

SWISTTAL

Eckhard Maack, CDU
1. Wahlgang 58,3 %

Rat der Gemeinde Swisttal

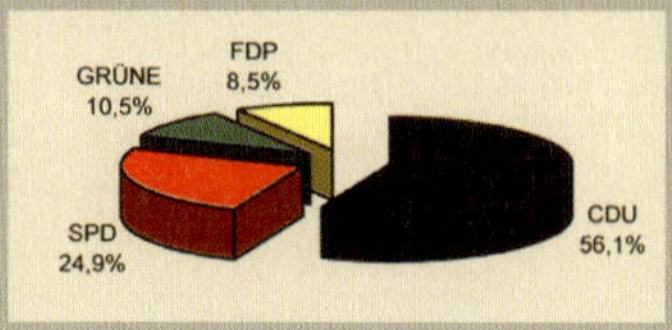

TROISDORF

Manfred Uedelhoven, CDU
1. Wahlgang 49,8 %
2. Wahlgang 52,7 %

Rat der Stadt Troisdorf

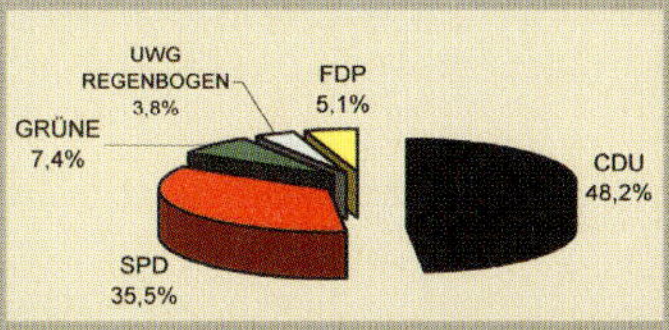

WACHTBERG

Theo Hüffel, CDU
1. Wahlgang 55,4 %

Rat der Gemeinde Wachtberg

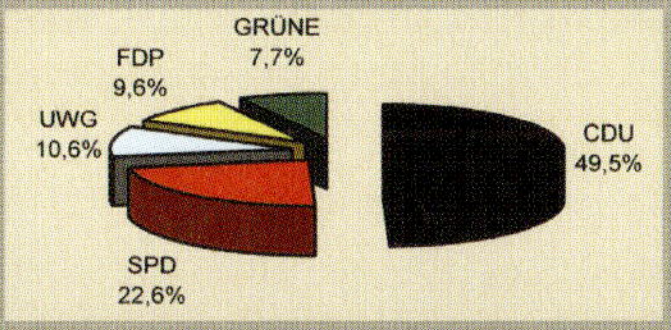

WINDECK

Jürgen Funke, SPD
1. Wahlgang 51,0 %

Rat der Gemeinde Windeck

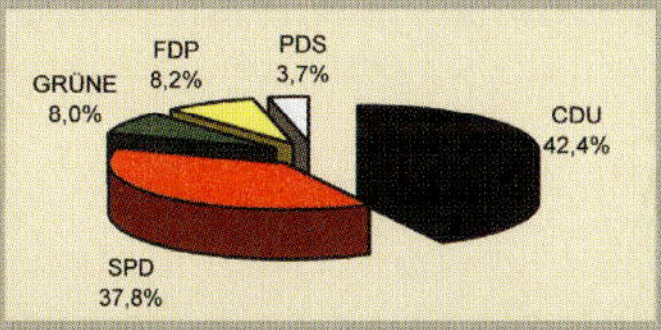

Thomas Pollkläsener, Energie aus Natur und Technik

Die Stichwahlen im Rhein-Sieg-Kreis führen zu teils unerwarteten Ergebnissen. So kann in Bad Honnef Wally Feiden (SPD) den bisherigen Bürgermeister Peter Brassel (CDU) aus dem Amt verdrängen. In Bornheim gewinnt SPD-Kandidat Wolfgang Henseler gegen seinen Konkurrenten Manfred Schier (CDU). Eine kleine Sensation gibt es in Eitorf: Rüdiger Storch, FDP, wirft seinen Kontrahenten Alwin Müller von der CDU aus dem Feld. Amtsinhaber Manfred Uedelhoven (CDU) bleibt Bürgermeister in Troisdorf, ihn und seinen Herausforderer Peter Kreppel (SPD) trennen 5,4 % der Stimmen.

Die frisch gewählten Bürgermeisterinnen und Bürgermeister der 19 Kommunen finden sich zur ersten Dienstbesprechung bei Landrat Frithjof Kühn ein. Hauptthema sind Aufgaben und Finanzen des Kreises.

Der neu gewählte Kreistag tritt zum ersten Mal zusammen. Zu ehrenamtlichen Stellvertretern des Landrates werden Uta Gräfin Strachwitz (CDU), Achim Tüttenberg (SPD), Rolf Bausch (CDU) und Gabi Deussen-Dopstadt (Bündnis 90/DIE GRÜNEN) gewählt.

Die Stadt Bonn und der Rhein-Sieg-Kreis einigen sich auf ein einheitliches Anmeldeverfahren für weiterführende Schulen. Mit dem Halbjahreszeugnis der Grundschule erhält jeder Viertklässler künftig einen Anmeldeschein, mit dem die Eltern ihr Kind verbindlich bei einer Hauptschule, Gesamtschule, Realschule oder einem Gymnasium anmelden können. Doppelanmeldungen werden so verhindert. Nur bei Ablehnung durch die Schule erster Wahl wird den Eltern der Anmeldeschein wieder ausgehändigt und sie können einen weiteren Versuch starten.

Der neue Standort für die Papstmesse zum Abschluss des Weltjugendtages im Erzbistum Köln ist gefunden, oder wie Prälat Heiner Koch, Generalsekretär des Weltjugendtages 2005, es ausdrückte: „Habemus aream!“ Sie soll nun auf einem ehemaligen Braunkohletagebaugelände im Gebiet der Städte Kerpen und Frechen stattfinden. Der ehemalige Ort Bottenbroich, der diesem Tagebau weichen musste, war bereits vor mehr als 500 Jahren ein Pilgerort.

Das berühmte Hundepaar von Wilhelm Busch, „Plisch und Plum“ ist scheinbar Thema der Petersberger Perspektiven 2004. Doch Hans Apel, Friedhelm Ost und Hans Tietmeyer beschäftigen sich natürlich nicht mit der berühmten Karrikatur selbst, denn während der Großen Koalition (1966 – 1969) übertrug ein Spiegel-Redakteur die beiden Namen auf Karl Schiller und Franz-Josef Strauß, ein ebenfalls ungleiches Paar. Unter dem Motto „Ein Streit um Wirtschaft und Finanzen“ thematisieren die Zeitzeugen Apel (ehemaliger Finanz- und Verteidigungsminister) und Tietmeyer (früher Abteilungsleiter Wirtschaftspolitik im Wirtschaftsministerium, später Staatssekretär im Finanzministerium und Präsident der Bundesbank) die Grundsätze und Methoden der Stabilitäts- und Wachstumspolitik.

Das Bundeskriminalamt beginnt mit dem Teilumzug nach Berlin. Die vorher in Meckenheim untergebrachten Mitarbeiter des Bereiches „Bekämpfung islamischer Terrorismus“ sollen in Berlin ein Info-Zentrum aufbauen, in dem erstmalig Geheimdienst und Polizei unter einem Dach arbeiten werden.

„Niemals geht man so ganz, irgendwas von mir bleibt hier." An diese bekannten Liedzeilen erinnern die Verabschiedungen der „alten" Bürgermeister und auch stellvertretenden Bürgermeister, die in diesem und in den nächsten Monaten in sieben Kommunen des Kreises stattfinden. Sie alle – und auch ihre Stellvertreter – haben sichtbare Spuren hinterlassen: Peter Brassel in Bad Honnef, Wilfried Henseler in Bornheim, Karl Kreuzberg in Hennef, Horst Schöpe in Lohmar, Rolf Krieger in Siegburg, Hans Jürgen Döring in Wachtberg und Jürgen Klumpp in Windeck. Auch Eitorfs Bürgermeister Peter Patt, der im April nach kurzer, schwerer Krankheit verstarb, bleibt den Menschen in positiver Erinnerung.

80 hochbegabte Schülerinnen und Schüler im Alter von 7 bis 9 Jahren sorgen in der Fachhochschule Rheinbach für frischen Wind. Bei der ersten Kinderakademie im Rhein-Sieg-Kreis, die von der Kreissparkasse Köln finanziert wird, lernen die Grundschüler nicht nur, wie man einen Stummfilm selbst vertont, sondern auch, wie man die beliebten Gummibärchen selbst herstellt. Bereits in den Sommerferien büffelten begabte Schülerinnen und Schüler im Alter von 16 bis 19 Jahren im Rahmen der Sommerakademie. Nach der Fusion der Kreissparkasse Siegburg mit der Kreissparkasse Köln durften dort erstmals Jugendliche aus dem Rhein-Sieg-Kreis teilnehmen. Insgesamt 47 an der Zahl beschäftigten sich in der heißesten Zeit des Jahres mit komplexen Themen aus den Gebieten Biologie, Chemie, Literatur und Mathematik.

Oktober 2004, Namen und Personen

Nach 15 Jahren als „Beauftragte des Rhein-Sieg-Kreises für Neubürger und zugezogene Ausländer" gibt Maria Weiler ihren Posten ab. Während der Amtszeit der 77-Jährigen wurden mehr als 20.000 Menschen eingebürgert. Die ehemalige Vizelandrätin knüpfte nicht nur ein enges Netzwerk mit Vertretern der Städte und Gemeinden – auch eine regelmäßige Sprechstunde für Neubürger richtete sie im Kreishaus ein. Zu ihrem Nachfolger wählt der Kreistag später Ludwig Neuber.

Der Siegburger Ehrenbürger Hans Alfred Keller verstirbt im Alter von 82 Jahren. Keller führte über 50 Jahre die Siegwerk Druckfarben AG und tat darüber hinaus viel für seine Heimatstadt – u. a. stellte er der Stadt das Torhaus als Museum zur Verfügung, unterstützte die Erforschung der Stadtgeschichte und schuf soziale Einrichtungen.

Oktober 2004, Umwelt und Natur

Zielgerichtet wandern kann der Wandersmann oder die Wandersfrau zukünftig wieder in der Wahner Heide. Die erste Wanderkarte für das Naturschutzgebiet seit nun 70 Jahren bietet neun verschiedene Routen, auf denen man die Natur entdecken kann. Herausgeber ist das Infozentrum Wahner Heide.

Oktober 2004, was sonst vor Ort geschah

Auf Herz und Nieren geprüft wurde das Johannes-Hospital in Troisdorf-Sieglar. Das Ergebnis kann sich sehen lassen: Als erste Klinik im Rhein-Sieg-Kreis erhielt das Sieglarer Krankenhaus ein Qualitätszertifikat der Kooperation für Transparenz und Qualität im Krankenhaus GmbH (KTQ).

Beim Bundesjungschützentag in Wachtberg, zu dem der Bund der St. Sebastianus Schützenjugend eingeladen hat, sind mehr als 5.000 jugendliche Schützen, Gäste und Zuschauer mit von der Partie. Doch es wird nicht nur die Treffsicherheit geprüft. Die Meisterschaft der Fahnenschwenker sowie der Empfang des Weltjugendtagskreuzes sind weitere Höhepunkte der dreitägigen Veranstaltung.

In Swisttal-Heimerzheim kann der Bundesgrenzschutz nun auf einem eigens angelegten Ausbildungsbahnhof trainieren. Die Auszubildenden lernen dort, wie man z. B. mit enthusiastischen Fußballfans und Handtaschenräubern auf den Bahnsteigen umgeht. Zu diesem Zweck wurde mit 180 Tonnen Schottersteinen und einer 50 Meter langen Gleisstrecke ein „echter" Bahnhof konstruiert.

Haustiere können nun auch auf einem privaten Tierfriedhof in Königswinter-Oberpleis ihre letzte Ruhe finden. Auf 7.000 Quadratmetern besteht die Möglichkeit, den geliebten Hund und die geliebte Katze oder aber auch den Papagei, der einem ans Herz gewachsen ist, zu bestatten. Pferde, Kühe, Schafe oder andere „Nutztiere" wird man doch jedoch nicht finden – sie sind zur Bestattung nicht zugelassen.

70 Stellen weniger – das ist das Ergebnis zäher Verhandlungen zwischen der Geschäftsführung des Krankenhauses Siegburg und dem Betriebsrat des Klinikums. 30 der insgesamt 70 Stellen sollen durch Fluktuation eingespart werden. 20 Mitarbeiter erhalten Beschäftigungsangebote außerhalb des Hospitals, die verbleibenden 20 können in eine Beschäftigungsgesellschaft wechseln, die sie über einen bis zu einjährigen Zeitraum qualifiziert; sie erhalten eine Abfindung.

Die Softballerinnen des TV 1908 Neunkirchen e. V. steigen in die Bundesliga auf. Doch nicht nur das Damen-Team der „Nightmares" rund um die Coaches Christoph Bardenheuer und Jesse LaCasse spielt nun auf hohem Niveau – der Herrenmannschaft der „Nightmares" gelang bereits im August der Aufstieg in die 2. Baseball-Bundesliga Nord.

Schlechte Nachrichten gibt es für die Dominikaner im Kloster Walberberg. Das Provinzkapitel beschließt, die Tagungsstätte aus wirtschaftlichen Gründen zum 31.12.2005 zu schließen. Nur die vorhandenen Tagungsräume, nicht jedoch die 156 Betten, sollen über das Jahr 2005 hinaus genutzt werden.
Auch die Jugendakademie in Walberberg, die im Juli diesen Jahres ihr 40-jähriges Bestehen feierte, bedrücken Sorgen um die Zukunft. Das Erzbistum Köln will den jährlichen Zuschuss zum Haushalt der Einrichtung beginnend ab dem Jahr 2008 streichen. Die Einrichtung erarbeitet einen Sparkatalog, um das Haus zu erhalten.

Der Sieglarer TV, der TV Kaldauen und der TV Ruppichteroth gründen gemeinsam das „Leichtathletik-Zentrum Troisdorf/Siegburg". Mit einem neuen Konzept sollen Top-Athleten gefördert, aber auch Kinder und Jugendliche für die Leichtathletik begeistert und an die verschiedenen Disziplinen herangeführt werden.

In der Gemeinde Eitorf findet der erste „Poetry Slam" statt. Bei dem vom Kreisjugendamt initiierten Wettstreit der Worte, der in der Vergangenheit bereits in Königswinter, Meckenheim und Wachtberg stattfand, kann jedermann eigene Texte, Gedichte und Geschichten auf einer offenen Bühne vortragen – egal ob traurig, lustig, poetisch oder politisch. Die Siegerin oder den Sieger der Veranstaltung kürt das Publikum.

November 2004

Das neue Standortkonzept von Verteidigungsminister Peter Struck lässt auch den Rhein-Sieg-Kreis nicht unberührt. Im Bundeswehr-Gerätedepot in Königswinter-Eudenbach soll das Personal von derzeit 120 Beschäftigten auf nur 70 reduziert werden. Das Logistikamt in Sankt Augustin ist von den Einsparungen weniger stark betroffen. Von insgesamt 890 Dienstposten sollen dort nur 20 wegfallen. Der Standort Rheinbach bleibt ebenfalls erhalten. Die dennoch anstehende Verkleinerung des Personalbestandes von 710 auf 490 Mitarbeiter basiert auf der bereits beschlossenen Verlegung von Teilen des Kommandos nach Köln. Begünstigt durch das neue Konzept wird die Brückberg-Kaserne in Siegburg – dort wird das Personal sogar aufgestockt.

Der Jugendhilfeausschuss des Rhein-Sieg-Kreises berät über Sparpläne des Erzbistums Köln. Nach ersten Erkenntnissen sollen ab dem 1. August 2008 nur noch zwischen 154 und 187 von zur Zeit 330 katholischen Kindergartengruppen im Kreisgebiet Zuschüsse erhalten. Um den Rechtsanspruch auf einen Kindergartenplatz auch weiterhin erfüllen zu können, führt die Kreisverwaltung Gespräche mit Vertretern der Städte und Gemeinden sowie der jeweiligen Seelsorgebereiche.

Bei der letzten Sitzung des Koordinierungsausschusses zur Vereinbarung über die Ausgleichsmaßnahmen für die Region Bonn kann Landrat Frithjof Kühn eine positive Bilanz ziehen. Der Rhein-Sieg-Kreis war an mehr als 30 Projekten mit einem Gesamtvolumen von rund 430 Millionen Euro beteiligt. Daraus resultierten ca. 6.500 neue Arbeitsplätze. Schwerpunkt des Ausgleichs im Rhein-Sieg-Kreis war neben der Ausbildung junger Menschen durch Förderung von Qualifizierung, Wissenschaft und Forschung die Sicherung und Schaffung von Arbeitsplätzen in der Wirtschaft. Auch bedeutende kulturelle Einrichtungen konnten in den vergangenen zehn Jahren auf den Weg gebracht werden.
Mit 10,4 Millionen Euro Kapital ausgestattet nimmt die dritte Stiftung der Kreissparkasse Köln im Rhein-Sieg-Kreis ihre Arbeit auf. Sie trägt den Namen „Städte- und Gemeindestiftung der Kreissparkasse Köln im Rhein-Sieg-Kreis“ und will Konzertreihen und Literatur, Denkmal- und Heimatpflege, Breiten- und Nachwuchssport genauso fördern wie Jugend- und Altenhilfe, Umwelt- und Naturschutz.

Vertreter aus Politik, Verwaltung und Gewerkschaft kommen in Siegburg zusammen, um mit einer „Siegburger Erklärung“ den Umzugsplänen der Krankenkassen-Verbände entgegenzuwirken. Sie fordern die Einhaltung des Bonn-Berlin-Gesetzes, das die Region Rhein-Sieg als Gesundheitsschwerpunkt festlegt. Aktueller Anlass ist der Beschluss des VdAK-Gesamtvorstandes, die Kosten eines Umzugs von Siegburg nach Berlin zu prüfen.

November 2004, Umwelt und Natur

Der erste, ausgesprochen frühe Wintereinbruch sorgt in weiten Teilen des Rhein-Sieg-Kreises für ein ausgeprägtes Chaos. Zahlreiche Straßen werden durch umfallende Bäume blockiert; verschiedene Ortsteile sind sogar für einen Großteil des Tages ohne Strom. Auch auf der Bahnstrecke Köln-Siegen muss der Strom abgeschaltet werden, denn ein umstürzender Baum hat in Windeck auf mehr als 600 Metern die Oberleitung heruntergerissen.

November 2004, Namen und Personen

In einem Bonner Krankenhaus verstirbt der frühere Vizelandrat Josef Fleischer im Alter von 84 Jahren. Der gelernte Gärtnermeister aus Alfter war von 1971 bis 1994 Mitglied des Kreistages.

Franz Huhn wird als Leiter des Berufskollegs Siegburg verabschiedet. Doch er geht nicht in den Ruhestand, sondern wechselt die Schreibtische: Der langjährige Rektor ist der neue Bürgermeister der Stadt Siegburg.

November 2004, Kunst und Kultur

Eine Ausstellung im Gemeindesaal Sankt Augustin-Hangelar dokumentiert die 95-jährige Geschichte des Flugplatzes. Zu sehen sind u. a. Fotos von der Landung des Luftschiffes Graf Zeppelin im Jahr 1930.

Das Kunststofffenster feiert seinen 50. Geburtstag. Über diese Erfindung des Troisdorfer Unternehmens Dynamit Nobel, die 1954 der Öffentlichkeit vorgestellt wurde, haben Schüler des Sieglarer Heinrich-Böll-Gymnasiums einen Film gedreht, der nicht nur Original-Material aus den 50er und 60er Jahren enthält, sondern auch Zeitzeugen in aktuellen Interviews zu Wort kommen lässt.

„Schätze rund ums Siebengebirge, Fossilien – Gesteine – Mineralien" sind im Brückenhofmuseum in Königswinter-Oberdollendorf zu sehen. Höhepunkt der Ausstellung sind ausgewählte Funde aus der Fossilienlagerstätte Rott bei Hennef.

Anlässlich des Jahrestages der Reichsprogromnacht am 09. November 1938, in der schreckliche Übergriffe auf Synagogen und jüdische Geschäfte stattfanden, lädt die Gedenkstätte „Landjuden an der Sieg" in Windeck-Rosbach zu einer Gedenkstunde ein. Ehrengast ist Dr. Hans Keilson aus Bussum (Niederlande), jüdischer Schriftsteller und Psychoanalytiker sowie letzter Überlebender des literarischen Exils in den Niederlanden

Abbildungen aus dem neu erschienenen Buch von Hartmut Küper „Flugplatz Hangelar, Band 2", Rheinlandia Verlag

November 2004, was sonst vor Ort geschah

Der japanische Konzern Kuraray übernimmt den Trosifol-Betrieb der HT Troplast AG. Der Troisdorfer Betrieb stellt Spezial- und Sicherheitsfolien her, die sich z. B. in der Kuppel des Reichstages wiederfinden. Kuraray Specialities Europe, ein Tochterunternehmen des Konzerns, liefert bereits seit einem halben Jahrhundert Harze in den Rhein-Sieg-Kreis, die dort weiterverarbeitet werden. Die 200 Mitarbeiter können trotz Übernahme zuversichtlich sein, denn der Standort Troisdorf soll erhalten bleiben.

Der zweite Erweiterungsbau der kreiseigenen Heinrich-Hanselmann-Schule in Sankt Augustin ist bezugsfertig. Nach nur 17 Monaten Bauzeit können sich die geistig und körperlich behinderten Kinder und Jugendlichen, die dort gefördert werden, über drei neue Klassenräume, einen Therapie- sowie einen Pflegeraum freuen.

Dass es am Persischen Golf gelingt, besonders schnelle Rennkamele zu züchten, ist auch ein Verdienst der Rheinbacher Reproline medical GmbH, die winzige Kapillaren zur künstlichen Befruchtung herstellt. Hierfür erhält das junge Unternehmen den mit 2.500 Euro dotierten Sonderpreis „Innovations- und Wachstumspotential" der Kreissparkasse Köln. Der eigentliche Gründerpreis in Höhe von 5.000 Euro geht an das Rheinbacher Werkstoffzentrum, das sich mit Werkstoffprüfung, Werkstoffentwicklung und Werkstoffberatung befasst.

Der Landschaftsausschuss des Landschaftsverbandes Rheinland beschließt, den Jugendhof Rheinland in Königswinter so schnell wie möglich zu verkaufen. Die seit 1959 in Königswinter existierende Bildungseinrichtung erwirtschaftet gegenwärtig ein jährliches Defizit in Höhe von 700.000 Euro.

Schulfrei – zumindest für einige Tage – haben die Schüler der Hauptschule und der Katholischen Grundschule in Hennef. Doch der Anlass bietet keinen Grund zur Freude über die freien Tage: Dachdeckerarbeiten hatten einen Großbrand ausgelöst, der verschiedene Fach- und Klassenräume sowie das Lehrerzimmer der größten Hauptschule Nordrhein-Westfalens zerstörte. „Feuerwehrleute kämpften die ganze Nacht" melden die Zeitungen am Tag nach einem der verheerendsten Großbrände der Hennefer Stadtgeschichte. Es entsteht ein Millionenschaden. Der Neubau des betroffenen Schultraktes wird bis zum Jahr 2006 dauern, 200 Schüler müssen bis dahin zunächst im benachbarten Gymnasium und später in Containerklassen untergebracht werden. Die angrenzende Grundschule wird kein Opfer der Flammen. Sie ist jedoch durch die Rauchentwicklung und durch Strom- und Wasseranschlüsse, die sie mit der Hauptschule teilt, betroffen.

Dezember 2004

Der Rhein-Sieg-Kreis setzt gemeinsam mit der italienischen Stadt Spoleto die Unterstützung für die kambodschanischen Pilot-Stadtverwaltungen Siem Reap und Battambang im Rahmen eines zweiten Projektes fort. Nachdem zunächst Verwaltungsstrukturen, Abläufe, Stadtentwicklungsplanung und Bürgerbeteiligung Arbeitsthemen waren, sollen jetzt der rechtliche Rahmen für ein öffentliches Einnahmesystem sowie Richtlinien für die Haushaltsführung entworfen und der Aufbau einer Presse- und Öffentlichkeitsarbeit begleitet werden. Zum Zeitpunkt der Ratifizierung des neuen Vertrages besucht eine Delegation um Vize-Premierminister Sok An den Rhein-Sieg-Kreis. Das Projekt wird von der Europäischen Union finanziert und von der Konrad- Adenauer-Stiftung betreut.

1.155 Ehejubiläen wurden im Jahr 2004 im Rhein-Sieg-Kreis gefeiert und damit so viele wie noch nie. Auch die Zahl der Altersjubiläen beeindruckt: 53 Damen und Herren wurden im abgelaufenen Jahr über 100 Jahre alt.

Sechs Jahre Haft für Karl-Heinz Meys, so lautet das Urteil des Landgerichts Bonn. Der frühere Geschäftsführer der Rhein-Sieg-Abfallwirtschaftsgesellschaft (RSAG) wird der Bestechlichkeit in einem besonders schweren Fall und der Steuerhinterziehung für schuldig gesprochen, denn er hat von Müllunternehmer Hellmut Trienekens Schmiergelder in Höhe von mindestens 2,85 Millionen DM bekommen und in den Jahren 1998 bis 2000 Steuern in Höhe von 1,7 Millionen DM hinterzogen, so die Feststellung des Gerichts unter Vorsitz von Richter Heinrich de Vries. Meys wurde bereits im Juli 2002 wegen des Verdachts der Korruption verhaftet und saß bis Mitte Mai 2003 in Untersuchungshaft. Hellmut Trienekens war wegen Steuerhinterziehung schon vorher zu einer Freiheitsstrafe von zwei Jahren auf Bewährung sowie zur Zahlung von zehn Millionen Euro verurteilt worden. Ihm droht jedoch wegen der im Meys-Prozess festgestellten Bestechung eine neue Anklage vor dem Bonner Landgericht.

Auch Karl Wienand, der frühere parlamentarische Geschäftsführer der SPD-Bundestagsfraktion aus Windeck, wird verurteilt. Wegen Beihilfe zur Untreue in einem besonders schweren Fall erhält er in Köln eine Freiheitsstrafe von zwei Jahren, die zur Bewährung ausgesetzt wird. Man wirft ihm vor, beim Bau der Kölner Müllverbrennungsanlage 4,2 Millionen Mark an Schmiergeld erhalten sowie das Bestechungsgeschäft angestoßen zu haben.

Das Verwaltungsgericht Köln bestätigt die Auffassung von Landrat Frithjof Kühn und verneint die Zulässigkeit der technischen Fraktion, die von den Kreistagsabgeordneten Uwe-Bernd Griesert (parteilos, ehemals PDS), Stephan Meise (NPD) und Dr. Helmut Fleck (Bündnis für Deutschland) ins Leben gerufen wurde, um die Rechte einer Fraktion geltend machen zu können. Nach Auffassung des Gerichtes gehört „zu den Wesensmerkmalen einer Fraktion ein gemeinsamer politischer Grundkonsens, der bei den drei genannten Kreistagsmitgliedern offenkundig fehlt". Das daraufhin angerufene Oberverwaltungsgericht Nordrhein-Westfalen kommt später zu dem gleichen Ergebnis.

Neue Nummernschilder gibt es für die Polizei in Nordrhein-Westfalen. Ihr Erkennungszeichen beginnt nun mit den Buchstaben NRW. Damit sind die geleasten Fahrzeuge nicht mehr einer bestimmten Behörde zuzuordnen und können so zwischen den Polizeibehörden ausgetauscht werden.

Im Rhein-Sieg-Kreis gibt es einen Gründungsüberschuss: Im Jahr 2004 registrieren die Gewerbeämter – auch durch die große Anzahl der Ich-AGs beeinflusst – insgesamt 7.560 neue Unternehmen – damit 18,8 Prozent mehr als im Jahr 2003. Die Zahl der Gewerbeabmeldungen steigt nur leicht um 2,4 Prozentpunkte, so dass in der Bilanz 2.670 Firmen mehr zu verzeichnen sind als im Vorjahr. Hinsichtlich der Zahl der Insolvenzen liegt die Region Bonn-Rhein-Sieg deutlich über dem Landestrend – in Nordrhein-Westfalen sank die Quote um 22 Prozent, an Rhein und Sieg war jedoch ein Zuwachs von sieben Prozent festzustellen.

Kanutin Sabine Füßer erhält für herausragende sportliche Leistungen den Rhein-Sieg-Förderpreis der Kreissparkassenstiftung. Die 30-jährige Siegburgerin wurde bislang zweimal Vizeweltmeisterin, einmal Vizeeuropameisterin und einmal Europameisterin im Damennationalteam. In der Jury sitzen unter anderem die Ex-Weltmeister Wolfgang Overath und Henry Maske.

Mit einem Mahnfeuer protestieren annähernd 200 Landwirte – zahlreiche davon aus dem Rhein-Sieg-Kreis – in Euskirchen gegen die Zuckermarktreform der EU. Sie sehen durch die Öffnung des Marktes und die mit der Reform verbundenen Senkungen der Garantiepreise ihre Existenz bedroht. Bereits im September hatte man vor einer Zuckerfabrik demonstriert.

Einen Einblick in die noch fremde Kultur Japans bietet die Ausstellung „Japanische Malerei und Keramik", die die Deutsch-Japanische Gesellschaft Siegburg im Foyer des Kreishauses zeigt. Zu sehen sind Blumenaquarelle, japanische Gebrauchskeramik und japanische „E-Tegamis", kleine Grafiken im Postkartenformat.

Im Kreishaus liegt mal wieder Musik in der Luft, denn im großen Sitzungssaal präsentieren die Teilnehmer des 25. Wettbewerbs „Musizierende Jugend" Stücke wie „Biene Maja" oder „Suono Dolce". Mit insgesamt 410 Anmeldungen beteiligen sich so viele Kinder und Jugendliche wie noch nie.

Den Abschluss und gleichzeitig einen Höhepunkt der zahlreichen, sehr erfolgreichen Veranstaltungen zum zehnjährigen Jubiläum der Gedenkstätte „Landjuden an der Sieg" bildet das Konzert der einzigen jüdischen Kantorin in Deutschland, Avitall Gerstetter, im Theater am Park in Eitorf. Die ausgebildete Sopranistin ist Kantorin der berühmten jüdischen Synagoge in der Berliner Oranienburger Straße.

Dezember 2004, Namen und Personen

Brigadegeneral Kurt Herrmann übergibt am Bundeswehrstandort Rheinbach die Leitung des Kommandos „Strategische Aufklärung" an Brigadegeneral Friedrich Wilhelm Kriesel. Herrmann wird in den nächsten Wochen für eine Verwendung bei der NATO in Moskau die russische Sprache erlernen.

Nach über 50 Jahren im Dienst der Sieg-Fischerei-Genossenschaft legt Hans-Günter Hardt sein Amt als Vorsitzender nieder. Der 81-Jährige hat seinen persönlichen Beitrag dazu geleistet, dass die Sieg wieder eines der bedeutendsten Fließgewässer Nordrhein-Westfalens ist.

Bundespräsident Horst Köhler macht seinen Antrittsbesuch an seinem zweiten Dienstsitz in Bonn. Nach dem Eintrag in das Goldene Buch der ehemaligen Bundeshauptstadt steht ein Besuch des Weihnachtsmarkts auf dem Programm.

Dezember 2004, Kunst und Kultur

Shahram Karimi, Träger des Kunstpreises des Rhein-Sieg-Kreises im Jahr 1997, lädt zu einer „Traumreise" in die Redaktion des „Rhein-Sieg-Anzeigers" ein. Der aus dem Iran stammende Künstler zeigt dort seine neuen Werke.

Die Spinnereigruppe Schoeller schließt in Eitorf ihre Färberei und verlagert sie nach Österreich. Betroffen davon sind etwa 110 Mitarbeiter. Nur Teile der Verwaltung und das Auslieferungslager, also rund 40 Mitarbeiter, bleiben in der Siegtal-Kommune. Das Unternehmen begründet die Verlagerung mit der verschärften Wettbewerbssituation durch die Liberalisierung des Textilhandels und hohen Kosten für die Abwasserbeseitigung am Standort Eitorf. Erfolglos bemühen sich Politiker, Belegschaft und Gewerkschafter um eine Rücknahme dieser Entscheidung. Auch ein Gespräch mit dem Eigentümer Franz Albers nur einen Monat später vermag diesen trotz weitreichender Zugeständnisse der Belegschaft und auch der Gemeinde Eitorf nicht zu überzeugen, am Färberei-Standort Eitorf festzuhalten.

Dezember 2004, was sonst vor Ort geschah

Ein Besucher- und Informationszentrum wird es demnächst in Windeck an der Grube Silberhardt geben. Der Kulturausschuss des Rhein-Sieg-Kreises bewilligt dem „Verein zur Erhaltung der Bergbau- und Hüttentradition" einen Zuschuss in Höhe von 46.000 Euro, mit dem dieser – gemeinsam mit den Zuwendungen des Landschaftsverbandes und der Kreissparkasse Köln – das in unmittelbarer Nachbarschaft gelegene Sportheim des SV Öttershagen (der am anderen Ende des Grundstückes ein neues Vereinsheim errichten will) kaufen und zu einem Museum umgestalten kann.

Die Internationale Fachhochschule für Touristik- und Hotelmanagement in Bad Honnef erhält kurz vor Toresschluss überraschend noch Ausgleichsmittel. Bis zu 1,3 Millionen Euro bekommt die Bildungseinrichtung, die sich an dem von der EU geförderten weltweiten Austauschprogramm „Erasmus Mundus" beteiligt, für den Bau zweier großer Studentenwohnhäuser, die für ausländische Studierende der Partneruniversitäten u. a. in Finnland, den USA und in Australien vorgesehen sind.

Das britische Finanzkonsortium Carlyle und Advent kauft die Troisdorfer HT Troplast, die zum Konzern der Rütgers-AG gehört. Die EU-Kommission stimmte der Übernahme bereits zu, die zu einem Verkaufspreis von 300 Millionen Euro erfolgt sein soll.

Die Siebengebirgszeitung stellt nach 41 Jahren ihr Erscheinen ein. Die Vertriebs- und Anzeigenerlöse decken inzwischen nicht mehr die Produktionskosten, so dass Verlag und Druckerei Insolvenz anmelden mussten. In Spitzenzeiten erschien die beliebte, wöchentlich erscheinende Heimatzeitung in einer Auflage von 6.200 Expl.

Die Mundorf-Gruppe verkauft die Firma ETEC an das Management. Mundorf gründete das Unternehmen nach eigenen Angaben im Jahr 1982. Eine Erfindung aus Lohmar sorgte in den vergangenen Monaten in der Skisprung-Welt für Aufsehen: Die ETEC Gesellschaft für technische Keramik mbH entwickelte eine Anlaufspur für Skisprungschanzen, die ohne Schnee ganzjährig nutzbar ist. Keramiknoppen werden dazu in eine Keramikmasse einvulkanisiert. Mit Wasser befeuchtet haben sie bessere Gleiteigenschaften als Schnee und können durch eine Heizung frei von Eis gehalten werden. Auf der 125-m Schanze in Bischofshofen flog Adam Malysz im Test mit diesem Belag 142 Meter. ETEC erhielt daraufhin den Auftrag zur Ausrüstung der fünf Skischanzen der Olympischen Winterspiele in Turin.

Siebengebirgs-Zeitung
Unabhängige Heimatzeitung für das Siebengebirge und Umgebung
41. Jahrgang Nummer 52 23. Dezember 2004 Einzelpreis 1,12 €
DIE LETZTE
Zum Ende des 41. Erscheinungsjahres stellen wir aus wirtschaftlichen Gründen die Siebengebirgs-Zeitung ein.

Der Neu- und Erweiterungsbau der Verbundschule Bornheim-Uedorf wird eingeweiht. Vier Millionen Euro wurden investiert, um die Pläne des Architekten Helmut Heuer umzusetzen. Entstanden ist ein futuristisches und zugleich gemütliches Gebäude, in dem man sich insbesondere um Kinder mit Sprachauffälligkeiten sowie Lern- und Entwicklungsverzögerungen kümmert.

Für 1,5 Millionen Euro wird das ehemalige Kasernengelände von Camp Spich veräußert. Käufer der 42 Hektar großen Fläche ist die Projektmanagement GmbH Camp Spich, die zum städtischen Konzern Troikomm gehört. Die Suche nach einem Investor geht unterdessen weiter, denn auf dem Areal sollen bis zu 2.000 Arbeitsplätze entstehen.

Die neuen stadteigenen Jugendämter in Bornheim und Meckenheim öffnen ihre Pforten. Wie die Stadt Siegburg im Juli 2004 haben auch sie sich aus dem Verband des Kreisjugendamtes gelöst. Für die Kommunen Alfter und Wachtberg ist weiterhin das Kreisjugendamt zuständig, dessen Außenstelle in Meckenheim nun als Jugendhilfezentrum für Alfter und Wachtberg fungiert.
Ob es auch in Königswinter zukünftig ein stadteigenes Jugendamt geben wird, steht dagegen noch in den Sternen, denn ein eigens in Auftrag gegebenes Gutachten trifft keine eindeutigen Aussagen zu dessen Vorteilhaftigkeit. Auch in Bad Honnef macht man sich wieder Gedanken über dieses Thema, obwohl man dort bereits im Jahr 2004 ausgerechnet hatte, dass sich ein eigenes Jugendamt aus finanziellen Erwägungen heraus nicht lohne.

Auch im Rhein-Sieg-Kreis löst der Tsunami in Südostasien vom zweiten Weihnachtstag große Anteilnahme und Hilfsbereitschaft aus. An den öffentlichen Gebäuden wehen die Fahnen auf Halbmast. Viele Initiativen und Hilfsorganisationen sammeln Geld und rufen zur Unterstützung auf. In besonderer Weise sind aus dem Kreis die Grünhelme, der Orden der Salesianer Don Boscos und die Steyler Missionare aktiv; der Kreis appelliert an seine Einwohner, diese Einrichtungen besonders zu unterstützen.

Aufregung gibt es auch im Siegburger Kreishaus wegen der Pläne von Innenminister Behrens, im Rahmen der Umstrukturierung der nordrhein-westfälischen Polizei die Zahl der Kreispolizeibehörden von derzeit 50 auf 16 bis 18 zu reduzieren. Siegburg und Euskirchen würden nach dem Vorschlag der Kommission um den ehemaligen Essener Polizeipräsidenten Udo Scheu zukünftig dem Polizeipräsidium Bonn angeschlossen, zu dem schon der linksrheinische Kreis sowie die Kommunen Königswinter und Bad Honnef gehören. Es wird befürchtet, dass bei Umsetzung der jetzt bekannt gewordenen Pläne die ländlichen Kommunen schlechter bedient würden als vorher. Der Neubau des Polizeigebäudes an der Frankfurter Straße wird durch diese Überlegungen jedoch nicht beeinflusst.

Nachdem die Zahl der Arbeitslosen in der Region Bonn-Rhein-Sieg zum Jahresende unter die Marke von 30.000 gesunken war und damit die Arbeitslosenquote von 6,9 Prozent signifikant unter dem Landesdurchschnitt Nordrhein-Westfalens von 10,4 Prozent lag, wird die Grenze von 30.000 nun überschritten. Ursache sind nicht nur saisonal bedingte Entwicklungen oder der Jahreskündigungstermin 31.12., sondern auch statistische Veränderungen in Folge der Arbeitsmarktreform Hartz IV: Menschen, die seit längerer Zeit erwerbslos sind und bislang von den Sozialämtern betreut wurden, werden nun wieder als arbeitssuchend registriert.

In der Frage des Schadenersatzanspruches von Flughafenanwohnern wegen des Lärms startender oder landender Flugzeuge trifft der Bundesgerichtshof eine Grundsatzentscheidung. Ein Ehepaar aus Lohmar hatte den Flughafen Köln-Bonn auf Zahlung von 70.000 Euro als Ersatz für getroffene Lärmschutzmaßnahmen und die Wertminderung ihres Grundstückes verklagt. Der fünfte Zivilsenat entscheidet jedoch, dass bei einem ordnungsgemäß genehmigten Flughafen zivilrechtliche Entschädigungsansprüche wegen Lärmbelästigungen nicht in Betracht kommen.

Anlässlich des Tages der Befreiung des Konzentrationslagers Auschwitz vor 60 Jahren finden überall im Rhein-Sieg-Kreis Gedenkveranstaltungen statt. Der ehemalige Bundespräsident Herzog hatte im Jahr 1996 den 27. Januar zum „Gedenktag für die Opfer des Nationalsozialismus" ausgerufen. In Auschwitz, dem größten Konzentrations- und Vernichtungslager der Nationalsozialisten, starben bis zum Eintreffen der russischen Soldaten zwischen 1,1 und 1,5 Millionen Menschen – bis heute konnte die genaue Anzahl der Todesopfer nicht ermittelt werden.
Vor 150 Schülern des Neunkirchener Antoniuskollegs spricht der Zeitzeuge Philipp von Boeselager, der an dem gescheiterten Attentat auf Hitler am 20. Juli 1944 beteiligt war, von seinen Erfahrungen in der Zeit vor und nach dem Zweiten Weltkrieg.
Philipp Freiherr von Boeselager, der letzte Überlebende der Widerstandsgruppe vom 20. Juli 1944, ist inzwischen 86 Jahre alt. Dass er vor 60 Jahren nicht wie Claus Schenk Graf von Stauffenberg zum Tode verurteilt wurde, verdankt er einem glücklichen Zufall. Am 18. Juli 1944 erhielt er von seinem Bruder Georg von Boeselager, der später im Krieg fiel, den Auftrag, sechs Reiterschwadronen von der Ostfront nach Berlin zu führen, um dort nach dem Attentat für Sicherheit und Ordnung zu sorgen. Die insgesamt 200 Kilometer überwand von Boeselager mit seinen 1.200 Leuten in nur 36 Stunden. Dass das Attentat gescheitert war, erfuhr er von seinem Bruder, der ihm durch einen Melder die Mitteilung „Zurück in die alten Löcher" zukommen ließ. Also begab man sich zurück an die Front. Da die Truppenbewegung niemandem aufgefallen war, geriet auch niemand in Verdacht. Philipp von Boeslager, heute Träger des Großen Bundesverdienstkreuzes, war bereits im März 1943 an einem Attentat auf Hitler beteiligt. Für zwei Bomben, die diesen im Flugzeug nach einem Besuch an der Ostfront töten sollten, hatte er den Sprengstoff besorgt. Doch es kam nicht einmal zur Explosion – die Zünder waren im Frost eingefroren. Der zunächst überzeugte Soldat hatte sich im Oktober 1942 dem Widerstand angeschlossen und dem Leitgedanken vieler Gegner der Nationalsozialisten „Wo Unrecht zu Recht wird, wird Widerstand zur Pflicht" verschrieben.

Januar 2005, Kunst und Kultur

Mit der Geschichte der Siegburger Polizei und deren Wandel während der Zeit der Weimarer Republik, des Dritten Reiches und der Nachkriegsjahre beschäftigt sich eine Ausstellung von Studierenden der Fachhochschule Köln, die im Foyer des Siegburger Rathauses präsentiert wird. Im Rahmen einer Projektarbeit haben die angehenden Polizei- und Verwaltungsbeamten zahlreiche Archive durchstöbert und auch verschiedene Zeitzeugen interviewt.

„Karneval einmal klassisch op. 4713" – mit diesem Programm gastiert das Neunkirchen-Seelscheider Festspielensemble nicht nur im heimischen Kunsthaus in Seelscheid und anderen Orten im Rhein-Sieg-Kreis, sondern auch im Foyer der Kölner Oper. Die Gruppe rund um Sprecher und Moderator Burkard Sondermeier entführt die Besucher in die Welt von Jacques Offenbach, Robert Schumann und Willi Ostermann.

„Krankenmord im Nationalsozialismus in Grafeneck 1940" heißt der Titel einer Wanderausstellung, die im Foyer des Kreishauses zu sehen ist. Sie dokumentiert, wie in Deutschland in den Jahren 1940 und 1941 über 70.000 psychisch kranke und geistig behinderte Menschen ermordet wurden. Einer dieser Orte war das Schloss Grafeneck auf der Schwäbischen Alb. Allein im Jahr 1940 wurden dort mehr als 10.000 Menschen umgebracht. Die Ausstellung zeigt nicht nur die Opfer, sondern auch die Täter von Grafeneck.

Die Kreativmesse „Mein Steckenpferd" wird nach über zehn Jahren im Messezentrum Hennef nach Köln verlegt. Der Veranstalter kann die technischen Voraussetzungen wie die Funktionalität von Heizung, Fahrstühlen und Rolltreppen nicht mehr gewährleisten. Das Messezentrum wird seit längerer Zeit nur noch sporadisch seinem ursprünglichen Zweck entsprechend genutzt; es soll nach dem Abschluss eines schwierigen Planungsverfahrens, bei dem insbesondere die Interessen des Hennefer Einzelhandels eine wichtige Rolle spielen, zu einem Möbelkaufhaus umgebaut werden.

Januar 2005, Namen und Personen

Im Alter von 85 Jahren verstirbt Generalkonsul Carl-Heinz Herden. Der Ehrenbundesmeister der historischen Deutschen Schützenbrüderschaften des Bezirksverbandes Rhein-Sieg aus Hennef war über 25 Jahre Generalkonsul von San Marino.

Nach langer, schwerer Krankheit stirbt Professor Dr. Hubert Severin im Alter von 66 Jahren. Der Gründungsrektor der Fachhochschule Bonn-Rhein-Sieg wurde bereits im Jahr 2000 in den Ruhestand versetzt.

Heinz Hilden feiert seinen 80. Geburtstag. Der SPD-Politiker aus Hennef, der dort bereits 1952 in den Rat gewählt wurde, ist noch immer im Aufsichtsrat der RSAG aktiv und damit der wohl dienstälteste Kommunalpolitiker im Rhein-Sieg-Kreis.

Der neue erste parlamentarische Geschäftsführer der CDU-Bundestagsfraktion erhielt sein Mandat im Rhein-Sieg-Kreis: Der Abgeordnete Norbert Röttgen ist für den Wahlbezirk Rhein-Sieg-Kreis II in der dritten Legislaturperiode im Bundestag und war bislang rechtspolitischer Sprecher seiner Fraktion.

Januar 2005, was sonst vor Ort geschah

Grund zur Freude gibt es in Hennef: Die Sportschule ist in der Liste möglicher Mannschaftsquartiere für die Fußballweltmeisterschaft 2006 aufgeführt – diese Botschaft verkündet Karl-Josef Tanas, Präsident des Fußballverbandes Mittelrhein, gemeinsam mit Rainer Calmund und Wolfgang Overath in der Sportschule in Hennef-Söven. Gleichzeitig geben sie bekannt, dass die Sportschule einen Anbau mit 22 hochmodernen Zimmern als Mannschaftsunterkunft bekommt. Ob aber tatsächlich eine der 32 WM-Mannschaften die Räume dort beziehen wird, entscheidet sich erst im März nächsten Jahres. Die Generalprobe gibt es jedoch bereits während des Konförderationen-Cups im Juni dieses Jahres – dann ist die argentinische Nationalmannschaft zu Gast in Hennef.

Seit über einem Jahr ist in Königswinter das an der Rheinallee geplante Sealife-Center das kommunalpolitische Spitzenthema überhaupt. Nun hat der Stadtrat dem Vorhaben des Investors Merlin Entertainments mit den Stimmen von CDU, FDP und Bündnis 90 / DIE GRÜNEN den Weg geebnet: Das Bebauungsplanverfahren konnte abgeschlossen und die Baugenehmigung für das große Aquarium erteilt werden. Auf rund 170 Quadratmetern und zwei Ebenen werden zukünftig nicht nur einheimische Arten zu sehen sein, sondern z. B. auch Haie, Rochen und Seepferdchen.
Ein Bürgerbegehren war aus formalen Gründen nicht zu Stande gekommen. Einige Anwohner legen jedoch Widerspruch gegen die Baugenehmigung ein. Sealife beschäftigt auch die Verwaltungsgerichtsbarkeit. Anwohner haben beim Oberverwaltungsgericht in Münster einen Normenkontrollantrag gestellt; mit einem Eilantrag beim Verwaltungsgericht Köln wollen sie zusätzlich den Stopp der Bauarbeiten erreichen.

Die Europaschule in Bornheim und die Deutsche Telekom Stiftung unterzeichnen eine Vereinbarung über die Zusammenarbeit im Modellprojekt „Schule interaktiv". Durch den Einsatz moderner Technik, die die 2004 gegründete Stiftung zur Verfügung stellt, sollen verschiedene didaktische Ansätze entwickelt und eingesetzt werden, die eine intensive Interaktion zwischen Lehrer und Schüler fördern.

Nach 90 Jahren muss die Familie Geldsetzer ihren Märchenwald schließen. Immer weniger Besucher kamen in den vergangenen Jahren nach Ruppichteroth, um sich von den Geschichten rund um Dornröschen und Schneewittchen verzaubern zu lassen. Den Grundstein für das „Steiner Schlösschen", das erst in späteren Jahren zum Märchenwald wurde, legte Gustav Hartmann 1914 mit einem Nachbau von Schloss Homburg.

Februar 2005

„Kumm loss mer fiere“: das lassen sich die 55 jungen Regenten, die sich im Kasino des Kreishauses eingefunden hatten, nicht zweimal sagen. Bei flotter Musik tummeln sie sich auf der Tanzfläche und verfolgen gespannt die karnevalistischen Darbietungen. Mit dabei ist auch das erste Dreigestirn des Hennefer Kindergartens „Vogelnest“, das nicht als Prinzessin, Prinz und Bauer seine Aufwartung macht, sondern als Eule, Storch und Spatz, also als echte „Karnevalsvögel“, daherkommt.
Aber nicht nur „kleine“ sondern auch „große Jecke“ folgen in diesen Tagen der Einladung ins Kreishaus. 85 Tollitäten samt ihrem Gefolge lassen sich den 30. Prinzenempfang nicht entgehen. Neben Erbsensuppe, Bier, Sekt und Musik werden weitere Highlights geboten: Kreiskämmerer Karl-Hans Ganseuer verteilt den „Pleitegeier-Orden 2005“ und Pressesprecher Thomas Wagner bietet als Schiedsrichter Platzverweise und Elfmeter an, um den Kreishaushalt ein wenig aufzubessern.

„Bildung = Zukunft“ ist das Motto der ersten Bildungsmesse im Kreishaus, zu der der Rhein-Sieg-Kreis und das Aus- und Weiterbildungsnetzwerk „LerNet Bonn / Rhein-Sieg“ eingeladen haben. 30 Aussteller informieren Firmen und Verwaltungen, aber auch Existenzgründer und andere Bildungsinteressierte, über Controlling, Wissensmanagement, Zeugnissprache und viele weitere Themen aus dem Bereich Bildung. Die Veranstaltung wird begleitet durch zahlreiche themenbezogene Vorträge und eine Podiumsdiskussion.

Februar 2005, Namen und Personen

Schulamtsdirektor Theo Winterscheid ist seit 25 Jahren Schulaufsichtsbeamter beim Rhein-Sieg-Kreis. Mit 22 Jahren wurde der 1942 geborene Pädagoge bereits Lehrer. Der Schulaufsichtsbeamte ist für 34 Grundschulen im Kreisgebiet zuständig und betreut schulformenübergreifend den Bereich „Neue Medien“. Im Oktober vergangenen Jahres ernannte ihn der Verband Bildung und Erziehung Bonn (VBE) zum Ehrenmitglied.

Für Pater Hans-Joachim Winkens ist die Zeit gekommen, Abschied zu nehmen. Der langjährige Rektor des Vinzenz-Pallotti-Kollegs in Rheinbach verlässt seine bisherige Wirkungsstätte für mindestens zwei Jahre. Er tritt am 1. März sein neues Amt als Provinzialrektor der gesamten Pallottiner-Provinz Norddeutschland an, zu der bis auf Bayern und Baden-Württemberg das gesamte Bundesgebiet gehört.

Dieter Spiegelhauer, Referent des Rheinischen Amtes für Denkmalpflege, geht in den Ruhestand. Der ausgebildete Architekt begann 1980 nach Inkrafttreten des neuen Denkmalschutzgesetzes damit, alle Denkmäler im Kreisgebiet aufzulisten. 25 Jahre lang blieb er Ansprechpartner des Amtes für alle Denkmalangelegenheiten im Rhein-Sieg-Kreis; über viele interessante Objekte hat er in den Jahrbüchern des Rhein-Sieg-Kreises berichtet. Nun verlässt er den Rhein-Sieg-Kreis und kehrt in seine Heimat Dresden zurück.

Februar 2005, Kunst und Kultur

Heiß her geht es beim Kunstverein für den Rhein-Sieg-Kreis. Die Mitgliederversammlung wird abgebrochen und vertagt, nachdem es zum Streit über die Finanzen und die Abrechnung des Aus- und Umbaus des „Pumpwerks", des Ausstellungshauses des Kunstvereines, gekommen ist.

Februar 2005, Umwelt und Natur

Tief Ulf bringt heftige Schnee- und Regenschauer in den Rhein-Sieg-Kreis, die die Pegel von Agger, Sieg und Bröl stark ansteigen lassen. Mehr als 1.000 Sandsäcke werden benötigt, um den Deich am Siegburger Mühlengraben zu stabilisieren. Der Hochwasserschutzdeich am Mühlengraben auf der Zange in Siegburg war wenige Tage zuvor mit 600 Sandsäcken abgedichtet worden.

Wegen Schneechaos muss die A 3 mehrere Stunden gesperrt werden. Steigung und Gefälle zwischen der Ausfahrt Bonn/Siegburg und der Abfahrt Bad Honnef bedeuten für 50 LKW ein unfreiwilliges Ende ihrer Fahrt. Zahlreiche Fahrzeuge stehen quer auf der Fahrbahn. Knapp 30 Mitarbeiter des technischen Hilfswerks sind mit ihren Geräten im Einsatz. Selbst die Streuwagen kommen nicht mehr durch. Auf wärmende Decken und Tee müssen die Betroffenen jedoch weitgehend verzichten, denn beim Regierungspräsidium Köln hat man es versäumt, das Deutsche Rote Kreuz und Co. anzufordern.

Februar 2005, was sonst vor Ort geschah

Pater Bernhard Venzke, der Leiter der Tagungsstätte Bornheim-Walberberg, wird nach Hamburg versetzt. 300 Walberberger protestieren mit einem Fackelzug gegen diese Entscheidung. Die Tagungsstätte wurde inzwischen für ein Jahr an das benachbarte Phantasialand vermietet. Weitere 20 Dominikaner sollen im Zuge der Verkleinerung des Standortes Walberberg versetzt werden.

Der Flughafen Köln/Bonn hat kein Interesse mehr, die Hallen von Camp Altenrath in Troisdorf für seine Winterdienstgeräte zu nutzen. Eigentümer der ehemaligen belgischen Kaserne ist der Bund. Nach Einschätzung von Troisdorfs Bürgermeister Uedelhoven muss dieser das Gelände komplett renaturieren.

Die Stadt Siegburg plant die Evakuierung der Innenstadt. Während privater Baumaßnahmen zwischen Wilhelmstraße und Leinpfad hatte ein Zeitzeuge dem Bauherren von einem Blindgänger aus dem Zweiten Weltkrieg berichtet, der dort vergraben worden sei. Der Kampfmittelbeseitigungsdienst kann jedoch Entwarnung geben, denn die gefundene amerikanische Zweieinhalb-Zentner-Bombe war bereits kurz nach ihrem Abwurf im Dezember 1944 entschärft worden und konnte nun gefahrlos abtransportiert werden.

Dass sich mit Knoblauch Vampire vertreiben lassen, ist ja hinlänglich bekannt. Nicht jedoch die Tatsache, dass sich dieser auch hervorragend zur Herstellung von Klebstoff eignet. Schüler des Berufskollegs Siegburg landen beim Regionalwettbewerb „Jugend forscht" damit auf dem Siegerpodest. Auch ein neu entwickeltes Sicherheitshalfter für Pferde kann dort überzeugen.

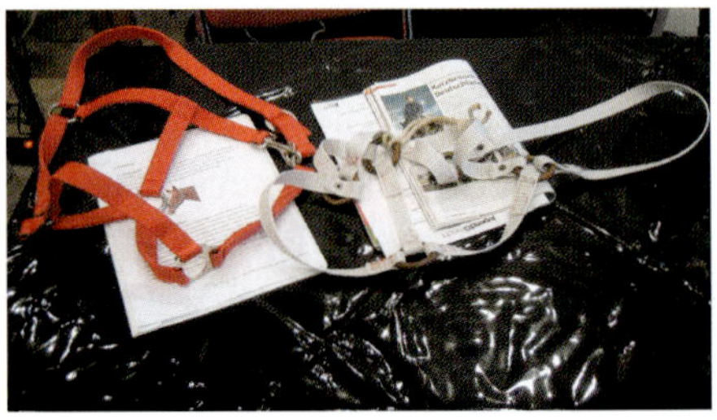

30 Schülerinnen und Schüler aus dem Kreis Bunzlau, dem Partnerkreis des Rhein-Sieg-Kreises, sammeln während eines mehrwöchigen Praktikums in der Kreisstadt Erfahrungen insbesondere in kaufmännischen Berufen. Der Austausch zwischen dem Berufskolleg Siegburg und der polnischen Wirtschaftsfachschule wird durch die Europäische Union gefördert.

März 2005

Der Kreistag beschließt gegen die Stimmen der SPD-Fraktion den Haushalt für das Jahr 2005. Dieser weist im Verwaltungshaushalt bei einem Gesamtausgabevolumen von knapp 431 Millionen Euro ein Defizit von 15,7 Millionen Euro auf. Das Haushaltssicherungskonzept sieht vor, die Defizite aus den Jahren 2005 und 2006 in den Jahren 2008 und 2009 abzubauen. Auch in den Städten und Gemeinden ist die Haushaltslage nahezu überall prekär – 15 der 19 kreisangehörigen Kommunen können ein Haushaltssicherungskonzept nicht vermeiden. Nur Königswinter, Meckenheim, Niederkassel und Troisdorf sind noch in der Lage, ihren Haushalt auszugleichen.

Mit einem Info-Stand am Bahnhof Siegburg beteiligt sich die Kreispolizeibehörde am landesweiten Tag der Kriminalitätsopfer. Mit von der Partie sind der Bundesgrenzschutz, der „Weiße Ring", das Kommissariat Vorbeugung sowie die Rhein-Sieg-Verkehrsgesellschaft.

Das Thema Gesundheit bewegt erneut den Rhein-Sieg-Kreis, denn das Bundeskabinett hat entschieden, die Stiftung „Gesundheitsförderung und Prävention" nicht wie vorgesehen in Bonn, sondern in Berlin einzurichten. Im Bonn-Berlin-Gesetz ist jedoch vorgesehen, die Region Bonn / Rhein-Sieg als Gesundheitsstandort zu fördern.

März 2005, Kunst und Kultur

Der Ruppichterother Heinrich Küpper zeigt in der Redaktion des „Rhein-Sieg-Anzeigers" seine Ausstellung „Hand-Zeichen". Mit den in den vergangenen sechs Monaten entstandenen Arbeiten vereint der 86-jährige Künstler Bildzeichen und Schriftelemente.

Auch die erste Etage des Siegburger ICE-Bahnhofs wird für wenige Stunden zur Galerie. Zu Gunsten der Initiative Science Aid, die sich für die Opfer des Tsunamis einsetzt, verkaufen die Siegburger Künstler Hermann Josef Hack und K. P. Kremer ihre Arbeiten.

März 2005, Namen und Personen

Vizelandrätin Uta Gräfin Strachwitz feiert ihren 70. Geburtstag. Die gebürtige Nürnbergerin ist seit 1992 im Kreistag des Rhein-Sieg-Kreises und wurde bereits 1999 erste Stellvertreterin des Landrates. Gegenwärtig ist sie die Vorsitzende des Kreissozialausschusses. Die sportliche Gräfin, die gerne ins Fitnessstudio geht, hat auch eine Vorliebe für das Kartenspiel Bridge.

Josef Klein, der Präsident des Provinzialverbandes Rheinischer Obst- und Gemüsebauern, wird ebenfalls 70 Jahre alt. Vor vierzig Jahren gründete er die Kreisfachgruppe Obstbau Bonn-Rhein-Sieg. Auch wenn sein Sohn inzwischen seinen Betrieb übernommen hat, findet man den Obst- und Gemüsebauern aus Leidenschaft doch fast täglich dort.

Die VR-Bank Rhein-Sieg verabschiedet ihr langjähriges Vorstandsmitglied Adolf Spanier. Nach 44 Jahren Bankzugehörigkeit geht der gebürtige Lohmarer in den Ruhestand, bleibt jedoch bis zum Jahr 2009 Vorsitzender des IHK-Prüfungsausschusses für Bankkaufleute.

Dr. Ernst Franceschini, Präsident der Industrie- und Handelskammer, trägt sich in das Goldene Buch der Stadt Meckenheim ein.

März 2005, Umwelt und Natur

Eine eigene Homepage widmet die Stadt Troisdorf der Wahner Heide. Dort kann man sich nun über die Belastung durch Kampfmittel ebenso informieren wie über Naturschutz, Naherholung, Historie, Anekdoten und Lyrik.

Dass sauberes Wasser ein Geschenk und keine Selbstverständlichkeit ist, zeigt die Ausstellung „20 Jahre kooperativer Gewässerschutz im Rhein-Sieg-Kreis". Aus Anlass des „Weltwassertages" stellen der „Arbeitskreis Landwirtschaft, Wasser und Boden", der „Arbeitskreis für Gartenbau, Landwirtschaft und Wasser im Wasserschutzgebiet Urfeld" und die Organisation „Drüber und Drunter – Schutzgemeinschaft Boden und Wasser im Langeler Bogen" ihre Aufgaben und Ziele vor.

Der Förderverein der Alanus-Hochschule in Alfter gründet gemeinsam mit der Gemeinnützigen Treuhandstelle in Bochum und der Software-AG-Stiftung aus Darmstadt die Alanus-Stiftung. Das Stiftungskapital von sechs Millionen Euro soll zur Förderung von Wissenschaft, Kunst und Bildung eingesetzt werden. Die hier gezeigten Bilder zeigen Plakate der Aktion „Kunst klebt", die von der Alanus Hochschule und der Künstlerin Ilka Helmig initiiert wurde. Die Motive verdeutlichen, dass Kunst Dinge verbindet, die normalerweise nicht zusammengehören und Sichtweisen eröffnet, die so noch nicht zu sehen waren. Verbindendes Element ist ein rotes Klebeband. Es bringt stellvertretend für die Kunst Menschen und Dinge in ungewöhnliche und zum Teil unbequeme Positionen. Zum Auftakt der Aktion war ein Plakat im April und Mai bundesweit auf 1.500 Großflächenwänden zu sehen. Für die Kampagne wurde Ilka Helmig, ehemalige Studentin der Alanus Hochschule, mit dem renomierten Designpreis „red dot - best of the best" ausgezeichnet.

März 2005, Umwelt und Natur

Zahlreiche Gäste kommen zum ersten Windecker Wirtschaftsforum in den östlichen Rhein-Sieg-Kreis. Über 170 Teilnehmer folgen der Einladung von Bürgermeister Funke – unter ihnen auch die wohl prominenteste Referentin des Abends: Die frühere Vizevorsitzende der SPD-Bundestagsfraktion, Ingrid Matthäus-Meier, die heute im Vorstand der Kreditanstalt für Wiederaufbau tätig ist, hält einen Vortrag über „Fördermöglichkeiten für den Mittelstand".

Die Stadt Sankt Augustin stellt ihr neues Leitbild vor. Das von einem Kölner Planungsbüro entwickelte Konzept trägt den Namen „Wissensstadt Plus" und basiert auf den Säulen Wissensstadt, Wohnqualität und regionale Kooperation.

In der Gemeinde Windeck wird es keine Auto-Rallye geben. Der Landschaftsbeirat des Rhein-Sieg-Kreises lehnt die von der Motorsport-Interessengemeinschaft für Mai geplante Veranstaltung ab, weil sie schädlich für Flora und Fauna sei.

75 Jahre besteht die Geschäftsstelle Menden der Kreissparkasse Köln. Im Laufe der Zeit trug man dem kontinuierlichen Wachstum Rechnung und expandierte nicht nur personell, sondern auch räumlich. Die Leitung der Geschäftsstelle mit insgesamt 12 Mitarbeitern übernimmt Ralf Braß von Günther Pfeiffer.

Die Sparkasse Hennef feiert ihr 100-jähriges Jubiläum. Am 1. März 1905 wurde die „Bürgermeisterei-Sparkasse" gegründet. Das damalige Ein-Mann-Unternehmen versorgt seine Kunden heute in der Zentrale in der City und an sieben weiteren Standorten.

Die Stadt Meckenheim gedenkt in mehreren Veranstaltungen der Bombardierung und Zerstörung der Stadt am 2. und 5. März 1945.

Bei den Landesmeisterschaften im Geräteturnen belegt die Mädchen-Mannschaft des Neunkirchen-Seelscheider Antoniuskollegs in der Gesamtwertung, bestehend aus den Disziplinen Sprung, Schwebebalken und Boden, den dritten Platz. Am Sprung mussten sich die amtierenden Meister des Regierungsbezirks Köln nur dem späteren Turnierzweiten, IKG Bad Oeynhausen, geschlagen geben.

630 Kinder nehmen an der 100pro Kinderolympiade der Kreissparkasse Köln teil. Die Schülerinnen und Schüler aus den Klassen drei bis sechs der Troisdorfer Schulen treten in den Disziplinen Zonenweitsprung, Staffellauf, Seilspringen, Basketballwerfen, Bockspringen, Bodenturnen und Weitsprung gegeneinander an.

April 2005

Auch eine Delegation aus dem polnischen Partnerkreis Bunzlau kommt zu den Tagen des Rhein-Sieg-Kreises nach Siegburg bzw. Bonn. Zugleich nimmt Landrat Konopka mit seiner Mannschaft am parallel stattfindenden Fußballturnier der Betriebssportgemeinschaft der Kreisverwaltung teil. Doch das Team aus Politikern verpasst knapp den ersten Platz, denn die Gastgeber selbst erringen den Turniersieg. Einen Monat später reist die Fußball-Mannschaft der Betriebssportgemeinschaft mit einer kleinen Delegation unter Leitung von Vizelandrat Rolf Bausch zum Fußballturnier und zu den Bunzlauer Tagen in den Partnerkreis.

Das Oberlandesgericht Köln weist im Zivilverfahren die Berufung von Karl-Heinz Meys, dem ehemaligen Geschäftsführer der RSAG, zurück und bestätigt, dass dieser rund 1,6 Millionen Euro an die Abfallwirtschaftsgesellschaft zahlen muss. Es wird nicht entscheiden, ob es sich bei den Millionen, die Meys von Hellmut Trienekens erhalten haben soll, um Schmiergeld handelt, aber auch eventuelle Provisionszahlungen stünden der ehemaligen Arbeitgeberin des 65-Jährigen zu, entschied das Gericht. Über das Vermögen von Meys wird gleichzeitig vor dem Bonner Amtsgericht das Insolenzverfahren eröffnet.

Der Schulausschuss des Rhein-Sieg-Kreises beschließt ein neues Konzept für die vier Erziehungshilfeschulen in Alfter, Hennef, Siegburg und Troisdorf. Zum Schuljahr 2005/2006 werden dort Gruppen für die Nachmittagsbetreuung eingerichtet.

„MEHRSi – Mehr Sicherheit für Biker“ ist der Titel einer Ausstellung, die im Straßenverkehrsamt des Rhein-Sieg-Kreises zu sehen ist. Ein Modell eines „Unterfahrschutzes“, der vor Verletzungen durch scharfkantige Stützpfosten von Leitplanken schützen kann, soll die Besucher für die Gefahren des Motorradsports sensibilisieren.

April 2005, Kunst und Kultur

In der Oberdollendorfer Straßenbahnunterführung in Königswinter dürfen sich die Graffiti-Fans einmal legal betätigen. Im Rahmen der von der Arbeitsgruppe Kultur der Lokalen Agenda 21 veranstalteten Königswinterer Kunsttage verzieren 17 junge Künstler die bisher tristen Wände.

Kambodscha ist nicht nur ein Thema bei der Kreisverwaltung, die dort im Rahmen eines EU-Projektes Aufbauhilfe leistet. Im „Atelier Meerkatze“ in Königswinter zeigt eine Ausstellung des Fotografen Horst Faas Bilder aus der Zeit des Regimes der Roten Khmer. An der Eröffnung nimmt auch der stellvertretende Ministerpräsident und Co-Innenminister Kambodschas, Prinz Norodom Sirivudh, teil.

Die Geschichte des Erzbergbaus im Rhein-Sieg-Kreis dokumentiert eine Ausstellung im Foyer des Kreishauses. Einige Besucher sind sogar im traditionellen Outfit der Bergleute zu sehen. Wer eine ehemalige Grube mal „live“ erleben möchte, hat hierzu in der 1926 stillgelegten Grube Silberhardt in Windeck-Öttershagen die Gelegenheit.
Begleitend zur Ausstellung präsentiert das Kreisarchiv Anfang Mai die Publikation „Von Wasserkunst und Pingen. Erzbergbau im Rhein-Sieg-Kreis und in seiner Umgebung“, die in 13 Aufsätzen die wichtigsten Abbaugebiete im Kreis vorstellt.

Die Humperdinck-Stiftung nimmt nun konkrete Formen an: Der Vorstand und auch das Kuratorium, das zukünftig unter dem Vorsitz von Landrat Frithjof Kühn zusammentritt, konstituieren sich. Auch die dreiköpfige Jury, die über die Vergabe der Stipendien an Komponisten entscheiden soll, wird besetzt.
Das Bundesmanuskriptearchiv zieht ebenfalls in die Musikwerkstatt ein. Diese stetig wachsende Sammlung umfasst gegenwärtig 1.800 Kopien noch nicht veröffentlichter Werke von zeitgenössischen Künstlern.

„Unwiederbringlich vorbei – Geschichte und Kultur der Juden an Rhein und Sieg“ ist der Titel des neuen Buches, das Kreisarchivarin Claudia Maria Arndt gemeinsam mit weiteren Autoren vorstellt. Bereits im Jahr 2002 hatte der Rhein-Sieg-Kreis Mittel für eine umfassende Dokumentation der Gedenkstätte bereitgestellt, die nun mit zahlreichen Fakten und auch bisher nicht veröffentlichten Fotos nicht nur Wissenschaftler anspricht, sondern auch interessierte Laien.

In Zusammenarbeit mit der Gleichstellungsstelle des Rhein-Sieg-Kreises gestaltet das Kreisarchiv die Veranstaltung „Beruf Rabbinerin“ mit Gesa Shira Ederberg. Die Geschäftsführerin der Masorti-Bewegung, dem Verein zur Förderung der jüdischen Bildung und des jüdischen Lebens, steht zur Zeit als einzige Frau einer jüdischen Gemeinde als Rabbinerin vor.

Das Rheinische Landesmuseum Bonn steht an zwei aufeinander folgenden Tagen ganz im Zeichen des Rhein-Sieg-Kreises. Zum zweiten Mal öffnet das Museum seine Tore den Bürgerinnen und Bürgern einer Mitgliedskörperschaft des Landschaftsverbandes Rheinland, der Träger des Museums ist. An einem speziellen Schülertag besuchen 600 Schülerinnen und Schüler aus dem gesamten Kreisgebiet das Museum. Am darauf folgenden „Familientag" steht das Museum natürlich nicht nur Familien, sondern auch Ehepaaren und Singles offen. Sie alle konnten zuvor bei der Kreisverwaltung Freikarten bestellen. Über 1.700 Menschen nutzten diese Chance. Kulturelle und touristische Einrichtungen aus dem gesamten Rhein-Sieg-Kreis präsentieren sich im Foyer des Hauses – sogar die Akteure des Theaterstückes „Der Graf von Windeck" sind mit von der Partie. Workshops laden insbesondere die jüngeren Besucher zum Mitmachen ein. Aber auch für die „Großen" gibt es zahlreiche Führungen und Vorführungen. Weiterer Höhepunkt der Veranstaltung ist die Verleihung des Rheinischen Kunstpreises an die Künstlerin Gabriele Pütz aus Bad Honnef.

In den Ausstellungsräumen sind insbesondere auch Objekte und Funde aus dem Rhein-Sieg-Kreis zu sehen. Der von Claus Weber in diesem Jahrbuch beschriebene Fritzdorfer Goldbecher ist ein besonders prominentes Beispiel der zahlreichen Funde aus dem Kreisgebiet, die im Rheinischen Landesmuseum aufbewahrt werden. Nur ein kleiner Teil davon ist jedoch im Normalfall in der Ausstellung zu finden – vieles ruht sicher in den Magazinen und steht dort für Wissenschaft und Forschung zur Verfügung. Manchmal aber – wie beim Tag des Rhein-Sieg-Kreises – gibt es Gelegenheit, einen Teil der verborgenen Schätze an das Tageslicht zu holen und öffentlich zu zeigen. Mit besonderen Ausstellungsstücken aus dem Rhein-Sieg-Kreis hatte das Museumsteam in der Eingangshalle mehrere Vitrinen bestückt – nach der Veranstaltung werden sie wieder in Kisten und Regalen verstaut, die danach für die Öffentlichkeit nicht mehr zugänglich sind.

April 2005, Namen und Personen

Max Schäfer stirbt im Alter von 72 Jahren. Der Windecker war insbesondere im sportlichen, aber auch im politischen Bereich aktiv. Er wurde 1976 Kreisjugendobmann, 1989 Kreis-Vorsitzender und 2004 Ehren-Kreisvorsitzender des Fußballkreises Sieg. Max Schäfer war darüber hinaus kommunalpolitisch in der Gemeinde Windeck und beim Rhein-Sieg-Kreis aktiv.

Christoph Zacharias tritt die neu gegründete Professur für Existenzgründungs- und Mittelstandsmanagement an der Fachhochschule Bonn-Rhein-Sieg an. Der erfahrene Hochschullehrer und Praktiker soll dort ein interdisziplinäres Lehrangebot zum Thema Existenzgründung aufbauen und zugleich Ansprechpartner für Studierende aller Fachbereiche sein. Zur Finanzierung der Professur stellt die Kreissparkasse Köln jährlich 150.000 Euro zur Verfügung. Nach einer Anlaufzeit von zwei Semestern, so hoffen die Initiatoren, soll es im Schnitt alle zwei Monate zu der Gründung einer neuen Firma aus der Fachhochschule heraus kommen. Bereits im Oktober hatten die Fachhochschule Bonn-Rhein-Sieg, die Kreissparkasse Köln und der Rhein-Sieg-Kreis gemeinsam die Business-Campus Rhein-Sieg GmbH gegründet. Das Unternehmen, das Existenzgründer beraten und die Gründung und Entwicklung neuer Unternehmen fördern soll, ist sowohl auf dem Campus in Sankt Augustin als auch in Rheinbach angesiedelt.

Der Chef-Kardiologe des Sankt Augustiner Kinderkrankenhauses, Lutz Grävinghoff, geht in den Ruhestand. Nach 40 Jahren medizinischer Tätigkeit verlässt der 65-Jährige das Herzzentrum. Sein Nachfolger wird Martin Schneider, der bereits seit anderthalb Jahren an der Seite des erfahrenen Mediziners die Kardiologie geleitet hat.

Harald Damm beginnt seinen Dienst in Siegburg: Der 46-Jährige übernimmt die Leitung des Berufskollegs, das unter Berücksichtigung der Außenstellen in Bad Honnef, Eitorf und Neunkirchen rund 2.800 Schüler hat. Er war zuvor am Karl-Schiller-Berufskolleg des Rhein-Erft-Kreises in Brühl tätig.

Landrat Frithjof Kühn verabschiedet die langjährigen Amtsleiter Horst Krüger und Gerd Lauterbach. Lauterbach kam bereits 1967 zum Rhein-Sieg-Kreis. Der gelernte Bauzeichner und Ingenieur für Bauwesen wurde 1991 Leiter des Straßenbauamtes. Im gleichen Jahr übernahm Krüger, der 1990 nach einer langjährigen Tätigkeit in der Privatwirtschaft bei der Kreisverwaltung anfing, die Leitung des Hochbauamtes.

April 2005, Was sonst vor Ort geschah

Die erste Herrenmannschaft des TuS Schladern (Windeck) steigt in die zweite Volleyball-Bundesliga auf. Bereits am 26. Februar 2005 – vier Spieltage vor dem Saisonende – konnte sich die Schladerner Herrenmannschaft vor heimischem Publikum vorzeitig die Meisterschaft in der Regionalliga West sichern.

Die Mitarbeiter des Schoeller-Werkes in Eitorf starten das Projekt „Belegschafts-Bewerbung“. Sie empfehlen sich Unternehmen, die das in naher Zukunft frei werdende Gelände mieten möchten, als Arbeitnehmer, die bereit sind, auf tarifliche Standards zu verzichten. Unterstützt werden sie von Bürgermeister Dr. Rüdiger Storch, der zahlreiche Unternehmen der Textil-Branche kontaktiert, um für den Standort Eitorf zu werben.

Die Rheinenergie AG und die Stadtwerke Troisdorf wollen sich zusammenschließen. Das Kölner Unternehmen, das bisher 49 % der Troisdorfer Anteile hielt, soll zukünftig alleiniger Anteilseigner sein. Die Stadt Troisdorf soll im Gegenzug 5,1 Prozent der Anteile der Rheinenergie erhalten, muss dazu allerdings noch eine „Zuzahlung“ leisten. Das Markenzeichen „Stadtwerke“ soll für die nächsten zehn Jahre erhalten bleiben und auch die 140 Mitarbeiter des Energielieferanten sollen eine zehnjährige Arbeitsplatzgarantie bekommen. Als Gründe für den Zusammenschluss werden mögliche Synergieeffekte angeführt.

Auf Unmut und Unverständnis stößt dieses Vorhaben im Siegburger Kreishaus, hatten doch der Rhein-Sieg-Kreis und die Stadt Troisdorf erst vor einem Jahr gemeinsam die Beteiligungsgesellschaft Rhein-Sieg gegründet und über dieses Unternehmen Anteile an der Energie und Wasser Bonn GmbH erworben, einer Tochter der Bonner Stadtwerke. Mit diesem Geschäft wollte man die Preis- und Versorgungssicherheit bei der Energie- und Wasserversorgung im Kreisgebiet gewährleisten und ein Gegengewicht zu dem Kölner Konzern aufbauen. Dieses Ziel ist nun gefährdet, wenn es der Rheinenergie AG gelingen sollte, den Troisdorfer Anteil an der Beteiligungsgesellschaft zu übernehmen. Allerdings hat der Kreis hier ein Veto-Recht.

Gegen die vom Rhein-Sieg-Kreis für die neue Hubschrauber-Wartungshalle in Hangelar ausgesprochene Befreiung von Verbotsvorschriften des Landschaftsschutzes erhebt der Bund für Umwelt und Naturschutz Deutschland (BUND) Klage. Die Firma Air Lloyd Technik hatte die angrenzende Wiese erworben, um dort eine den Bedürfnissen des Betriebes angepasste größere Halle zu errichten. Das Tochterunternehmen des ADAC beschäftigt rund 80 Mitarbeiter. Später erzielen der Rhein-Sieg-Kreis, die Firma ALT, die Flugplatzgesellschaft Hangelar, die Stadt Sankt Augustin und der BUND in dieser Auseinandersetzung eine Einigung, die den Weg für das neue Gebäude bereitet. Über die geforderte Kompensation hinaus wird die Firma Air Lloyd Technik einen freiwilligen Beitrag zur Biotop-Entwicklung leisten; der Bund für Umwelt und Naturschutz Deutschland nimmt seine Klage zurück.

Schwester Matthäa begrüßt im Siegburger Kinderheim Pauline von Mallinckrodt zahlreiche Gäste zur Einweihung des Erweiterungsbaus. Doch die Bauarbeiten sind mit der Vollendung des ersten Bauabschnittes noch nicht abgeschlossen – der zweite Teil soll im Sommer 2006 fertig gestellt werden.

Das Verwaltungsgericht Köln entscheidet im Fall Sealife, dass sich das geplante Aquarium in die gewerbliche Nutzung durch Einzelhandelsbetriebe, Gaststätten und Hotels, aber auch durch Geschäfts- und Bürogebäude, die bereits neben den Wohngebäuden vorhanden sei, einfügt und auch keine unzumutbaren Lärmbelästigungen zu erwarten sind. Nachbarrechte werden nicht verletzt, urteilen die Richter, und lehnen die Eilanträge zweier Nachbarn, die versucht hatten, den Bau des Centers zu verhindern, ab. Nun sollen auch die Bauarbeiten fortgesetzt werden – die geplante Fertigstellung im August jedoch kann nicht mehr eingehalten werden.

Bad Honnef ist Gastgeber des 54. Rheinischen Schützentages. Unter der Schirmherrschaft von Bundesverkehrsminister Manfred Stolpe organisiert der Rheinische Schützenbund die gelungene Veranstaltung. Neben der Schützen-Europameisterin Eva Schmitz werden weitere Deutsche Meister und Ehrenamtler ausgezeichnet. Der neue Landesschützenkönig kommt aus Bad Münstereifel und löst den Kölner Manfred Wirges ab, der noch am Abend zuvor beim Ball im Kurhaus im Zentrum des Interesses stand.

Die Windräder auf dem Spielberg in Much stellen eine „Verunstaltung“ dar, entscheidet das Oberverwaltungsgericht in Münster und beendet damit den Rechtsstreit zwischen dem Rhein-Sieg-Kreis und der Firma Enercon, die dort Windkraftanlagen errichten wollte. Die Natur sei in diesem Bereich „noch weitgehend unbelastet“, urteilen die Richter. Für Balensiefen und für die Fläche in Herfterath steht die Entscheidung jedoch noch aus.

Die Steyler Missionare kaufen in Sankt Augustin nicht nur ihr früheres Grundstück zwischen Kloster, Freibad und Flugplatz zurück, sondern sind nun auch Eigentümer des seit drei Jahren leer stehenden Schulungszentrums der Moeller-Werke. Zum 1. Juli zieht dort die Missionsprokur ein und beide Ordensprovinzen werden im Rhein-Sieg-Kreis zu einer deutschen Provinz vereint. Die Pressestelle des Ordens sowie ein vierköpfiges Informatiker-Team finden ebenfalls ihr neues dienstliches Zuhause dort, wo künftig Missionare aus der ganzen Welt für die Projektarbeit geschult werden sollen. In der Aula wird ggf. ein kleines Museum mit ausgewählten Exponaten entstehen – die Schließung des Hauses Völker und Kulturen scheint endgültig zu sein. Bereits seit dem 1. April diesen Jahres hatte das Museum vorläufig seine Pforten für den Publikumsverkehr geschlossen. Sinkende Besucherzahlen sorgten dafür, dass das einzige Museum in Sankt Augustin dauerhaft rote Zahlen schrieb.

„Eishockey zum Anfassen“ – die Kreissparkasse Köln macht dies für 30 Jugendliche aus dem Rhein-Erft-Kreis, dem Rheinisch-Bergischen Kreis, dem Oberbergischen Kreis und dem Rhein-Sieg-Kreis möglich. Im Rahmen des Ostercamps werden sie an fünf Tagen im Trainingszentrum der „Kölner Haie“ von deren Trainern und auch den Profis des Kölner Eishockeyclubs geschult.

Der Stadtrat Königswinters beschließt, die Frage des eigenen Jugendamtes in der ersten Hälfte des Jahres 2006 noch einmal zu thematisieren – sollten jedoch die Kosten für das Jahr 2004 gestiegen sein, so besteht nach Beschlusslage bereits zum 1. Januar 2006 die Option, ein Stadtjugendamt einzurichten.

Mit einem Weltjugendtags-Logo in großem Format beeindrucken die Schülerinnen des St. Joseph Gymnasiums in Rheinbach. 800 von ihnen formen ein lebendiges Symbol des Großereignisses.

Die Löschgruppe Oelinghoven zieht sich aus dem Feuerwehrdienst zurück. Die Entscheidung über den Zusammenschluss mit der Löschgruppe Bockeroth und den künftigen Standort des gemeinsamen Gerätehauses im Nachbarort veranlasste die 21 Feuerwehrleute zur Aufgabe ihrer brandheißen Tätigkeit.

Mai 2005

Zur geplanten Polizeireform unterbreitet der Landkreistag ein Gegenkonzept. Statt – wie von Innenminister Behrens vorgesehen – 16 großen Polizeipräsidien favorisiert man 50 ortsnahe Polizeibehörden, die sich an den politischen Grenzen orientieren und durch fünf Mittelbehörden sowie ein Landespolizeipräsidium unterstützt werden. Bei einer Umsetzung des Konzeptes wäre die Kreispolizeibehörde dann auch wieder für Bad Honnef und Königswinter sowie für die sechs linksrheinischen Kommunen zuständig.

Die Restpfennigkasse des Personalrats der Kreisverwaltung geht in diesem Jahr an den Verein „Frauen helfen Frauen“ aus Troisdorf. Mit dem Betrag von 3.400 Euro, den der Träger des dortigen Frauenhauses erhält, soll insbesondere ein Aufenthaltsraum für Mütter und Kinder eingerichtet werden.

Landrat Frithjof Kühn, Kölns Oberbürgermeister Fritz Schramma sowie Landrat Werner Stump vom Rhein-Erft-Kreis fordern die Bundesregierung auf, sich für die Zuckerwirtschaft in der Region einzusetzen. Die geplante Kürzung des Unterstützungspreises für weißen Zucker sowie für Zuckerrüben innerhalb von zwei Jahren nach Auslaufen der bis Juni 2006 gültigen EU-Zuckerpreisordnung ist für die Zuckerrübenbauern eine existenzielle Bedrohung. In Zuckerfabriken sowie in der vor- und nachgelagerten Industrie sind zudem insgesamt 4.300 Stellen gefährdet.

Die Kreistagsfraktionen sind sich einig: Ein Übergang der gemeinsam mit der Stadt Troisdorf gehaltenen Anteile an der EnW Bonn auf die Rheinenergie AG kommt für sie nicht in Betracht. Dies hatten die Stadtwerke Troisdorf thematisiert, nachdem man sich dort mit dem Kölner Energiekonzern offenbar handelseinig geworden war. Nur mit Zustimmung des Kreistages können die Anteile ihren Eigner wechseln.

Weltmeister, Europameister, Deutsche Meister, Olympia-Teilnehmer und auch Breitensportler werden von Landrat Kühn und Sebastian Schuster, Präsident des Kreissportbundes, in den Räumen der Kreissparkasse geehrt. Die nahezu 100 Sportler kommen beispielsweise aus den Disziplinen Fußball, Kanufahren oder Schwimmen.
Erstmalig wird auch der Rundschau-Sportpreis verliehen. Preisträger ist der 16-jährige Uli Bauernfeind. Der Windecker, der für den Judo-Club Hennef antritt, kann sich über einen Gutschein für eine Ballonfahrt freuen. Bei den deutschen Judo-Meisterschaften im vergangenen Jahr erzielte er in seiner Altersklasse den dritten Platz und beim Internationalen Judo-Turnier in Bremen den ersten Platz. Entscheidend für die Auszeichnung mit dem Rundschau-Preis war auch sein Engagement als Kadersprecher der U-17-Jugend des nordrhein-westfälischen Judo-Verbandes.

Das Landgericht Bonn weist die Klage des Bundes für Umwelt und Naturschutz Deutschland (BUND) im Rhein-Sieg-Kreis gegen Dieter Heuel und Andreas Krautscheid zurück. Die CDU-Politiker hatten im Rahmen der Diskussion um die Papstmesse in Hangelar die BUND-Vorstandsmitglieder Paul Kröfges und Achim Baumgartner kritisiert. Die Äußerungen sind von der Meinungsfreiheit abgedeckt, entscheiden die Richter.

Die Bürgerinnern und Bürger der Städte und Gemeinden wählen den nordrhein-westfälischen Landtag. Die CDU-Kandidaten Ilka Keller (53,99 %), Andrea Milz (50,22 %), Hans Peter Lindlar (49,98 %) und Michael Solf (50,24 %) gewinnen deutlich ihre Wahlkreise. Vier weitere Abgeordnete werden über die Reserveliste in den Landtag gewählt: Jochen Dieckmann (SPD), Achim Tüttenberg (SPD), Horst Becker (Bündnis 90/DIE GRÜNEN) und Gerhard Papke (FDP) werden künftig ebenfalls den Rhein-Sieg-Kreis in Düsseldorf vertreten.

In Lohmar wählt man gleichzeitig auch ein Seniorenparlament. Wählen dürfen 7.227 der insgesamt 22.955 Lohmarer, denn sie sind älter als 60 Jahre. 11 der 20 Kandidaten für die bisher einzige Seniorenvertretung im Rhein-Sieg-Kreis dürfen nach erfolgreicher Wahl im Rat und seinen Ausschüssen zu altersrelevanten Themen Stellung beziehen und auch Anträge stellen – ein Stimmrecht haben sie jedoch nicht.

Das Medienzentrum des Rhein-Sieg-Kreises bekommt prominenten Besuch: Der Bundestagsabgeordnete und erste Parlamentarische Geschäftsführer des CDU/CSU-Bundestagsfraktion, Dr. Norbert Röttgen, informiert sich dort über praktische Probleme bei der Umsetzung des Urheberrechtes.

Mai 2005, Namen und Personen

Heinz-Jürgen Land, seit fünf Jahren Geschäftsführer der Stiftungen der Kreissparkasse im Rhein-Sieg-Kreis, geht in den Ruhestand. Der 58-Jährige förderte Sportveranstaltungen und Spielplätze, Jugendfreizeiten, Gewaltvorbeugung an Schulen, Konzertreihen und vieles mehr. Auch zukünftig wird er sich für Kinder und Jugendliche einsetzen, z. B. als Mitglied des Beirates der Walter-Mundorf-Stiftung, des Verwaltungsrates der Jugendbehindertenhilfe oder als Vorsitzender des Leichtathletikzentrums Troisdorf/Siegburg/Ruppichteroth. Nach 43 Jahren im Dienst der Kreissparkasse steht er auch gemeinsam mit Paul Hoscheid, der vormals im Vorstand der VR-Bank Rhein-Sieg saß, als ehrenamtlicher Geschäftsführer an der Spitze des Caritasverbandes Rhein-Sieg.

Im Alter von 70 Jahren verstirbt der langjährige Schulamtsdirektor Rudi Nußbaum. Auf seine Initiative hin konnte das Schullandheim des Kreises in Gemünd, dessen Trägerverein er bis zu seinem Tod als Vorsitzender leitete, vor der Schließung bewahrt werden.

Ludwig Neuber wird Neubürgerbeauftragter des Rhein-Sieg-Kreises. Der Ruppichterother, der seit 30 Jahren dem Kreistag angehört, tritt die Nachfolge von Maria Weiler an.

Günther Schmidt wird als Leiter des Berufskollegs Troisdorf eingeführt. Bereits im März trat der gelernte Maschinenschlosser, Ingenieur, Wirtschafts- und Erziehungswissenschaftler die Nachfolge von Heiner Gassel an, der die berufsbildende Schule elf Jahre lang leitete. Der 63-Jährige leitete viele Reformen und Umstrukturierungen in Troisdorf ein. Günther Schmidt, der nach seiner Tätigkeit am Berufskolleg Hennef 1995 nach Sieglar wechselte, will nun „Richtiges gestalten und Unmögliches wagen".

Martin Göbel übernimmt die Leitung der Unterabteilung „Zentrale Kriminalitätsbekämpfung" bei der Kreispolizeibehörde Siegburg und ist nun für Raub-, Einbruchs- und Drogendelikte zuständig. Der Nachfolger von Klaus-Stephan Becker, der zur Bezirksregierung Köln wechselte, verfolgt mit seinen 70 Mitarbeitern aber nicht nur die Kriminalität im rechtsrheinischen Kreisgebiet, sondern er versucht sie auch so weit wie möglich zu verhindern.

Heimatforscher Heinrich Hennekeuser erhält aus den Händen von Horst Pankatz, dem stellvertretenden Vorsitzenden der Landschaftsversammlung Rheinland, den Rheinlandtaler. Der 70-Jährige befasste sich insbesondere mit der Geschichte seines Geburtsortes Lohmar-Birk und dessen Nachbarorten.

Mai 2005, Was sonst vor Ort geschah

Seit 25 Jahren ist in Hangelar das Berufsgenossenschaftliche Institut für Arbeitschutz aktiv. Dort wird geforscht, geprüft und getestet, um Arbeitsunfälle zu vermeiden. Beim Tag der offenen Tür können Besucher einmal selbst Proband der Untersuchungen sein.

Der Anbau der Sprachheilschule in Alfter-Gielsdorf ist abgeschlossen. Der Oedekovener Pfarrer Andreas Theisen weiht gemeinsam mit Ernst Edelmann von der evangelischen Kirchengemeinde Buschhoven die neuen Räume ein. Die 1979 gegründete Schule fördert Kinder aus dem linksrheinischen Kreisgebiet im Alter von sechs bis elf Jahren, die Probleme mit dem Sprechen haben.

An der ersten Hennefer Europawoche beteiligen sich weit über 1.000 Akteure mit Dutzenden von Veranstaltungen. Viele Gäste aus allen Hennefer Partnerstädten sind angereist, der Marktplatz ist neun Tage lang ein Dauerfestplatz. Chöre und Konzerte wechseln sich ab mit Kunstaktionen und Sportturnieren. Auch die drei Europaparlamentarier der Region, Ruth Hieronymi, Martin Schulz und Alexander Graf Lambsdorff, sind zu Gast in Hennef.

Die Gemeinden Eitorf, Hennef und Windeck starten das durch das Landwirtschaftsministerium NRW geförderte Projekt „Integriertes Ländliches Entwicklungskonzept". Die Felder Tourismus, Verkehr, Vermarktung, Wirtschaftsförderung, Landwirtschaft, regenerative Energie und Naturschutz sollen zukünftig gemeinsam beackert werden. Auch die Bürger der Kommunen und die lokalen Akteure werden eingebunden.

230 junge Christen nehmen in Meckenheim das Weltjugendtagskreuz gemeinsam mit der Marienikone in Empfang. Von Meckenheim aus beginnt seine Wallfahrt durch das Kreisgebiet. Endstation ist die Gemeinde Much, von wo aus das Kreuz an Kernteamer aus dem Kreisdekanat Euskirchen übergeben wird. Dann geht der längste Pilgerweg im gesamten Erzbistum Köln zu Ende.

Sorgen um ihre Existenz machen sich auch die Geschäftsleute im Eitorfer Ortskern, denn der Supermarkt „Globus" will auf dem Gelände der Spedition Himmeröder ein Fachmarktzentrum bauen und beantragt die Änderung des Bebauungs- und Flächennutzungsplanes. Der Pachtvertrag für den Standort im Zentrum wurde vom Einzelhandels-Konzern bereits zum 31. Januar 2006 gekündigt. Die Einzelhändler fürchten, der Ortskern werde „ausbluten", wenn sich weiterer Einzelhandel im Gewerbegebiet ansiedelt. Die „Interessengemeinschaft Einzelhandel Eitorf" ruft eine Unterschriftenaktion mit dem Titel „Wir sagen Nein zum geplanten Fachmarktzentrum. Wir wollen den Eitorfer Ortskern retten!" ins Leben. Ein regionales Einzelhandelsgutachten soll nun Klarheit bringen und auch die Auswirkungen auf die umliegenden Städte und Gemeinden berücksichtigen.

Der Flugdienst des Bundesgrenzschutzes feiert an zwei Tagen seinen 50. Geburtstag. Mit einem dreisitzigen Kleinhubschrauber ging man im Jahr 1955 das erste Mal in die Luft. Heute sind es insgesamt 102 Maschinen, mit denen der Bundesgrenzschutz nicht nur Grenzen und Bahngleise überwacht, sondern auch Umweltsündern oder Schleuserbanden auf der Spur ist oder bei Flutkatastrophen und Waldbränden hilft. Otto Schily verabschiedet am Jubiläumstag auch Kommandeur Gerd Schäfer, der nach insgesamt 36 Jahren die Flotte Richtung Ruhestand verlässt.

Zum Tag der offenen Tür, bei dem rund 20.000 Besucher hinter die Kulissen schauen konnten, kommen 200 Beamte von allen fünf Fliegerstaffeln des Grenzschutzes nach Hangelar. Gemeinsam mit der Eliteeinheit GSG 9 begeistern sie mit spektakulären Vorführungen ihr Publikum.

Übrigens wird der Bundesgrenzschutz zukünftig Bundespolizei heißen, um damit auch den Aufgabenwandel der letzten Zeit deutlich zu machen.

Jürgen Trittin informiert sich bei der Firma Emitec in Lohmar über das Thema „Feinstaubreduzierung", denn ab dem Jahr 2006 sieht die Bundesregierung eine steuerliche Förderung für in Diesel-Autos einzusetzende Partikelminderungs-Systeme vor. Doch der Umweltminister kann das Gelände des Unternehmens nicht ungehindert passieren: Greenpeace-Aktivisten haben sich vor der Zufahrt postiert und protestieren gegen die Förderung von ihrer Einschätzung nach unwirksamen Dieselrußfiltern.

100 Bürger demonstrieren vor dem Niederkasseler Rathaus gegen die im Rahmen der Eröffnung der Umgehung L 269 n erfolgte teilweise Umwandlung der Hauptstraße in eine Einbahnstraße. Landrat Kühn und Bürgermeister Esser sprachen mit der Interessenvertretung gegen den Umbau, die sich auf Grund der gestiegenen Verkehrsbelastung auf den umliegenden Straßen sowie befürchteten Einnahmeverlusten der Geschäfte an der Hauptstraße Sorgen macht. Die Umgehung sollte Ranzel, Uckendorf und Niederkassel vom bisherigen hohen Verkehrsaufkommen entlasten. Der Stadtrat bestätigt im Juni trotz zahlreicher Bürgeranträge seine Grundsatzentscheidung für die Einbahnstraße.

Ein „Leuchtturm" beschäftigt nicht nur die Alfterer Bürger. Auch der Petitionsausschuss des Düsseldorfer Landtages befasste sich jetzt mit der Eingabe einer Anwohnerin, die sich durch den Werbeturm des Baumarktes Obi belästigt fühlt. Der Ausschuss beurteilt die erteilte Baugenehmigung jedoch als rechtmäßig und ist der Auffassung, durch das Abschalten der Beleuchtung an Sonn- und gesetzlichen Feiertagen sowie zwischen 20 und 6 Uhr werde den Wünschen der Petentin Rechnung getragen. Falls die noch ausstehende Entscheidung der Bezirksregierung ebenso ausfällt, will die Anwohnerin jedoch vor Gericht ziehen.

Mai 2005, Umwelt und Natur

Landrat Frithjof Kühn und Troisdorfs Bürgermeister Manfred Uedelhoven geben in der Wahner Heide den lang ersehnten Reitweg frei, der unmittelbar an das im Rheinisch-Bergischen Kreis und im Kölner Teil des Naturschutzgebietes bestehende Reitwegenetz anknüpft. Entlang der Trasse einer alten Nato-Pipeline, die unter dem Heideboden ihren Weg nimmt, können Pferdeliebhaber eine elf Kilometer lange Strecke zum Ausritt nutzen.

Mai 2005, Kunst und Kultur

Mit 400.000 Euro Kapital gründen die Städte Siegburg und Troisdorf die „Stiftung Illustration", die Kunst und Kultur und insbesondere die moderne und zeitgenössische Illustrationskunst fördern soll. Heimat der Stiftung ist das Bilderbuchmuseum Troisdorf – aus dem dortigen Bestand will man zukünftig Ausstellungen in beiden Städten ausstatten.

Landrat Frithjof Kühn und die Europaabgeordnete Ruth Hieronymi eröffnen im Europäischen Parlament eine gemeinsame Ausstellung des Lülsdorfer Kopernikus-Gymnasiums und des Lycée St. Adrien Villeneuve d'Asc/Lille. Unter dem Titel „Schüler entdecken die Tradition der deutsch-französischen Freundschaft" präsentieren die partnerschaftlich verbundenen Schülerinnen und Schüler die Ergebnisse ihres Projektes, die sie u. a. bei einem Besuch im Konrad-Adenauer-Haus in Rhöndorf sammelten.

LANDTAGSWAHL 2005

GESAMTERGEBNIS

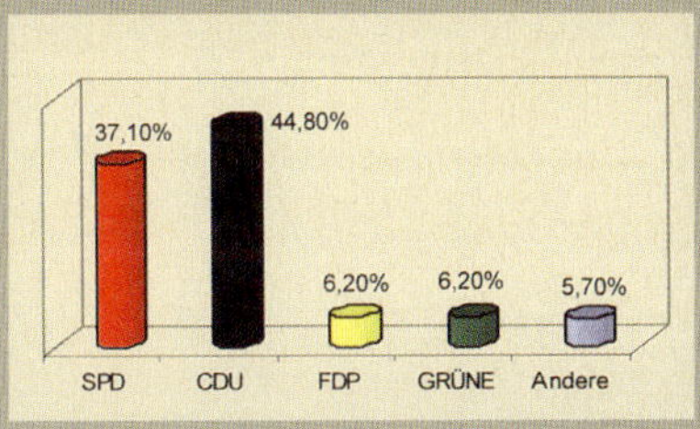

ERGEBNIS FÜR DEN RHEIN-SIEG-KREIS

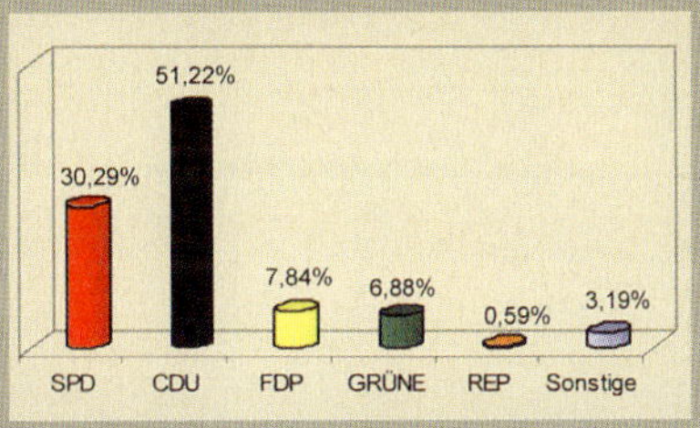

WAHLBEZIRK I

Hans Peter Lindlar, CDU

Ergebnis für den Wahlbezirk I

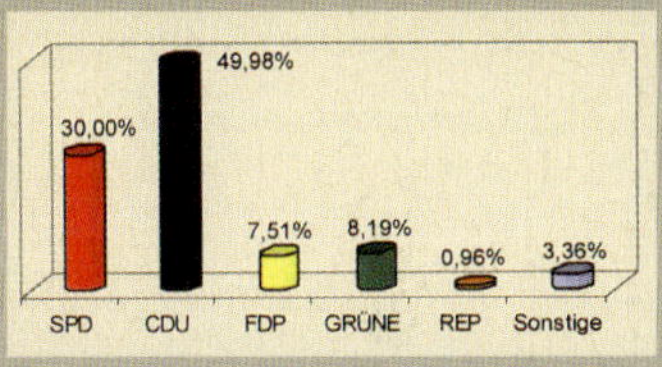

WAHLBEZIRK II

Andrea Milz, CDU

Ergebnis für den Wahlbezirk II

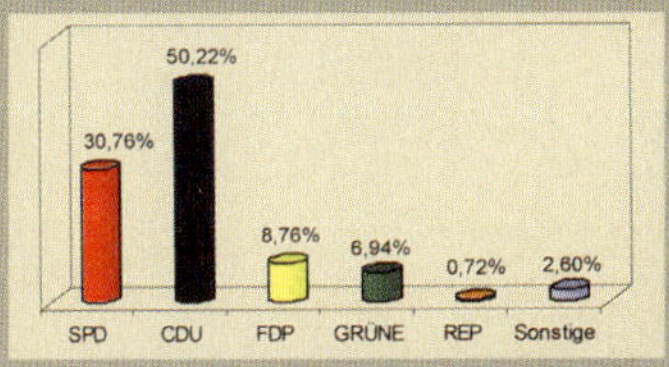

WAHLBEZIRK III

Ilka Keller, CDU

Ergebnis für den Wahlbezirk III

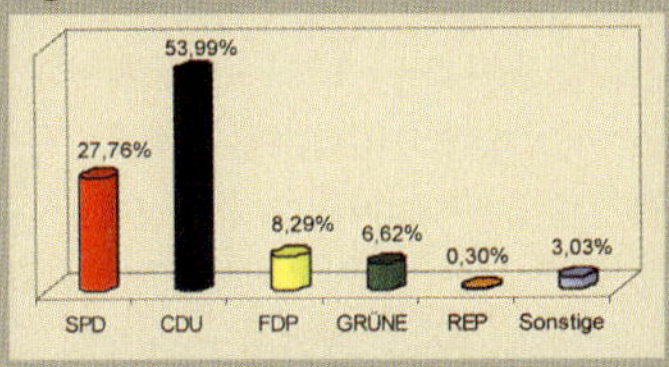

WAHLBEZIRK IV

Michael Solf, CDU

Ergebnis für den Wahlbezirk IV

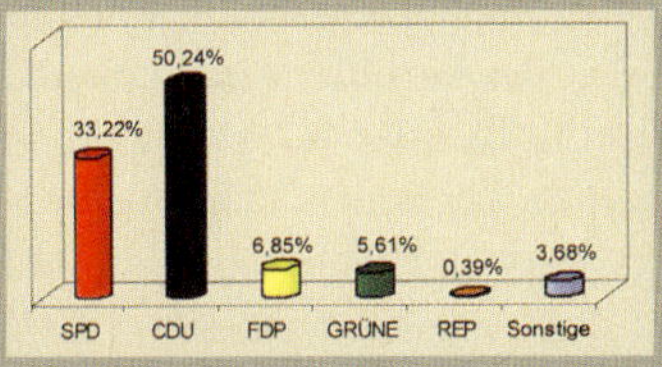

Juni 2005

In einer Dringlichkeitsentscheidung stimmt der Kreistag des Rhein-Sieg-Kreises der Verlängerung der Start- und Landebahn des Flugplatzes Hangelar zu. Flugzeuge, die ein Startgewicht von 5,7 Tonnen überschreiten, sollen jedoch auch zukünftig nicht zugelassen werden, entscheidet der Kreistag. Hierzu will man den Mitgesellschaftern den Abschluss eines öffentlich-rechtlichen Vertrages anbieten. Eine neue EU-Richtlinie erfordert die Verlängerung der Bahn um insgesamt 400 Meter. Andernfalls kann der Flugplatz nicht als Schwerpunktlandeplatz für den Geschäftsreiseverkehr erhalten werden. Die Herabstufung durch das Land Nordrhein-Westfalen hätte zur Folge, dass die Luftaufsicht nicht mehr vom Land gestellt würde; 180.000 Euro Personalkosten wären in diesem Falle durch die Gesellschafter der Flugplatz GmbH aufzubringen – hierzu gehören der Rhein-Sieg-Kreis (38,4 Prozent), die Stadt Sankt Augustin (zehn Prozent), die Stadtwerke Bonn (49,4 Prozent) und die Fliegergemeinschaft Hangelar (zwei Prozent). Auch der Sankt Augustiner Stadtrat entscheidet sich für den Ausbau der Start- und Landebahn, knüpft seine Zustimmung jedoch an die Bedingung, dass die momentan geltende Betriebserlaubnis weder geändert noch ausgeweitet wird und auch die 65-prozentige Beteiligung des Landes Nordrhein-Westfalen an den voraussichtlichen Kosten in Höhe von 3,5 Millionen Euro garantiert wird. Die Stadt Bonn jedoch lehnt die Verlängerung ab – sie könnte aber von den übrigen drei Gesellschaftern überstimmt werden.

Das Thema Gesamtschule wird im Rhein-Sieg-Kreis erneut diskutiert, denn nun liegen offizielle Bedarfszahlen vor. Demnach haben sich für das Schuljahr 2005/2006 insgesamt 1.164 Schülerinnen und Schüler aus dem Rhein-Sieg-Kreis an einer Gesamtschule im Kreisgebiet oder in Bonn angemeldet – 557 von ihnen bekamen einen Platz, 607 wurden abgelehnt. Als möglicher weiterer Standort für eine Gesamtschule kommt der Ballungsraum Siegburg/Sankt Augustin in Betracht – beide Städte sollen nun gemeinsam über die Umwandlung eines Schulzentrums nachdenken, denn ein Neubau scheidet angesichts der schlechten kommunalen Finanzlage aus.

Ihr 25-jähriges Bestehen feiert die Schule für Geistigbehinderte in Windeck-Rossel. 64 Kinder und Jugendliche aus Eitorf, Much, Neunkirchen-Seelscheid, Ruppichteroth und Windeck besuchen die Einrichtung in der Trägerschaft des Rhein-Sieg-Kreises.

Der Rhein-Sieg-Kreis überlässt der Hauptschule Wehrstraße in Hennef, deren naturwissenschaftliche Fachräume im November vergangenen Jahres durch einen Großbrand zerstört wurden, das alte Labor des Amtes für Gewässerschutz, Bodenschutz und Abfallwirtschaft. mit einem Wiederbeschaffungswert von 50.000 Euro. Da externe Anbieter wirtschaftlicher waren, hatte man das Labor, in dem früher Wasserproben analysiert wurden, aufgelöst.

Ein Jahr ist vergangen, seit der Flughafenbahnhof Köln/Bonn eröffnet wurde. Inzwischen halten dort täglich 174 Züge – vom ICE bis zur S-Bahn. Jeder fünfte Passagier reist auf diesem Wege an oder ab.

Die Chefin der Arbeitsagentur Bonn-Rhein-Sieg, Marita Schmickler-Herriger, und der Landrat des Rhein-Sieg-Kreises, Frithjof Kühn, unterzeichnen den Vertrag über die Zusammenarbeit beider Institutionen zur Umsetzung des SGB II im Rhein-Sieg-Kreis. In sieben Arge-Centern sollen nun die Bezieher des Arbeitslosengeldes II alle Leistungen aus einer Hand erhalten. Ralf Holtkötter, der bereits 1987 bei der Arbeitsagentur seine Laufbahn begann, wird die Arbeitsgemeinschaft leiten. Seine Stellvertretung übernimmt Rita Lorenz, die im Sozialamt des Rhein-Sieg-Kreises den Bereich Arbeitsmarktintegration, Projektplanung und Projektdurchführung betreute und intensiv an der Planung für die Arge mitwirkte. Die ersten Center sollen bereits am 1. Oktober, die übrigen am 1. Dezember ihre Arbeit aufnehmen. 245 Mitarbeiterinnen und Mitarbeiter werden dann an den Standorten Troisdorf, Siegburg, Eitorf, Königswinter, Sankt Augustin, Bornheim und Meckenheim die Kunden in den Bereichen Arbeitsmarktvermittlung und Unterhaltsgewährung bedienen. Bis es soweit ist, müssen sich die Empfänger des Arbeitslosengeldes II weiterhin sowohl an das Sozialamt als auch an die Agentur für Arbeit wenden.

Juni 2005, Namen und Personen

Andreas Pinkwart wird Innovationsminister in der neuen nordrhein-westfälischen Landesregierung. Nun muss die FDP im Rhein-Sieg-Kreis einen neuen Kandidaten für die Bundestagswahl finden, denn der Landeschef und stellvertretende Bundesvorsitzende der Liberalen gibt sein Bundestagsmandat ab.

Peter Wahlbrink, langjähriger Leiter der Drogenhilfe im Diakonischen Werk des Evangelischen Kirchenkreises an Sieg und Rhein geht nach 26 Jahren in den Ruhestand. Er arbeitete zunächst als therapeutischer Berater für Abhängige und deren Angehörige; 1989 übernahm er die Leitung der Einrichtung. Gemeinsam mit seinen inzwischen 27 Mitarbeitern erweiterte er das Beratungsangebot um differenzierte Hilfeleistungen. Im vergangenen Jahr wurde das „Café Koko" eingerichtet – der erste Drogenkonsumraum in Nordrhein-Westfalen außerhalb einer Hauptstadt.

Auch Werner Hundhausen, der langjährige Geschäftsführer des General-Anzeigers, scheidet aus dem aktiven Berufsleben aus. 1957, vor mehr als vier Jahrzehnten, begann er seine Ausbildung bei dem bekannten Bonner Medienunternehmen. Unter seiner Leitung wuchs der General-Anzeiger an Auflage und Bedeutung und der Zeitungsverlag entwickelte sich zu einem modernen mittelständischen Medienhaus mit vielen Aktivitäten.

Juni 2005, Umwelt und Natur

Seit dem Monatsbeginn ist das Klettern am Stenzelberg im Siebengebirge verboten. Der Streit begann im Jahr 2002, als das Forstamt Eitorf nach der Anerkennung des Siebengebirges als Fauna-Flora-Habitat-Gebiet (FFH) den Vertrag mit dem Deutschen Alpenverein kündigte, um nun erforderliche, neue Regelungen einzuführen. Nachdem trotz langwieriger Verhandlungen über Kletterrouten und Kletterzeiten kein Kompromiss zwischen den Kletterern, der Unteren Landschaftsbehörde des Rhein-Sieg-Kreises und der Forstbehörde, kein Ausgleich zwischen Naturschutz und Klettersport, erzielt werden konnte, verbot der Rhein-Sieg-Kreis vorerst das Klettern.

Die geänderten Landschaftspläne „Siegburg – Troisdorf – Sankt Augustin" und „Naafbachtal" sowie der neue Landschaftsplan „Siegmündung" treten in Kraft. Sie entsprechen den Flora-Fauna-Habitat Richtlinien der EU für den Aufbau eines europaweiten Netzes von Schutzgebieten zum Erhalt des europäischen Naturerbes.

Die Mülldeponie Mechernich stellt nach 23 Jahren ihre Arbeit ein, denn die bundesweite „Technische Anweisung (TA) Siedlungsabfall" legt fest, dass Restmüll ab dem 1. Juni 2005 nicht mehr deponiert werden darf. Auch der Müll aus dem Rhein-Sieg-Kreis wird nun vollständig in die Bonner Müllverbrennungsanlage gebracht.

Juni 2005, Kunst und Kultur

Archäologen bergen im Gewerbegebiet Nord in Rheinbach einen Teil des Römerkanals. Dort wo ein Hochregallager mit 450 neuen Arbeitsplätzen entstehen soll, entdeckten Mitarbeiter des Rheinischen Amtes für Bodendenkmalpflege Überbleibsel des zwischen 30 und 90 nach Christus errichteten, 95 Kilometer langen Bauwerkes. 20 Millionen Liter Wasser transportierte die Leitung, die als Meisterwerk der Ingenieurkunst und als wichtigstes Technikbauwerk der Antike nördlich der Alpen gilt, täglich von der Eifel bis nach Köln.

Juni 2005, Was sonst vor Ort geschah

15 Millionen Euro investiert das Unternehmen Eckes-Granini in Hennef-Bröl in eine neue Abfüllanlage und stärkt damit den Standort mit zur Zeit 221 Beschäftigten. Künftig werden die Marken „Granini" und „Hohes C" dort nicht mehr in die alten Glasflaschen abgefüllt, sondern in moderne PET-Flaschen. 63 Millionen Liter Orangensaft und 15 Millionen Liter Apfelsaft verließen im vergangenen Jahr das Hennefer Werk.

Auf der Eitorfer Josefshöhe werden die neuen Hochbehälter in Betrieb genommen. Die mit modernster Technik errichteten Edelstahl-Behälter fassen jeweils 1.000 Kubikmeter Wasser. Knapp eine Million Euro investierte die Gemeinde in die in dieser Größe und mit teilweise neu patentierter Technologie einmaligen Hochbehälter in Nordrhein-Westfalen. Fachleute der Firma Hydro-Elektrik aus Ravensburg schweißen die Tanks vor Ort zusammen. Durch eine integrierte Reinigungsanlage können sie problemlos gesäubert werden. In Zukunft wird man also in Eitorf nicht auf dem Trockenen sitzen.

20 niedergelassene Mediziner aus Meckenheim und Rheinbach gründen das „Gesundheitsnetz Voreifel". Durch eine strukturierte Versorgung für Patienten sollen nun „gemeinsame Behandlungslösungen" entwickelt und „gute Medizin zu bezahlbaren Preisen angeboten werden".

Eine neue Brücke verbindet in Windeck die „Insel Krakelia" (Röcklingen) mit dem „Dorf am Deich" (Hoppengarten). Nach über 20 Jahren Anlaufzeit sind die beiden Dörfer nun durch einen Fuß- und Radweg verbunden – das Radwegenetz entlang der Sieg von Rosbach bis nach Eitorf konnte auf diese Weise geschlossen werden. 493.000 Euro kostete die blaue Brücke, die auf halber Höhe an der bestehenden Eisenbahnbrücke befestigt wurde.

Mit einem Startkapital von mehr als 100.000 Euro nimmt die Bürgerstiftung Königswinter ihre Arbeit auf. Sie soll insbesondere der Jugend und dem Sport zugute kommen. Bereits ein Jahr zuvor wurde in der Nachbarstadt Bad Honnef die erste Bürgerstiftung im Rhein-Sieg-Kreis ins Leben gerufen.

Die Siegwerk Druckfarben AG übernimmt den Bereich Verpackungsdruckfarben der SICPA Holding aus Lausanne und steigt damit mit einem Netto-Jahresumsatz von 613 Millionen Euro zum zweitgrößten Verpackungsdruckfarbenhersteller der Welt auf. Gemeinsam mit der in der Schweiz ansässigen Holding ist das Siegburger Traditionsunternehmen nun in nahezu allen Teilen der Welt präsent.

In der Sankt Martinus Kirche Sankt Augustin findet der dritte offene Polizeibikergottesdienst zum Gedenken an die im vergangenen Jahr im Dienst getöteten zehn Polizeibeamten sowie die tödlich verunglückten zivilen Biker statt. Mehr als 1.000 Motorradfahrer und über 70 Dienstkräder von Bundes- und Landespolizei sowie Feldjägern aus dem gesamten Bundesgebiet und dem benachbarten Ausland nehmen an der bundesweit einzigartigen Veranstaltung teil, die das Grenzschutzpräsidium West ausgerichtet hat. Umrahmt wird der Gottesdienst von einem dreitägigen Bikercamp auf dem Standortübungsplatz des Bundesgrenzschutzes in Hangelar.

In der Siegburger Fußgängerzone findet unter Federführung der Kreispolizeibehörde der bundesweit erste „Tag der Verkehrssicherheit" statt. Neben der Siegburger Feuerwehr beteiligten sich TÜV, Bundesgrenzschutz, RSVG, die Jugendwerkstatt, die Deutsche Verkehrswacht, das Rote Kreuz, der Fahrlehrerverband, das Straßenverkehrsamt und die Stadt Siegburg.

Das Deutsche Rote Kreuz in Rheinbach feiert sein 75-jähriges Bestehen. Seine Wurzeln hat der Ortsverein in der Freiwilligen Feuerwehr, die Ende des 19. Jahrhunderts eine Sanitätskolonne gründete. Heute besteht die Bereitschaft, die seit 2003 von Andreas Mai geleitet wird, aus 35 aktiven Mitgliedern.
Die Helfer des DRK Bornheim können nach zweieinhalb Jahren Bauzeit ihre neuen Räume sowie die Fahrzeughalle an der Johann-Philipp-Reis-Straße einweihen. 600 Quadratmeter stehen ihnen dort für Schulungsräume und Fahrzeuge zur Verfügung.

Die Lüftelberger Ortsumgehung wird freigegeben. Die Aufnahme der 1,9 Kilometer langen Trasse in das Straßenbauprogramm des Kreises wurde bereits 1989 beantragt. Nach etwas mehr als einem Jahr Bauzeit entlastet sie nun Meckenheim-Lüftelberg vom Durchgangsverkehr. Auch die L 333n, die in Hennef das Ende der Autobahn A 560 mit der Siegtalstraße (L 333) verbindet und das Gewerbegebiet Hossenberg erschließt, wird für den Verkehr freigegeben. Auf Grund der 3,8 Millionen Euro teuren Baumaßnahme waren Teile der L 333 seit März zuletzt halbseitig gesperrt.

Auch bei der Besetzung der Stelle des Ersten Beigeordneten hat die Stadt Meckenheim kein Glück. Der Kandidat, auf den sich alle Fraktionen bereits in einer Sondersitzung des Hauptausschusses geeinigt haben, zieht seine Bewerbung kurz vor der Wahl zurück. Im Februar musste in Meckenheim eine Beigeordnetenwahl wiederholt werden. Sie wurde weit nach Mitternacht in nicht öffentlicher Sitzung vorgenommen. Die Kommunalaufsicht des Rhein-Sieg-Kreises hatte rechtliche Bedenken gegen dieses Vorgehen und verständigte sich mit der Stadt Meckenheim darüber, die Wahl erneut durchzuführen. Die Wiederholung beeinflusste jedoch nicht das Ergebnis; Joachim Schwister, bislang Bezirksarchitekt im erzbischöflichen Bauamt in Köln, wurde zweiter Beigeordneter der Stadt.

Die Bremer CCG Cool Chain Group Holding AG, eine durch SpecTra Industriekapital GmbH vertretene Investorengruppe sowie private Investoren sind neue Eigentümer des Meckenheimer Unternehmens Rungis Express. Der renommierte Gastronomie-Zulieferer meldete bereits im Januar Insolvenz an.

Im Siegburger Klinikum bleibt die Situation angespannt: Der Betriebsrat fordert erneut Vorleistungen des Eigentümers Fresenius AG und der Stadt Siegburg, um dem finanziell angeschlagenen Krankenhaus, das jährlich ein Millionendefizit erwirtschaftet, eine Perspektive zu geben. Die Tarifverhandlungen mit den Mitarbeitern stocken. Schuldenberg und Investitionsbedarf des Klinikums könnten nur mit Hilfe von Stadt und Land bewältigt werden, nicht durch Einschränkungen der Belegschaft, argumentiert die Personalvertretung.

Auch der Kreistag des Rhein-Sieg-Kreises stellt sich in einer Entschließung hinter das Rheinbacher Krankenhaus. Bereits im Mai verabschiedete der Rheinbacher Stadtrat eine Resolution zu Gunsten des Malteser Klinikums St. Martin, das nach dem Wunsch der Krankenkassen 2006 aus dem Bedarfsplan des Landes Nordrhein-Westfalen gestrichen werden soll. Bürgermeister Stefan Raetz gründete eine Bürgerinitiative „Pro Krankenhaus". Nun hat das Düsseldorfer Gesundheitsministerium der Malteser Trägergesellschaft vorgeschlagen, mit den Krankenkassen einen Versorgungsvertrag abzuschließen, um das Hospital in Rheinbach als Bestandteil des Malteser-Krankenhauses Bonn-Hardtberg zu erhalten. Auf diese Weise bliebe das neue Modell, das ein medizinisches Versorgungszentrum mit ambulanten Operationen, Diagnostik, Überwachung und Nachtversorgung von Patienten vorsieht, auch im Krankenhausbedarfsplan enthalten.

Eine 27-jährige Altenpflegerin aus Wachtberg gesteht, zwischen dem 29. November 2003 und dem 9. April 2005 sechs Heimbewohnerinnen im Alter von 78 bis 93 Jahren erstickt zu haben. Der Heimleiter wandte sich an die Polizei, nachdem die Pflegeassistentin vier Patientinnen tot in ihren Betten aufgefunden und dabei beteuert hatte, sie alle seien in ihrer Anwesenheit eines natürlichen Todes gestorben. Die Staatsanwaltschaft erließ Haftbefehl, die Toten wurden exhumiert. Darüber hinaus werden fast 300 weitere Todesfälle im Berkumer Altenheim seit 1999 untersucht.

Der Troisdorfer Stadtrat stimmt dem Verkauf der städtischen Anteile an den Stadtwerken Troisdorf an die Kölner Rheinenergie AG zu. Die Stadt muss maximal 39 Millionen Euro zuzahlen, um im Gegenzug eine Beteiligung von fünf Prozent an dem Kölner Unternehmen zu erhalten, die durch Übertragung der städtischen Anteile an der Bonner Energie und Wasser GmbH noch erhöht werden könnte. Kommunalpolitisch ist das Geschäft auch in Troisdorf umstritten: Die Fraktion für Bürgerrechte / Regenbogen strengt zunächst ein Bürgerbegehren an und schaltet die Kommunalaufsicht ein.

Tag der offenen Tür bei den Stadtwerken Bonn und beim Wahnbachtalsperrenverband: Bei einem Rundgang durch die Trinkwasseraufbereitungsanlagen können die zahlreichen Besucher der Herkunft des sauberen Wassers auf den Grund gehen. Ein buntes Programm für Erwachsene, Kinder und Jugendliche bietet nicht nur Informationen über die Stationen der Wasserveredelung, die Wasseraufbereitung, Mikrobiologie und Qualitätskontrolle sondern auch Unterhaltung für Jung und Alt. Der WTV ist weltweit das erste Oberflächen-Wasserwerk, das die selbst entwickelte Wasser-Desinfektions-Technik mittels ultravioletten Lichts nutzt.

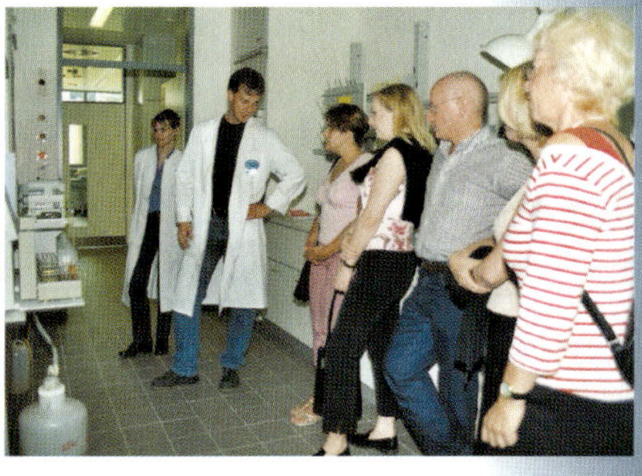

Auch beim Tag der offenen Tür in den „Rhein-Sieg Werkstätten" der Lebenshilfe GmbH in Bergheim und in Friedrich-Wilhelms-Hütte (Troisdorf) kann man den Mitarbeitern über die Schulter schauen. Die Zahl der Auftragnehmer der Werkstätten, die in den Bereichen Pulverbeschichtung, Heißmangel sowie Garten- und Landschaftsbau tätig sind, wächst kontinuierlich.

VERDIENSTORDEN DER BUNDESREPUBLIK DEUTSCHLAND

VON
YVONNE NOLL

Traditionell bedanken sich Staaten durch spezielle Ehrungen bei ihren Bürgerinnen und Bürgern für deren selbstlosen Einsatz zum Wohle der Allgemeinheit. Auch der Verdienstorden der Bundesrepublik Deutschland wurde seinerzeit durch den ersten Bundespräsidenten Theodor Heuß gestiftet, um verdienten Frauen und Männern in angemessener Form für ihre ehrenamtlichen Tätigkeiten zu danken. Wie bereits in den vergangenen Ausgaben des Jahrbuches möchte ich Ihnen auch in diesem Jahr die Bürgerinnen und Bürger des Rhein-Sieg-Kreises vorstellen, die in der Zeit vom 1. Juli 2004 bis zum 30. Juni 2005 mit dem Verdienstorden der Bundesrepublik Deutschland ausgezeichnet wurden. Sie finden an dieser Stelle in chronologischer Reihenfolge kurze Erläuterungen der Leistungen, die den Ehrungen zu Grunde lagen. Sie sind den amtlichen Ordensbegründungen entnommen und stellen daher auf den Zeitpunkt der Entscheidung des Bundespräsidenten ab. Sofern dies nicht ausdrücklich anders beschrieben ist, wurden die Ordensinsignien durch Herrn Landrat Frithjof Kühn ausgehändigt.

SIEGLINDE KNAUF, TROISDORF, VERDIENSTKREUZ AM BANDE

Frau Knauf hat sich seit mehr als 50 Jahren in den Dienst des Troisdorfer Turnvereins 1891 e. V. (Troisdorfer TV) gestellt. Seit Ende der sechziger Jahre ist Frau Knauf als Fach- und Übungsleiterin für den Bereich Kunstturnen tätig. Später baute sie eine erfolgreiche weibliche Kunstturnriege auf und kümmerte sich als Jugendturnwartin um die Nachwuchsförderung des Troisdorfer TV. Daneben war Frau Knauf in den achtziger Jahren rund fünf Jahre Vorstandsmitglied des Stadtjugendringes Troisdorf. Der Rheinische Turnerbund übertrug Frau Knauf 1990 die Leitung des Landesleistungsstützpunktes Kunstturnen. Darüber hinaus leitet sie seit 1995 das nordrhein-westfälische Projekt „Talentsuche und -förderung in Zusammenarbeit mit Schule und Verein / Verband“.

HANS-GERD EßER, RHEINBACH, VERDIENSTKREUZ AM BANDE

Über das normale Maß beruflicher Pflichterfüllung hinaus hat Hans-Gerd Eßer mehr als 35 Jahre die politische Entwicklung des Deutschen Beamtenbundes (dbb) begleitet – seit 1987 als Bundesgeschäftsführer – und für dessen gewerkschaftliche Arbeit entscheidende Weichen gestellt. Das Konzept „Verwaltung 2000“ geht auf seine Initiative zurück. Nach der deutschen Wiedervereinigung hat Herr Eßer in den neuen Bundesländern geholfen, eine eigenständige und unabhängige gewerkschaftliche Vertretung aufzubauen. In Anerkennung seiner Leistungen wurde er vom dbb zum „Ehrenmitglied“ ernannt – eine Würdigung, die in der Nachkriegsgeschichte des dbb erstmals einem hauptamtlichen Funktionär zuteil wurde. Darüber hinaus ist es Herrn Eßer als Vorsitzendem der „Bürgerinitiative gegen die Giftmülldeponien in der Region Rheinbach“ mit zu verdanken, dass die Planung für eine Reststoffdeponie 1994 von der Bezirksregierung endgültig verworfen wurde.

MAGDALENE WURM, WINDECK, VERDIENSTKREUZ AM BANDE

1979 wurde Frau Wurm als erste Frau in den Rat der Gemeinde Windeck gewählt und gehört diesem bis heute an. Dort ist sie in zahlreichen Ausschüssen tätig. 1970 war Frau Wurm Mitbegründerin der Dorfgemeinschaft Gerressen, wo sie sich unter anderem sehr für ältere und bedürftige Mitmenschen einsetzte. Daneben engagiert sie sich seit 1976 im Ortsverband

der CDU-Frauenunion. Tatkräftige Unterstützung durch Frau Wurm erhielten auch die Dattenfelder Kleiderstube und der Sportverein SV Höhe, für den sie bei Veranstaltungen ehrenamtlich die Cafeteria im Festzelt leitete. 1996 war sie maßgeblich an der Herausgabe des Geschichts- und Heimatbuches beteiligt, welches zum 75-jährigen Jubiläum des Vereins herausgegeben wurde. Der Sportverein zeichnete sie dafür mit der silbernen Vereinsnadel aus.

THERESE GIESENER, LOHMAR, VERDIENSTKREUZ AM BANDE

1973 trat Therese Giesener als ehrenamtliche Helferin dem Deutschen Roten Kreuz (DRK) bei. Dort führte sie jährlich bis zu 40 Lehrgänge für den Kreisverband Rhein-Sieg e. V. durch. Nachdem sie 1980 die Leitung der Frauenarbeit übernommen hatte, wurde sie 1981 zur stellvertretenden Vorsitzenden des Kreisverbandes gewählt. Unter ihrer Führung wurde das Familienbildungswerk gegründet. Sie war Initiatorin für den Behindertenfahrdienst, für die Behindertentreffs und die Behindertenschifffahrt. Seit 1990 organisiert sie jährlich zwei- bis dreiwöchige Erholungsmaßnahmen für alleinstehende behinderte und nicht behinderte Seniorinnen und Senioren in Waldliesborn. 1989 wurde Frau Giesener Vorstandsmitglied im DRK-Ortsverein Lohmar und Mitglied des Jugendhilfeausschusses ihrer Heimatstadt. Bis 1995 war sie Mitglied im Landessozialausschuss des DRK Landesverbandes Nordrhein e. V.

WERNER SCHMITZ, BORNHEIM, VERDIENSTKREUZ AM BANDE

Herr Schmitz war von 1981 bis 2000 bei der Bayerischen Landesvertretung beschäftigt. Sein letztes Dienstjahr verbrachte er in Berlin, wo er maßgeblich dazu beitrug, dass der Registraturbereich in der Lage war, die mit dem Umzug nach Berlin verbundenen Schwierigkeiten zu bewältigen. Zwischen 1990 und 1995 war Herr Schmitz Mitglied des örtlichen Personalrates Bonn sowie des Gesamtpersonalrates. Seit 1975 ist er Mitglied der Kolpingfamilie Roisdorf, wo er mehrere Jahre lang verantwortungsvolle Funktionen innehatte. Den örtlichen Vereinen steht er seit 1971 als Ortsausschuss-Vorsitzender vor und begeistert immer wieder Jugendliche für die Vereinsarbeit. Seit 24 Jahren ist er Mitglied der CDU, deren Ortsverbands-Vorsitzender er von 1989 bis 1999 war. Während seiner Amtszeit organisierte er jährlich mehrtägige Bildungsfahrten.

KARL-HEINZ KURTH, NIEDERKASSEL, VERDIENSTKREUZ AM BANDE

Herr Kurth ist seit 1966 erster Vorsitzender des Tambour-Corps Rheinland Niederkassel 1954 e.V. und seit 1991 Tambourmajor dieses Vereins. Er war im Jahr 1973 Mitbegründer der Karnevalsgesellschaft Rut-Wiess-Ranzel, die er bei Karnevalsumzügen mit seinem Tambour-Corps begleitet. Kommunalpolitisch war er seit 1989 in verschiedenen Ausschüssen tätig, bevor er 1994 in den Rat der Stadt Niederkassel gewählt wurde. Dort lag sein Schwerpunkt im Kultur-, Sport und Sozialbereich. Daneben ist er seit 1995 Ortssprecher des CDU-Ortsverbandes Lülsdorf-Ranzel.

FRITZ WAGNER, HENNEF, VERDIENSTMEDAILLE

Herr Wagner engagierte sich über ein Jahrzehnt lang aktiv im Verein Deutsche Herzstiftung e. V., dessen Regionalbeauftragter er von 1991 bis 2000 war. Ab 1989 stellte er zudem monatlich in Krankenhäusern die Arbeit der Deutschen Herzstiftung – auch außerhalb der Region – vor. Darüber hinaus betreute Herr Wagner Informationsstände und organisierte Telefonaktionen bei den örtlichen Zeitungen. Bei mehreren medizinischen Fernsehsendungen berichtete er über die Arbeit der Herzstiftung.

KURT STREMLAU, LOHMAR, VERDIENSTKREUZ AM BANDE

Seit 1972 ist Kurt Stremlau in verschiedenen Ausschüssen des Lohmarer Stadtrates tätig. Sein Schwerpunkt ist u. a. die Erwachsenen- und Weiterbildung. Seinem Einsatz ist es zu verdanken, dass Volkshoch- und Abendschule in Lohmar eine angemessene finanzielle Ausstattung aufweisen. Von 1988 bis 1994 war er stellvertretender Bürgermeister. Neben der Politik engagierte sich Herr Stremlau sehr für das Lohmarer Vereinsleben. Er gründete 1954 den TuS Altenrath, für den er bis 1968 verschiedene Vorstandspositionen ausübte. Später trat er dem Sportverein 1919 Lohmar bei – bis 1970 war er dort Geschäftsführer, bis 1981 Vorsitzender. Anlässlich des 60-jährigen Jubiläums des Vereins waren die Eheleute Stremlau Prinzenpaar im Lohmarer Karneval. Vier Jahre später wurde Kurt Stremlau von den Lohmarer Vereinen mit der Ehren-Auszeichnung „Goldener Lühmere Muhr“ geehrt.

PETER WILFRIED ELBERSKIRCH, SANKT AUGUSTIN, VERDIENSTMEDAILLE

Herr Elberskirch wurde für die aufopfernde Pflege seiner seit zwei Jahrzehnten schwerstkranken Ehefrau geehrt.

WALTER NUTZ, NEUNKIRCHEN-SEELSCHEID, VERDIENSTKREUZ AM BANDE

Von 1973 bis 1983 führte Walter Nutz als Abteilungsleiter den Tischtennisverein im TSV Seelscheid 1920 e. V. Im Jahr 1975 übernahm er zusätzlich die Ämter des Jugendleiters und -trainers. Er betreute bis zu fünf sehr erfolgreiche Mannschaften. Ihm ist auch die beachtliche Zahl von Senioren zu verdanken, die mit Erfolg in eigenen Mannschaften spielen. Darüber hinaus ist Walter Nutz seit 1989 Mitglied des Gemeinderates, dem er auch schon von 1979 bis 1984 angehörte. Er vertritt die Interessen der Bürgerinnen und Bürger in zahlreichen Ausschüssen.

HANS JOACHIM REDDMANN, EITORF, VERDIENSTKREUZ AM BANDE

Von 1985 bis 1990 war Herr Reddmann Vorsitzender der Arbeiterwohlfahrt (AWO) des Ortsvereins Eitorf und hatte von 1989 bis 2000 zusätzlich das Amt des Vorsitzenden des AWO-Kreisverbandes Rhein-Sieg e. V. inne, den er zu einem großen Wohlfahrtsverband mit über 200 Beschäftigten ausbaute. Es ist u. a. auf sein Wirken zurückzuführen, dass in Eitorf ein sozialpsychiatrisches Zentrum und der AWO-Jobshop entstanden. Seit 1992 ist er Beisitzer im Bezirksvorstand der AWO Mittelrhein. Im Jahr 2000 wurde er mit der Verdienstmedaille der AWO geehrt. Von 1990 bis 1996 war Herr Reddmann Vorsitzender der SPD-Eitorf und von 1990 bis 1994 stellvertretender Schiedsmann für den Schiedsamtsbezirk Eitorf.

WALTER BIEBER, TROISDORF, VERDIENSTKREUZ AM BANDE

Herr Bieber erhielt die Ordensinsignien durch Herrn Minister Wolfram Kuschke. Der frühere ehrenamtliche Bürgermeister der Stadt Troisdorf und ehemalige Landtagsabgeordnete (SPD) wurde für sein jahrzehntelanges politisches Engagement geehrt. Sein Themenschwerpunkt lag in der Verkehrspolitik. So gehörte er zur Expertengruppe „Integrierte Verkehrspolitik“ beim Bundesverkehrsministerium. Darüber hinaus engagiert sich Walter Bieber seit 1974 als Mitglied für die Arbeiterwohlfahrt Sieglar.

DIETER RÖTTGEN, TROISDORF, VERDIENSTMEDAILLE

Seit 1975 gehört Dieter Röttgen dem Ortsverein Sieglar der Arbeiterwohlfahrt (AWO) an, zu dessen stellvertretenden Vorsitzenden er 1999 gewählt wurde. In dieser Funktion steht er älteren und behinderten Menschen zur Seite. Zudem engagiert sich Herr Röttgen kommunalpolitisch. Nach seinem Eintritt in die SPD war er zunächst sachkundiger Bürger, bevor er 1989 für den Zeitraum von zehn Jahren zum Mitglied des Stadtrates gewählt wurde. Sein Schwerpunkt war hier die Pflege von Städtepartnerschaften. Dabei knüpfte er an seine Tätigkeit im Städtepartnerschaftsverein Troisdorf e. V. an, dem er von 1982 bis 1995 – zeitweise als Vorsitzender – angehörte. 1989 war Herr Röttgen Mitbegründer der Interessengemeinschaft Europaplatz, später umbenannt in Bürgerverein Rotter See e. V. Das jährliche Bürgerfest für die Bewohner des Wohnparks „Rotter See“ wurde von ihm initiiert.

DR. DR. H. C. WOLFGANG E. BURHENNE, KÖNIGSWINTER, GROSSES VERDIENSTKREUZ MIT STERN

Dr. Dr. h.c. Burhenne, der die Ordensinsignien durch Umweltministerin Bärbel Höhn erhielt, hat es sich seit mehr als 50 Jahren zur Aufgabe gemacht, für einen vernünftigen Umgang mit der Umwelt zu werben. Sein Engagement umfasst u.a. Aktivitäten für die „Schutzgemeinschaft Deutsches Wild", das Umwelt-Protokoll des Antarktis-Vertrages in Madrid (1990/1991), verschiedene Gremien des Umweltprogramms der Vereinten Nationen, der „Organisation for Africa Unity", des „Conseil Européen du Droit de l'Environnement (CEDE)" sowie des „Fördervereins Umweltstudien (FUST)" in Tirol. Darüber hinaus ist er seit 1969 einer der beiden Executive Governors des „International Council of Environmental Law" (ICEL) in Genf. In Anerkennung seines besonderen Einsatzes wurde ihm die Ehrendoktorwürde der Universität Bhopal (Indien) sowie der Pace University New York verliehen. Darüber hinaus erhielt er im Jahr 1990 die Umweltmedaille der „Better-World-Society" in New York und 1991 den Internationalen Umweltpreis der Vereinten Nationen.

JÜRGEN SCHULZ, NIEDERKASSEL, VERDIENSTKREUZ AM BANDE

Als Bürgermeister von Niederkassel (1984-1989) gründete Jürgen Schulz u.a. die Städtepartnerschaft zwischen Niederkassel und Limassol auf Zypern. Bis zum Jahr 2004 übernahm er die Stellvertretung des amtierenden Bürgermeisters. Zudem war er von 1989 bis 1994 sowie von 1997 bis 1999 Kreistagsmitglied und wirkte im Aufsichtsrat der RSAG mit. In der RSVG mbH setzte er sich für die Stadt Niederkassel und für den Rhein-Sieg-Kreis als stellvertretendes Aufsichtsratsmitglied ein. Darüber hinaus ist es ihm zu verdanken, dass das SPD-Kleiderlädchen eingerichtet werden konnte und die Arbeiterwohlfahrt Mondorf heute über einen Kleinbus verfügt, mit dem Bürgerinnen und Bürger aus anderen Stadtteilen zum gemütlichen Beisammensein zusammenkommen können. Außerdem war Herr Schulz Mitglied des Gründungsvorstandes des Fördervereins „Sportheim SV Niederkassel".

DR. WALTER KIWIT, SIEGBURG, VERDIENSTKREUZ 1. KLASSE

Herr Dr. Robert Becker, Bezirksregierung Köln, überreichte dem früheren Oberkreisdirektor Dr. Walter Kiwit die Ordensinsignien. Dr. Kiwit hat sich als Verhandlungsführer auf Seiten des Rhein-Sieg-Kreises in besonderer Weise für die Bonn/Berlin-Ausgleichsverhandlungen eingesetzt. Zudem war er maßgeblich an dem Konzept für die Fachhochschule Bonn-Rhein-Sieg beteiligt, die sich zu einem wichtigen Pfeiler für den modernen Wirtschafts- und Wissenschaftsstandort Bonn-Rhein-Sieg entwickelt hat. Im Rahmen der Wiedervereinigung Deutschlands hat Dr. Kiwit sich durch die Unterstützung beim Aufbau neuer Verwaltungsstrukturen im Landkreis Potsdam-Mittelmark besonders verdient gemacht. Auch leitete er als ehrenamtlicher erster Vorsitzender viele Jahre den Kreisverband Rhein-Sieg des Deutschen Roten Kreuzes. Bis heute ist er in verschiedenen Gremien des RWE Konzerns aktiv.

MUSA ATAMAN, TROISDORF, VERDIENSTKREUZ AM BANDE

Herr Ataman engagiert sich seit 1979 für die Integration seiner Landsleute in Deutschland. Er gehörte zu den Mitbegründern des „Ausländerkomitees Rhein-Sieg e.V." und ist aktives Mitglied des Touristenvereins „Die Naturfreunde Bonn e.V.". 1989 war er Initiator und Gründungsmitglied der „Kurdischen Gemeinschaft Rhein-Sieg-Kreis/Bonn", deren Vorsitz er im selben Jahr übernahm. Musa Ataman war 1990/1991 Bundesvorstandsmitglied im Verband der Vereine aus Kurdistan. Er ist Vorstandsmitglied im „Internationalen Verein für Menschenrechte in Kurdistan" und Mitarbeiter der Arbeiterwohlfahrt im Jugendzentrum Troisdorf. Daneben hilft er seit über 15 Jahren tatkräftig bei der Planung und Realisierung des „Internationalen Festes" in Troisdorf mit. Besonders hervorgetan hat sich Herr Ataman als Organisator der kurdischen Kulturtage. 1994 wurde er durch die Aktion CURA, Hilfe für Opfer von Ausländerfeindlichkeit e.V., für besondere Verdienste zur Förderung des Zusammenlebens von deutschen und ausländischen Mitbürgern ausgezeichnet. In Würdigung seiner Verdienste um die Kulturarbeit im Rheinland erhielt er 1997 den Rheinlandtaler.

INGEBORG UND ERICH BRÄUER, RHEINBACH, VERDIENSTKREUZ AM BANDE

Seit mehr als 25 Jahren ist Herr Bräuer Mitglied des Sozialdienstes Katholischer Frauen und Männer (SKFM) in Rheinbach, der aus dem Sozialdienst Katholischer Männer (SKM) hervorgegangen ist. Unter seinem Vorsitz (1976–1981) trat die Ortsgruppe Rheinbach dem Sozialdienst Katholischer Männer im Rhein-Sieg-Kreis e.V. bei, wurde eine Sozialarbeiterstelle in Rheinbach genehmigt und der SKM für Frauen geöffnet. Gemeinsam mit seiner Frau betreut Erich Bräuer inhaftierte Strafgefangene in der Justizvollzugsanstalt Rheinbach sowie ausländische Mitglieder der Kirchengemeinde St. Martin. Schwerpunkte der Betreuungsarbeit liegen bei der Unterstützung von Alkoholkranken und Menschen mit psychischen Problemen. Ingeborg Bräuer ist seit 1977 in der Pfarr-Caritas der örtlichen Kirchengemeinde tätig. Sie widmet sich nicht nur der Arbeit im Kleiderstubenteam, sondern ist seit 1995 stellvertretende Vorsitzende und seit 1997 Schriftführerin der Pfarr-Caritas.

OTTILIE PAWLAK, NIEDERKASSEL, VERDIENSTKREUZ AM BANDE

1978 gründete Frau Pawlak die Behinderten-Freizeitgruppe der evangelischen Kirchengemeinde Niederkassel, die sich unter ihrer Leitung für eine sinnvolle Freizeitgestaltung stark machte. Im gleichen Jahr half sie bei der Versorgung des Kindergartens des Naemi-Wilke-Stiftes in Guben/Neiße, für den ihre Kirchengemeinde die Patenschaft übernommen hatte. Als CDU-Mitglied initiierte Ottilie Pawlak 1972 einen sozialen Arbeitskreis mit dem Ziel der Betreuung von behinderten und älteren Mitmenschen. Sie engagierte sich bei dem Aufbau der Kleiderstube, zählte 1976 zu den Gründerinnen der CDU-Frauenvereinigung Niederkassel, aus der später die Frauenunion hervorging, und übernahm deren stellvertretenden Vorsitz, ehe sie von 1982 bis 1986 Vorsitzende wurde. Dem CDU-Stadtverband gehörte Frau Pawlak als Beisitzerin für Soziales (1977–1979) an. Anschließend war sie bis 2004 Mitglied im Rat der Stadt Niederkassel. Ihr Arbeitsschwerpunkt war hier die Arbeit im Jugendhilfeausschuss.

DR. HANS-GÜNTHER VAN ALLEN, LOHMAR, VERDIENSTKREUZ 1. KLASSE

Der frühere Bürgermeister der Stadt Lohmar und ehemalige Vize-Landrat Dr. Hans-Günther van Allen erhielt das Verdienstkreuz 1. Klasse aus den Händen des Regierungspräsidenten Jürgen Roters. Neben seinem Einsatz für die Stadt Lohmar, deren Ratsmitglied er von 1969 bis 1987 war und die er von 1975 bis 1984 als Bürgermeister vertrat, engagierte er sich für den Rhein-Sieg-Kreis: Seit 1989 war er für 15 Jahre Kreistagsmitglied – fünf Jahre (1994 – 1999) war er zugleich erster stellvertretender Landrat. Von 1988 bis 1999 war Dr. van Allen ehrenamtlicher Vorsitzender des Rhein-Sieg-Kreisverbandes der Sozialdemokratischen Gemeinschaft für Kommunalpolitik in Nordrhein-Westfalen. Darüber hinaus engagiert er sich seit 1975 im Beirat des evangelischen Altenheims Wahlscheid, wo er bei der Erarbeitung von Konzepten für die Entwicklung des Heimes mithilft.

FRANZ-EGON NOLDEN, SIEGBURG, VERDIENSTKREUZ AM BANDE

Der Präsident des Landgerichtes Bonn, Kurt Pillmann, übergab die Ordensinsignien an Franz-Egon Nolden. Als Mitbegründer und zeitweiliger Vorsitzender (1984–1990) des Vereins der Rechtsanwalts- und Notarangestellten setzte er sich nachhaltig für die Interessen der darin organisierten Rechtsanwaltsgehilfen ein. Sein besonderes Engagement galt der Jugend. Neben seiner 30-jährigen Tätigkeit im Prüfungsausschuss der Rechtsanwaltskammer Köln im Bezirk des Landgerichtes Bonn, seinem langjährigen Engagement als nebenamtliche Lehrkraft im Bereich des Berufsschulwesens und seinem freiwilligen Angebot, Auszubildende in Kursen auf die Abschlussprüfung vorzubereiten, setzte sich Herr Nolden als Jugendwart des Reitvereins Johanneshof und Jugendleiter eines Fußballvereins für Jugendliche ein.

LUZIA MISCH, SANKT AUGUSTIN, VERDIENSTMEDAILLE

Frau Luzia Misch wurde für die aufopfernde, bereits seit 1970 notwendige Pflege ihrer Zwillingstöchter ausgezeichnet.

ADELBERT AŸ, SIEGBURG, VERDIENSTKREUZ AM BANDE

Herr Aÿ stellte sich nicht nur als Mitglied des Stadtrates von Siegburg und als Kreistagsmitglied in den Dienst der Öffentlichkeit, sondern engagierte sich aktiv im Betriebsrat der Ford-Werke AG, zu dessen Gründungsmitgliedern er gehörte. Sein Arbeitsschwerpunkt lag auf den sozialen Belangen der Arbeitnehmerschaft. Dieses soziale Engagement drückt sich auch in seinen langjährigen Mitgliedschaften und der Vorstandsarbeit in der Arbeiterwohlfahrt (AWO) Ortsverein Siegburg und Ortsverein Königswinter sowie in seinen vielfältigen Tätigkeiten innerhalb des AWO-Kreisverbandes Rhein-Sieg aus, dessen Vorsitz er im Jahr 2000 übernommen hat.

ALFONS VOGEL, WINDECK, VERDIENSTKREUZ AM BANDE

Bereits seit dem Jahr 1975 ist Herr Vogel Mitglied des Windecker Gemeinderates. Im gleichen Jahr wurde er Mitglied im Werkausschuss, dessen Vorsitz er seit 1989 innehat. Unter seinem Vorsitz wurden die Gemeindewerke Windeck 1991 in einen Eigenbetrieb umgewandelt. Darüber hinaus setzte sich Alfons Vogel über Jahre für den Förderverein „Freibad Windeck-Rosbach e. V." ein. Er war mitverantwortlich für ein Sanierungskonzept, durch das der Freibadbetrieb langfristig gesichert werden konnte. Daneben engagierte sich Herr Vogel über 20 Jahre für die Katholische Pfarrgemeinde St. Josef in Windeck-Rosbach. Nachdem er zunächst zehn Jahre lang in der gemeindlichen Jugendarbeit aktiv gewesen war, wurde er 1981 in den Pfarrgemeinderat gewählt, dem er bis 1993 angehörte und den er acht Jahre lang als Vorsitzender leitete.

HERBERT KARSTEN, HENNEF, VERDIENSTKREUZ AM BANDE

Nach Beendigung seiner Karriere als aktiver Fußballer wählte der 1. Hennefer Fußballclub „TURA" 1973 Herbert Karsten in den Vereinsvorstand, wo er seine beruflichen Erfahrungen in verschiedenen Funktionen einbrachte. Zudem war er 20 Jahre als erster Vorsitzender im Stadtsportverband Hennef e. V. aktiv. Im Jahr 1988 übernahm er zusätzlich das Amt des Schatzmeisters im KreisSportBund Rhein-Sieg e. V., das er bis 2004 ausübte. In dieser Funktion gehörte er sowohl dem erweiterten als auch dem geschäftsführenden Vorstand an. Mit großer Sachkunde widmete er sich den anspruchsvollen finanziellen Belangen des Vereins. Darüber hinaus engagierte sich Herbert Karsten aber auch kommunalpolitisch, indem er für die CDU im Arbeitskreis Sport der Fraktion und von 1999 bis 2004 als sachkundiger Bürger im Rat der Stadt Hennef aktiv war.

HEINRICH ZIMMERMANN, ALFTER, VERDIENSTMEDAILLE

Neben seiner Arbeit für die freiwillige Feuerwehr, der Herr Zimmermann 1945 beitrat und für die er 1970 das Feuerwehrehrenzeichen in Silber sowie 1985 das Feuerwehrehrenzeichen in Gold erhielt, ist ihm der Umweltschutz in seiner Heimatgemeinde ein besonderes Anliegen. Als Vorsitzender des Vereins Eintracht Impekoven, der heute den Namen „Heimat- und Verschönerungsverein K. G. Jrön Jonge Impekoven 1793 e. V." trägt, gelang es ihm, den Umweltschutz in den Vordergrund der Vereinsarbeit zu stellen. Zur Stärkung des Umweltbewusstseins führt Heinrich Zimmermann heimatkundliche Wanderungen durch, bei denen der integrierte

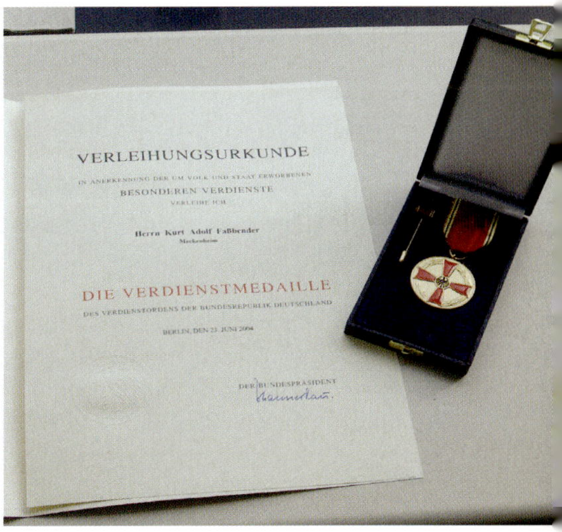

Obstanbau erläutert wird. Dazu kommt eine enge Zusammenarbeit mit der „Bachpatenschaft" Hardtbach sowie dem Bund für Umwelt und Naturschutz Deutschland (BUND). Außerdem engagierte sich Herr Zimmerman als Mitglied des Vereins zur Förderung der Partnerschaft Alfter-Châteauneuf e. V. für die internationale Arbeit der Gemeinde.

DR. FERDINAND THEISSEN, BORNHEIM, VERDIENSTKREUZ AM BANDE

Als Vertreter der Arbeitgeberschaft der Degussa-AG hatte Dr. Theißen bei der Schließung des Werkes „Degussa-Knappsack" und der Stilllegung eines Betriebsteiles in Bonn-Beuel erheblichen Anteil daran, dass keinem Mitarbeiter gekündigt werden musste. Im Jahr 1985 wurde er Mitglied des Wirtschaftsgremiums Wesseling, dessen Vorsitz er später für fünf Jahre übernahm. Von 1989 an gehörte er für zehn Jahre dem Vorstand des Arbeitgeberverbandes der Chemischen Industrie Bezirk Köln e. V. an, dessen Vorsitz er in den Jahren 1997 bis 1999 innehatte. Neben Tätigkeiten für den Landesausschuss der Arbeitgeberverbände der chemischen Industrie von Nordrhein-Westfalen und der Tarifkommission beim Bundesarbeitgeberverband Chemie e. V. wirkte Dr. Ferdinand Theißen maßgeblich am Zusammenschluss der Arbeitgeberverbände im Bezirk Köln zu den „Arbeitgebern Köln" mit. Daneben arbeitet Dr. Theißen ehrenamtlich für die katholische Kirchengemeinde St. Martin in Bornheim-Merten. Er begleitet seit 1991 die jährlich stattfindenden Jugendfreizeiten der Pfarrjugend, gehört dem Kirchenvorstand an und war Mitbegründer des Fördervereins für das Wesselinger Dreifaltigkeits-Krankenhaus. Zudem obliegt ihm seit langem die Schulpflegschaft des Max-Ernst-Gymnasiums Brühl.

ERNST-DIETER GRAFE, TROISDORF, VERDIENSTKREUZ AM BANDE

Herr Grafe gehört seit 1974 dem Vorstand der Steuerberaterkammer Köln an, der er 16 Jahre als Vizepräsident vorstand, bevor er 1999 zu deren Präsidenten gewählt wurde. Seit 1979 ist er Mitglied des Präsidiums der Berufskammer. Als langjähriger Delegierter der Bundeskammerversammlung hat er an allen wichtigen und richtungsweisenden Beratungen auf berufspolitischem und steuerfachlichem Gebiet teilgenommen und die Interessen der Steuerberater sachgerecht und kompetent vertreten. Mit besonderem Engagement setzt er sich für die internationale Zusammenarbeit der steuerberatenden Berufe ein. Dabei hat er es sich zur Aufgabe gemacht, die Angehörigen der steuerberatenden Berufe im Rahmen von Seminaren und Schulungsveranstaltungen auf die europäischen Entwicklungen vorzubereiten. Von 1976 bis 1984 arbeitete er im Vorstand des Vereins der Steuerberater Köln mit und war ab 1984 Vorsitzender des Bezirks Siegburg. Herr Grafe hatte maßgeblichen Anteil an der Gründung des Versorgungswerkes der Steuerberater in Nordrhein-Westfalen.

HELMUT VIANDEN, ALFTER, VERDIENSTKREUZ AM BANDE

Seit 1979 gehört Herr Vianden dem Vorstand der Steuerberaterkammer Köln an und war lange Jahre Mitglied des Präsidiums. Er engagiert sich insbesondere im Arbeitskreis „Steuerrecht" sowie im Rahmen der Aus- und Fortbildung. Helmut Vianden ist seit vielen Jahren ständiger Delegierter der Bundeskammerversammlung der Bundessteuerberaterkammer. Er wirkt in verschiedenen Ausschüssen und Arbeitskreisen der Bundessteuerberaterkammer mit, insbesondere im Ausschuss „Steuerberatungs-Gebührenrecht". Dort war er mitverantwortlich für die 3. Änderung der Steuerberater-Gebührenverordnung. Herr Vianden war viele Jahre Vizepräsident des Steuerberater-Verbandes Köln e. V., dessen Ehrenmitglied er heute ist. Besondere Anerkennung verdient seine intensive Mitwirkung bei der Gründung der Akademie für Steuer- und Wirtschaftsrecht des Steuerberater-Verbandes Köln, deren Aufsichtsrat er von 1988 bis 1993 angehörte.

GEORG RIEGER, NIEDERKASSEL, VERDIENSTKREUZ AM BANDE

Von 1970 bis zum Jahr 2000 war Herr Rieger als Referent in der Finanz- und Steuerabteilung des Deutschen Industrie- und Handelstages (DIHT) beschäftigt. Hervorzuheben ist sein Engagement bei der kommunalen Finanzreform, bei den Reformen der Gewerbesteuer und Lohnsummensteuer, bei der Gestaltung der Kopplungs- und Begrenzungsvorschriften sowie bei der Erstellung effizienter und umsetzbarer Lösungsvorschläge zur Deckung des Finanzbedarfs der öffentlichen Hand. Georg Rieger ist Initiator und fachlicher Begleiter der Schrift „Gemeindehaushalt – Haushaltsrecht und Haushaltsanalyse", in der Kennzahlen katalogisiert werden, die es der Politik und der Wirtschaft ermöglichen, die Haushalte der Städte und Gemeinden in ganz Deutschland intertemporal und interkommunal zu vergleichen. Darüber hinaus vertrat Herr Rieger von 1975 bis 1985 die Interessen und sozialen Belange der Belegschaft im Betriebsrat des DIHT, dessen Vorsitzender er von 1977 bis 1981 war. Von 1992 bis 1999 war er zudem Schwerbehindertenbeauftragter.

GISELA URBAN, NIEDERKASSEL, VERDIENSTMEDAILLE

Von 1990 bis 2001 betreute Frau Urban das Frauenkolleg des Bildungszentrums Schloss Eichholz der Konrad-Adenauer-Stiftung in Wesseling mit dem Ziel, junge Frauen für gesellschaftliche und politische Fragen zu interessieren sowie die Repräsentanz von Frauen in Entscheidungsgremien von Politik, Wirtschaft, Verwaltung und Medien zu verstärken. 1995 zählte Frau Urban zu den Mitgründerinnen und -gründern des Vereins Frauenforum Eichholz e. V., der ein Netzwerk für politisch engagierte Frauen anbietet. Aus dem Forum sind zwei Landtagsabgeordnete, eine Landesvorsitzende der Frauen-Union, zahlreiche Kreisvorsitzende und Mitglieder von Gemeinderäten sowie Vorsitzende von Bürgerinitiativen hervorgegangen.

KLAUS NOWAK, TROISDORF, VERDIENSTKREUZ AM BANDE

Bis zu seinem Umzug nach Troisdorf 1975 war Herr Nowak fünf Jahre Kreistagsmitglied im schleswig-holsteinischen Pinneberg. 1979 wurde er in den Kreistag des Rhein-Sieg-Kreises gewählt, wo er sich verstärkt in die Finanz-, Umwelt- und Abfallwirtschaftspolitik einbrachte. Seine Vorschläge zur Abfallvermeidung machten ihn zu einem Vorreiter für die Wiederverwertungspolitik des Kreises. Seine Ideen zur Abfallpolitik setzte er als Vorsitzender des Aufsichtsrates der Rhein-Sieg Abfallgesellschaft in die Praxis um.

ANNELORE BROSCHEID, KÖNIGSWINTER, VERDIENSTKREUZ AM BANDE

Seit der Gründung der Gemeinschaft Königswinterer Künstler (GKK) fördert Frau Broscheid mit dieser Organisation das Kunstverständnis der Bevölkerung. Sie schrieb zahlreiche Theaterstücke und Sketche, die sie als Regisseurin in Königswinter aufführte. In mehreren Büchern hielt sie die einheimische Mund- und Lebensart sowie das dörfliche Zusammenleben für die Nachwelt fest. Annelore Broscheid ist Vorsitzende der Katholischen Frauengemeinschaft Deutschlands Eudenbach, für die sie Bildungsreisen nach Rom und Dresden vorbereitete, und übernimmt für den Vorstand des Bürgervereins Eudenbach e. V. die Organisation bei Veranstaltungen der Dorfgemeinschaft. Zudem unterstützte sie die Zusammenarbeit mit den Partnerstädten North East Lincolnshire und Cognac und kümmert sich um die Betreuung von alten, kranken und einsamen Menschen.

GÜNTER LUTZ, WINDECK, VERDIENSTKREUZ AM BANDE

Herr Lutz gehörte von 1969 bis 1999 dem Rat der Gemeinde Windeck an und arbeitete dort in diversen Ausschüssen mit. Er ist seit 1965 Mitglied der CDU und zugleich Mitglied des Ortsverbandes Windeck, der in den Anfangszeiten federführend von ihm aufgebaut wurde und dessen Geschäftsführer er über viele Jahre war. Das Amt des Vorsitzenden hatte er von 1988 bis zu seiner Ernennung zum Ehrenvorsitzenden 1994 inne. Darüber hinaus ist Herr Lutz aktives Mitglied der Pfarrgemeinde St. Laurentius in Windeck-Dattenfeld, in deren Kirchenvorstand er mitarbeitet. 1998 wurde er für seine 50-jährige Mitgliedschaft im Kirchenchor St. Cäcilia zum Ehrenmitglied ernannt. Zudem engagierte sich Günter Lutz in der Gewerkschaft CGPT (Christliche Gewerkschaft Postservice und Telekommunikation). Dort war er Mitglied im örtlichen Personalrat des Fernmeldeamtes Köln 3 (1974–1986) und im Bezirkspersonalrat der Oberpostdirektion Köln (1974–1982). In der Zeit von 1974 bis 1986 war er Sozialbetreuer beim Fernmeldeamt Köln 3.

WILHELM HERBRECHT, BAD HONNEF, VERDIENSTKREUZ 1. KLASSE

Von 1975 bis 1984 war Herr Herbrecht stellvertretender Bürgermeister von Bad Honnef. Seit 1976 gehört er für die CDU als Abgeordneter dem Kreistag sowie verschiedenen Ausschüssen des Rhein-Sieg-Kreises an. Im Jahr 1984 begann er als Sachkundiger Bürger bei der Landschaftsversammlung des Landschaftsverbandes Rheinland, bevor er dort 1989 zum ordentlichen Mitglied mehrerer Gremien gewählt wurde. Ein wichtiges Anliegen ist ihm die Verbesserung der Situation Langzeiterkrankter in den Rheinischen Kliniken. So setzte er sich tatkräftig und erfolgreich dafür ein, die in den 1990er Jahren bestehende Problematik der Kranken- und der Familienpflege für psychisch und geistig Behinderte zu entschärfen und die Situation in der Forensik zu verbessern. Daneben machte er sich für die Übertragbarkeit von Energie- und Ressourcen-Sparmodellen auf die Rheinischen Schulen im Zusammenhang mit dem Thema „Schonender Umgang mit unserer Umwelt" stark. Im Jahr 2001 wurde Herr Herbrecht für sein Engagement als Sozialpolitiker mit dem Ehrenring der Stadt Bad Honnef ausgezeichnet.

HEINRICH FLORIN, NIEDERKASSEL, VERDIENSTMEDAILLE

Herr Florin, der im Jahr 2001 sein 50-jähriges Dienstjubiläum feierte, erhielt die Ordensinsignien durch die stellvertretende Landrätin Gräfin Strachwitz. Er war Leiter und Dirigent verschiedener Chöre und Männergesangvereine im Rhein-Sieg-Kreis und hat damit einen wichtigen Beitrag für den Bestand des heimischen Kulturgutes geleistet.

Hierfür erhielt er bereits viele Auszeichnungen. In Würdigung seiner Leistungen wurde Heinrich Florin zum Ehrendirigenten des Männergesangvereins „Frisch auf" Meindorf 1877 e.V. erhoben. Für seine intensive Arbeit für den Männergesangverein „Aegidius" Hersel von 1872 wurde er zum Ehrenmitglied ernannt und erhielt zum Dank für seine Verdienste um den Chorgesang in Bornheim den Ehrenteller der Stadt.

LUDWIG FETT, RHEINBACH, VERDIENSTKREUZ AM BANDE

1975 wurde Herr Fett in den Rat der Stadt Rheinbach gewählt, dem er bis heute angehört. In seiner Ratsarbeit setzte er Schwerpunkte im Bereich des Umweltschutzes sowie der Bau- und Verkehrsplanung. Seit 1989 gehört er dem für diese Aufgabenfelder zuständigen Ausschuss an, dessen Vorsitz er seit 1994 innehat. Der Bau von Mehrzweckhallen in Oberdrees, Queckenberg und Hilberath geht auf seine Initiative zurück. Die Hallen dienen nicht nur dem Sport und der Geselligkeit – zusätzlich beherbergen sie Kindertagesstätten. Von 1973 bis 1975 und wieder seit 1995 ist Herr Fett Ortsvorsteher der Ortschaft Oberdrees. In dieser Funktion vertritt er die Belange der dörflichen Gemeinschaft. Als Vorsitzender des Ortsausschusses, dem „Dach" der 20 Oberdreeser Vereine, koordinierte er die Organisation gemeinsamer Sommerfeste, Adventsbasare, Altentage und Altenweihnachtsfeiern sowie Ausflugsfahrten der älteren Mitbürgerinnen und Mitbürger. Er initiierte Beiträge zur Dorfverschönerung und beriet die Beteiligten in Angelegenheiten öffentlicher Förderung. Für seine Verdienste um die Stadt Rheinbach und die dörfliche Gemeinschaft wurde ihm im Jahr 2000 der Ehrenring der Stadt verliehen.

KLAUS SCHLEWEIT, TROISDORF, VERDIENSTKREUZ AM BANDE

Herr Schleweit war an der Gründung und dem Aufbau des „Vereins der Freunde und Förderer des Alfred-Delp-Altenzentrums Troisdorf e. V." maßgeblich beteiligt. Nicht zuletzt durch seine Mitwirkung als ersterVorsitzender ist der Förderverein heute so wertvoll für das Altenzentrum. Darüber hinaus hat sich Klaus Schleweit um die Aufarbeitung der Geschichte der Luftwaffenkaserne Köln-Porz-Wahnheide verdient gemacht, indem er bereits 1984 begann, Exponate und Dokumentationen über die Geschichte der Kaserne und des Truppenübungsplatzes zu sammeln, die als ständige Ausstellung seit 1990 im „Traditionsraum" der Kaserne besichtigt werden können. Für seine Verdienste um die militärgeschichtliche Sammlung Wahnheide wurde ihm das Ehrenkreuz der Bundeswehr in Gold verliehen. Sein Interesse für die Geschichte des Fliegerhorstes Porz-Wahn veranlasste ihn zur Gründung des „Heide-Kreises". Herr Schleweit hält bei den ansässigen Ortsvereinen, Schulen und den wehrpflichtigen Soldaten Vorträge über die Heimatgeschichte von Wahn.

RITA WINKLER, RUPPICHTEROTH, VERDIENSTKREUZ AM BANDE

Frau Winkler setzt sich seit 1984 ehrenamtlich, zunächst als Sachkundige Bürgerin, dann als ordentliches Gemeinderatsmitglied für ihre Heimatgemeinde Ruppichteroth ein. Schwerpunkte ihres Wirkens sind die Gemeindeentwicklung und Angelegenheiten der Schulen in Verbindung mit der Jugend- und Sozialpolitik. In ihrer Funktion als Mitglied der CDU-Frauenunion beteiligt sich Frau Winkler an der Durchführung der Seniorennachmittage des Seniorenclubs „Auslese" Ruppichteroth-Schönenberg, in der „Kleiderstube Winterscheid" und an der Organisation und Durchführung der Ferienveranstaltungen für Kinder und Jugendliche im Rahmen des „Ferienpasses". Darüber hinaus ist Rita Winkler stellvertretende Leiterin des privaten Arbeitskreises Soziales, der Familien in Not unterstützt. Seit 1980 leitet sie auch den traditionellen Weihnachtsbasar der katholischen Kirchengemeinde St. Severin in Ruppichteroth, mit dessen Erlös ein Kinderheim für obdachlose Straßenkinder in Mexiko und Missionsstationen in Zaire und Südafrika unterstützt werden.

GÜNTHER NICOLIN, KÖNIGSWINTER, VERDIENSTKREUZ AM BANDE

Neben seinen Aktivitäten für die Hölderlin-Gesellschaft, der er seit 1955 als aktives Mitglied angehört, und seinem Einsatz für die Stefan-Andres-Gesellschaft, für den er mit der Ehrenmitgliedschaft ausgezeichnet wurde und für die er von der Stadt Scheich die Stefan-Andres-Plakette erhielt, sorgte Günther Nicolin durch sein unermüdliches Wirken für die Einrichtung des A. Paul Weber-Museums in Ratzeburg. Darüber hinaus war Herr Nicolin 1974 in Ratzeburg Mitgründer der A. Paul Weber-Gesellschaft, deren Geschäftsführer er bis 1991 war und die ihn nach seinem Ausscheiden zum Ehrenmitglied ernannte. Mit all seinen Aktivitäten hat Herr Nicolin die Voraussetzungen dafür geschaffen, das Lebenswerk des Künstlers A. Paul Weber für die Nachwelt lebendig zu halten.

PROF. DR. JÜRGEN CREUTZIG, NEUNKIRCHEN-SEELSCHEID, VERDIENSTKREUZ AM BANDE

Als Hauptgeschäftsführer des Zentralverbandes des Kraftfahrzeughandels (heute Zentralverband des Kraftfahrzeughandwerks im Zentralverband Deutsches Kraftfahrzeuggewerbe – ZDK) vertrat Prof. Dr. Creutzig diesen von 1973 bis 2002 ehrenamtlich bei den halbjährlichen Sitzungen der Deutschen Automobil Treuhand GmbH (DAT). Als Mitglied der Gutachterausschüsse für Allgemeine Geschäftsbedingungen und für Wettbewerbsfragen des Deutschen Industrie- und Handelskammertages (DIHK) sowie durch seine Mitwirkung bei der Gründung der Neue Rechtsschutz Versicherungsgesellschaft AG setzte er sich für den Schutz der Automobilhändler ein. Seit Anfang der 1990er Jahre unterstützt Prof. Creutzig die Arbeit des „Board of Directors" und den Ausschuss für Recht und Steuern des europäischen Dachverbandes des Kfz-Gewerbes Conseil Européen du Commerce et de la Réparation Automobiles (CEVRA) in Brüssel. Hier leistete er wichtige Arbeit bei der Förderung der Völkerverständigung und des geeinten Europas. Seit 1991 ist Herr Prof. Creutzig Lehrbeauftragter für den Bereich „Recht in der Automobilwirtschaft" an der Fachhochschule Nürtingen.

DORIS WEISSENBERG, MUCH, VERDIENSTKREUZ AM BANDE

Frau Weißenberg gehört zu den Mitgründerinnen des Deutschen Kinderschutzbundes, Ortsverband Much, der 1974 ins Leben gerufen wurde. Innerhalb des Vorstands übernahm sie zahlreiche Aufgaben. So trug sie beispielsweise bis 2001 Verantwortung für die Kasse. Daneben kümmert sich Doris Weißenberg um Kinder und Familien, die mit ihren Problemen zu ihr kommen. Für Kindergärten, Schulen, das Sozialamt der Gemeinde Much und das Kreisjugendamt ist sie in den letzten 20 Jahren eine wertvolle Helferin geworden.

ALFRED PFISTER, EITORF, VERDIENSTKREUZ AM BANDE

Seit 1969 ist Herr Pfister im Rat der Gemeinde Eitorf ehrenamtlich tätig und arbeitet in zahlreichen Ausschüssen – zum Teil als Vorsitzender oder stellvertretender Vorsitzender – mit. 1995 wurde Herr Pfister erster stellvertretender Bürgermeister der Gemeinde Eitorf, die er seit 1989 in der Gesellschafterversammlung der Entwicklungs-GmbH Eitorf (Sieg) und seit 1994 beim Nordrhein-Westfälischen Städte- und Gemeindebund vertritt. Zudem ist Alfred Pfister seit beinahe 30 Jahren ehrenamtlicher Richter beim Verwaltungsgericht Köln.

DR. CHRISTOPH ULEER, SANKT AUGUSTIN, VERDIENSTKREUZ 1. KLASSE

Als Verbandsdirektor und seit 1978 auch als Geschäftsführer des Verbandes der privaten Krankenversicherung hat Dr. Uleer bei seiner Arbeit besonderen Wert auf eine verstärkte soziale Ausrichtung der privaten Krankenversicherung gelegt. Ihm ist es mit zu verdanken, dass heute für privat Versicherte ab dem 55. Lebensjahr der Standardtarif Anwendung findet. Seit 1995 widmete sich Dr. Uleer intensiv der Weiterentwicklung der Pflegeversicherung in der privaten Krankenversicherung, an deren Erfolg er maßgeblichen Anteil hat. Darüber hinaus hat sich Dr. Uleer der Bekämpfung der Immunschwächekrankheit AIDS verschrieben. Er engagierte sich in diesem Zusammenhang für den Zusammenschluss der Nationalen Aids-Stiftung (NAS) und der deutschen Aids-Stiftung (positiv leben) zur deutschen Aids-Stiftung, für die er sich in seiner Funktion als Vorsitzender um Spenden bemüht. Weiterhin ist Herr Dr. Uleer in der Mittelstandsvereinigung der CDU/CSU aktiv.

JOHANN (JOHNNY) BIEWER, TROISDORF, VERDIENSTMEDAILLE

Beinahe 30 Jahre lang stand Herr Biewer dem Box-Club Troisdorf 48 als erster Vorsitzender vor. Während dieser Zeit führte er erfolgreich mehrere Generationen an den aktiven Boxsport heran. 1978 übernahm Herr Biewer zudem die Aufgabe des Pressewarts des mittelrheinischen Amateur-Box-Verbandes und 1992 die journalistische Betreuung seines Clubs.

OTTO DAUN, TROISDORF, VERDIENSTMEDAILLE

Als Mitglied und Vorsitzender (1986–1995) der Arbeiterwohlfahrt (AWO) Troisdorf setzte Otto Daun sich besonders für die Begegnungsstätte in Troisdorf Friedrich-Wilhelms-Hütte und hier herausragend in der Seniorenarbeit ein. Von 1989 bis 2000 war er als Mitglied des Vorstandes der Arbeiterwohlfahrt Kreisverband Rhein-Sieg e. V. ehrenamtlich tätig. Mit großem Erfolg wirkte er an der Aufbauarbeit des Kreisverbandes mit und trug dazu bei, die über 600 ehrenamtlichen Mitarbeiterinnen und Mitarbeiter der Ortsvereine im Rhein-Sieg-Kreis in Rechts- und Finanzfragen zu qualifizieren.

DR. GUDRUN ESCHMANN, LOHMAR, VERDIENSTKREUZ AM BANDE

Seit 1978 ist Dr. Eschmann ehrenamtliches Vorstandsmitglied des Vereins für Diakonie Evangelisches Altenheim Wahlscheid e. V. in Lohmar. Mit besonderem Eifer widmet sie sich grundsätzlichen Anliegen der Pflege sowie der Erstellung und Umsetzung von Betreuungsstandards. Neben ihrer Vorstandsarbeit berät sie regelmäßig unentgeltlich ältere Mitbürgerinnen und Mitbürger, die stationäre Altenhilfe in Anspruch nehmen müssen.

WERNER OSTERBRINK, BAD HONNEF, VERDIENSTKREUZ AM BANDE

Neben seinem intensiven Einsatz für die von ihm mit initiierte kommunale Partnerschaft mit der sächsischen Kleinstadt Wittichenau, von der Werner Osterbrink bereits im Jahr 1995 für seine starke Unterstützung zum Ehrenbürger ernannt worden war, zeigte der ehemalige Bürgermeister der Stadt Bad Honnef großes Engagement im gewerkschaftlichen Leben der Metallindustrie sowie als Pädagogischer Mitarbeiter des Katholisch-Sozialen Instituts (KSI), das sich zum Ziel gesetzt hat, seinen Lehrgangsteilnehmern die Grundsätze eines sozialen Rechtsstaates zu vermitteln.

GERHARD FINN, HENNEF, VERDIENSTKREUZ 1. KLASSE

Gerhard Finn erhielt die Auszeichnung aus den Händen von Ministerin Birgit Fischer. Der ehemalige Journalist und Regierungsangestellte hat es sich zur Aufgabe gemacht, die Umstände der Gefangenschaft von Häftlingen in der DDR, insbesondere auch zu der Zeit, in der das Gebiet der DDR noch sowjetisch besetzte Zone war, aufzuarbeiten. Neben zahlreichen Veröffentlichungen wurde sein erster Band aus dem Jahr 1958 zu einem Standardwerk. Selbst von 1945 bis 1948 Gefangener im sowjetischen Speziallager Buchenwald, schloss Herr Finn sich, nachdem er die Freiheit wiedererlangt hatte, der „Initiativgruppe Buchenwald" an, deren Vorsitz er bald übernahm. Zudem war er Vorsitzender des Häftlingsbeirates der Gedenkstätte Buchenwald. Seit den 1960er Jahren ist Herr Finn in der „Stiftung ehemalige politische Häftlinge" tätig. 1991 war er Mitbegründer der „Union der Opferverbände Kommunistischer Gewaltherrschaft" (Dachverband der SBZ/DDR-Opfervereine), zu deren Ehrenvorsitzenden er in Anerkennung seiner Verdienste gewählt wurde.

PROF. DR. OTMAR WIESTLER, HEIDELBERG, VERDIENSTKREUZ AM BANDE

Die Ordensinsignien erhielt der früher in Meckenheim beheimatete Prof. Wiestler durch die stellvertretende Landrätin Gräfin Strachwitz. Der ehemalige Lehrstuhlinhaber für Neuropathologie trug durch seine intensiven Bemühungen dazu bei, dass an der Rheinischen-Friedrich-Wilhelms-Universität Bonn die beiden Sonderforschungsbereiche (SFB) 400, der die molekularen Grundlagen zentralnervöser Erkrankungen erforscht, und TR3, der sich mit Schläfenlappen-Epilepsien befasst, eingerichtet wurden. Darüber hinaus war Prof. Wiestler Initiator des BONFOR-Programms, eines fakultätsinternen Förderprogramms für wissenschaftliche Forschung, das zukunftsweisende biomedizinische Projekte fördert und Drittmittel einwirbt. Er zeichnet zudem mitverantwortlich für die Bonner Initiative Life & Brain GmbH, die ein Modellinstitut für die akademische Spitzenforschung, für innovative Technologien, für qualifizierte Nachwuchswissenschaftler sowie für den industriell / biotechnologischen Sektor ist und für eine innovative Partnerschaft zwischen einer öffentlichen Bildungseinrichtung und privaten Stiftern steht.

JOSEF PÜTZ, KÖNIGSWINTER, VERDIENSTKREUZ AM BANDE

Josef Pütz war mehr als 30 Jahre in der Freiwilligen Feuerwehr aktiv. Als Leiter des Löschzuges Altstadt war er mitverantwortlich für die Sicherheit des Bundesgästehauses auf dem Petersberg. Hervorzuheben sind seine Einsatzleitungen bei Rheinhochwasser, Großbränden und dramatischen Rettungsaktionen. Die Ausbildung der Jugendfeuerwehr war sein besonderes Anliegen, für das er sich als Jugendwart und Betreuer einsetzte. 1989 erhielt Herr Pütz das Feuerwehrehrenzeichen in Gold. Für seine besonderen Verdienste wurde er im November 1996 mit dem Deutschen Feuerwehrehrenzeichen des Deutschen Feuerwehrverbandes in Silber ausgezeichnet.

BARBARA GENSCHER, WACHTBERG, VERDIENSTKREUZ AM BANDE

Aus den Händen von Regierungspräsident Jürgen Roters erhielt Barbara Genscher, die seit 1987 Schirmherrin der Deutschen Herzstiftung ist, die Ordensinsignien. Mit einer Sammlung von 220.000 Unterschriften hatte sie zur Einrichtung einer bundeseinheitlichen Notrufnummer beigetragen. Daneben ist Frau Genscher Ehrenmitglied der Türkisch-Deutschen Gesundheitsstiftung. Für ihren Einsatz erhielt sie 1992 den Ehrenpreis der Universität Istanbul.

MANFRED PATHE, KAUNAS, LITAUEN, VERDIENSTMEDAILLE

Manfred Pathe, der vor seinem Eintritt in den Ruhestand in Meckenheim beheimatet war, engagierte sich intensiv auf dem Gebiet der Völkerverständigung, indem er bereits Anfang der 1990er Jahre Patenschaften für litauische Offiziere übernahm und sich für die Integration von aus osteuropäischen Staaten stammenden Flüchtlingen einsetzte, die er bei der Wohnungs- und Arbeitssuche unterstützte. Darüber hinaus arbeitete Herr Pathe ehrenamtlich im Sozialverband Deutschland e. V., Ortsverband Bonn / Bad Godesberg, und betreute ältere und behinderte Mitglieder. 1994 wurde Manfred Pathe in den Rat der Stadt Meckenheim gewählt, dem er bis 2004 angehörte. 1999 wurde er zum 2. Stellvertretenden Bürgermeister gewählt.

ERHARD GANSÄUER, WINDECK, VERDIENSTKREUZ AM BANDE

Als langjähriger Vorsitzender des Turnvereins Rosbach 1965 e. V. leitete Erhard Gansäuer den Ausbau der acht selbstständigen Abteilungen ein, die eine breite Palette sportlicher Betätigungsmöglichkeiten bieten und mit dazu beitragen, dass der Verein heute zu den größten Windecks gehört. 1990 wurde Herr Gansäuer für seine Verdienste um den TV Rosbach zum Ehrenmitglied ernannt. Darüber hinaus engagiert sich Erhard Gansäuer seit 1969 sowohl auf Orts- als auch auf Kreisebene aktiv für eine orts- und bürgernahe Politik.

PAUL FASSBENDER, ALFTER, VERDIENSTKREUZ AM BANDE

Neben seiner Arbeit in der 1995 von ihm gegründeten Paul-Faßbender-Stiftung, die die Förderung der Jugend- und Altenhilfe, der Kultur, des Heimatgedankens sowie des traditionellen Brauchtums in der Gemeinde Alfter zum Ziel hat, engagiert sich Herr Faßbender besonders in der J.-Wilhelm-Tenten-Stiftung, deren Kuratorium er angehört. Besondere Unterstützung erfahren die Alanus Hochschule für Kunst und Gesellschaft sowie die beiden Alanus Werkhäuser. Darüber hinaus setzt Herr Faßbender sich auch für den Kulturkreis Alfter und die „Offene Kinder- und Jugendarbeit" (KOT) sowie die Caritas- und Sozialgruppe des Pfarrgemeinderates der Pfarrgemeinde St. Matthäus ein.

AUF DEM WEG ZUM BERUF

TECHNIKERIN? HAUSFRAU? JA! NEIN! VIELLEICHT!

DER GIRLS'DAY BIETET ENTSCHEIDUNGSHILFE

VON
IRMGARD SCHILLO

In der heutigen Zeit sind Mädchen und junge Frauen bei der Wahl ihres Berufes einem starken Spannungsfeld ausgesetzt. In ihrem Lebensumfeld finden sich weibliche Vorbilder vom „Heimchen am Herd" bis zur Astronautin. Ihr Alltag ist geprägt von charakteristischen Aussagen und Beispielen wie „Frauen sind für die Kindererziehung verantwortlich und zuständig" oder „Frauen heiraten doch sowieso". Sie erleben oft die traditionelle Rollenaufteilung in der Familienarbeit – Frauen erledigen die Versorgung, die Pflege, das Einkaufen – und das beeinflusst ihre Berufswahl. Ihre Freundinnen und Bekannte wählen vielfach so genannte „Sackgassenberufe" wie Arzthelferin, Friseurin, Verkäuferin. Schon Mädchen zerbrechen sich den Kopf, wie sie Beruf und Familie vereinbaren können.

Auf der anderen Seite stehen „moderne" Forderungen und Ansprüche, etwa: „Frauen ins Handwerk" oder „Frauen und Technik als Zukunftsperspektive". Frauen sollen fehlende Fachkräfte im Produktionsbereich ersetzen. Die eigenständige Existenz- und Alterssicherung von Frauen und das Erwerben eigener Rentenansprüche wird immer wichtiger, da jede zweite Ehe geschieden wird, die Anzahl der Alleinerziehenden stetig steigt und die klassische Witwenrente künftig immer weniger zum Überleben reichen wird. Und „Karriere" bestimmt vielfach ein modernes Frauenbild.

WAS IST ZU TUN?

Die Expertise „Berufsfindung weiblicher Jugendlicher und junger Frauen" (Deutscher Bundestag) betont, dass die Frage, ob Mädchen und junge Frauen einen technischen und bisher von Männern besetzten Beruf ergreifen, weniger wichtig ist. Viel bedeutender ist, ob es sich um einen Beruf mit zukunftsträchtigen Beschäftigungschancen und Aufstiegsmöglichkeiten handelt. Dies sind nicht zwangsläufig alle technischen Berufe.

Angebote für Mädchen zur Unterstützung bei der Berufswahl sollten zur Selbstverständlichkeit werden. Sie müssen Autonomie und Selbstständigkeit von Mädchen fördern sowie ihre Fähigkeit zur eigenständigen, unabhängigen Berufs- und Lebensplanung. Es sind Wege aufzuzeigen, wie Mädchen sich aus dem Korsett traditioneller Lebensentwürfe befreien können.

Die Praxis zeigt, dass Unwissenheit über die Breite des Berufswahlspektrums bei der Entscheidung für „frauentypische" Berufe von entscheidender Bedeutung ist. Prägend sind auch gesellschaftliche Vorurteile über die angebliche Technikdistanz von Mädchen. Beides behindert junge Frauen bei der Wahl zukunftsweisender Berufe.

Untersuchungen belegen, dass Mädchen sich begeistert mit Naturwissenschaften und Technik beschäftigen, wenn ihnen der konkrete Nutzen deutlich wird, sie die Chance haben, eigene Interessen einzubringen und die Erfahrung machen können, dass ihre Fragen ernst genommen werden. Kreative Beschäftigung macht Mädchen Spaß. Es stärkt ihr Selbstvertrauen, fördert gesellschaftliches Engagement und gibt den Mädchen die Möglichkeit, ihre Interessen im naturwissenschaftlichen und technischen Bereich zu entdecken und zu festigen – eventuell auch als berufliche Perspektive.

WIE FINDET BERUFSFINDUNG STATT? WIE ENTSTEHT DIE ENTSCHEIDUNG FÜR „DEN“ BERUF?

Eltern, Schule und Freizeiteinrichtungen haben einen großen Einfluss darauf, welche Berufe für Mädchen interessant sind. Alle drei „Institutionen“ können also dazu beitragen, Mädchen auch für ungewöhnliche Berufe zu begeistern. Jüngere Mädchen, so sagen einige Untersuchungen, sind noch eher in der Lage, sich vorzustellen, auch untypische Berufe auszuwählen. Die Einengung des Interesses setzt bei Mädchen vor allem in der Pubertät ein, dann wirken Rollenmodelle besonders stark. Eltern, Schule und Freizeiteinrichtungen können dem aber entgegenwirken und Mädchen darin bestärken, dass auch ihnen das ganze Berufswahlspektrum offen steht.

Wichtige Entscheidungen für die Berufs- und Lebensplanung müssen Mädchen in der Phase der Adoleszenz treffen, einer Phase, in der wesentliche Entwicklungsaufgaben zu bewältigen sind und Themen wie Sexualität, Freundschaft, Konsum und Freizeit die Notwendigkeit einer klaren Berufswahlentscheidung überlagern.

Hier setzt der Girls'Day an. Dies ist ein bundesweiter Berufsorientierungstag für Mädchen zwischen 10 und 15 Jahren. Der mitunter auch so bezeichnete „Mädchen-Zukunftstag“ bietet Schülerinnen Einblick in Berufsfelder, die Mädchen im Prozess der Berufsorientierung nur selten in Betracht ziehen. In erster Linie bieten technische Unternehmen und Abteilungen, sowie Hochschulen, Forschungszentren und ähnliche Einrichtungen am Girls'Day Veranstaltungen für Mädchen an. Auch der Rhein-Sieg-Kreis beteiligt sich an dieser Aktion.

WAS PASSIERT AN EINEM GIRLS'DAY?

In erster Linie soll das Berufswahlspektrum der Mädchen unter besonderer Berücksichtigung technischer Arbeitsgebiete erweitert werden. Anhand von praktischen Beispielen erleben die Schülerinnen, wie interessant und vielseitig diese Arbeit sein kann. Durch persönliche Gespräche mit den Beschäftigten können die Mädchen ihren Erfahrungs- und Orientierungshorizont erweitern. Ziel des Girls'Day ist es, Kontakte herzustellen, die für die berufliche Zukunft der Mädchen hilfreich sein können.

Bereits zum zweiten Mal wurden in der Kreisverwaltung im April 2005 50 neugierige Schülerinnen am Girls'Day begrüßt. Sie lernten verschiedene techniknahe Arbeitsbereiche kennen. Unter anderem besuchten Teilnehmerinnen mit einer Diplom-Biologin und einer Diplom-Bauingenieurin vom Amt für Gewässerschutz und Abfallwirtschaft eine Deponie für Bodenaushub und Bauschutt. Bei dem anschließenden Besuch eines Entsorgungsfachbetriebes beobachteten sie, wie der Müll aus den „gelben Säcken“ in einer Sortieranlage getrennt wird.

Weitere 19 unternehmungslustige Mädchen besuchten die Stadtverwaltung Lohmar. Die Ingenieurin des Fachgebietes Wasserbau berichtete über die Vielseitigkeit ihres Aufgabengebietes. Im Außendienst zeigte sie den Mädchen am Beispiel eines Kanalrohres im Jabach, was dort bei der notwendigen Erweiterung zu beachten ist und wie eine solche Maßnahme geplant und konzipiert wird. Die Schülerinnen waren von dem komplizierten Verfahren beeindruckt und staunten über die vielen Aspekte, die bei einer solchen baulichen Veränderung zu berücksichtigen sind.

Tanja Limbach, eine Teilnehmerin, die am Girls'Day in die Arbeit des Straßenbauamtes des Rhein-Sieg-Kreises hineinschnupperte, fasste ihre Eindrücke zusammen: „Man glaubt gar nicht, wie viele Schritte notwendig sind, wenn eine Straße nur verbreitert werden soll, geschweige denn neu gebaut wird. Wir haben Fragen über Fragen gestellt, die uns sehr freundlich und kompetent beantwortet worden sind. Was passiert, wenn Bäume gefällt werden? Was muss man alles machen, um überhaupt eine Straße zu planen? Wie behebt man Straßenschäden? Woraus besteht eine Straße? Wie werden die Baufirmen kontrolliert? Wie kamen Sie zu dem Beruf, was sind Ihre Aufgaben, welche Ausbildung muss man machen? – Das sind nur wenige der Fragen, die im Laufe des Vormittags mit uns besprochen wurden. Außerdem war es interessant zu sehen, mit wie wenig Geld wie viel geschafft werden muss und wie teuer doch alles ist. Ich finde es besonders wichtig, dass man als Jugendliche mal erfahren kann, wie die Welt um einen herum funktioniert.“

Ihre Tagesbewertung: „Ich kann zu dem Tag nur sagen, dass er unglaublich interessant war und ich sicher mehr gelernt habe als an einem Schultag. Ich finde es super, sich einfach mal unverbindlich eine Berufsrichtung anzusehen und zu testen, ob man vielleicht daran Interesse hätte. Auch wenn man zu dem Schluss kommt, dass der Beruf nicht der passende wäre, hat man auf jeden Fall viel gelernt und nicht, wie bei einem Praktikum, eine ganze Woche im Betrieb verbracht. Ich hoffe, dass solche Aktionen noch vermehrt angeboten werden, und auch, dass es mir in der kommenden 12. Klasse noch einmal möglich sein wird, am Girls'Day teilzunehmen.“

Bildnachweis

Jan Rodomski 12
Rainer Busch 13
Curd Söntgerath 13
Carmen Zerbs 14, 16
Johannes Bergmann 14, 102
Karl-Heinz Gessat 14
Monika Dreckmann 14
Albin Wenzel 15, 200
Horst Gensicke 15
Stephanie Seidel 15
Clemens Brähler 15
Klaus Wahl 16
Hanna Happe 16
Uta Potocknik 16
Elfriede Hanisch 17
Stefan Christ 17
Gerhard Stroß 17, 132
Gerd Krienke 17
Reinhard Zado 18, 19, 20, 21, 22, 23, 25, 27, 28, 29, 30, 31, 32, 33, 34, 35, 36, 48, 49, 50, 51, 52, 53, 54, 55, 57, 58, 59, 64, 73, 75, 80, 81, 82, 83, 86, 88, 93, 96, 138, 158, 159, 172, 174, 175, 176, 185, 189, 190, 192, 194, 201, 210, 211, 212, 213, 214
Frank Hüllen 19, 20, 21, 22, 23, 24, 25
Steffe Schmitz 20
Corzilius Adendorf 26
Stadtarchiv Siegburg 33, 34, 35
Wolfgang Kemmer, Brigitte Junker, Jürgen Dethlefs 38, 39
Bernd Franke 39
Olaf Denz 40, 41, 42, 43, 44
Ricarda Reich 46
Bergbahnen im Siebengebirge AG 51
Willi Möseler 54
Martina Krautscheid 57, 142, 147, 149, 150, 185, 188, 191
Dirk Hagemus 56, 57
Archiv der Stiftung Bundeskanzler-Adenauer-Haus, Katholische Landvolkshochschule „Egidius Schneider", Peter Profittlich 58, 59, 60, 62, 63
Rhein-Sieg-Kreis Archiv 61, 67, 68, 69, 70, 71, 148, 150, 151, 152, 153
Holger Arndt, General-Anzeiger Bonn 66, 69, 70
Karl-E. Anhäuser 72, 73, 74, 75, 76, 77, 78
Horst Bursch 81, 84
Barbara Hausmanns 87, 88, 89, 90, 91, 92, 93, 94, 95
Claus Weber, Rheinisches Landesmuseum Bonn 96, 97, 98, 99, 100, 101
Inga Schulz 104, 105
Reiner Schröder 105, 106, 107
Michael Müller-Klug 108
Marianne Kehres 108
Michael Panthen 109
Waltraud Hilmer 109
Josef Freiburg 109
Gabriele Pütz 110, 111, 112, 113
Rhein-Sieg-Kreis Kreisjugendamt 116, 117, 118, 119, 174, 184
Junges Theater Bonn, Junge Theatergemeinde Bonn 120, 121, 122, 123
Kreissparkasse Köln 124, 125, 126, 127, 128, 129, 183, 201
Holger Klein 130, 194, 202
Hartmut de Corné, Angelika Bliese 134, 135, 136, 137, 138
Wolfgang Kuschel 140, 141
Volkhard Stern 142, 143, 144, 145, 146, 147
Johann Paul 148, 149, 150, 151, 152, 153
Rainer Land 149, 162
Stadtarchiv Hennef 68, 154, 155, 156
Emil Hundhausen 154, 156
Willi Schröder 159
Burkhard Neuwirth 162, 163, 164, 165
M. Hennen 163
Herbert Nicke 164
Susanne Schmidt 165
Dagmar Friedrichs 165
Dieter Zeimet 166, 167
Rhein-Sieg-Kreis Pressestelle 170, 171, 174, 176, 182, 183, 185, 186, 187, 188, 190, 191, 193, 197, 199, 202, 203, 206, 208
Engelbert-Humperdinck-Musikschule Siegburg 170
Gatermann + Schossig 171
Heiko J. Wrusch 171
Klaus Mischka, Rhein-Sieg-Rundschau 171, 195
Katja Eschmann 110, 168, 169, 172, 174, 187, 189, 195, 198, 199, 207, 208, 209
Rhein-Voreifel-Touristik e.V. 172
Wachtberger Kulturforum 172
Weco Pyrotechnik Fabrik GmbH 173
Kinder- und Jugendring Swisttal e.V. 173
Johnson & Johnson GmbH 175
Susanne Werner 175, 199
Bundesamt für Naturschutz 176
Thomas Pollkläsener 181
Bundespolizeipräsidium West 183, 204, 208
Studio 242 Graphik-Design & Werbe-Service 184
Jugendakademie Walberberg 184
Leichtathletikzentrum Troisdorf-Siegburg 184
Harmut Küper 186
Feuerwehr Hennef 187
Andreas Helfer, Rhein-Sieg-Anzeiger 188
ETEC Gesellschaft für technische Keramik mbH 189
Antoniuskolleg Neunkirchen 191
Dominique Müller-Grote, Stadt Hennef 192
Rhein-Sieg-Kreis, Schulaufsicht 193
Cologne Chip AG 194
Wolfgang Maus 194
Ilka Helmig (Installation) 196
Kerstin Vieg (Fotos) 196
Rhein-Sieg-Kreis, Schulverwaltung 198
Heidi Gansohr, Rheinisches Landesmuseum Bonn 198
TuS Schladern 1913 e.V. – Abteilung Volleyball 199
Axel Käthler, Rheinischer Schützenbund 200
Erzbischöfliches St. Joseph-Gymnasium 201
Katholisches Jugendamt Rhein-Sieg 203
Annette Geritz 206
Rheinisches Amt für Bodendenkmalpflege 207
Gemeindewerke Eitorf 207
Gemeinde Windeck 208
WTV 209
Irmgard Schillo 218, 219

Literaturverzeichnis

Literatur zu dem Artikel von Burkhard Neuwirth und Dagmar Friedrichs
„Wie alt ist Haus Lütz in Dattenfeld?"
Seite 162 – 165

Douglass, A. E.: Crossdating in Dendrochronology. Journal of Forestry 39, 1941.

Friedrichs, D. & Neuwirth, B.: A spatial high resolved climate reconstruction from recent and historical tree-ring data in the Rheinische Schiefergebirge since ad 1500. In: Gärtner, H., Esper, J. & G. Schleser: TRACE – Tree Rings in Archaeology, Climatology and Ecology. Vol.3 Proceedings of the Dendrosymposium 2004, April 22th-24th, 2004, Birmensdorf, Switzerland, 2005.

Großmann, G. U.: Der Fachwerkbau in Deutschland. Das historische Fachwerkhaus, seine Entstehung, Farbgebung, Nutzung und Restaurierung. DuMont Buchverlag, Köln, 1998.

Neuwirth, B.: Interannuelle Wachstumsbeziehungen zentraleuropäischer Bäume von AD 1901 bis 1971. Dissertation Universität Bonn, 2005.

Nicke, H.: Fachwerk zwischen Wupper und Sieg. Studien zum bergischen Fachwerkbau. Martina Galunder-Verlag, Wiehl, 1999.

Schmidt, B., Köhren-Jansen, H. & Freckmann, K.: Kleine Hausgeschichte der Mosellandschaft. Rheinland-Verlag, Köln, 2000.

Schröder, W.: Dattenfeld 895-1995. Ein Kirchspiel im Rückblick durch die Jahrhunderte. Bürgerverein Dattenfeld e. V. (Hrsg.). Franz Verlag, Windeck-Stromberg, 1994

Schweingruber, F. H.: Tree Rings and Environment. Dendroecology. Birmensdorf, Eidgenössische Forschungsanstalt WSL. Bern, Stuttgart, Wien, 1996.

Ergänzung zum Bildnachweis:

Es wurden Abbildungen aus folgenden Druckwerken verwendet:

S. 67, unten: Die Rheinprovinz der preußischen Monarchie oder ausführliche Beschreibung derselben, Bd. 1 (1834), H. 3

S. 98, alle Abbildungen: Gold und Kult der Bronzezeit. Ausstellungskatalog Germanisches Nationalmuseum Nürnberg 22. Mai-7. September 2003 (Nürnberg 2003)

S. 99 und S. 101, alle Abbildungen: H. Meller (Hrsg.): Der geschmiedete Himmel. Die weite Welt im Herzen Europas vor 3600 Jahren (Stuttgart 2004); Chronologietabelle ergänzt von C. Weber, Bonn.

S. 100, links: H.-E. Joachim: Bonn in vorgeschichtlicher Zeit. In: Geschichte der Stadt Bonn 1 (Bonn 2001), S. 17 f. (Foto: H. Lilienthal, Rheinisches Landesmuseum Bonn)

S. 100, rechts: G. Loewe, Kreis Kempen-Krefeld. Archäologische Funde und Denkmäler des Rheinlandes 3 (Düsseldorf 1971) 29. S. 234-236 Taf. 73, 2

SIEGBURGER BLÄTTER

KUNST UND HANDWERK
RUND UM DEN MICHAELSBERG
GESCHICHTEN AUS ALTER ZEIT
NEUES AUS DEM MUSEUM
SEHENS- UND ERLEBENSWERTES

Geschichte und Geschichten aus Siegburg

DIE SIEGBURGER BLÄTTER

Eine neue Publikationsreihe. Die Ausgaben erscheinen in unregelmäßiger Folge, voraussichtlich 4-5 mal im Jahr und sind so angelegt, dass man sie in einem Ordner sammeln kann.

Die Siegburger Blätter geben Informationen zur Stadtgeschichte, zu aktuellen Ereignissen, zu bedeutenden Persönlichkeiten aus Siegburg; sie begleiten Ausstellungen und beschreiben besondere Sehenswürdigkeiten der Stadt.

IN VORBEREITUNG

Das alte Kreishaus in Siegburg

NOTZEITEN IN SIEGBURG

- Die Jahre 1915 ff.
- Die Jahre 1945 ff.

Siegburg und seine Bahnhöfe

Der Siegburger Teil der Wahnbachtalstraße

Sie erhalten die Siegburger Blätter beim Stadtarchiv Siegburg, Rathaus, Nogenter Platz, beim Stadtmuseum, Markt 48, und bei der Tourismusinformation, Europaplatz 3 gegen eine Schutzgebühr oder können Sie im Abo beim Stadtarchiv bestellen.

Die Gebühr beträgt 2,00 € wenn wir Ihnen die Siegburger Blätter zu senen zzgl. Versandkosten

Die Siegburger Blätter werden herausgegeben von der Museums- und Archivdienste GmbH Siegburg,

Dr. Andrea Korte-Böger,
Tel.: 02241-10 23 25,
email:
andrea.korte-boeger@siegburg.de

Idee und Gestaltung:
Reinhard Zado, Niederhofen
www.blattwelt.de

SIEBENGEBIRGSMUSEUM
CHORRUINE HEISTERBACH
KONGRESS & TAGUNG
SAGEN, LEGENDEN, FESTE
ARTWORK
KULTURLANDSCHAFT
SIEBENGEBIRGE
ROTWEIN AUS UNKEL
Die Kulturlandschaft Siebengebirge, gebunden in 94 farbigen Seiten
7,- €
KULTURLANDSCHAFT
SIEBENGEBIRGE
NATURSCHUTZ
NATURPARK
NATURERLEBNIS
WEIN, SAGEN UND LEGENDEN
DRACHENBURG
HEISTERBACH
MUSEEN
HOTEL UND KONGRESSSTADT
DER RHEIN
UNKEL
KONRAD ADENAUER
ZAHNRADBAHN
BESUCHERZENTRUM
HEIMAT IM MUSEUM
HERAUSGEGEBEN VON
DRACHENFELSBAHN
SCHLOSS DRACHENBURG
NATURSCHUTZ
KONRAD ADENAUER
KÄHNE, FLÖSSE & EINE WEISSE FLOTTE
NATUR ERLEBEN
Tel.: 02684-4551
Fax: 02684-6592
email: rzado@rz-online.de
EDITION BLATTWELT
www.blattwelt.de
ISBN: 3-936256-14-4